根本誠二＋
秋吉正博＋長谷部将司＋黒須利夫◉編

奈良平安時代の〈知〉の相関

岩田書院

まえがき

1　まえがき

本論文集は、この十数年間にわたり根本誠二氏を主編者として進めてきた、奈良仏教の展開を軸とした研究成果である『奈良仏教の地方的展開』（岩田書院、二〇〇二年）、『奈良仏教と在地社会』（岩田書院、二〇〇四年）、『奈良・南都仏教の伝統と革新』（勉誠出版、二〇一〇年）に続く第四の論文集である。ただし、今回は過去の三論文集とは異なり、書名から「仏教」の語をはずして「知」に置き換えた。まずはこの点を説明しなくてはならない。

本書で問う「知」とは、狭義には何らかの固有の学問体系をさすが、成熟した学問体系のような知の営みは、その論理性により人々に対して一定の説得力を有し、その説得力によりその知に接した社会集団にあまねく浸透し、その集団内に一定の秩序をもたらす。それゆえにその知は権力性を有する、つまり常に権力に働きかける方向性を内在する。この点をふまえれば、「知」とは広義には、単に学問体系にとどまるものではない、社会を維持するための知的な営み全般をさすものとすべきだろう。

具体例をあげれば、日本古代における最高の学問体系の一つともいえる仏教は、そのような「知」の典型でもある。実際にこれまでの三論文集においても、奈良仏教という「知」が紡ぎ出した諸相がそれぞれ一つの規範化した権力として、ある段階では「地方」・「在地社会」へと空間的に展開し、また場を同じくする仏教世界においても「革新」という形で時間的に展開している様を導き出してきた。さらに言えば、以上のような仏教「知」の展開の相関関係を捉えようとしていたのであり、「知の相関」とは仏教に関しては先行論文集のテーマを集成したものともいえる。だが、当然ながら当該時期における知の営みは仏教に限定されない。あるものは仏教とも連動しながら、またあるものは独自の形で、それぞれの「知」およびそれが有する権力関係を中央（宮廷社会）や地方（在地社会）へ扶植させていった。また一方では、そのような権力への組み込みに対して抵抗し、離脱しようとする動きを見ることもできる。ゆえに、本論文集では視野を仏教のみならず周辺の知的領域にまで拡大し、それらの事象と仏教で起こりえた事象とを並列的に対峙させることとした。

上記の点をふまえ、本論文集は三部構成を採用し、主に「知」が展開する場により諸論考を区分した。第一部「奈良・平安仏教における〈知〉の相関」の諸論考では、主に仏教の実践の場を軸として、仏教に対する理解の進展が律令国家の中にいかなる楔を打ち込んだのか、またその様な現状に対峙した仏教者達が如何にして自らを展開させたのかを問いかける。第二部「宮廷社会における〈知〉の相関」の諸論考では、仏教「知」がまとう権力性を王権が援用して自らの権力・権威を再構成していく過程を捉えつつ、同時に儀式の施行についての「知」の集積への言及と対照することで、両者に共通する王権の補強への意志を確認する。第三部「在地社会における〈知〉の相関」の諸論考では、主に都などの中央で醸成された仏教「知」を含めた「知」の営みが次第に在地社会を包み込んでいく過程を、特に周縁地域における中央のアプローチとあわせて捉え直す。これらをあわせることで、奈良時代から平安時代にかけての時代相がより明確に浮かび上がることを企図した。

なお、各論考の執筆者については、過去の論文集と同様、主に奈良仏教を研究対象とする者と筑波大学の出身者で構成されている。そのうち前者に関しては、根本氏による「あとがき」にて詳細に述べられているので、ここでは割愛させていただく。一方、後者に関しては、対象範囲を拡大したこともあり、先の論文集でも執筆していた黒須・秋吉・長谷部に加えて多くの者が初めて加わっているが、ここには一つの研究会の存在がある。

筑波大学では根本氏が赴任した一九九〇年代半ばごろ、学群生（学部生）や大学院生の授業としてのゼミに加えて、毎週自主ゼミとして在職者・大学院生・学群生も交えて『日本後紀』の輪読を行うなど活発に活動していた。だが、そこから十余年が経過し、その当時からの参加者であった黒須・秋吉・長谷部らがそれぞれ大学を離れていく中、次第に初期のメンバーと現役の大学院生など研究室との関係が何となく疎遠になりつつあった。そのような二〇一〇年、黒須・根本の二氏の発案により、有職者から大学院生に至るゼミの卒業生達に呼びかけ、参加者数名による夜の研究成果報告会を組み込んだ一泊二日の巡見が企画され、同年八月に群馬・草津温泉にて実施された。この会は翌年の震災により継続が危ぶまれたものの、何とか筑波山にて二回目が実施され、以後、現在に至るまで北関東を舞台に毎年続けられている。今では報告者を含めた参加者の現在の研究上の立ち位置を確認する貴重な場となっており、本論文集中における筑波大学出身者の論考の幾つかは、この巡見時の報告内容が基になっている。それぞれの論考には仏教に関わるものもそうでないものもあるが、改めて文章となった各論考を眺めると、「知」に対するアプローチ、すなわち考察の対象や史料へのまなざしに、何となくであるがゼミの遺伝子を感じ取ることができる。

このように、本論文集は冒頭に示した通りこの十数年にわたる奈良仏教研究の成果報告であると同時に、開学以来、積み重ねられた筑波大学における古代史研究の成果報告の一端でもある。とはいえ、当然ではあるが成果報告は決して完了形ではなく、そこから次なる課題が引き出されるものでもある。本論文集の各論考が、それぞれの研究分野の発展や動向に大いに寄与し、次への一歩へとつながることを期待したい。

二〇一四年八月六日

秋吉　正博
黒須　利夫
長谷部　将司

奈良平安時代の〈知〉の相関

I　奈良・平安仏教における「知」の相関

憲法十七条の知の地平
――第十条・第十四条が提示する問題点――

宮城　洋一郎

はじめに

『日本書紀』推古天皇十二年（六〇四）四月戊辰条（以下、推古紀十二年四月条）に記す憲法十七条については、「聖徳太子虚構説」により、大きな転換点を迎えている。その一方で、憲法十七条について、太子真撰説・偽撰説という議論ではなく、一定程度その条文について評価しようとする説もある。つまり、全面的に虚構というわけではないが、一部に信頼できるものもあるという説である。

こうしたいくつもの議論が提起されていることは、出典が『日本書紀』であることで、「史実」であるか否かという問題が内包されているためでもある。したがって、「史実」として議論される限り、憲法十七条が聖徳太子作であるか否かあるいは一部策定などに関心が集中し、憲法それ自体を問うことが薄れていくという点が生じてくるのではないか。

むろん、聖徳太子真撰説の立場から憲法十七条を論じた著作は多数あり、そこでこの憲法が有する意義は明快に論じられたともいえる。その明快な論が、虚構論によって問われているとき、この真撰説という立場から憲法十七条を論議することは、あくまでも推古紀の記述に従った解釈であるとしなければならないだろう。推古紀を含めて『日本書紀』が明らかにしようとする立脚点を反映させている、とみることが可能となるからである。

そこで、もう一つの議論として、推古紀十二年四月条のそれではなく、『日本書紀』に記載されている憲法十七条を捉え返すという視点からの分析はどうなのだろうか。特に、同書が撰上された養老四年(七二〇)段階において、憲法十七条が持つ意味を考えてみてはどうだろうか。周知のように、憲法十七条を評価する議論には、後世の聖徳太子への信仰の裏付けがあったとされている。そして、『日本書紀』はその太子信仰が具体的に表出したものの一つであるともいえる。それゆえに、ここには、どのような意味で、憲法十七条が問われ、この八世紀初頭の段階でどういった影響を与えたかを問うことも、意味あることではないだろうか。

このような視点は、聖徳太子真撰説・偽撰説を超え、さらには『日本書紀』の記事の虚構論とは別に、その成立時の意味を問うことで、憲法十七条が内包している思想の内実から、その知の地平を明らかにしていくことになるのではないかと考える。ここにいう知の地平とは、『日本書紀』成立時にあって、どのような意味において、その国家像を捉えようとしていたかを明らかにすることであり、それを支えるための思想的な営為がどこにあったかを求めることでもあろう。それは、律令体制が確立される段階において問われるところを明らかにする意義とともに、どのような独自の立場を示しているかを問うことでもあるのではないか。

本稿では、まず憲法十七条の全体像について概要をつかみ、その上で、第十条・第十四条などに焦点を当てながら先述の問題点を探っていくこととしたい。というのも、ここには、後述するように、改めて問うべき人間観があるからである。そうした部分に焦点を当てることで、十七条憲法のさらなる意味が求められるのではないかと考える。このような立場から、これまでの憲法十七条の議論に対して、もうひとつの視点を提起することをめざしていくこととする。

一　憲法十七条の概要をめぐって

ここでは、これまでの諸研究をもとに推古紀十二年四月条[1]に記載される憲法十七条を概観して、どのような構成をとり、その主題がどこにあったのかを述べていく。

周知のように、憲法十七条の中心となる条文は第一から第三条において明らかにされている。第一条に「和を以て貴しとし」という著名な文言があり、第二条には「篤く三宝を敬へ」とする、仏教精神が掲げられている。そして、第三条にあって「詔を承りては必ず謹め。君は天なり、臣は地なり」とする儒教の立脚点が明示されている。この三つの立場から導かれて、憲法の各条が立てられていることになる。しかし、その多くは、官人のありようを指し示す内容となっていることは、すでに指摘されているとおりである。そうした指摘をふまえてみていくと、「群卿」「群臣」などの語が登場していること、さらに「国家」「王」「官」および「百姓」「民」などの用語も複数回にわたって用いられている。それらから、憲法十七条の中核にこうした官人に対する「政治規範[2]」ともいうべき戒め、もしくは心得が強く意識されているといえよう。

そして、そうした規範意識ともいうべきところは、「礼を以ちて本とせよ」（第四条）、「信は是義の本なり」（第九条）など儒教的な立脚点を示し、さらに「国に二君非く、民に両主無し」（第十二条）という国家観を述べて、「餮を絶ち欲を棄て」（第五条）、「懲悪勧善」（第六条）など、官人の職務への基本姿勢へと進み、「群卿百寮、早く朝りて晏く退でよ」（第八条）、「諸の官に任る者、同じく職掌を知れ」（第十三条）など具体的な心得を説いていく。そうした事項をふまえながら、「忿を絶ち瞋を棄てて、人の違ふことを怒らざれ」（第十条）、「嫉妬有ること無れ」（第十四条）など、人としてのありようにも言及していくことになる。

また、官人と接することとなる「百姓」「民」に対しては、次のような立場を示している。まず、「百姓の訟、一日に千事あり」と述べて、財ある者と乏しき者の訴えの違いを示して、貧しき者がその手だてを失うことは、「臣道亦焉に闕く」（第五条）とする。さらに、「率土の兆民は、王を以ちて主とす」とし、「官司は、皆是王臣なり」とするゆえに、「何にぞ敢へて公と、百姓に賦斂らむ」（第十二条）と述べている。そこに、「百姓」を賦の対象とみて、官の私的な行為を禁じている。なお、「民を使ふに時を以ちてする」と述べ、農繁期に「使ふべからず」（第十六条）とし、「民」への配慮を示唆しているが、これも賦の対象とするためのものである。

これら各条における基本的な文言から、忠実かつ勤勉に職務に従い、統治秩序を厳守しつつ、民・百姓に対し公平な態度を求めているところが明確にされている。これらから、官人としての規範が示されることとなるが、そこに内包されている注目すべきことは、人としてのありようにまで言及していることである。かつて亀井勝一郎氏が憲法十七条を評して「人間研究の覚え書き」[3]と述べたが、そのように「忿」や「嫉妬」という時代を超えた人間存在の愚かさや限界性に及んでいることは、官人の心得に留まらない意味を有しているように思われる。そうした人間存在に関わる洞察を含んでいるところに、憲法十七条の人間観の所在をみてとることも可能である。

官人のありようを示してその心得を提示したところは、第三条の儒教的秩序観から導かれるものであることは明らかなとおりである。まず、そうした儒教的な側面からの議論について、どのような見解が提示されてきたのであろうか。

まず、こうした官人のありようから、古くは石母田正氏が「君臣」と「百姓」「民」との関係から、推古朝の支配様式を論じ、「族長に代表されるクニの社会的秩序の解体を歴史的前提とする」としている。[4] この論は、推古朝に憲法十七条が存立し得たことを明らかにするものであるが、ここで注目すべきは、ここに新たな国家像を規定していく関係構造が提示されていることにある。

そうした観点から、神崎勝氏は第四条の「礼」が重要視されたことをふまえて、「礼」の秩序が「百姓」に拡大されたことにその意義があるとし、それにより「礼的秩序の内部へ取り込もうとした」ことを強調している。なお、神崎氏はこの論を明示するために、使役対象とされる「民」が敏達紀にみられる反面、「百姓」は天武・持統紀に示されていることをあげている。[5]

こうした論にみられるように、憲法十七条をめぐる論議が、推古朝において成立し得たかどうかを問い、その支配のありようをめぐる議論となっている。したがって、そこでの用語例もこの観点から論じられることとなる。この研究成果は尊重されるべきだが、ここで問うもうひとつの側面は、憲法十七条がこのような官人である「臣」のありようを説くことで、「礼」秩序を核に君臣の関係を「百姓」「民」にまで及ぼしていくところをみておかなければならない。そうした点で、儒教的な立脚点から憲法十七条が構想されていることが明らかだといえる。

その一方で、憲法十七条の各条文の出典に関する研究も活発に進展してきた。[6] このような研究によって明らかとなったことは、儒教思想を核としつつも仏教思想を包摂し、「和」という独自の立場を示していくということで、折衷的な思想を表示していることでもある。そこには、豊富な典拠をもとに条文を構成していく「四六駢儷体」のながれを受け継いでいるといえる。[7] このような立場は、憲法十七条が作成されていく過程での営為の深さを示すものであるともいえる。

しかし、出典をめぐる研究は、聖徳太子による真撰・偽撰の論拠ともなって、議論が拡大されてきたことも確かであった。真撰の立場からは、その優れた思想的な立場が強調されることとなり、偽撰説に従うと、それぞれの出典から引いたものであって、独自なものとはいえず、学問僧などの関わりないしは、『日本書紀』筆録に関わった者によって成立可能ということになっていく。[8]

ここでは、そうした議論ではなく、『日本書紀』成立時において明らかにされた官人のありようとしてみたとき、それは、律令体制の下での官人のあり方を意味づける意図が内包されていることを容易に理解することができるだろう。すでに指摘されているように、律令体制の意義を推古朝に求めていく『日本書紀』の立場を反映させたものとする議論にもつながるところである。[9] しかしながら、憲法十七条が説いているところは、官人の心得につながるところだけではなかった。そこに内包されている人間観をどのように受けとめるかが、もう一方で問われることになるのではないだろうか。

そうした意味で捉え返したとき、先述のように、第一条に示された「和」の問題や第二条の仏教精神とどのようにそれらが関わるか、また、そこに提示されたこのような人間観がどうつながっていくのかは、さらに詰めていく必要がある。

二　仏教思想との関わり

前節で述べたように、憲法十七条が官人の心得を基調としながらも、第二条において仏教精神を説いていること、さらには、第一条の「和」の意味、そしてそこに内包される人間観について、ここでさらに議論を進めていく。

第二条にて示されている仏教精神は、その根幹となる三宝である「仏・法・僧」を敬うことであり、「人、尤だ悪しきもの鮮し、能く教ふるをもちて従ふ」とし、「何を以ちてか枉れるを直さむ」と述べて、仏教の教えによって正しい方向に導かれる人間の可能性を示している。そこに「万国の極宗」たる意味が仏教にあるとしているのではないか。それは、先に挙げた第十条の「忿」を絶つこと、第十四条の「嫉妬有ること無れ」など、人間の持つ愚かさとあわせてそうした限界を認識しながら、向き合っていくことを教示しているといえよう。

このような仏教に対する理解は、第一条の「和」についても、そこで述べる「人皆党有り、亦達る者少し」とも深く関わって、「党」による利害関係には「事理」が通わない問題点を提示していると考えられる。第一条の「和」の問題は、すぐれて「枉れるを直さむ」とする仏教への期待とつながるものがあるのではないだろうか。

こうした点から、第三条以降に提示されてきた官人の心得ともいうべき内容と、ここでの意味とどのように関連するのであろうか、また異なる点はどのようにところにあるのだろうか。

先述のように、官人として職務に忠実であり、統治秩序を厳守していくべきところは、「党」の利害に左右されないという点でつながるともいえるし、公平な態度には「教ふるをもて従ふ」の立場から、導かれるところがないわけではない。しかし、「万国の極宗」とする仏教を尊重するところは、「君をば天とす。臣をば地とす」という第三条の基本とは異なっているとみるべきであろう。

こうした点から第二条の仏教への理解をみると、『日本書紀』に記載されているいくつかの仏教理解と異なることが明らかである。この『日本書紀』記載の仏教理解との相違点を提示したのが、二葉憲香氏であった。二葉氏は、『日本書紀』推古天皇二十九年(六二一)二月の厩戸皇子薨去の記事にある「玄聖の徳を以ちて日本国に生れませり」としていることなどから、聖徳太子を「凡人に非ざる聖人とすることにおいて『書紀』の仏教観と関わりのある太子観を示すと考えられよう」と述べている。[10] そこに、憲法十七条において提示された仏教理解とは異なり、「聖」なる意味を強調する立場が顕著である。

確かに『日本書紀』に記載されている仏教に対する理解には、例えば、敏達天皇十四年(五八五)二月条では蘇我馬子が塔を建立するさいに舎利を納める記事のように、舎利信仰に基づく仏教理解となっている。また、用明天皇二年(五八七)四月条にある「天皇、得病」にさいし、「朕三宝に帰らむと思ふ」とするように、「病」と「三宝」を結ぶ理解がある。このような病気回復を願う仏教理解は、天武天皇九年(六八〇)十一月条に「皇后、体不予」にさいし「皇后の為に誓願して、初めて薬師寺を興つ。仍りて一百僧を度せしむ」などにもつながっている。

これらの例から、『日本書紀』記載の仏教への理解は、憲法十七条が提示するところとは異なり、「聖」なるものとして受けとめ、病の回復などの功徳を期待する意図が内包されているところがあった。

近年の研究においても、憲法十七条の仏教精神に対する疑問が提起されている。まず、本郷真紹氏が、『日本書紀』編纂の基本的な立場を次のように述べて、憲法十七条の仏教精神に関して疑問を提起している。本郷氏は、『日本書紀』にあっては、「神仏混淆の合理的解釈が構築されていない段階」において「天皇が仏教と直接接触することはタブーとされた」なかで、それゆえに天皇に近い立場にあり、かつ天皇とならなかった人物に仏教興隆の業績を集中させたとした[11]。そこから、「外来思想を基礎に制定された憲法を、将来の政治の基本理念とするといった姿勢自体が、皇位を継ぐべき人物のとるべきものとして正当といえるのであろうか」という疑義を提起した[12]。

また曾根正人氏は、憲法十七条が聖徳太子の作であるとする立場から、儒教道徳と仏教とを無造作に組み合わせたとし、第二条を官人の心得という枠組みから捉え、そこに「信仰における集団志向」がみられるという。そうした意味で、その仏教の内実は本来の大乗仏教とは異なるものとされた[13]。

本郷、曾根両氏の論は、憲法十七条を聖徳太子の作とするか否かの相違はあるものの、その仏教精神を評価する上での問題提起として受けとめる必要がある。本郷氏は、そこに仏教精神の存在を評価し、その上で皇位継承者たる聖徳太子が作成したとはいえないとする論である。一方、曾根氏はその仏教精神には本来の大乗仏教の立場とは異なる点などを指摘して、「素朴なもの」との理解を示している。

こうした違いに着目していくと、その仏教精神は、官人の心得という憲法十七条が有している核となるところと一定の乖離がみられるということになる。つまり、仏教精神を評価していくと、心得を説く部分と異なってくる。一方、評価することに一定の疑問を提示する立場に立つと、心得というなかでの低位の理解ということになるのである。

聖徳太子の撰とみるか否かの議論としてではなく、憲法十七条それ自体の意義を問うとすれば、ここに提起された議論をさらに進めて、他の条文と関わらせながらここで説かれる仏教精神を考えるべきであろう。

三　第十条・第十四条をめぐって

先述のように、憲法十七条には、官人の心得、規範意識を超えて、人間存在を凝視していくところがみられる。そこに、心得などとは違った人間観が内包されている。それを具体的に示すのが第十条の「忿」「瞋」の理解であり、第十四条の「嫉妬有ること無れ」とする立場である。そこには、人間存在に内包される自我意識があり、仏教で提示するところの「我執」「執着」が現れている。そうした愚かさや限界を有することを、正面から問うところがあるのではないだろうか、この点を中心に検討していくこととする。

まず第十条にあっては、次のように述べて、人間存在に対する深い凝視の姿勢がみられる。

忿を絶ち瞋を棄てて、人の違ふことを怒らざれ。人皆心有り、心各執有り。彼是なれば我は非なり、我是なれば彼は非なり。我必ず聖に非ず、彼必ず愚に非ず。共に是凡夫ならくのみ。是非の理、詎か能く定むべけむ。相共に賢愚なること、鐶の端无きが如し。是を以ちて、彼人瞋ると雖も、還りて我が失を恐れよ、我独り得たりと雖も、衆に従ひて同じく挙へと。

第十条の全文から、「忿」「瞋」を凝視するだけではなく、彼と我とを客観的に見定めて、「相共に賢愚なる」存在だという対等な関係にあるという理解を示した。そこには、「凡夫」といい、「鐶の端なきが如し」というように、人間存在そのものを相対的に捉える立場が明らかにされている。

ここにいう「凡夫」は仏教用語としてよく知られているが、多くの場合「凡夫」であることを否定的に捉えて、さとりへの導きを述べている。しかし、第十条では「共に是凡夫ならくのみ」と断言して、その自覚を強調して止まない。それが「鐶」のたとえと相まって、人間存在の相対性を提示したといえよう。

また、第十四条では「嫉妬」について、

群臣百寮、嫉妬有ること無れ。我既に人を嫉めば、人亦我を嫉む。嫉妬の患、其の極を知らず。所以に、智己に勝れば悦びず、才己に優れば嫉妬す。是を以ちて、五百の乃今し賢に遇ふも、千載にして一聖を待つこと難けむ。其れ賢聖を得ずは、何を以ちてか国を治めむと。

と述べて、「群臣百寮」への戒めという意味合いから「嫉妬」あることを厳しく指摘して、官人のありように及ぶ意図が窺われる。しかし、そのこと以上に「嫉妬」することが「其の極を知らず」とするように、人間存在に深く宿されている煩悩ともいうべきところを明示している。特に「智」「才」に関する「嫉妬」を示していることは、そのことの持つ意味を深く捉えたものといえよう。

か。

こうして、「嫉妬」への戒めをとおして、人間の愚かさ、限界性を見通していくことにもなったのではないだろう

第十条・第十四条から、人間存在を凝視する条文を捉えてきたが、これらをとおして、人間の中にある限界性なり有限性というべきところを見定めた人間観があるといえる。そうした人間観を如実に示しているのが、第十条の「凡夫」という言葉なのではないだろうか。

なお、横田健一氏は憲法十七条の用語が『日本書紀』においてどのように表れたかを分析し、「凡夫」はこの憲法十七条のみの用例とした。さらに「愚」の表記も、『日本書紀』では、「謙遜」であったり、「単純に愚かである、賢ではない」などの用例に留まるとしている。そうした点から、「憲法のそれの方が、人間の本質について独自な思想をもっていることがうかがわれる」とした[14]。

こうして、「凡夫」なり「愚」なりの用語例を含めて考えると、憲法十七条の独自な人間観が明示されていることに気づかされる。とりわけ「凡夫」には、その否定的な意味合いだけではなく、そうした自覚に立つことの意義が示されている。こうした観点から、そこに「平等観」の所在を認めたのが曾根正人氏である。曾根氏は官人が仏教を尊んで菩薩行を実践していくことにより、第十条の「凡夫」という平等観に目覚めるとし、「平等観が大乗仏教の核である慈悲につながる[15]」と述べた。

人間存在に共通する負の部分でもある「凡夫」について、「共に凡夫ならくのみ」と明言することで、誰しもが有するものとして受けとめることとなり、「平等観」となりえていくことにもなるのである。そうした観点を有することは、「聖」なり「愚」などが持つ諸要素を冷静に分析し、自らの内側にあって断ち切れないものと深く自覚することで可能となるものではないだろうか。

とすれば、ここに導かれる人間観には、「平等観」を基底にした人間存在のありようを捉えたものであったといえよう。

しかし、こうした「平等観」を提示した曾根氏は、憲法十七条に関して、「儒教経典や仏教知識にのっとった説明が加えられているが、さして高度な知識を必要とするものではない」とし、「その内容もごく一般的」とした。また、第十条に関しても、条文に仏教用語が用いられているが、「我独り得たりと雖も、衆に従ひて同じく挙へ」ということから、そこには「儒教道徳に収斂している」ものと述べている(16)。

こうして曾根氏は、先の論文で「平等観」の所在を認めながら、ここでは「儒教道徳に収斂されている」と結ぶこととなった。しかし、ここで示された「衆に従ひて同じく挙へ」とする部分を、もう一歩踏み込んで解釈することができるのではないだろうか。

「凡夫」という自覚があるから、さまざまな議論を経たものであっても、「我必ず聖に非ず、彼必ず愚に非ず」というように、互いの不備・不足を認め合うことで、「衆に従ひて同じく挙へ」という理解に進むということではないだろうか。そこに、互いの存在を相対的なものとして理解する立場があり、平等の人間観が提示されていると考えることができるのではないだろうか(17)。

第十条に提示されている「凡夫」の自覚には、こうした人間観が内包されていると確認できるが、先の第十四条の「嫉妬」することが「其の極を知らず」との認識と相まって、人間存在を凝視した観点が所在していたのである。それは、単に官人の心得を超えたところがあるというべきではないだろうか。そうした意味で、『日本書紀』成立時にあって、憲法十七条が提示したところは、そうした人間の愚かさや限界を含んだ観点があったことで、その多様な意義が明らかとなり、いわばその知の地平の豊かさを示したものとなったのである。このような点で、官人の心得という『日本書紀』成立時のレベルを超える意味を内包していたと考えることができる。

おわりに

以上のような分析から、憲法十七条が多彩な内容を含んでいることが理解できるであろう。しかし、『日本書紀』の成立において、こうした多彩な内容を有する憲法十七条を掲載したところの意味は何であったのだろうか。それは、これまでの論からも明らかなように、聖徳太子に対する信仰の発露であるという意図は明確である。そこを起点に、律令体制のもとにある官人の心得なり規範意識なりを明瞭にしていく役割があった。

しかしながら、そこに記述されている条文には、凝視された人間観があり、「凡夫」の自覚にみるように平等観を示すものでもあった。そうした意味で、憲法十七条は『日本書紀』編纂者の意図とは別のものを含んできたと解することもできるであろう。それは、憲法十七条の原本なるものが存在した可能性を考える必要があるのではないだろうか。(18)

こうした点から、作成者を聖徳太子に求めていくことは、より緻密な検証が必要であろう。また、そうであるからといって学問僧等によるものと容易に結びつけることがどこまで可能かも疑問となる。さらに、道慈という奈良時代の随一と称される学僧によるものとするには、綿密に検討すべき事項が多くあるのではないだろうか。

このような論点があるなかで、憲法十七条が明らかにした知の地平をふまえて、その人間観を掘り下げて分析していくことによって作成者の像が明確になるのではないだろうか。

註

（1）『日本書紀』の引用は、小島憲之・直木孝次郎・西宮一民・蔵中進・毛利正守校注・訳『日本書紀』（小学館、一九九六年）による。

（2）家永三郎「憲法十七条」（『日本思想大系　聖徳太子』、岩波書店、一九七五年）。

（3）亀井勝一郎『聖徳太子』（春秋社、二〇一二年、初出は一九六三年）一六四頁。

（4）石母田正「古代法」（『岩波講座　日本歴史』古代4、岩波書店、一九六二年）。

（5）神崎勝「十七条憲法の構造とその歴史的意義」（『立命館文学』五五〇、一九九七年）。

（6）岡田正之「憲法十七条に就いて」（同『近江奈良朝の漢文学』、東洋文庫、一九二九年）、田所義行「古事記と儒家を主とした中国思想の関係交渉について（その九）」（『東京女子大学付属比較文化研究所紀要』一三、一九六二年）など。

（7）梅原猛『聖徳太子』上（『梅原猛著作集』第一巻、小学館、二〇〇三年）六三四頁。

（8）小倉豊文氏は憲法十七条の作成者について「白鳳時代頃の聖徳太子信仰家の、恐らく僧侶の偽作であって何所かの寺院のあったものと考えたいと思います」と述べている（『聖徳太子と聖徳太子信仰』、綜芸舎、一九六三年、三三頁）。井上光貞氏は、三経義疏が隋唐仏教以前の学風を伝える法隆寺の学団の中でつくられたと想定し、その菩薩観を分析して、憲法十七条との共通性を説いている（『井上光貞著作集第八巻　日本古代の国家と仏教』、岩波書店、一九八六年、二七～二八頁、初出は一九七一年）。大山誠一氏は『日本書紀』の聖徳太子像に関して道慈の関わりを論じ（『長屋王家木簡と金石文』、吉川弘文館、一九九八年）、吉田一彦氏も『日本書紀』が依拠した仏教文献を明らかにしていくという立場から、道慈が聖徳太子関係記事に関わったとする見解を提示している（『仏教伝来の研究』、吉川弘文館、二〇一二年、一六三頁）。なお、この道慈説に対しては、皆川完一氏が吉田氏の説を批判し（「道慈と『日本書紀』」中央大学部文学部『紀要　史学科』四七、二〇〇二年）、また吉田氏からの反論もある（吉田　前掲書）。
（9）大山　前掲註（8）および同『〈聖徳太子〉の誕生』（吉川弘文館、一九九九年）など。
（10）二葉憲香『古代仏教思想史研究』（『二葉憲香著作集』第四巻、永田文昌堂、二〇〇〇年、初出は一九六二年）三一二頁。
（11）本郷真紹「『聖徳太子像』の形成」（本郷真紹編『和国の教主　聖徳太子』日本の名僧一、吉川弘文館、二〇〇四年）。
（12）本郷真紹「聖徳太子は日本仏教の礎を築いたのか」（上田正昭・千田稔編『聖徳太子の歴史を読む』、文英堂、二〇〇八年）。
（13）曾根正人『聖徳太子と飛鳥仏教』（吉川弘文館、二〇〇七年）一五二〜一五四頁。
（14）横田健一「十七条憲法の一考察」（『日本書紀研究』三、塙書房、一九六八年）。
（15）曾根正人「黎明期の日本仏教と聖徳太子」（本郷編　前掲註（11）『和国の教主　聖徳太子』）。
（16）曾根　前註（13）、一四九〜一五一頁。なお、「挙へ」を「おこなへ」と読むことについて、小島憲之ほか校注・訳『日本書紀』頭註（五四五頁）には、『礼記』中庸、『周礼』地官・師氏などからその用例をあげて根拠づけている。
（17）なお、金治勇氏は「共に是れ凡夫のみ」と自戒と反省から「衆に従いて同じく挙う」という「同事」の行を行ずることができるであろうと指摘し、「内的平等の自覚」を強調している（『聖徳太子の生涯と思想』、百華苑、一九五八年、一五八頁）。
（18）田中嗣人氏は「十七条憲法の原態が初期の太子伝に採録され、さらに『書紀』に引かれていった過程で演繹部分の付加が行われた」という説を提示している（『聖徳太子信仰の成立』、吉川弘文館、一九八三年、一一九頁）。

古代寺院と学僧

本郷真紹

はじめに

仏教公伝以来半世紀を経て、朝廷の意向として受容が政治的に決せられると、多くの本格的な寺院が建立された。その嚆矢とも言える存在が、蘇我氏の建立にかかる飛鳥寺（法興寺）であるが、以後規模の大小はあれ、各氏族が相次いで寺院の建立を志すようになり、とりわけ乙巳の変後の大化元年（六四五）八月の詔で朝廷による寺院建立支援の方針が打ち出されると、(1)急激にその数は拡大する。

筆者は旧稿にて、このような寺院造営の風潮には、仏教に対する信仰に基づき、その拠点を設定するという純粋に宗教的な意向も存在したものの、一方で、それまでの古墳に通じるような、発願主体が自らの権威・権力を象徴すると同時に、伽藍の形状・構造により朝廷との密接な関係を周囲に知らしめるという、建造物自体の有する感覚的な機能に期待する部分が少なからず作用したという見解を呈した。(2)すなわち、寺院の機能として、㈠存在そのものが果たす感覚的機能と、㈡僧尼の活動の場としての実践的機能の二つが挙げられ、㈠の機能の具体的内容として、

Ａ　建立の発願主体、或いは護持主体（外護者・檀越）の権威・権力の象徴としての機能と、

Ｂ　寺院の存在が、その立地する環境にもたらす清浄性創出・維持の機能の二つを、また㈡の機能については、

Ｃ　僧尼が教学を研鑽し修道を行う場としての機能と、

Ｄ　種々の利益を目的に修する仏事法会の場としての機能の二つを、想定することが出来る。

七世紀中葉から八世紀初頭にかけて建立された白鳳寺院の多くが平安期まで存続せず廃絶したという事実は、何よりもそれが、恒久的な施設として営まれたものでなく、発願主体一代の目的に沿うものであった可能性が高いこと、つまり創建時にはＡの機能に最も期待が寄せられたことを示唆しているが、仏教の教義がいち速く浸透し、㈡の機能を期待して建立されたと目される中央の大規模寺院でも、Ａ～Ｄの機能を全て兼ね備えた寺院は殆ど見受けられないのが実態であったと言わねばならない。史料にその名が確認されるものの、如何ほどの複合的な機能を兼ね備えた寺院であったか定かでなく、施設のみが所在するに過ぎないといった例や、Ｃの機能は殆ど有さず、ただＤ法会催行の場としてのみ機能していた例も、少なくはなかったと受け止められるのである。

そこで、本稿では、七世紀代に活動した、比較的史料に多くその名が登場する学僧の去就を通じて、初期の仏教寺院、特に中央の官寺（大寺）が如何ほどの機能を兼ね備えていたか、実態について考察し、その結果を踏まえ、八世紀・平城京の時代に、官寺と学僧にどのような動きが見られたか、その背景にどのような意図が存在したかといった点を追究することにしたい。言うまでもなく、特に七世紀の寺院や僧侶に関しては、史料的に制約を受け、あくまでも可能性を提示するに留まることが予想されるが、それでも、七世紀の官寺の実態を究明し、八世紀代における展開との差異を指摘することを通じて、日本仏教の発展段階とその意義に対する考察を試みたい。

一　七世紀の学僧の動向と飛鳥寺

『日本書紀』に具体的な僧名が見えるのは、仏教公伝二年後の欽明天皇十五年（五五四）二月に僧曇慧ら九人を僧道深ら七人に代えたとするものであるが、[3]この時交代した僧が、それぞれいずれの寺院に居したのか定かでない。次いで、崇峻天皇元年（五八七）物部守屋討滅後に百済から遣わされた恵総以下数名の僧は、[4]この後飛鳥寺の造営が開始されていることから、その事業にも関与したと推測されるが、去就はやはり不明である。推古天皇三年（五九五）五月には高句麗から慧慈が、また同年百済から慧聡が渡来し、翌年法興寺（飛鳥寺）が完成したのに伴いこの寺院に住したとされる。[5]

以下、孝徳朝に至るまで、史料にその名を残す主たる学僧について見ることにしたい。

①道欣・恵弥　推古天皇十七年五月に、百済の漂流民で日本に留まることを願った僧道欣と恵弥は、元興寺（飛鳥寺）に住まわされた。[6]

②観勒　推古天皇十年に暦本等を携えて百済から来朝した観勒は、同三十二年四月に日本ではじめて僧正に任じられたが、後世、元興寺の三論宗徒と認識された。[7]

③恵灌　推古天皇三十三年に高句麗より遣わされた恵灌は、僧正に任ぜられたが、[8]『三国仏法伝通縁起』では、元興寺僧恵灌は三論の学匠で、孝徳天皇に三論を講じた功により僧正とされたと伝える。大化元年（六四五）八月に十師に任じられた僧のうち、筆頭で記された「狛大法師」というのも、当時の処遇に鑑みて、恵灌である可能性が高い。

④僧旻　推古朝に入唐し、舒明天皇四年（六三二）八月に帰朝した僧旻は、後世、飛鳥寺に居した僧として認識されている。[9] 大化元年八月の十師任命の際に「寺主僧旻」とされるのも、後述するが、飛鳥寺の寺主たることを意味する可能性が高い。

⑤霊雲　舒明天皇四年八月に僧旻とともに帰朝した霊雲は、大化元年八月に十師に任じられた。後世、唐にて吉蔵から三論を伝受し、元興寺に居したと伝えられる。[10]

⑥福亮　唐にて嘉祥に受学し、また恵灌から三論を伝受した呉国の僧福亮は、舒明天皇十年に法起寺にて弥勒像を造り金堂を構立したとされる。大化元年八月に十師に任ぜられ、斉明天皇四年（六五八）には中臣鎌足に招請されて維摩詰経を講じたとされるが、「元興寺福亮法師」と見え、飛鳥寺の僧と伝えられた。[11]

⑦恵雲　舒明天皇十一年九月に入唐学問を終えて帰朝し、大化元年八月に十師に任ぜられる。吉蔵に受学し、帰朝後は元興寺に居したという伝を有する。[12]

⑧常安　南淵請安である可能性も存するが、入唐後、舒明天皇十二年十月に新羅経由で帰朝し、大化元年八月十師となる。恵雲と同様に、元興寺に住したという。[13]

⑨恵至　大化元年八月十師に任ぜられ、白雉三年（六五二）四月の慧遠による無量寿経講説の際に論議者を務めたが、『三国仏法伝通縁起』には元興寺の僧とされる。[14]

⑩道登　宇治橋を懸架したとされる道登は元興寺の僧で、大化元年八月に十師に任ぜられた。[15]

⑪恵隣　恵雲・常安と同様に、入唐学問を修し、帰朝後元興寺に住して、大化元年八月に十師となったとされる。[16]

⑫恵妙　大化元年八月に十師に任じられると同時に、百済寺の寺主に任命された恵妙は、天武天皇九年（六八〇）十一月に卒したと伝えられる。[17]

この間、舒明天皇十一年七月に、勅願にかかる最初の官寺たる百済大寺の建立が発願され、皇極朝に改めてその造営が命じられたが[18]、吉備池廃寺の発掘により塔・金堂の規模等は確認できるものの、当該期の機能については詳らかでない。乙巳の変の後、大化元年八月には「大寺」に使者が派遣され、僧尼を招集して十師の任命や寺院造営の支援等が宣せられる[19]。このとき任命された「狛大法師」恵灌以下恵妙に至るまでの一〇僧のうち、恵妙のみは改めて百済寺の寺主に任じられるが、大半の僧が、当時の史料には信頼に足る伝を遺さぬものの、後世には元興寺（飛鳥寺）の僧として受け止められたことが認められる。

この詔の前半部分で、仏教公伝以来蘇我稲目・馬子の仏教興隆の業績が取り上げられ、また飛鳥寺の仏像が推古天皇のために蘇我馬子が造立したものとされており、さらに「寺主僧旻」の「寺主」とは、恵妙の百済寺寺主補任との関係から「大寺」即ち飛鳥寺の寺主と見なすのが自然である、といった点に鑑みれば、恵妙もまた、他の九僧と同様に飛鳥寺に住した僧で、それ故「別に」百済寺寺主の任務を帯びたと考えられる。それまで仏教興隆の主導権を握っていた蘇我氏に代わり、天皇がその役割を担うという姿勢を標榜する目的を有したことからすれば、蘇我氏の建立にかかる寺院でありながらも、改めて「推古天皇の為に造られた仏像を安置する寺院」と意味づけられ、諸寺院の中心的役割を果たしてきた飛鳥寺が、宣言の場として最も相応しいと言うことが出来よう[20]。

この後、『三国仏法伝通縁起』では、大化二年に恵師・智蔵・恵輪の三僧の僧正補任を伝える[21]。恵師・恵輪はともに元興寺僧との伝を有し、智蔵は福亮の在俗時の子で、三論を元興寺で恵灌或いは福亮から受学し、入唐学問を修したのち法隆寺に住したとする。『僧綱補任』は天武天皇二年条に三僧共に僧正の地位にあったと伝えるが、任命の時期については詳らかでない。

さらに、白雉四年五月には遣唐使に随行して多くの留学僧が渡唐を果たすが、このうち飛鳥寺僧道昭は長安で玄奘三蔵に法相の教義を受学し、帰朝後将来した経論を飛鳥寺東南に設けた禅院に収蔵し、ここを教学研鑽の拠点とする。(22)『三国仏法伝通縁起』はこの道昭を法相宗の第一伝とし、道昭の入唐より五年余後の斉明天皇四年七月に入唐した智通・智達を第二伝と位置付けている。

その後、壬申の乱を経て天武朝になると、律令国家仏教体制の樹立に向けて新たな動向が見受けられるようになる。

天武天皇二年は実質的に大寺制が開始した年とされるが、造高市大寺使が任命され、百済寺の後身である高市大寺の伽藍整備が進められるとともに、大寺に永年の寺封が施入される。(24)注目すべきは、この時、大寺に施入されたとされる封戸(寺封)の額で、高市大寺に三〇〇戸或いは七〇〇戸、川原寺に五〇〇戸の施入に対し、飛鳥寺に対しては一七〇〇戸もの莫大な寺封が入れられたことである。のち朱鳥元年(六八六)に高市大寺に七〇〇戸が加えられるが、それでも飛鳥寺の規模を凌ぐものではない。寺封は寺院にとって貴重な財源となるもので、法会や斎会の費用とされるが、これに勤仕する僧に対する布施もまたそこから充当されることから、所属する僧の生活と密接に関係し、その数および活動内容を反映した部分も大きいと受け取られよう。

また、斉明天皇追善の関係から、宮の縁の地に建立された川原寺(弘福寺)が新たな勅願の官寺として史料に見受けられるようになり、天武天皇二年に川原寺で一切経の書写が始められ、同四年には諸国に使者を派遣して一切経の探索が行われる。(25)この時期、各地域でも寺院の建立が進み、独自のルートで大陸・半島から経論の類を獲得し所蔵していた寺院も存在したと見なされるが、そのような寺院の経論を動員し、大規模な写経と法会の勤修が始まったことは、経典の内容の理解とこれに対する重視の姿勢が強まったことを示しており、学僧の果たす役割は一層重要になったと考えられる。

このように、天武朝における仏教興隆事業の新たな傾向として、経典の製作・頒布や、教義の流布が積極的に図られたことが指摘される。同六年八月には飛鳥寺で大規模な設斎が行われ、この時、一切経の読経に天皇自らが飛鳥寺の南門に御して拝礼している。(26)同じ講説或いは読誦とはいえ、一切経の読誦となると、それを兼ね備えた場でなければ催すことは出来ないが、天皇の行幸を仰いで一切経の読誦が行われたのが飛鳥寺であったことは、その条件が整っていたことを示すものと受け止めねばならない。逆に、同じ大寺や有封寺でも、十分な経典を兼ね備えたとは言い難い寺院も少なからず存在したと推測されよう。

そして、同九年には、飛鳥寺は本来官司の治の対象から外れる存在であるものの、「大寺」として扱われ重要な役割を果たしてきたとして、従来通り官司の治に入れるべきことが謳われている。(27)官治の対象となる「国大寺二三」の中に入らないということなので、この場合の「国大寺」は天皇勅願の寺院を指すと受け取られるが、飛鳥寺は、本来は蘇我氏の本願の寺院であるにも拘わらず、勅願の寺院と同様に朝廷の管轄する寺院として扱わねばならないほど、大きな影響力を有していた。

今一つ注目すべきは、僧綱の所在である。天武天皇二年に義成を少僧都に任じ、僧綱の佐官を二僧から四僧に増員している。(28)『僧綱補任』は、僧正として、先に触れた恵師・智蔵・恵輪に加え、智円・智通の名を挙げ、また『扶桑略記』は同年三月に智蔵を僧正に任じたとする。(29)天武天皇十二年三月には僧正・僧都・律師が任じられ、令制下の僧綱による僧尼統制の体制が確立される。(30)その三年後の朱鳥元年六月に、飛鳥寺に伊勢王と官人が派遣され、衆僧に勅して、仏の功徳による玉体安穏を目的に、僧綱とともに誓願するように命じられ、同時に、四大寺の和上・知事を含め師位僧に衣類が振る舞われるが、(31)殊更に飛鳥寺を舞台にこのような勅が宣せられていることは、当時の僧綱が主として飛鳥寺に所在し、同時に飛鳥寺が京内諸寺の中心的役割を占めていたことを示している可能性が高い。

天武天皇九年十一月、皇后の病気平癒を祈願して薬師寺の建立が発願され[32]、また同十四年十二月、翌朱鳥元年正月には大官大寺（高市大寺）の僧に絁等の布が施されるが[33]、飛鳥寺に対しては、同十四年五月に再び天皇の行幸があり、珍宝が奉納されている[34]。玉体護持を念ずる場としても、飛鳥寺が重視されていたことが窺われよう。

ここで、僧綱の命により大安寺が作成し天平十九年（七四七）二月に提出した「大安寺伽藍縁起幷流記資財帳」を見れば、仏像では孝徳朝や天智朝に施入されたものが認められるものの、一切経一五九七巻が養老七年（七二三）に元正天皇から施入されたもの、部足経一一五部のうち金光明経一部が持統天皇八年（六九四）に天皇より施入されたもの、雑経五七二巻のうち金剛般若経一〇〇巻が、金光明経と同じく持統天皇八年に施入されたものと見え、施入の時期と主体が明記されているもので天武朝を遡るものは存在しない[35]。これと同時期に提出された「法隆寺伽藍縁起幷流記資財帳」においても、聖徳太子御製とされた三経義疏を除けば、最も古いもので持統天皇八年に施入された金光明経一部八巻であり、やはり天武朝以前のものは見受けられない[36]。

これらの事実からして、道昭の将来した経論を持ち出すまでもなく、仏教教学の研鑽機関として実質的に機能していたのは、少なくとも天武朝以前の段階においては飛鳥寺のみであったと言わねばならない。実際、高句麗や百済から渡来した僧、および渡来系氏族の出身者が多かった日本の僧で入唐学問を修したものの大半が、飛鳥寺に住して教学の研鑽や相承に携わっていたのである。

仏教導入の根拠は多岐にわたるが、少なくとも公伝後仏教受容の姿勢を明確にした初期の段階においては、在来の神祇に対する信仰で不可触とされた、穢れに直結する事態、具体的には病や死に対処する方策として呪術的利用を図るためであり、天皇として最初に仏教信仰を志向した用明の目的が自身の病気平癒にあったことは、何よりもそのことを端的に示すものと言える。その後、君親の恩のために寺院が建立され、また最初の体系的な仏事として盂蘭盆会が修されるなど[37]、従来の祖先祭祀とは些か異なり、比較的身近な祖先への追善の目的で仏像が造られ祀られるようになった。いずれにせよ、直接の目的とするところは、出家者に求められるような教学の研鑽、深化ではなかったと考えられる。無論、僧尼には学業と修行が期待されたであろうし、経典の講説を通じて教学の内容を知らしめる行為も見られたが、それはあくまで現世利益のより有効な手段としての認識を促す目的等でなされたものであり、社会に広く仏教教学の流布を図り、信仰を広めることを第一義とするものではなかった。冒頭に掲げた寺院の機能の類型からすれば、創建に際しては専らＡ・Ｂ・Ｄの機能に多くの期待が寄せられたのである。

しかしながら、本格的な寺院として最初に造営された飛鳥寺については、仮にその発願主体である蘇我馬子に上記の一般的な動機しか無かったとしても、結果として、そこに仏像や経論等仏教の文物と、高句麗や百済から渡来した学僧、或いは大陸に渡り帰還した学僧が集中することになれば、自ずから教学研鑽の拠点としての機能が兼ね備わるようになる。このような経緯で、飛鳥寺は仏教受容と興隆の方針を維持する以上欠くことの出来ない存在となり、檀越の蘇我本宗家が滅亡して後も、従前の機能を有したまま仏教興隆の中心的役割を果たすことになったと考えられる[38]。

では、何故に、舒明天皇の勅願にかかる百済寺が飛鳥寺と同等の機能を有し、乙巳の変以後これに取って代わる存在となり得なかったのか。この点については、百済寺はあくまで天皇の権威と権力の象徴であると同時に、法会を催行する場として設えられたのであり、仏教教学の中心機関となることは、少なくとも建立発願当初は想定されていなかったと考えられるのではないだろうか[39]。

聖徳太子の熊凝精舎に関する説話はさておくにせよ、百済寺とその後身寺院は、移転も含めて、舒明・皇極・天智・天武そして文武と、都合五代の天皇が建立を発願したと伝える。とりわけ百済寺が天武朝に移建されて高市大寺となり、やがて大官大寺と改称され、さらに文武朝に改めて伽藍が建立されるなど[40]、焼亡後の再建ならともかく、何故伽藍を遷してでも再建されねばならなかったのか、理解に苦しむ部分もあるが、先述の寺院に期待された機能を考慮すれば、発願の意図は十分に理解できるように思われる。即ち、歴代の天皇が、D法会催行の場であると同時に、A自身の象徴としての機能を期待した部分が大きく、それ故に、五代の天皇がそれぞれに建立、寺地移転や伽藍の整備を謳わねばならなかった必然性が存したのである。特に、天武が発願し、持統に受け継がれた高市大寺造営が、文武の代に大官大寺として改めて新寺地が設定され伽藍の建立が企画されたことは、藤原京内中心部への位置付けという意義と同時に、文武自身の権威との関係をそこに見て取ることが出来よう。

ここで改めて、持統・文武朝における飛鳥寺と大官大寺、そして天武天皇九年十一月に発願された薬師寺との相対的な関係について見れば、飛鳥寺は大藤原京の京域内にかろうじて入ってはいるが、中心的位置に所在するとは到底言い難い。これに対し、大官大寺・薬師寺はそれぞれ藤原京の左京・右京で対称的に位置し、この位置関係はのちの平城京においても踏襲される。即ち、大官大寺と薬師寺こそが王権の象徴物としての役割を果たしており、計画的に建設された藤原京や平城京において、宮の近くに位置する、まさに「大寺」としての風格を有したのである。

しかし、相次いで入唐留学僧が帰国し、新たな大陸の情勢とともに、より深化した仏教教学の内容が伝えられると、それに対する朝廷の関心も次第に高まり、勅願の官寺にも飛鳥寺と同等の機能を備えることが必要と認識されるに至る。やがて平城京内に大安寺と薬師寺が設立され、筆頭官寺である大安寺と、これに次ぐ寺格を有し僧綱の居所と定められた薬師寺が、従来の象徴的役割を担うと同時に、全ての機能を兼ね備えた本格的な寺院としての存在を示す方向で整備が図られた、と受け止めるべきではないだろうか。

その一方で、教学面で仏教界の主導的役割を果たしてきたものの、本来官治の対象となるべきものではなかった飛鳥寺は、藤原京の設営に当たり、改めて宮の近隣に伽藍を建立する必要は無く、その意味では、平城遷都に際して必ずしも移建を志す理由はなかったと考えられる。藤原京所在の寺院が平城京内に設営されても、旧伽藍を全て取り壊して新地に移したわけではないことが確認されているが、川原寺（弘福寺）や豊浦寺・斑鳩寺といった皇室縁の寺院すら、平城京内で新伽藍の造営は企画されなかった。にも拘わらず、何故に飛鳥寺の後身たる元興寺が、外京とはいえ平城京域内に、興福寺と南北に並ぶ形で設営されるに至ったのであろうか。

二　興福寺・元興寺と学僧

道昭や智通・智達が入唐求法に赴いていた斉明朝から天智朝にかけ、飛鳥寺に関連して極めて興味深い伝えが残されている。それは中臣鎌足に関するもので、斉明天皇二年（六五六）に鎌足が病となった際、百済の禅尼法明により読誦された維摩詰経の功徳で病が回復し、翌年、鎌足は山階の陶原の家に精舎を建立し、のちの維摩会の濫觴となる斎会を催した。その翌年十月には元興寺（飛鳥寺）の福亮を講匠として維摩経の講演が行われ、以後毎年開かれることになった。鎌足は家財を割き取って元興寺に入れ、五宗の学問の分を設け置いたことから、賢僧が絶えることなく聖る道が次第に盛んになったとする。(41) 福亮が最初の講師となったことが契機とはいえ、中臣氏（藤原氏）と飛鳥寺には緊密な関係が構築され、藤原氏はいわば飛鳥寺の外護者としての役割を果たしたとされる。(42)

維摩会自体については、鎌足の死後中絶していたのを、藤原京の時代の慶雲二年（七〇五）にその息不比等が再興し、平城遷都後興福寺で修されるようになり、これを不比等の娘光明子が引き継ぎ、天平宝字元年（七五七）には、藤原仲麻呂の請により、かつて曾祖父鎌足に与えられた功田一〇〇町がその資として用いられることになったと伝わる[43]。この後維摩会は、藤原氏の長がこれを催行する主体でありながら、重要な国家法会として扱われるに至る。平安時代、興福寺維摩会は宮中御斎会・薬師寺最勝会とともに南京三会と称され、学僧にとっては僧綱への登竜門として位置付けられた。

中臣鎌足の病を機縁とする維摩会の創始譚については、八世紀の天平期に、興福寺の権威付けや、仲麻呂の政治的意図を反映して造作されたものとする見解も見えるが[44]、それでは何故に、『藤氏家伝』上の鎌足伝に見られる如く、藤原氏の側から鎌足と飛鳥寺との関係を強調しなければならなかったのか、といった点について、改めて考える必要がある。維摩会の創始を鎌足の功績として位置付けることが目的であれば、飛鳥寺に対する財政支援を持ち出す必要はなかろう。やはりそこには、天平期においても、藤原氏の飛鳥寺に対する認識が反映されていると同時に、飛鳥寺から興福寺へというイメージが描かれたことも十分想定しうるのではないだろうか。

一旦途絶えていた維摩会を再興させた不比等の意向により、平城京の一角に、山階寺を整備発展させた興福寺が建立され、その南隣に元興寺が配置された。両寺はこの後、三論宗・摂論宗(のち法相宗)をはじめ諸学団の拠点となり、法相宗については「並興福元興南北両寺、学者衆多競立義理、因内二明互諍金玉、朋党相扇成両寺異」といった状況を現出させることになる[45]。飛鳥寺の移転、より正確には平城京元興寺の建立は、養老二年(七一八)の九月に開始された[46]。ここで注目すべきは、その二週間あまり後に、太政官から僧綱に対し、法門の師範たる僧を名を挙げて顕彰し、また師の後継として後進の領袖たるに堪える僧の名臈を録して報告し、さらに宗の師と称するにたる僧を推挙せよと命じていることである[47]。

『僧綱補任』によれば、この段階での僧綱員の構成は、僧正義淵・大僧都観成・少僧都弁正・律師神叡の四僧で、観成・弁正について所属する寺院等は詳らかでないが、義淵は維摩会の講師も務めた飛鳥寺の智鳳に受学し、神叡は元興寺の僧と伝わる。いずれにせよ、飛鳥寺(元興寺)と縁の深い僧であると受け止めてよいと思われるが、もしそうであるとすれば、元興寺の建立開始と、仏教の宗義発展のため高僧の推挙を僧綱に命じたこととは、緊密な関係を有するると見なさざるを得ないであろう。養老年間以後学業奨励の方針が強く打ち出され、天平年間に至って宗の形成に繋がったことが指摘されているが、[48]飛鳥寺に属した僧綱や学僧が平城京内に新たに造立された元興寺に住まいすることを契機に、従来飛鳥寺が独占的に担ってきたC教学研鑽の機能を元興寺に継承させると同時に、その北隣の興福寺に対しても、同じ機能を担わせる方向を打ち出したと考えられるのである。

この養老二年には、大宝元年(七〇一)に渡海し入唐求法を終えた道慈が帰朝する。[49]そして、翌三年、元正天皇の詔により道慈と律師神叡に封戸各五〇戸が施され、その功績が顕彰される。[50]前年の奨励策を具体化した事例と見なすことも可能であるが、道慈は当時進められていた『日本書紀』の編纂にも携わったとされ、[51]更にこの後、大安寺の建立に重要な役割を果たすことになる。因みに後世、神叡は法相、そして道慈は三論の学僧として伝えられた。

ところで、『三国仏法伝通縁起』によれば、日本への法相宗第一伝は、玄奘三蔵に受学し帰朝した道昭とされる。道昭は帰朝後、飛鳥寺の東南に禅院を建立し、将来した経論の研鑽を進めたが、文武天皇四年(七〇〇)に卒去し、平城遷都に際して、その親族や弟子は、新たに禅院(禅院寺)を平城右京四条七坊の地に建立することを要請し、道昭将来の経論はこの寺院に納められた。[52]何故、元興寺の建立開始に先立つ七年前に、早々と平城京内の中心地にこのような新たな寺院を建立するはこびとなったのであろうか。

その理由の一つとして、教学の担い手としての学僧が新京に移るのに先立って、道昭将来の経論を移動させ、写経事業に資すると同時に、所属の寺院を問わず教学の研鑽に役立てようとした可能性が存在する。それだけ、新来の経論は極めて貴重な存在であり、先述のように、この段階になって国家の仏教教学に対する関心が高まり、最先端の唐の仏教教学を導入することに積極的に取り組む姿勢の芽生えていたことから、こののち禅院寺は著名な蔵経の寺院として重視されたと推察される(53)。一旦遊行に出た道昭が、勅により元興寺禅院に止住するように命じられたのも、教学重視の姿勢を反映したものといえ、それまで飛鳥寺が独占的に担ってきたCの機能を、平城遷都後京下の寺院全体に普遍化させようとする動きの一端と評価できるかもしれない。

新たな法相教学の書籍も含まれたとはいえ、道昭の将来した教学自体は、実際には旧の摂論宗に近いものであったとの指摘もあるが(54)、『続日本紀』に長文の卒伝を遺し、後世、日本法相教学の第一伝として評価されながらも、何故かその門下からは教学を継承する次代の学僧が出現せず、唯識の系統は専ら法相第三伝の智鳳に受法した義淵の門下から輩出したと伝えられるのも、禅院寺の飛鳥寺(元興寺)からの分離独立が、何らかの影響を与えた可能性も否定できないように思われる。

一方、先に触れたように、入唐学問僧の道慈は大安寺の造営に主導的役割を果たし、また律師に任じられ僧綱の一員として活動する。天平九年(七三七)三月八日には、奏請して大安寺での大般若経転読の実績を根拠に、「護持鎮国平安聖朝」を目的に一五〇僧による同経転読を願い、勅許される(55)。ところが、その二日後の三月十日には、皇后宮職の請により、鎌足の時以来藤原氏の家財を割いて行われてきた講経の法会を興福寺で行うため、元興寺の摂大乗論門徒を興福寺に住持させることを願い出、勅許を得ている(56)。

この年、天然痘の災禍が都に及び、四月から八月にかけて藤原不比等の四子が相次いで死去し、月日は不詳であるが少僧都神叡も卒去したと伝える(57)。同年五月と八月にはそれぞれ六〇〇僧・七〇〇僧による宮中での大般若経転読が試みられ、また十月には道慈を講師として大極殿で金光明最勝王経の講会が催される(58)。その間の八月に、二年前に入唐学問を終えて帰朝した玄昉が僧正に任命され、十二月には長年患っていた藤原宮子の「幽憂」を治して褒賞されている。[59]

社会不安が拡がるなか、あらゆる手段を講じて疫病を退散させるべく、同時期に二つの国家法会に期待が寄せられたとも受け取られるが、注意すべきは、皇后宮職の請により、講経の法会勤修を理由に元興寺の摂論衆が興福寺に移されている点である。玄昉の将来した五千余巻の経論は、恐らくは光明皇后の意向もあり、のち興福寺の唐院で保管され、皇后宮職写経所で大規模な写経が行われ、また玄昉自身も皇后宮の一角に存した隅院に住まわされた。このような環境下で、摂論宗に近い法相宗異端派を第一の教学とする玄昉の意向で、主だった摂論門徒の興福寺への移住が進められたとしても不思議はない。

教学研鑽の奨励、新訳経典と新たな教学体系の将来、そして平城京下の官寺の整備に伴い、学団の発展と相互の拮抗的な関係の形成が進展する。先述の禅院寺の設営も、或いはこのような動向の一環として受け止めることが出来るかもしれないが、もしそうであるとすれば、元興寺から興福寺への摂論門徒の移住と講経法会の国家行事としての催行、大安寺を拠点とする三論教学の展開と、やはり国家法会としての大般若会の勤修といった事態は、前代に見られなかった寺院と学団(宗)との関係を構築させることに繋がったと受け止めることも可能となろう。[60] そして、学団(宗)に対する帰属意識が次第に高まった結果、桓武朝になって、両宗の対立、二者択一的な風潮を政治的に諌めねばならない事態にまで立ち至ったと推測されるのである。[61]

無論、学僧に従来の他宗兼学の姿勢が失われたわけではなく、また摂論門徒の興福寺への移住により元興寺の勢力が衰退したのでもない。東大寺造立以前の国家法会は等しく大安・薬師・元興・興福寺の四大寺で営まれ[62]、天平感宝元年(七四九)閏五月に諸寺に絁・綿・布・稲・墾田地が施入された際には、大安寺・薬師寺・元興寺・興福寺・東大寺は同額とされている。[63] また、同年七月には官寺の墾田の制限が設けられたが、大安寺・薬師寺・興福寺が一〇〇〇町とされたのに対し、元興寺には東大寺の四〇〇〇町に次ぐ二〇〇〇町の額が認められている[64]。さらに、奈良末〜平安初期に活躍した勝虞・護命らの著名な学僧は、法相僧とはいえ元興寺に所属した。主流の学統形成が出現したにせよ、いずれの官寺においても種々の教義体系が受け継がれ、その研鑽が図られるようになった点に、平城遷都以前の飛鳥寺に独占的に見られた寺院の機能が普遍化したことが認められよう。また、その動向に一層の拍車をかけることになった契機として、天平期の大仏造立に代表される大規模な仏教興隆政策の果たした役割を評価せねばならないように思うのである。

さて、これまで見てきた七世紀中葉の鎌足の時代から八世紀中葉の天平期にかけての中臣氏（藤原氏）と飛鳥寺（元興寺）、さらには、平城遷都に伴い設営された興福寺との関係からすれば、以下のような評価が可能となるように思われる。

藤原氏の氏寺である興福寺が官大寺と同等の規模をもって平城京内に創建され、これに隣接して飛鳥寺の後身たる元興寺が、やはり同規模の伽藍を有して建立されたのは、教学研鑽機関としての飛鳥寺の機能を重視した藤原不比等が、その機能を継承すると同時に、官大寺が担ってきた機能をも興福寺に併せ持たせることで、藤原氏が仏教興隆に主導的役割を果たすことを標榜し、これを通じて藤原氏の権威付けを図ろうと試みたことによるものと考えられる。この動きは、律令国家の期待した寺院機能の充実に触発された部分も存したであろうが、それ以上に、国家・王権との関係で構築すべき一族のスタンスを構想したと考えたい。

官大寺でありながら平城京への移転が行われなかった弘福寺（川原寺）との関係に着目し、また唐では弘福寺が興福寺と改称された例が存することから、興福寺は弘福寺を継承する存在であった可能性を指摘する向きもある[65]。もしそうであれば、弘福寺に十分備わっていなかったCの機能に対する期待については、従来から藤原氏と関係の深かった飛鳥寺から受け継ぐ形で興福寺の創建が構想された可能性も否定できない。それ故、元興寺の設置は興福寺に隣接する地で行われる必要があったと考えられる。このような不比等の構想は光明子に受け継がれ、天平年間に至り、一連の大規模な仏教興隆政策の推進を通じて、まさに結実するところとなるのである。

結びに代えて

以上、小稿で述べた論点を整理して、結びとしたい。

七世紀段階の日本において、仏教教学の研鑽の場として機能していた中央の大寺は、飛鳥寺のみであったと言って過言ではない。その理由は、成立の年代と伽藍整備の状況といった物理的な要因もさることながら、学僧が研鑽を積めるだけの条件、とりわけ経論の類が最も整備されており、必然的にこの寺院を通じて教学の相承が行われた部分が大きいことによる。しかしそればかりでなく、同じ大寺とはいえ、百済寺や川原寺・薬師寺といった勅願にかかる寺院には、少なくとも創建当時は、教学研鑽の場としての機能がさほど期待されていなかったことも要因として想定せねばならない。

平城遷都に伴い主要寺院の京内への移転が企画されたとはいえ、当初から造営が進展していたのは数的に大きいものでなく、筆頭官寺たる大安寺ですら、帰朝した道慈が関与してはじめて著しい進展を見るような状況にあった。一方で、藤原氏の氏寺である山階寺の系譜に連なる興福寺はいち速く外京で設営が進められ、それ以前の藤原氏との深い関係から、飛鳥寺もまた、その後身の元興寺が興福寺のすぐ南方に設営され、僧綱をはじめ学僧が新伽藍で活動を継続させることになる。そして、藤原不比等―藤原四子・光明子と続く朝廷および王権との密接な関係を通じ、興福寺は、檀越たる藤原氏の意向に沿って、次第に官寺としての威容を整えていくことになった。

一方で、学僧の居住寺院および活動の場が多様化し、また諸官寺の整備が図られるにつれ、飛鳥寺が教学面で独占的に占めていた地位は次第に揺らいでくる。併せて、道昭の帰朝以来新たな唯識系統の教学が盛んとなり、同じく入唐求法を修した智鳳、さらに義淵の門下から学僧を輩出すると、それまで三論を基軸に教学の研鑽と相承の場としての役割を果たしてきた飛鳥寺に、従来とは異なる新たな学団が発展するようになった。具体的には、道昭、智鳳―義淵―神叡・玄昉・行基といった唯識系の流れと、智蔵―道慈・智光・礼光といった三論系の流れが生じたのである。

これに加えて、国分寺・東大寺や国分尼寺・法華寺に象徴されるように、特定の経典の教学を基盤とする寺院が出現し、さらに盧舎那大仏造立に見られる華厳教学の隆盛、さらに鑑真の来朝等により、戒律の整備を通じて律宗もまた重きをなすようになると、宗の成立に相即した新たな動きが、中央の官寺のみならず、仏教界全体に窺われるようになるのである。

註

(1)『日本書紀』大化元年八月癸卯条

遣使於大寺、喚聚僧尼。而詔曰、於磯城嶋宮御宇天皇十三年中、百済明王、奉伝仏法於我大倭。是時、群臣倶不欲伝。而蘇我稲目宿禰、独信其法。天皇乃詔稲目宿禰、使奉其法。於訳語田宮御宇天皇之世、蘇我馬子宿禰、追遵考父之風、猶重能仁之教。而余臣不信、此典幾亡。天皇、詔馬子宿禰、而使奉其法。於小墾田宮御宇天皇之世、馬子宿禰奉為天皇、造丈六繡像丈六銅像、顕揚仏教、恭敬僧尼。朕更復思崇正教、光啓大猷。故以沙門狛大法師、福亮、恵雲、常安、霊雲、恵至、寺主僧旻、道登、恵隣、恵妙、而為十師。別以恵妙法師為百済寺々主。此十師等、宜能教導衆僧、修行釈教、要使如法。凡自天皇至于伴造、所造之寺不能営者、朕皆助作。今拝寺司等与寺主。巡行諸寺、験僧尼奴婢田畝之実、而尽顕奏。即以来目臣闕名、三輪色夫君、額田部連甥、為法頭。

（2）拙稿「古代寺院の機能」（同『律令国家仏教の研究』、法蔵館、二〇〇五年）。

（3）『日本書紀』欽明天皇十五年二月条

百済、遣下部杆率将軍三貴・上部奈率物部烏等乞救兵。仍貢徳率東城子莫古、代前番奈率東城子言、五経博士王柳貴、代固徳馬丁安。僧曇慧等九人、代僧道深等七人。

（4）『日本書紀』崇峻天皇元年是歳条

百済国遣使幷僧恵総・令斤・恵寔等、献仏舎利。百済国遣恩率首信・徳率蓋文・那率福富味身等、進調幷献仏舎利、僧聆照律師・令威・恵衆・恵宿・道厳・令開等、寺工太良未太・文賈古子、鑪盤博士将徳白昧淳、瓦博士麻奈文奴・陽貴文・㥄貴文・昔麻帝弥、画工白加。

（5）『日本書紀』推古天皇三年五月丁卯条

高麗僧慧慈帰化。則皇太子師之。

『日本書紀』推古天皇三年是歳条

百済僧慧聡来之。此両僧、弘演仏教、並為三宝之棟梁。

『日本書紀』推古天皇四年十一月条

法興寺造竟。則以大臣男善徳臣拝寺司。是日慧慈・慧聡二僧始住於法興寺。

（6）『日本書紀』推古十七年五月壬午条

至于対馬、以道人等十一、皆請之欲留。乃上表而留之。因令住元興寺。

(7)
『日本書紀』推古天皇十年十月条
百済僧観勒来之。仍貢暦本及天文地理書、幷遁甲方術之書也。
『日本書紀』推古天皇三十二年四月戊午条・壬戌条
戊午、詔曰、夫道人尚犯法。何以誨俗人。故自今已後、任僧正僧都、仍応検校僧尼。壬戌、以観勒僧為僧正、以鞍部徳積為僧都。即日以阿曇連闕名為法頭。
『三国仏法伝通縁起』巻中　三論宗
百済仏法伝日域後、至推古天皇御宇三十三年乙酉経七十四年。当大唐高祖武徳八年乙酉。此年高麗国王貢僧慧灌来朝。此乃三論学者、随大唐嘉祥大師受学三論而来日本。是日域界三論始祖。而未講三論裹玉而未開。従此前年観勒法師自百済国来。此亦三論宗之法匠、亦未講通法教。至第三十七代聖主孝徳天皇御宇、乃請元興寺僧高麗慧灌法師令講三論。其講竟日任僧正。此乃日本僧正第二。第一僧正同寺観勒。然僧綱補任記云、慧灌法師第三十四代推古天皇御宇三十三年任僧正焉。有此異説。若会異説、本元興寺有九僧正。謂慧灌・観勒・慧師・慧輪等前後補任。此等僧徒皆為聴衆、講論竟日摠預勧賞、多人任僧正矣。

(8)
『日本書紀』推古天皇三十三年正月戊寅条
高麗王貢僧恵灌。仍任僧正。
『三国仏法伝通縁起』巻中　三論宗　註(7)参照。

(9)
『日本書紀』推古十六年九月辛巳条
唐客裴世清罷帰。(中略)是時、遣於唐国学生倭漢直福因・奈羅訳語恵明・高向漢人玄理・新漢人大圀。学問僧新漢人日文・南淵漢人請安・志賀漢人慧隠・新漢人広済等幷八人也。

『日本書紀』舒明天皇四年八月条

大唐遣高表仁、送三田耜、共泊于対馬。是時、学問僧霊雲・僧旻及勝鳥養、新羅送使等従之。

『本朝高僧伝』巻六十七　和州元興寺沙門僧旻伝

（10）『日本書紀』舒明天皇四年八月条　註（9）参照。

『本朝高僧伝』巻七十二　和州元興寺沙門霊雲伝

釈霊雲、推古末年入唐。謁吉蔵大師、伝習三論。舒明四年秋八月、随唐使高表仁与僧旻帰。居元興寺盛説空宗。孝徳帝択擢十師、教令衆僧弘通釈典。雲亦預焉。

（11）『三国仏法伝通縁起』巻中　三論宗

慧灌僧正、以三論宗授福亮僧正。

『元亨釈書』巻十六

釈福亮。呉国人。受三論于嘉祥。斉明四年内臣鎌子於陶原家精舎、請亮講維摩詰経。

『法起寺塔婆露盤銘』

上宮太子聖徳皇壬午年二月廿二日臨崩之時、於山代兄王勅御願旨、此山本宮殿宇即処専為作寺、及大倭国田十二町近江国田卅町。至于戊戌年、福亮僧正聖徳皇御分、敬造弥勒像一軀、構立金堂、至于乙酉年、恵施僧正将竟御願、構立堂塔。丙午年三月露盤営作。

『扶桑略記』四　斉明天皇四年条

中臣鎌子於山科陶原家、屈請呉僧元興寺福亮法師、（後任僧正、）為其講匠、甫演維摩経奥旨。其後、天下高才海内碩学、相撰請用如此。

(12)『日本書紀』舒明天皇十一年九月条
　大唐学問僧恵隠・恵雲、従新羅送使入京。
『本朝高僧伝』巻七十二　和州元興寺沙門慧雲伝
　釈慧雲、超海入唐、謁嘉祥寺吉蔵三蔵受空宗、帰居元興寺。孝徳帝選用十師之日、雲当其銓。又常安・慧隣、共入中華、伝吉蔵大師之法、帰来住元興寺、預十師数、教衆演宗。

(13)『日本書紀』舒明天皇十二年十月乙亥条
　大唐学問僧清安・学生高向漢人玄理、伝新羅而至之。
『本朝高僧伝』巻七十二　和州元興寺沙門慧雲伝　註(12)参照。

(14)『日本書紀』白雉三年四月壬寅条
　請沙門恵隠於内裏、使講無量寿経。以沙門恵資為論議者、以沙門一千為作聴衆。
『三国仏法伝通縁起』巻中　三論宗　註(7)参照。

(15)『日本霊異記』巻上　人畜所履髑髏救収示霊表而現報縁　第十二
　高麗学生道登者、元興寺沙門也。自出山背恵満之家。

(16)『本朝高僧伝』巻七十二　和州元興寺沙門慧雲伝　註(12)参照。

(17)『日本書紀』天武天皇九年十一月丁亥条
　遣草壁皇子、訊恵妙僧之病。明日、恵妙僧終。乃遣三皇子而弔之。

(18)『日本書紀』舒明天皇十一年七月条
　詔曰、今年、造作大宮及大寺。則以百済川側為宮処。是以、西民造宮、東民作寺。便以書直県為大匠。

『日本書紀』皇極天皇元年九月乙卯条

天皇詔大臣曰、朕思欲起造大寺。宜発近江与越之丁。

(19) 註(1)参照。

(20) 大化元年八月詔については多くの先学の研究があるが、福山敏男氏等の指摘にあるように、ここに言う「大寺」は飛鳥寺と見なして差し支えないものと思われる（福山敏男「大安寺と元興寺の平城京移建の年代」同『日本建築史研究』、墨水書房、一九六八年）。本詔の十師については、中井真孝「大化元年の十師」（同『日本古代仏教制度史の研究』、法蔵館、一九九一年）参照。また、飛鳥寺と学僧の関係について、「当代第一級の指導的な僧は、法興寺を舞台として活躍した。法興寺におかれた三論衆・成実衆・摂論衆は、まさに日本仏教の学問の淵叢というべきであった」（田村圓澄「藤原京の四大寺」同『飛鳥仏教史研究』、塙書房、一九六九年）、あるいは「この当時の飛鳥寺が、大化改新後にいたるまで、最も多くの人材を擁し、仏教界の中心的役割を果していたことは疑いない事実」（佐久間竜「道昭」同『古代僧伝の研究』、吉川弘文館、一九八三年）といった指摘がある。学僧の属性については、七世紀代に活躍する他の僧も含めて、『三国仏法伝通縁起』等後世の史料に依らざるを得ない部分が大きく、確言は憚られるものの、そのほぼ全てが飛鳥寺に関連の僧と伝えられた点を重視しなければならない。

(21) 註(7)参照。

(22) 『日本書紀』白雉四年五月壬戌条

発遣大唐大使小山上吉士長丹、副使小乙上吉士駒、（駒更名糸、）学問僧道厳・道通・道光・恵施・覚勝・弁正・恵照・僧忍・知聡・道昭・定恵、（定恵内大臣之長子也、）安達、（安達中臣渠毎連之子、）道観、（道観春日粟田臣百済之子、）学生巨勢臣薬、（薬豊足臣之子、）氷連老人、（老人真玉之子、或本、以学問僧知弁・義徳、学生坂合部連磐積而増焉、）并一百廿一人、倶乗一船。

『続日本紀』文武天皇四年三月己未条

道照和尚物化。天皇甚悼惜之。（中略）初孝徳天皇白雉四年、随使入唐。適遇玄奘三蔵、師受業焉。（中略）於後随使帰朝。臨訣三蔵以所持舎利経論咸授和尚。（中略）於元興寺東南隅、別建禅院而住焉。于時天下行業之徒、従和尚学禅焉。於後周遊天下、路傍穿井、諸津済処儲船造橋。乃山背国宇治橋和尚之所創造者也。和尚周遊凡十有余載、有勅請還止住禅院。（中略）和尚端坐縄床无有気息。時年七十有二。（中略）後遷都平城也。和尚弟及弟子等奏聞、徙建禅院於新京。今平城右京禅院是也。此院多有経論、書迹楷好、並不錯誤。皆和上之所将来者也。

(23)『三国仏法伝通縁起』巻中　法相宗

第二伝者、道昭入唐之後経於六年、至第三十八代女帝斉明天皇御宇、皇極重祚、四年戊午、智通・智達両般法師、乗新羅船往大唐国、遇玄奘三蔵学法相宗。大日本国此戊午歳始行維摩会、為永代規矩。兼学法於慈恩大師。後還本朝大弘宗旨。

(24)『日本書紀』天武天皇二年十二月戊戌条

以小紫美濃王小錦下紀臣訶多麻呂、拝造高市大寺司。今大官大寺是。時知事福林僧、由老辞知事。然不聴焉。

『新抄格勅符抄』寺封部　（宝亀十一年十二月十日牒勅符）

大安寺千五十戸　癸酉年施三百戸　丙戌加施七百戸

飛鳥寺一千八百戸　癸酉年施千七百戸

川原寺五百戸　癸酉年施

(25)『日本書紀』天武天皇二年三月是月条

聚書生、始写一切経於川原寺。

(26)『日本書紀』天武天皇四年十月癸酉条
　遣使於四方、覓一切経。

(27)『日本書紀』天武天皇六年八月乙巳条
　大設斎於飛鳥寺、以読一切経。便天皇御寺南門、而礼三宝。是時、詔親王諸王及群卿、毎人賜出家一人。其出家者、不問男女長幼、皆随願度之、因以会于大斎。

(28)『日本書紀』天武天皇九年三月是月条
　勅、凡諸寺者、自今以後、除為国大寺二三以外、官司莫治。唯其有食封者、先後限卅年。若数年満卅則除之。且以為、飛鳥寺不可関于司治。然元為大寺而官司恒治。復嘗有功。是以、猶入官治之例。

(29)『日本書紀』天武天皇二年十二月戊申条
　以義成僧為小僧都。是日加佐官二僧。其有四佐官、始起于此時也。

(30)『扶桑略記』天武天皇二年三月条
　智蔵任僧正。呉学生福亮僧正在俗時子也。

(31)『日本書紀』天武天皇十二年三月己丑条
　任僧正僧都律師。因以勅曰、統領僧尼如法云々。

(32)『日本書紀』朱鳥元年六月甲申条
　遣伊勢王及官人等於飛鳥寺、勅衆僧曰、近者朕身不和。願頼三宝之威、以身体欲得安和。是以、僧正僧都及衆僧応誓願。則奉珍宝於三宝。是日、三綱律師及四寺和上知事并現有師位僧等、施御衣御被各一具。

『日本書紀』天武天皇九年十一月癸未条

皇后体不予。則為皇后誓願之、初興薬師寺。仍度一百僧。由是得安平。是日、赦罪。

(33)『日本書紀』天武天皇十四年十二月丁亥条

絁綿布以施大官大寺僧等。

『日本書紀』朱鳥元年正月庚戌条

請三綱律師及大官大寺知事佐官幷九僧、以俗供養々之。仍施絁綿布、各有差。

(34)『日本書紀』天武天皇十四年五月庚戌条

天皇幸于飛鳥寺、以珍宝奉於仏而礼敬。

(35)「大安寺伽藍縁起幷流記資財帳」

合一切経一千五百九十七巻　部帙巻数如別録二巻

右平城宮御宇天皇、以養老七年歳次癸亥三月廿九日請坐者、

合部足経一百十五部　之中百十四部人々坐奉

金光明経一部八巻

右飛鳥浄御原宮御宇天皇、以甲午年請坐者、

合雑経五百七十二巻　之中百七十二巻人々坐奉、経名如別録、

金剛般若経一百巻

右飛鳥浄御原宮御宇天皇、以甲午年坐奉者

(36)「法隆寺伽藍縁起幷流記資財帳」

合部足経壱拾弐部　九部、人々請坐奉者、

金光明経壱部八巻
　右甲午年、飛鳥浄御原宮御宇天皇請坐者、
大般若経壱部六百巻
花厳経壱部八十巻
　右奉為天朝、天平七年歳次乙亥、法蔵知識敬造者、
合雑経弐仟壱伯伍拾弐巻　一千二百巻人々坐奉者、
金剛般若経壱伯巻
　右養老六年歳次壬戌十二月四日、平城宮御宇天皇請坐者
仁王経弐巻
　右天平元年歳次己巳、仁王会時、平城宮御宇天皇請坐者、
観世音経壱伯巻
心経漆伯伍拾巻
　右平城宮御宇天皇請坐者、
合律陸拾巻
合論疏玄章伝記惣壱拾参部拾壱巻　八部四十巻、人々坐奉者、
法華経疏参部　各四巻
維摩経疏壱部　三巻
勝鬘経疏壱巻

右上宮聖徳法王御製者、
智度論壱部　一百巻
右奉為天朝、天平二年歳次庚午、法蔵知識敬造者

(37)『日本書紀』推古天皇二年二月丙寅条
詔皇太子及大臣、令興隆三宝。是時、諸臣連等各為君親之恩競造仏舎。即是謂寺焉。
『日本書紀』推古天皇十四年四月壬辰条
自是年初、毎寺四月八日・七月十五日設斎。

(38) 近年、最新の考古学的研究成果を踏まえ、また東アジア世界での寺院建立の史的意義といった観点から、改めて七世紀代に飛鳥寺が果たした役割や、これに関する『日本書紀』の叙述に窺われる姿勢等についての評価が呈されている。鈴木靖民編『古代東アジアの仏教と王権　王興寺から飛鳥寺へ』(勉誠出版、二〇一〇年)参照。

(39)『扶桑略記』舒明天皇十一年十二月条が引用する「大安寺記」には「合諸恵衆学侶、集置寺中」とあり、百済寺の造立に合わせて僧侶が集め置かれたように伝えるが、同時代に百済寺の僧として活動の跡を残す学僧が殆ど見受けられないことから、如何ほどの実態を伝えるものか、甚だ疑わしい。

(40)「大安寺伽藍縁起幷流記資財帳」
飛鳥浄御原宮御宇天皇二年歳次癸酉十二月壬午朔戊戌、造寺司小紫冠御野王、小錦下紀臣訶多麻呂二人任賜、自百済地移高市地、始院寺家入賜七百戸封、九百三十二町墾田地、卅万束論定出挙稲。六年歳次丁丑九月庚申朔丙寅、改高市大寺号大官大寺。十三年天皇寝膳不安。是時、東宮草壁太子尊奉勅、率親王諸王諸臣百官人等天下公民、誓願賜久、大寺営造延今三年、天皇大御寿。然則大御寿更三年大坐坐支。以後藤原宮御宇天皇朝庭爾寺主恵勢法師乎

令鋳鐘之。亦後藤原朝庭御宇天皇、九重塔立金堂作建。並丈六像敬奉造之。

(41)『扶桑略記』斉明天皇二年～四年条

同年（二年）、内臣中臣鎌子連寝疾。天皇憂之。於是、百済禅尼法明奏云、維摩詰経因問疾発教法。試為病者誦之。天皇大悦、法明始到誦此経時。偈句未終、中臣之疾応声廼痊。鎌子感伏、更令転読。三年丁巳、内臣鎌子於山階陶原家、（在山城国宇治郡）始立精舎、乃設斎会。是則維摩会始也。（中略）同年（四年）、中臣鎌子於山科陶原家、屈請呉僧元興寺福亮法師、（後任僧正）為其講匠、甫演維摩経奥旨。其後、天下高才海内碩学、相撰請用如此。周覆歴十有二年矣。

『藤氏家伝』上

大臣性崇三宝、欽尚四弘。毎年十月荘厳法筵、仰維摩之景行、説不二之妙理。亦割取家財入元興寺、儲置五宗学問之分。由是、賢僧不絶聖道稍隆、蓋斯之徴哉。

(42) 但し、飛鳥寺に対しては、天智天皇十年（六七一）に天皇が病に伏した際、朝廷が大津に所在したにも拘わらず、飛鳥寺に袈裟や金鉢・象牙等が寄進されている。玉体安穏の法会、或いは、それに勤仕した飛鳥寺僧に対する褒賞の可能性も否定できない。

(43)『続日本紀』天平宝字元年閏八月壬戌条

内相藤原朝臣仲麻呂等言、（中略）緬尋古記、淡海大津宮御宇皇帝、天縦聖君聡明睿主。考正制度創立章程。于時、功田一百町賜臣曾祖藤原内大臣。（中略）今有山階寺維摩会者、是内大臣之所起也。願主垂化、三十年間無人紹興、此会中廃。乃至藤原朝廷、胤子太政大臣傷構堂之将墜、歎為山之未成、更発弘誓追継先行。則以毎年冬十月十日始闡勝筵、至於内大臣忌辰終為講了。此是奉翼皇宗、住持仏法、引導尊霊、催勧学徒者也。伏願、以此功田永施其寺、助維摩会。弥令興隆、遂使内大臣之洪業、与天地而長伝、皇太后之英声、倶日月而遠照。

(44)『藤氏家伝』の史料批判を基盤とする研究が進展し、鎌足による維摩会創始の史実性を疑問視し、そこに同書を作製した藤原仲麻呂の意図を見出そうとする見解が呈されている(藤井由紀子「藤原仲麻呂と入唐僧定恵―『藤氏家伝』撰述と興福寺との関係をめぐって―」篠川賢・増尾伸一郎編『藤氏家伝を読む』、吉川弘文館、二〇一一年)。しかし、以下の天平九年三月十日付太政官謹奏に見られる如く、仲麻呂政権の成立以前から藤原氏と元興寺の密接な関係を標榜する動きが確認でき、藤原氏三代による財政的支援を否定する根拠は見当たらず、特にその対象が、講師の供給源であった飛鳥寺(元興寺)であった点を看過すべきではない。

『類聚三代格』巻二　経論并法会請僧事

太政官謹奏

請抽出元興寺摂大乗論門徒、一依常例住持興福寺事

右得皇后宮職解偁、始興之本、従白鳳年迄于淡海天朝、内大臣割取家財、為講説資。伏願、永世万代勿令断絶。近則装厳天朝福田万姓、遠則恒伝法輪奉資菩提者乎。亦中間者、故正一位太政大臣藤原公頻割取財貨添助論衆。迄于聖代、皇后自減資財、亦増論衆。伏願、再興先祖之業、重張聖代之徳、三宝興隆万代无滅。欲令講説興福寺、伏聴進止者。朝議商量、崇道勧学、无妨仏教。望依所請。今具事状伏聴天裁。謹以申聞謹奏。奉勅依奏。

天平九年三月十日

(45)『三国仏法伝通縁起』巻中　法相宗。なお、三論・摂論・法相の各学統の伝来については、田村圓澄氏の詳細な研究がある(「摂論宗の伝来」および「三論宗・法相宗の伝来」同『飛鳥・白鳳仏教論』、雄山閣、一九七五年)。法相宗について、田村氏は道昭を第一伝とする『三国仏法伝通縁起』の所説と異なり、元興寺・神叡と興福寺・玄昉の将来を想定するが、薗田香融氏は、玄昉が将来した教学は、のちに最澄が「新法相宗」と称する、摂論宗に近い法相宗異端派であ

るとする（「最澄の論争書を通じて見た南部教学」同『平安仏教の研究』、法蔵館、一九八一年）。

(46)『続日本紀』養老二年九月甲寅条
遷法興寺於新京。

(47)『続日本紀』養老二年十月庚午条
太政官告僧綱曰、智鑑冠時衆所推譲、可為法門之師範者、宜挙其人顕表高徳。又有請益無倦継踵於師、材堪後進之領袖者、亦録名臈挙而牒之。五宗之学三蔵之教、論討有異弁談不同。自能該達宗義、最称宗師、毎宗挙人並録。

(48)井上光貞「南都六宗の成立」（同『日本古代思想史の研究』、岩波書店、一九八二年）。

(49)『続日本紀』天平十六年十月辛卯条
律師道慈法師卒。天平元年為律師。（中略）大宝元年随使入唐。渉覧経典、尤精三論。養老二年帰朝。是時、釈門之秀者唯法師及神叡法師二人而已。著述愚志一巻論僧尼之事。其略曰、今察日本素緇行仏法軌模、全異大唐道俗伝聖教法則。若順経典能護国土。如違憲章不利人民。一国仏法、万家修善、何用虚設、豈不慎乎。弟子伝業者、于今不絶。属遷造大安寺於平城、勅法師勾当其事。

(50)『続日本紀』養老三年十一月乙卯朔条
詔僧綱曰、朕聞、優能崇智、有国者所先。勧善奨学、為君者所務。於俗既有、於道宜然。神叡法師、幼而卓絶、道性夙成。撫翼法林、濡鱗定水。不践安遠之講肆、学達三空。未漱澄什之言河、智周二諦。由是、服膺請業者已知実帰。函丈把教者悉成宗匠。道慈法師、遠渉蒼波、覈異聞於絶境。遐遊赤県、研妙機於秘記。参跡象龍、振英秦漢。並以、戒珠如懐満月、慧水若写滄溟。儻使天下桑門智行如此者、豈不殖善根之福田、渡苦海之宝筏。朕毎嘉歎不能已也。宜施食封各五十戸、並標揚優賞、用彰有徳。

(51)　井上薫「日本書紀仏教伝来記載考」(同『日本古代の政治と宗教』、吉川弘文館、一九六一年)、吉田一彦「『日本書紀』と道慈」(同『古代仏教をよみなおす』、吉川弘文館、二〇〇六年)。
(52)　註(22)参照。
(53)　福山敏男「禅院寺」(同『奈良朝寺院の研究』、綜芸舎、一九七八年)。
(54)　田村　前掲註(45)参照。
(55)　『続日本紀』天平九年三月壬子条
律師道慈言、道慈奉天勅住此大安寺修造。以来、於此伽藍恐有災事。私請浄行僧等、毎年令転大般若経一部六百巻。因此、雖有雷声無所災害。請自今以後、撮取諸国進調庸各三段物以宛布施、請僧百五十人令転此経。伏願、護寺鎮国平安聖朝、以此功徳永為恒例。勅許之。
(56)　註(44)参照。
(57)　『僧綱補任』天平九年条。
(58)　『続日本紀』天平九年五月甲戌朔条
日有触之。請僧六百人于宮中、令読大般若経焉。
『続日本紀』天平九年八月丙辰条
為天下太平国土安寧、於宮中一十五処、請僧七百人、令転大般若経・最勝王経。度四百人、四畿内七道諸国五百七十八人。
『続日本紀』天平九年十月丙寅条
講金光明最勝王経于大極殿。朝廷之儀一同元日。請律師道慈為講師、堅蔵為読師。聴衆一百、沙弥一百。

(59)『続日本紀』天平九年八月丁卯条
以玄昉法師為僧正、良敏法師為大僧都。
『続日本紀』天平九年十二月丙寅条
皇太夫人藤原氏就皇后宮、見僧正玄昉法師。天皇亦幸皇后宮。皇太夫人為沈幽憂久廃人事。自誕天皇未曾相見。法師一看、恵然開晤。至是適与天皇相見。天下莫不慶賀。即施法師絁一千疋・綿一千屯・糸一千絇・布一千端。又賜中宮職官人六人位各有差。

(60)あくまで憶測の域を出ないものであるが、道慈と玄昉、道慈と行基、行基と智光の間に於ける確執の存在の可能性も、このような学統の形成と拮抗的関係の出現と関連付けて解釈する余地も存するように思われる。（中井真孝「道慈の律師辞任について」『続日本紀研究』二〇〇、一九七八年、拙稿「国家仏教と行基」上横手雅敬監修『古代・中世の政治と文化』、思文閣出版、一九九四年も参照）。なお、『日本霊異記』中巻第七縁「智者誹妬変化聖人、而現至閻羅闕受地獄苦縁」に、それぞれ法相僧・三論僧とされた行基と智光の確執を示唆する説話が見える。

(61)『類聚国史』巻百七十九　仏道六　諸宗
桓武天皇延暦十七年九月壬戌、詔曰、法相之義立有而破空。三論之家仮空而非有。並分軫而斉騖、誠殊途而同帰。慧炬由是逾明、覚風以之益扇。比来所有仏子偏務法相、至於三論多廃其業。世親之説雖伝龍樹之論将墜。良為僧綱無誨所以後進如此。宜慇懃誘導両家並習。俾夫空有之論経馳騄而不朽、大小之乗変陵谷而靡絶。普告緇侶、知朕意焉。

廿一年正月庚午、勅、今聞、三論法相二宗相争。各専一門彼此長短。若偏被抑恐有衰微。自今以後、正月最勝王経幷十月維摩経二会、宜請六宗以広学業。

廿二年正月戊寅、勅、緇徒不学三論専崇法相、三論之学殆以将絶。頃年有勅二宗並行。至得度者未有法制。自今以後、三論法相各度五人、立為恒例。

(62)『続日本紀』天平十七年五月乙丑条

地震。於大安・薬師・元興・興福四寺、限三七日令読大集経。

(63)『続日本紀』天平勝宝元年閏五月癸丑条

詔、捨大安・薬師・元興・興福・東大五寺、各絁五百疋・綿一千屯・布一千端・稲一十万束・墾田地一百町。

(64)『続日本紀』天平勝宝元年七月乙巳条

定諸寺墾田地限。大安・薬師・興福・大倭国法華寺・諸国分金光明寺、々別一千町。大倭国々分金光明寺四千町、元興寺二千町、弘福・法隆・四天王・崇福・新薬師・建興・下野薬師寺、筑紫観世音寺、々別五百町。

(65)加藤優「興福寺と伝戒師招請」(関晃先生古希記念会編『律令国家の構造』、吉川弘文館、一九八九年)。

良弁と真備

根本誠二

はじめに

奈良時代の仏教者、ことに官大寺に所属する僧としての官僧は、必ずしも一元的ではなかった政治構造（いわゆる藤原的と大伴的という理解[1]）の変動のなかで、律令体制を現実的に担った官僚とどのような関係にあり行動していたのであろうか。こうした官僧と官僚をめぐる複雑な政治と宗教との関係を論じる上で想起されるのが、黒田俊雄氏による王法仏法論[2]などである。いわゆる政教関係をめぐる論議は、関心の度合いとしては近年にいたるまで存在しているといえよう。こうした観点から、従来の奈良仏教、ないしは律令的国家仏教の研究上の主な課題として、以下の二点があげられよう。

第一には、奈良仏教をめぐる政教関係を象徴する制度としての僧綱制とその推移、それを担った僧綱の役僧としての道慈・玄昉・行基・慈訓、そして、道鏡の去就（以下、行実と表記）の解明。

第二には、僧尼令と戒律の関係の解明。例えば、国王観・護国性と矛盾するかのような「梵網経」第四十七軽戒にみる「国王太子百官四部弟子」を対象とした非法立制戒の存在である[3]。非法立制戒と護国性という矛盾は、天台教団に見るように大乗戒壇の設置の勅許を得ることによって、律令国家との関係に一定程度の合意が形成され、平安京の守護という形での護国性の醸成と実践がなされて解消されていったことがその一例といえよう。

以上の課題には、未だ明確な回答が出ていない。加えて、いわゆる律令的国家仏教否定論すら存在しているように、奈良仏教の特質をめぐる論議も多様であることも事実である。そこで、本稿では第三の課題として、律令的国家仏教を実際に担った僧尼、即ち官僧の行実を事例に、貴族なり官僚なりのそれと対比し、官僧ないしは奈良仏教の内実を考察したい。

一　官僧と官僚

奈良仏教を実質的に担ったといえる東大寺初代別当の良弁（六八九〜七七三）の死について、『続日本紀』（以下、『続紀』と表記する）宝亀四年（七七三）閏十一月甲子条には、(4)

僧正良弁卒。遣レ使弔レ之。

と、死を弔う使者、すなわち勅使を派遣したと、きわめて簡潔な記述がある。この勅使派遣およびそれに伴う賻物をめぐって、『続紀』宝亀四年閏十一月辛酉条に、(5)

詔、僧正賻物准二従四位一、大少僧都准二正五位一、律師准二従五位一。

とあるように、僧正以下の僧綱の役僧への賻物に関する規定を改訂している。このことから考えるならば、朝廷からの弔問の使者である勅使の派遣は、良弁の死を従四位相当の官人として礼を尽くすことにあったことがうかがえよう。死をめぐる記述は、『続紀』にみる他の僧尼の薨卒伝と比較してきわめて簡潔であるが、文字通り官僧中の官僧への弔問ための使者の派遣であったと考えるべきであろう。

ちなみに、『続紀』にみる僧尼のみならず俗人の死を語る薨卒伝は、『続紀』の「史官」がこめた編纂時の当該人物の評価を反映しているとの見解がある。(6)これにしたがえば、一見すると、『続紀』編纂時の延暦年間（七八二～八〇六）の評価は、あまり芳しいものではなかったといえよう。しかし、『続紀』天平勝宝八歳（七五六）五月丁丑条に、(7)

勅。奉二為先帝陛下一屈請看病禅師一百廿六人者、宜レ免二当戸課役一。但良弁、慈訓、安寛三法師者、並及二父母両戸一。然其限者終二僧身一。又和上鑑真、小僧都良弁、華厳講師慈訓、大唐僧法進、法華寺鎮慶俊、或学業優富、或戒律清浄、堪二聖代之鎮護一、為二玄徒之領袖一。加以、良弁、慈訓二大徳者、当二于先帝不予之日一、自尽二心力一、労二勤昼夜一。欲レ報二之徳一、朕懐罔レ極。宜下和上小僧都拝二大僧都一、華厳講師拝二小僧都一、法進、慶俊並任中律師上。

とあるように、聖武太上天皇の病気平癒の祈願に尽力し、その功によって和上、すなわち鑑真とともに、大僧都に就任することとなった。さらには「正倉院文書」にみる造東大寺司・東大寺、さらには石山寺などでの良弁の行実から(8)は、文字通り奈良仏教の最前線に位置する僧侶、ないしは官僧の典型として活動した姿を見出すことができる（末尾の表「良弁関係史料一覧」参照）。

一方の官僚の事例としては、奈良時代の政治史を語る上で見過ごすことのできない、良弁と半ば同時代人と言える吉備真備（六九三～七七五）を取り上げる。『続紀』宝亀六年冬十月壬戌条に、(9)

前右大臣正二位勲二等吉備朝臣真備薨。右衛士少尉下道朝臣国勝之子也。霊亀二年、年二十二、従レ使入唐、留学受レ業、研二覧経史一、該二渉衆芸一。我朝学生播二名唐国一者、唯大臣及朝衡二人而已。天平七年帰朝、授二正六位下一、拝二大学助一。高野天皇師レ之、受二礼記及漢書一。恩寵甚渥、賜二姓吉備朝臣一。累遷、七歳中、至二従四位上右京大夫兼右衛士督一。十一年、式部少輔従五位下藤原朝臣広嗣、与二玄昉法師一有レ隙。出為二大宰少弐一。到レ任即起レ兵反。以レ討二玄昉及真備一為レ名。雖二兵敗伏レ誅、逆魂未レ息。勝宝二年左二降筑前守一。俄遷二肥前守一。勝宝四年為二入唐副使一、廻日授二正四位下一、拝二大宰大弐一。建議創作二筑前国怡土城一。宝字七年、功夫略畢、遷二造東大寺長官一。八年仲満謀反、大臣計二其必走一、分レ兵遮レ之。指麾部分甚有二籌略一。賊遂陥二謀中一、旬日悉平。以レ功授二従三位勲二等一、為二参議中衛大将一。神護二年、任二中納言一。俄転二大納言一、拝二右大臣一、授二従二位一。先レ是、大学釈奠、其儀未レ備。大臣依二稽礼典一、器物始修、礼容可レ観。又大蔵省双倉被レ焼、大臣私更営構、于レ今存焉。宝亀元年、上啓致仕。優詔不レ許。唯罷二中衛大将一。二年累抗レ啓乞二骸骨一。許レ之。薨時年八十三。遣レ使弔二賻之一。

と真備の薨伝があり、詳細な行実を知ることができる。真備の一生は、入唐留学生にはじまり阿倍内親王の侍講（家庭教師）として官人生活のスタートをきり、再度の入唐を経て晩年は左大臣藤原永手のもとで右大臣を務めた。それは、永手とともに道鏡のもとで、阿倍内親王の晩年でもある称徳天皇の治世を支えることでもあった。『続紀』にみる真備の行実への叙述と評価は、丹念なものであるといえよう。

両者の行実の記述は、以上のように『続紀』では大きく相違している。しかし、同時代的に両者を対比しつつ、天皇へ奉仕の相違を判定することは、奈良仏教史研究の立場からするならば、官僧の実相をより一層解明することを可能にすると考えている。

こうした発想を得るに至ったのが、下出積與氏の「奈良時代の政治と道徳―貴族・僧侶の忠誠の理念を中心として―」と題する論文である(10)。同論文は、律令体制のもとにあって天皇に忠節（マメナルココロ、マメゴコロ）を尽くす官僚と、官僚の一つと位置づけられたといえる僧尼、即ち官僧をめぐる政治思想を解明したものである。以下、同論文に依拠しつつ、奈良時代、特に天平年間（七二九～四九）における聖俗の人物を代表する良弁と吉備真備の行実を対比し、奈良仏教者の実相を解明する糸口を見出したい。

二　良弁と吉備真備の行実

『続紀』にみる良弁と真備の死をめぐる記述は、あまりに相違が著るしい。

簡略すぎる良弁の死をめぐる語りの意味するものは、仏教教団の有様ないしは存在感に関わるものの提示と、その象徴性の否定であったのであろうか。つまり、良弁の死去をめぐる記述（いわゆる薨卒伝）に込められた『続紀』の史官の感慨から読み取れるものは、奈良仏教を体現する良弁の象徴性の排除であり、それによる奈良仏教の存在感の否定であったのであろうか。ちなみに、良弁は、『延喜式』玄蕃寮式任僧綱条に、[11]

凡任二僧綱一者、必簡二其人一、奉レ勅定之。弁官定レ日、預告二式部、治部一、其日平（カ）旦僧綱請二集在京大寺入位已上僧於綱所一、設二衆僧幷勅使参議及少納言、弁官、式部、治部、寮等座一。亦設二宣命座一。衆僧依レ次就レ座、被レ任者亦在二其次一。勅使以下進就レ位、座定宣命者進就二宣命座一以宣命。其詞曰、天皇我詔旨登、法師等爾白（左閇登）勅命乎白、大僧都登在須某法師乎、僧正爾任賜事乎白（左閇登）詔勅命乎白。（臨時レ随。事有レ詞）訖衆僧倶称唯。宣命者復レ位、被レ任者進下二座前一、謝二命之辱一。訖勅使以下還帰、然後太政官牒二送僧綱一。（牒式見二太政官式一。）

とあるように、太政官・治部省の管轄のもとにある僧綱の一員として律師・大、少僧都・僧正へという階梯を踏まえつつ僧綱の役職に就任しつづけ、常に僧綱制の枠の中にいた。文字通り、奈良仏教界によって「互選」された僧綱の構成員でありつづけ、仏教界の信頼を一身に得ていた。繰り返すが、「正倉院文書」にみるように造東大寺司・東大寺や石山寺の造営などでの活躍や、東大寺大仏の仏身論に関係する華厳教学の奈良仏教界への定着、道鏡や実忠さらには桓武天皇の弟早良親王をはじめとする多くの弟子の養成は、良弁が奈良仏教界の要の役割を果たしていたことを物語ってあまりある。なかでも『続紀』天平宝字四年（七六〇）七月庚戌条に、(12)

大僧都良弁、少僧都慈訓、律師法進等奏曰、良弁等聞、法界混一、凡聖之差未レ著。断証以降、行住之科始異、三賢十地、所以開二化衆生一、前仏後仏、由レ之勧二勉三乗一。良知、非レ酬二勲庸一、無レ用二証真之識一。不レ差二行住一、詎勧二流浪之徒一。今者、像教将レ季、緇侶稍怠。若无二褒貶一、何顕二善悪一。望請、制二四位十三階一、以抜二三学六宗一、就二其十三階中一、三色師位并大法師位、准二勅授位記式一、自外之階、准二奏授位記式一。然則戒定恵行非二独昔時一、経論律旨方盛二当今一。庶亦永息二濫位之譏一、以興二敦善之隆一。良弁等、学非二渉猟一、業惟浅近。輙以二管見一、略事二採択一。叙位節目、具列二別紙一。

とあるように、僧位僧階の制定に関する良弁の提案は、その後「分置四級。恐致労煩。故其修行位。誦持位。唯用一色」として縮小、修正されるも、官僧と官僚との社会的な地位をめぐる関係を明確化しようとの目論見から出たもので、聖武天皇の護持僧として名を馳せながら常に政教関係のあり方に腐心していた様子がうかがえる。(13)

一方の吉備真備は、玄昉とともに霊亀二年（七一六）入唐し、玄昉とともに天平七年（七三五）に帰国した。『続紀』天平七年四月辛亥条には、(14)

入唐留学生従八位下下道朝臣真（吉）備献二唐礼一百卅巻、太衍暦経一巻、太衍暦立成十二巻、測レ影鉄尺一枚、銅律管一部、鉄如方響写律管声十二条、楽書要録十巻、絃纏漆角弓一張、馬上飲水漆角弓一張、露レ面漆二四節一角弓一張、射甲箭廿隻、平射箭十隻一。

とあり、吉備真備が日本にもたらしたものは、「唐礼」一三〇巻、「大衍暦経」一巻、「大衍暦立成」一二巻などの書物と、三史（『史記』『漢書』『後漢書』）・五経（『易経』『書経』『詩経』『礼記』『春秋』）・算術・天文・書道など盛唐のあらゆる学芸であった。真備は、一大知識人、学者として、唐から新来の学問を将来した人物として、律令政府により厚遇された。真備は、後に孝謙天皇となった阿倍内親王の侍講として、臣下たる者は、天皇への態度を「明き浄き直き心」「貞しく浄き心」をもって侍すべきであるとする理念を説くなどして、帝王学を授けた(15)。そして、『続紀』天平神護二年（七六六）五月戊午条(16)に、

大納言正三位吉備朝臣真備奏、樹二二柱於中壬生門西一。其一題曰、凡被二官司抑屈一者、宜下至二此下一申訴上。其一曰、百姓有二寃枉一者、宜下至二此下一申訴上。並令三弾正台受二其訴状一。

とあり、平城宮の中壬生門の西に二柱をたて、各々、官人・百姓の訴状を受け付け、いわゆる〝民意〟を聞く体制作りなどの政治的な進言を、ことあるごとに称徳天皇に行った。さらには、三史学習の徹底を主とする天平宝字元年十一月の学制改革や大宰府の整備、藤原仲麻呂の乱への対応にみる兵制・軍政をめぐる業績などは、不本意なこともありながらの二度の入唐で体得した中国的な文化（政治的・社会的規範も含む）を体現する人物であるにふさわしい。

しかし、最晩年においては、かつて孝謙・称徳天皇の侍講であったという存在感によるものか、紆余曲折はありつつも、政治的な地位を持続しつづけてきたが、『日本紀略』宝亀元年八月癸巳条(17)に、

天皇崩二于西宮一。左大臣藤原朝臣永手、右大臣吉備朝臣真備、参議藤原朝臣宿奈麻呂、藤原朝臣縄麻呂、石上朝臣宅嗣、近衛大将従三位藤原朝臣蔵下麻呂等、定二策禁中一。立レ諱為二皇太子一。（中略）右大臣真備等論曰、御史大夫従二位文室浄三真人、是長親王之子也。立為二皇太子一。百川与二左大臣（永手）内大臣（良継）一論云、浄三真人有二子十三人一。如二後世一何。真備等都不レ聴レ之。冊二浄三真人一為二皇太子一。浄三確辞。仍更冊二其弟参議従三位文室大市真人一為二皇太子一。亦所レ辞レ之。百川与二永手良継一定レ策。偽作二宣命語一、宣命使立レ庭令二宣制一。右大臣真備巻レ舌無二如何一。百川即命二諸仗一冊二白壁王一為二皇太子一。十一月一日壬子、即二位於大極殿一。右大臣吉備乱云、長生之弊、還遭二此

　恥㆒。上㆓致仕表㆒隠居。

とあるように、真備は称徳天皇の後継に天武天皇、そして、聖武天皇の血筋を受け継ぐ、文室浄参真人、ついで、その弟の文室大市真人を指名したが、藤原氏、ことに藤原百川が主として指名する白壁王が光仁天皇として即位することとなった。いわば、真備は政争に敗れたわけである。「巻㆑舌無㆓如何㆒」と悔しがり、「長生之弊、還遭㆓此恥㆒。上㆓致仕表㆒隠居」として、ことさらな嘆息をした失意の背景には、『続紀』宝亀元年八月丙午条の一節に、(18)

　（前略）天皇自㆑幸㆓由義宮㆒、便覚㆓聖躬不予㆒。於㆑是、即還㆓平城㆒。自㆑此積㆓百余日㆒、不㆓親視㆑事。群臣曾無㆘得㆓謁見㆒者㆖。典蔵従三位吉備朝臣由利、出㆓入臥内㆒、伝㆓可㆑奏事㆒。（下略）

とあるように、称徳天皇が百余日に及ぶ病床にあって、唯一、その意を臣下に伝える役を担った妹の吉備由利がいたにもかかわらず、「偽作㆓宣命語㆒」という画策に対抗しえなかったことがあったからであろう。

三　伝承としての真備

真備は藤原百川などとの皇位継承をめぐる政争の果てに、その地位は、称徳天皇の死とともに政界からの後退を余儀なくされ、皇位継承の軋轢の果てに宝亀元年（七七〇）九月に最初の致仕（引退）を願いでることとなった。しかし、『続紀』宝亀元年十月丙申条に、(19)

　先㆑是、去九月七日、右大臣従二位兼中衛大将勲二等吉備朝臣真備上啓、乞㆓骸骨㆒曰、側聞、力不㆑任而強者則廃。心不㆑逮而極者必惽。真備自観、信足㆑為㆑験。去天平宝字八年、真備生年数満㆓七十㆒。其年正月、進㆓致事表於大宰府㆒訖。未㆑奏之間、即有㆓官符㆒、補㆓造東大寺長官㆒。因㆑此入京、以㆑病帰㆑家、息㆓仕進之心㆒。忽有㆓兵動㆒、

急召入レ内、参二謀軍務一。事畢校レ功、因二此微労一、累登二貴職一、不レ聴二辞譲一、已過二数年一。即今老病纏レ身、療治難レ損。天官劇務、不レ可二暫空一。何可下抱レ疾残體久辱二端揆一、兼二帯数職一闕上レ佐二万機一。自顧二微躬一、靦顔已甚。慚レ天愧レ地、无レ処レ容レ身。伏乞。致レ事以避二賢路一、上希二聖朝養レ老之徳一。下遂二庸愚知レ足之心一。特望二殊恩一、祈二於矜済一。不レ任二慇懃之至一、謹詣二春宮路左一、奉レ啓陳乞。以聞。至レ是、詔報曰、昨省二来表一、即知レ告レ帰。聖忌未レ周、懸車何早。悲驚交緒、卒無二答言一。通夜思レ労、坐而達レ旦。不レ依レ所レ請、似レ逆二謙光一。欲レ遂二来情一、弥思二賢佐一。宜下解二中衛一、猶帯中大臣上。坐塾之閑、勿レ空二朝右一。時凉想和適也。指不二多及一。

とあるように、光仁天皇は、再三に及ぶ真備からの致仕（引退願）を承認することに逡巡し、名目的であったにせよ真備が右大臣の地位を退くことを認めなかった。このことは、光仁天皇の真備の称徳天皇への「忠義」の姿勢と、その内実への関心と評価を暗示するものではないか。自らは藤原氏に擁立されたとはいえ、長年月にわたり皇権の曲折を目の当たりにして、老境に至り皇位に就くこととなった者として、その危うさは十分に知り得ていたであろう。それ故に、自らの支えともなりうる可能性を秘めた真備の「忠義」に、関心を寄せていったように思う。こうした君臣関係のあり方は、平安時代を通じて、何らかの存在感をもって皇権の深い部分に埋め込まれていった。一例としては、『類聚三代格』弘仁十一年（八二〇）七月九日太政官符[20]に、

太政官符

応レ種二大小麦一事

右検二太政官去天平神護二年九月十五日格一偁、大納言正三位吉備朝臣真吉備宣、奉レ　勅、麦者継レ絶救レ乏、穀之尤良。宜レ令下二天下諸国一勧二課百姓一種中大小麦上。即勒二国郡司恪勤者各一人一専二当其事一。其専当人名附二朝集使一申上者。今被二大納言正三位藤原朝臣冬嗣宣一偁、奉レ　勅、今聞、黎民之愚弄仕而不レ顧、至レ有二絶乏一徒苦二飢

饉。或雖二耕種一既失二其時一、空費二功力一還不レ得レ実。是則国郡官司不レ慎二格旨一、授レ時乖レ方。此而従レ政誰謂二善吏一。月令云、仲秋之月乃勧レ種レ麦。毋レ或(有カ)レ失レ時。其有レ失レ時行レ罪無レ疑。宜下自今以後、始レ自二八月一勤令二播種一不上レ得レ失レ時。自余事条一依二前格一。若有二乖犯一科二違　勅罪一。

弘仁十一年七月九日

とあるように、嵯峨天皇の弘仁十一年七月の太政官符で、天平神護二年(七六六)九月に大小の麦の作付けを全国に奨励し窮乏に備えるべきであるとの真備の提言を、改めて国司に命令している。いわば、真備の政策提言の効力が平安初期に至るまで萎えていなかったことを物語っている。ここでは、その存在が伝承化した事例としたともいえる、ボストン美術館所蔵「吉備入唐大臣絵巻」(21)を想起したい。

院政期になったとされる「吉備入唐絵巻」を見ると、絵巻のストリーは一貫しているように思われる。それが、原型であるのかは別として、現実にある絵巻上には、吉備真備が入唐して人々の薄ら笑いをもって出迎えられている。そして、その後幾度となく諸々のイジメにも似た〝タメシ〟を受けた。しかし、それらにもメゲズに学識の数々を披瀝し、結果としては、自らの躰の隅々までを調べられるという〝イジメ〟を受けたが、真備の学識の人並みならぬ高さのために唐=中国の人々に、ある種の落胆の情を醸し出させたという〝スジ〟となっているように思う。

絵巻の最後の部分では、皇帝をはじめとする人々が、あたかも額を寄せてこれからどのように真備に対峙すればよいかと佇んでおり、〝ボケッ〟としているような描写が見える。そこには、予想以上の水準である日本の遣唐使=真備の学識の高さに、茫然自失の観を呈している様子がうかがえる。もちろん、それは唐の人々のまなざしということよりも、絵巻の作者の意図するものであり、感慨を表現したものであることは言うまでもない。例えば、真備が唐朝の官僚との囲碁の勝負に勝ったにもかかわらず、それを敢えてただすために、勝ち石を飲み込んでしまったと思い込み、下剤の〝カリロク〟をのませて排泄させようという挙に出、それでも、唐朝の官僚は勝敗を決する証拠を発見すらできず、負けたことを皇帝に報告するという場面の意味するものは、唐帝国の誇りの〝ユラギ〟の一端の描写であろうか。ましてや、証拠を云々するための真備が排出した〝一物〟を薄墨で覆うとは、真備への賛辞とその高貴さを表現してあまりあると思われる。

こうした伝承に身を任せることとなった真備であるが、道鏡政権下において、左大臣藤原永手とともに右大臣として仏教の存在感やあるべき姿に考えをめぐらしたであろう。決して真備は、仏教を否定するものでも、「学芸」の人ばかりでもなかった。真備自らが編纂したという唐代の「顔子家訓」にも相当する「私教類聚」[23]に、儒仏一致論に通じる仏教観の一端が語られていたという[22]。さらに、「正倉院編年文書」所載の「仏事捧物歴名」の一部には、

右大臣（吉備真備）　油一升　花一櫃　米六斗
中納言従三位中臣朝臣清麻呂　米五斗　生菜一輿籠
近衛大将従三位藤原朝臣蔵下麻呂　油一升　香一裹　花一櫃
宮内卿従三位石川朝臣豊成　花一櫃
造宮卿従三位高麗朝臣福信　油一升　花一櫃　米五斗　生菜一荷
民部卿従三位藤原朝臣縄麻呂　油一升　花一櫃
式部卿従三位石上朝臣宅副（嗣）　油一升　香一裹　花一櫃　生菜二輿籠
大膳大夫従五位上奈美王　油一升　花一櫃
少納言従五位下当麻王　油一升
主油正従五位下大宅王　香一裹

奉写一切経次官従五位下仲江王　油一升　香一裹
近衛中将正四位上道嶋宿禰嶋足　油一升　香一裹
宮内大輔正四位下田中朝臣多太麿　油一升　花一櫃　香一裹
下総守従四位上藤原朝臣是公　油一升　米五斗
左大弁従四位上佐伯宿禰今毛人　油一升　花二櫃　香一裹　米五斗　生菜一櫃
左中弁従四位上藤原朝臣雄田麻呂　油一升　花一櫃
右衛士従四位上佐伯宿禰伊多智　油一升　花一櫃　米五斗
右大弁従四位下藤原朝臣楓麻呂　油一升　花一櫃　香一裹
尾張守従四位下津連秋主　油一升　米五斗
右衛士佐従五位下藤原朝臣長道　油一升　香一裹
衛門佐従五位下安倍朝臣小東人　油一升　香一裹
散位外従五位下長瀬連広足　花一櫃

とあり、真備と思われる右大臣が燃灯供養のための油一升と供花一櫃、米六斗を布施している。断片的ではあるが、真備と仏教の関わりあいを物語るものといえよう。そして、その関わり合いの相手は、上司としての法王道鏡というよりは、東大寺の良弁であったであったと思いたい。

史料的にはうかがえないが、恒常的に奈良仏教界の信頼を勝ち得ていた良弁と、権勢を誇った藤原仲麻呂のもとにあって中央政界から隔絶されることとを余儀なくされるも孝謙・称徳天皇の、密やかな信頼を得つづけていた真備との交流は、奈良仏教をめぐる政教関係の相剋を解明する糸口となるばかりでなく、奈良的な政治および文化・宗教を

めぐる世界の構成原理の解明につながる素材であると思う。(24)

官僧としての良弁の行実は、結果的には否定されるも、南都六宗として完成する奈良仏教を体現する僧侶として描かれていたといえよう。それに対して官僚の真備の行実への評価は、いわゆる皇統の変化や奈良時代から平安時代の移行にもめげず、あるべき君臣関係を体現したという評価を持続させたということの意味、そして『続紀』の〝史官〟の真意を、どのように理解すべきであろうか。

その意味でも「忠」という道徳的な指標をもって奈良時代の官僚と官僧の政治思想の特質を論じた下出積與氏の論説を、こうした枠組みのなかで読み直すと、良弁に代表すべき奈良時代の官僧は、歴史的な存在としては、一個の宗教人としてある前に、一つの官僚として存在していた。つまり、下出氏は仏教を通じて祭官として存在していたわけで、彼らには仏教本来の教義である個人の救済、精神の解脱を説くことは、第一義ではなかった。僧侶はみな律令国家への忠誠をはげむことが、もっとも肝要なことであり、律令国家の無限の繁栄を仏に祈ること、これが最大の任務であり、必要な義務とされたわけである。官府的な仏教は、ここにいよいよ真価を発揮するし、宝祚の無窮の祈願に著験のある僧侶が、もっとも偉大な宗教人として尊敬されると同時に、もっとも恐懼すべき高官と遇されるわけであるとする。この指摘を、良弁に当てはめるといかがであろうか。

四　良弁と行基

下出氏の指摘を踏まえて、良弁と同時代の官僧の一人である行基の行実をめぐる『続紀』の記述を振り返ってみることは、いかがであろうか。行基は、官僧でありながら、下出氏のいう民間仏教の世界に与して、養老年間（七一七

～二四）にはともすると恐懼の対象であるかのごとく指弾の矢面に立たされ、「小僧」と揶揄された。しかし、その後の行基は、異端的とも解される民間仏教の徒を、聖武天皇を願主とする大仏造立のために結成された知識結に、その信仰的な〝力〟を結集したことをもって、官僧中の官僧として忠を尽くして、天平十七年（七四五）正月には大僧正の栄誉に浴することとなった。

下出氏は、『日本書紀』（以下、『書紀』と表記）皇極天皇三年（六四四）秋七月条[25]に、

東国不尽河辺人大生部多、勧二祭レ虫於村里之人一曰、此者常世神也。祭二此神一者、致レ富与レ寿。巫覡等遂詐託二於神語一曰、祭二常世神一者、貧人致レ富、老人還レ少。由レ是加勧捨二民家財宝陳酒陳菜六畜於路側一、而使レ呼曰、新富入来、都鄙之人取二常世虫一置二於清座一、歌舞求レ福、棄二捨珍財一。都無レ所レ益損費極甚。於レ是、葛野秦造河勝悪二民所レ惑、打二大生部多一。其巫覡等恐休二其勧祭一。時人便作レ歌曰、禹都麻佐波、柯微騰母柯微騰、枳挙曳倶屢、騰挙預能柯微乎、宇智岐多麻須母。此虫者常生二於橘樹一或生二於曼椒一。曼椒、此云二衰曽紀一。其長四寸余、其大如二頭指許一。其色緑而有二黒点一、其貌全似二養蚕一。

とあることに注目し、京都太秦の広隆寺の開基秦河勝による皇極天皇三年の常世神の抑圧によってもたらされたのは、孤立的で封鎖的であった大生部多という地方豪族が、（河勝に象徴される）仏教のもつ統一的な理念に敗れたことを意味するのであり、そのことは、分権的な氏姓制度から集権的な新しい国家組織へと発展する過程の積極的な一道標とするところに、その歴史的意味を認めるべきである、と指摘している[26]。河勝は、『書紀』推古天皇十一年（六〇三）十一月己亥朔条[27]に、

皇太子謂二諸大夫一曰、我有二尊仏像一、誰得二是像一、以二恭拝一。時秦造河勝進曰、臣拝之。便受二仏像一、因以造二蜂岡寺一。

とあるように、皇太子、すなわち聖徳太子（厩戸皇子）の意をうけて、仏像を安置すべき「堂」として蜂岡寺、後の広隆寺を創建した人物である。渡来人の系譜にある河勝であったにせよ、時代の仏教篤信家、さらには時代の文化人であったといえる。

この指摘を踏まえるならば、仏教という高度な文化的なシステムをもって河勝は大生部多の主催する「常世神」を駆逐し、国家組織の組み替えに大いに寄与することで忠を尽くしたといえよう。行基の働きには、まさに河勝の働きに通じる役割をはたしたということを想起することが出来るのではないか。つまり、行基は民間仏教のエネルギーを単に大仏造立という国家的な事業を完成させるためだけに用いたのではなく、民間のエネルギーをもって結果的に大仏の完成によって、宝祚の無窮の祈願へと結集させたといえまいか。その意味では、行基の行実をめぐる『続紀』の記述は、単に律令国家のもとでのあるべき官僧像の提示にとどまらず、下出氏のいう、忠なる官僧として造形されていった典型例といえないか。こうした原点的な行実があったが故に、行基の行実は、『続紀』天平勝宝元年（七四九）二月丁酉条[28]に、

> 大僧正行基和尚遷化。和尚薬師寺僧。俗姓高志氏、和泉国人也。和尚真粋天挺、徳範夙彰。初出家、読二瑜伽唯識論一即了二其意一。既而周二遊都鄙一教二化衆生一。道俗慕レ化追従者、動以レ千数。所レ行之処聞二和尚来一、巷无二居人一、争来礼拝。随レ器誘導、咸趣二于善一。又親率二弟子等一、於二諸要害処一造レ橋築レ陂。聞見所レ及咸来加レ功、不日而成。百姓至レ今蒙二其利一焉。豊桜彦天皇（聖武）甚敬重焉。詔授二大僧正之位一、並施二四百人出家一。和尚霊異神験触レ類而多。時人号曰二行基菩薩一。留止之処皆建二道場一。其畿内凡四十九処。諸道亦往々而在。弟子相継皆守二遺法一、至レ今住持焉。薨年八十。

とある薨伝によって、史官の手によって、大僧としての行実と評価されたが、再度、まさに良弁の死に関する記述の

直前である宝亀四年十一月辛卯条に、(29)

勅、故大僧正行基法師、戒行具足、智徳兼備。先代之所二推仰一、後生以為二耳目一。其修行之院、惣四十余処、或先朝之日、有二施入田一、或本有二田園一、供養得レ済。但其六院未レ預二施例一、由レ茲法蔵湮廃、無二復往持之徒一、精舎荒涼、空余二坐禅之跡一。弘レ道由レ人、実合二奨励一。宜三大和国菩提・登美・生馬、河内国石凝、和泉国高渚五院、各捨二当郡田三町一。河内国山崎院二町、所レ冀真筌秘典、永洽二東流一、金輪宝位、恒斉二北極一、風雨順レ時、年穀豊稔。

とある。これは第二の薨伝ともいえる記述で、行実の再構成がなされたものといえる。すなわち前者の天平勝宝元年二月の薨伝では、「和尚真粋天挺、徳範夙彰」、そして「和尚霊異神験触レ類而多」として、人々から菩薩として尊敬されたことをもって、ついには聖武天皇によって大僧正に任ぜられるという栄誉を受けたとされる。しかし、宝亀四年では、「戒行具足、智徳兼備。先代之所二推仰一、後生以為二耳目一」とあることをもって、行基が創建したという四九院のうち大和国菩提・登美・生馬、河内国石凝、和泉国高渚五院を再興することとなったという。いわば、宝亀四年において、行基の評価点を変更し、新たな官僧像として、行基の行実の再評価、ないしは再生を行っているのである。いわば、聖武天皇・称徳天皇の時代から光仁天皇への時代という変化に、あたかも対応するがごとくである。このことをもって考えるならば、行基の行実は、時代の変化とともに、官僧の典型、さらには、忠なる僧の典型として語りつがれ、果ては江戸時代に至るまで、その存在感は変わることなく、はたまた伝承化という形式をとりながらも再生しつづけていったと言えないか。

再度、良弁の場合は、いかにというところである。良弁と行基の行実の『続紀』における語り方の相違の意味するものは、単に史官の見識の反映だけではなく、律令国家の見識の反映であることは言うまでもない。秦河勝に通じる行基という枠組みで考えるならば、良弁にはそれがみえない。良弁には、弟子道鏡が称徳天皇の護持僧として、常に側近くにいたと同様に、聖武天皇や光明皇后、さらには孝謙・称徳天皇の側に侍していた僧というイメージがつきまとったのではないか。いわば天皇個人の健康を祈願、即ち宝祚の無窮を祈願する僧としての存在感である。寺内に寂居してひたすら宝祚の無窮を祈る僧であった、ということであろうか。

下出氏の指摘にしたがうならば、良弁と行基の天皇への忠の質的な相違ということであろう。少なくとも『続紀』の史官には、そのような視点があったように思う。つまり良弁は、聖武天皇なり光明皇后という個人へ、仏（ホトケ）との交感をもって宝祚の無窮を祈願する僧であったとするのに対して、行基は現象的には聖武天皇と光明皇后の発願による大仏造立の完成のために、人々と仏と交感するにとどまらず、人々と仏、そして行基との交歓をふまえて、彼らの信仰心を宝祚の無窮の祈願へと収斂させていったと考えられないか。いわば、人々に布教をもって大仏の完成を介して宝祚の無窮の実現を企図した僧、とのイメージが付与されたのではないか。このことは、行基自身の意志とは無縁であったか検証しえないが、そうしたイメージのもとに、称徳天皇の亡き後の皇統の変化にあっても、その行実への評価が永続し、結果として良弁とは異なる第二の薨伝として、宝亀四年十一月辛卯条の記述となったと考えたい。

おわりに

良弁の行実への冷ややかとも思える『続紀』の史官の態度は、憶測を逞しうするならば、第二の道鏡を造形しないための師僧良弁への筆誅を企図したものであったと考えられよう。即ち、良弁の薨伝の意味するものは、理想的な臣下としての官僧ではなく、あくまで良弁的な国家への奉仕の否定であったように思う。さらには、行基と対比するならば、いわゆる官僧の薨伝の意味するものは、国家へのあるべき奉仕のあり方、さらには忠のあり方を、まさに官僚のそれと同様に律令政府が求めてやまなかったことを意味するものであろう。こうしたことを顧慮しなかったこれまでの律令的国家仏教の研究、ことに僧伝研究は、律令国家の国家史的な解明のためにするものであったと考えたい。私自身も反省し、新たな僧伝研究を模索し、官僧の行実、さらには奈良仏教の信仰史的な解明をめざしたい。

さらに、東大寺大仏は、「華厳経」の世界を象徴するものとして、当初は造立され完成の域に達した。しかし、天平勝宝六年（七五四）一月の鑑真の来日、同八歳五月の聖武天皇（正確には太上天皇）の死を機として、所依の経典が、「華厳経」から「梵網経」へと移行し、仏身論も変化することとなったという。(30) これに関連して、近年の大仏殿の考古学的な調査の結果、大仏の台座周辺に正倉院に納められていた文物のうち、除物として蔵の外に持ち出されたものが埋納されていた状況が明らかになってきた。その意味については、光明皇太后による夫である聖武太上天皇への追慕、さらには追善のためであったとの指摘がある。(31) これをふまえるならば、大仏は、当初の「華厳経」に基づく華厳世界を象徴するものから、「梵網経」に基づく追善の場へと変貌をとげたことがうかがえる。

このことを良弁と関わらせるならば、仮説ではあるが、大仏を象徴として東大寺を華厳学の拠点としようとした良弁の計画（＝理想）は、頓挫することとなったといえないか。良弁の計画の頓挫は、彼の地位にどのような影響をもたらしたであろうか。ないしは、このことによって良弁の地位に変動があったのであろうか。少なくとも、良弁自身は、自らの理想の終焉であったと感じたであろう。それは、官僧としての立場の変化の予兆とでもいうべきものであろうか。

いわゆる大仏の仏身論の変化に、官僧はどのように関わったのであろうか。これまでの研究では、その人物の特定に関わる研究はない。光明皇太后なり藤原仲麻呂という人名は散見するも、官僧の名はうかがえない。少なくとも良弁ではありえない。

良弁は、聖武天皇の護持僧からスタートして、東大寺や石山寺の創建、華厳教学の大成、さらには僧位僧階を創設するなどの奈良仏教史を彩る事業や政策の実現に当たった。ことに天平十七年(七四五)には、紫香楽宮での計画であった大仏造立を平城京へ誘致し、奈良仏教の精華としての存在感を確かなものとし、彼の奈良仏教界での地位を盤石なものとしたといえよう。その大仏をめぐる宗教的な環境の変化は、良弁の地位を揺るがすのに十分であったように思う。それは、良弁の〝功績〟の否定の第一歩を意味するものであったと思う。環境の変化をもたらした何者かとの対峙は、吉備真備の行実と対比すると尚更、否定に拍車をかけたように思う。

註

(1) 竹内理三「八世紀における大伴的と藤原的—大土地所有の進展をめぐって」(『史淵』五二・五三、一九五二年)。
(2) 黒田俊雄『日本中世の国家と宗教』(岩波書店、一九七五年)、同『王法と仏法』(法蔵館、一九八三年)。
(3) 石田瑞磨『梵網経』(大蔵出版、一九七六年)参照。
(4) 『続紀』宝亀四年閏十一月甲子条(新訂増補国史大系四一二頁)。
(5) 『続紀』宝亀四年閏十一月辛酉条(前掲書四一三頁)。
(6) 林　陸朗『奈良朝人物列伝—『続日本紀』薨卒伝の検討—』(思文閣出版、二〇一〇年)・長谷部将司「『続日本紀』における薨卒伝の成立事情」(『続日本紀研究』三四〇、二〇〇二年)。
(7) 『続紀』天平勝宝八歳五月丁丑条(前掲書二二五頁)。
(8) 良弁の行実に関しては、岸　俊男「良弁伝の一齣」(『南都仏教』四三・四四、一九八〇年)、堀一郎「寧楽高僧伝」

（『堀一郎著作集』第三巻、未来社、一九七八年）、佐久間竜『日本古代僧伝の研究』（吉川弘文館、一九八三年）、をはじめとして、北條勝貴、松本信道の各氏の先行研究を参照させて頂いた。なお、これに屋上屋を架す上で有用とするために、「正倉院文書」での良弁に関する記述の所在を表示した。稿末に掲げた「良弁関係史料一覧」である。

（9）『続紀』宝亀六年冬十月壬戌条（前掲書四二三～四頁）。

（10）下出積與「奈良時代の政治と道徳―貴族・僧侶の忠誠の理念を中心として―」（『国民生活史研究』五、一九六二年。後に、『日本古代の仏教と神祇』、吉川弘文館、一九九七年に再掲）。なお、同論文については、筆者の編による『論集奈良仏教』第三巻奈良時代の僧侶と社会（雄山閣出版、一九九四年）に掲載させて頂いた。その際の解説を改稿する意味もあり、本稿をまとめた。

（11）『延喜式』玄蕃寮式任僧綱条（新訂増補国史大系五三八頁）。

（12）『続紀』天平宝字四年七月庚戌条（前掲書二七三頁）。

（13）山田英雄「古代における僧位」（『続日本紀研究』一二二、一九六四年）。

（14）『続紀』天平七年四月辛亥条（前掲書一三七頁）。

（15）宮田俊彦『吉備真備』（吉川弘文館、一九七一年）、末澤又彦「吉備真備について」（『秋田論叢』法学部紀要七、一九九一年）参照。なお、真備が将来した典籍などについては、太田晶二郎「吉備真備の漢籍将来」（『かがみ』創刊号、一九五九年）、南谷美保「『続日本紀』に見る唐楽演奏の記録と礼楽思想受容について―吉備真備が唐楽伝来に関与した可能性についての一考察―」（『四天王寺国際仏教大学紀要』四三、二〇〇六年）参照。なお、吉備由利については、鈴木康子「西大寺奉納神変加持経の願主吉備由利について」（『大和文化研究』五―三、一九六〇年）を参照。

（16）『続紀』天平神護二年五月戊午条（前掲書三三二頁）。

(17)『日本紀略』宝亀元年八月癸巳条（新訂増補国史大系一一四三～四頁）。
(18)『続紀』宝亀元年八月丙午条（前掲書三八〇頁）。
(19)『続紀』宝亀元年十月丙申条（前掲書三八五頁）。
(20)『類聚三代格』弘仁十一年七月九日太政官符（新訂増補国史大系三二八頁）。
(21)「吉備入唐大臣絵巻」については、梅津次郎編『粉河寺縁起繪 吉備大臣入唐繪』（『新修日本絵巻物全集』第六巻、角川書店、一九七三年）、小松茂美編『吉備大臣入唐繪巻』（日本絵巻大成三、中央公論社、一九七七年）、同『吉備大臣入唐絵巻』（日本の絵巻三、中央公論社、一九八七年）、小峰和明「吉備大臣入唐絵巻とその周辺」（『立教大学日本文学』八六、二〇〇一年）、谷口耕生「吉備大臣入唐絵巻―後白河院政期の遣唐使神話―」（『大遣唐使展』、奈良国立博物館、二〇一〇年）参照。なお、ボストン美術館東洋課長アン N・ニシムラ氏には、閲覧の機会とご示教を頂いたことに心から御礼を申し上げたい。
(22)瀧川政次郎「私教類聚の構成とその思想」（『史学雑誌』四一―六、一九三〇年）、目加田さくを「吉備真備著私教類聚考」（『香椎潟』七、一九六八年）。
(23)「仏事捧物歴名」（『大日本古文書』正倉院編年文書巻五、七〇五～七〇六頁）。
(24)ちなみに、聖武天皇の仏教へのことさらな傾斜について一言を呈した本居宣長は、真備に対して、「吉備大臣の名は、真吉備にて、然しるしたる書共もあるを、続紀などに、真備とあるは、もろこしの国にて、吉字をはぶきて書給ひしを、帰り参り給ひて後も、なほそのままに物には書給へりなるべし、それもわたくしにはあるべからず、あだし国人にあひ給はむ時などのために、おほやけにも申てなるべし、すべてもろこしに渡り、あるは韓国の客にあふ時など、名を、もじをかへなどして、からめきてかきたりし例、おほく有し也」と『玉勝間』で言及している（『本居宣長全集』第一巻一九〇頁、筑摩書房、一九七六年）。

（25）『日本書紀』皇極三年秋七月条（新訂増補国史大系二〇五～六頁）。

（26）下出積與「皇極期における農民層と宗教運動」（『史学雑誌』六七―九、一九五八年。後に、『日本古代の神祇と道教』、一九七二年に再掲）。

（27）『日本書紀』推古天皇十一年十一月朔条（前掲書一四一頁）。

（28）『続紀』天平勝宝元年二月丁酉条（前掲書一九六～七頁）。

（29）『続紀』宝亀四年十一月辛卯条（前掲書四一一～二頁）。

（30）家永三郎『上代仏教思想史研究』（目黒書店、一九五〇年）、奈良国立博物館「東大寺金堂鎮壇具の概要」（『奈良時代の仏教美術と東アジアの文化交流』第二分冊、奈良国立博物館、科学研究費［基盤研究（A）］研究成果報告書、二〇一一年）参照。

（31）奈良国立博物館　前掲註（30）参照。

良弁関係史料一覧

巻-頁	年月日	文書名	備考
3 129	天平20 10 28	寺堂司牒	温室経・最勝王経疏・因明論疏、僧良弁
261	天平感宝1 6 25	経疏出納帳	大徳*1
312	天平勝宝1	東大寺写一切経所解	大恵度経疏、良弁師
471	天平勝宝2 12 23	造東寺司解	理趣経・十一面経・法華経等、良弁師

478	天平勝宝	同右	同右
545〜547	天平勝宝3 4	同右	大徳
555	天平勝宝4	同右	少僧都
558	天平15 11 13	同右	七倶胝仏母心准提陀羅尼、大徳
637	天平5 12 5	同右	陀羅尼集経、少僧都
645〜	天平5〜	同右	良弁
4 89	天平勝宝4 7 16	経疏出納帳	大般若経、少僧都
90	天平勝宝4 8 13	同右	唯識論等・少僧都・法性宗所
91	天平勝宝5 1 28	同右	不空羂索神呪心経、少僧都
96	天平勝宝5 8 1	同右	華厳経、少僧都
189	天平宝字3 4 29	双倉北雑物出用	桂心、大僧都
193	天平6 12 4	同右	欧陽詢真蹟屏風、大僧都・道鏡禅師
194	天平8 7 28	同右	大僧都堅法師
196	神護景雲4 5 9	同右	僧正進守大法師
394	天平宝字3 12 26	献物出用帳	金鏤宝剣・陽宝剣・陰宝剣・銀荘太刀、大僧都
395	天平宝字	同右	犀角、大僧都
409	天平宝字4 2 25	造東大寺司造仏注文	四方五仏等菩薩像、大僧都
444	天平宝字4 10 19	東大寺写経布施奉請状	陀羅尼経料、大僧都
5 1	天平宝字6 1 7	造東大寺司牒	大僧都・造石山寺所

105	天平宝字6.2.9	造石山寺所銭米充用注文	大僧都大徳
114	天平宝字6.2.29	造東大寺司移	大僧都良弁法師・主税寮
133	天平宝字6.3.2	上院務所牒	石山院務所・菩薩堂、大僧都
161	天平宝字6.3.25	石山院牒	大僧都・上手鋳工
277	天平宝字6.8.27	造石山院所労劇帳	
349	天平宝字6.12.29	造石山院所解	大僧都法師
443	天平宝字7.5.25	奉写御願経所請経注文	阿含経・勝延尼師、大僧都
451	天平宝字7.7.18	写経料紙充用注進文	法華経・大僧都
508	天平宝字8.11.29	経所解	先帝奉為奉写三部経料、僧正？
7 494	天平14.7.23	一切経納櫃帳	薬王蔵薬経・良弁師、13年ヵ？
	天平 9.28	同右	仏地経
8 186	天平15.6.13	律論疏集伝等本収納并返送帳	毗尼律・良弁大徳所
194	天平 6.13	同上案文？	同右
365	天平16.3.9	写経論疏充本用紙帳	理趣経・大徳
441	天平16.3.8	経師等行実手実帳	大徳
9 65	天平18.2	経疏料紙受納帳	法華経料・黄紙、大徳
68	天平	同右	理趣経書写料奉為天皇、大徳
138	天平18.3.16	写経所解	法華経(良弁大徳師所願之経)、大徳

	139	天平		18	同右	仁王経（良弁大徳私書写経料物）、大徳
	327	天平19	1	15	大灌頂経奉請注文	大灌頂経料、大徳
	604	天平勝宝3	4	4	間写経本納返帳	六字呪王経・法花寺、大徳
	633	天平勝宝19	12		東大寺写経所解	華厳経、良弁師
10	121	天平勝宝20	11	30	先一切経料荒紙借用帳	十一面経料、大徳
	215	天平勝宝20	11	29	一切経残紙注文	十一面経料、大徳
	269	天平勝宝20	10	5	写一切経装潢紙充帳	理趣経料、大徳
	280～281	天平勝宝5	4	18	経疏奉請帳	大宝積経・大集経等、少僧都
	327	天平20	8		宮一切経散帳	不空羂索神呪心経、大徳
	328	天平勝宝	8		同右	唯識論、少僧都
	375	天平勝宝19	11	24	造東大寺司解案	唯識論・花厳経疏、大徳
	456	天平勝宝19	8	25	東大寺写一切経所解	花厳経・薬師経、大徳
	555	天平勝宝21	3	20	経師等紙筆墨充帳	法華経料、大徳
	589～614	天平勝宝3	2	7	経師布施申請帳案	理趣経・造像功徳経・右遶仏塔功徳経・造像功徳経・法華経・十一面経・多心経・救護身命経・仏説潅頂梵天神策経・温室経・盂蘭盆経
	627	天平感宝1	4		経本出納帳	摩訶摩耶経・浄飯王般涅経、大徳
	629～630	天平感宝4～		28	同右	摩利支天経・陀羅尼集経・称揚諸仏功徳経・佐保殿、大徳
11	4	天平勝宝2	2		写経所雑物借用并返納帳	三千仏名経料、大徳

6	天平勝宝3	4	16	同右	画軸、大徳
7	天平勝宝3	5	28	同右	経緒梵網経・勝鬘経料、少僧都
9	天平感宝1	6	24	本経疏奉請帳	入楞伽経疏・唯識論・楞伽経・瑜伽抄・瑜伽抄記、大徳
17	天平感宝1	8	14	経疏間校帳	摩訶摩耶経・浄飯王経、大徳
70	天平感宝	7	28	東大寺写一切経所解案	大恵度経疏、良弁師
161	天平感宝3	4	1	装潢受紙墨軸等帳	六字呪王経料・紫紙、大徳
166	天平感宝4	1	4	同右	仏頂尊勝陀羅尼経料・縹紙・黄紙、少僧都
224〜227	天平勝宝1	9		一切経散帳	大徳*2
356〜359	天平勝宝1		9	同右案	大徳
377〜379	天平勝宝2	8		写書所解案	涅槃経義記布施、大徳
448〜449	天平勝宝2	12		造東寺解	大品疏・花厳経疏・涅槃経・大恵度経疏、良弁師
477〜478	天平20	11	30	同右案	良弁師*3
548	天平3	4	28	造東大寺司啓案	六字呪王経、良弁師
556	天平3	5	21	造東寺司請経文	雑阿含経・岡寺、大徳
12 174	天平3	11	22	造東寺司論章疏奉請文案	華厳疏・内裏、少僧都
202	天平	12	11	興福寺牒?	出家功徳経、少僧都
260	天平	7	27	造東寺司請経論疏注文案	花厳経疏等、少僧都
334	天平4	9	27	経紙幷軸緒納帳	色紙、少僧都
352	天平4	8	14	東大寺三論宗牒	十論・百論・十二門論・般若灯論・広百論・順中論、少僧都

	390	天平5	4	26	写書所経疏本請帳	浴像功徳経、少僧都
	432	天平5	4	16	写経奉請帳	一切経机、少僧都
13	15	天平7	2	16	造東寺司紙墨軸等充帳	華厳経料、少僧都
	64	天平6	3	10	呉原生人請経文	鑑真所・花厳経・大集経・大品経、少僧都
	194	天平7	8	18	経疏帙籤等奉請帳	花厳旨帰・八会章、少僧都
	477	天平宝字2	7	25	造東寺司請経文	金剛般若経・羂索堂、大僧都
14	179	天平2	9	25	僧綱牒	不空羂索経・千手千眼経・藥師経・嶋院、大僧都
15	126	天平宝字5	12	27	造石山寺料銭用帳	大僧都
	142	天平宝字6	1	15	造石山寺所公文案帳	白土塗輿・慈訓、大僧都
	147	天平宝字6	2	1	同右	五経布施、大僧都
	174	天平宝字	3		同右	大僧都
	177	天平宝字	3		石山院牒？	大僧都
	255	天平宝字		26	石山院牒	坂田庄司僧等、大僧都
	342	天平宝字			安都雄足牒	石山務所、大徳
	349	天平宝字	2		僧綱牒案	五経布施・奈良造寺司、大僧都
	437	天平宝字3		1	造石山寺所食物下帳	経師供養料、大僧都
16	249	天平宝字6	⑫		造石山院所用度帳	大僧都
	362	天平宝字7	3		奉写梵網経幷四分律充本帳	法華経、大僧都
	371	天平宝字8	9	3	奉写七百巻経本充帳	金剛般若経、僧正？・大仏殿

456	天平宝字8 7 13	奉写御執経所等奉請経継文	大僧都
462	天平宝字8 8 24	同右	大僧都
505	天平宝字8 7 29	施薬院解	桂心・大僧都賢大法師
557	天平宝字 8 25	造東大寺司請経文案	大僧都
561	天平宝字 10 26	奉写経注文案	観世音菩薩授記経・観世音三昧経、僧正
24 164~167	天平20 1 29	納櫃本経検定注文并出入帳	出家人試所、大徳*4
171	天平15 3 23	同右	无量義経・大灌頂経、大徳
173	天平17 7 11	同右	大徳*5
174~176	天平20 3 24	同右	大徳別*6
177	天平感宝1 ⑤ 7	同右	不空羂索呪経、大徳
179	天平15 12 13	同右	七倶胝仏母心准提陀羅尼、大徳
181	天平19 10 15	同右	摩尼羅檀経・梵網経・優婆塞五戒威儀経等、沙弥道鏡、大徳
182	天平 12 5	同右	大乗造像功徳経、大徳
184	天平勝宝2 8 30	同右	花厳経・堂童子、大徳
189	天平19 8 17	同右	沙弥道鏡・大徳*7
192	天平感宝1 4 20	同右	雑集論・中辺分別論、大徳
195	天平15 3 23	同右	四分律・五分律・僧祇律・善見律・根本雑事・十誦律、大徳
196	天平17 6 24	同右	四分律・小尼公、大徳
199	天平勝宝2 7 7	同右	入阿毗達磨論・四諦論・鞞婆沙論、大徳

316	天平17 10 8	種々収納銭注文	知識物奉納銀仏料、大徳
409	天平18 ⑨ 9	一切経散幷奉請帳	説无垢称経、大徳
509	天平20 7 9	経疏本出入帳案	金光明経疏、大徳
603	天平勝宝1 9 14	僧良弁宣写疏注文	大品経疏・涅槃経疏・華厳論疏、少僧都
25 113	天平勝宝	丹裏古文書（第56号）	良弁大徳所来私鋳銭
237	天平宝字2 9 10	知識写大般若経料紙送文	大僧都良弁

※「巻-頁」欄は『大日本古文書』正倉院編年文書の巻数と頁数を意味する。「年月日」欄の丸数字は閏月。
※「備考」欄には、良弁に関わる経典名、関連事項及び僧職・尊称を掲載した。
＊1　楞伽阿跋陀羅宝経・入楞伽経・注大乗入楞伽経・相続解脱地波羅蜜了義経・解節経
＊2　普曜経・妙法花経・説无垢称経・解節経・相続解脱経・楞伽阿跋陀羅宝経・注楞伽阿跋陀羅経・摩利支天経・報恩経・仏性論・決定論・大乗荘厳経論・大荘厳経論・転法輪経・中辺分別論・雑集論
＊3　十一面経・右遶仏塔功徳経・浴像功徳経・盂蘭盆経・法華経
＊4　大乗大集弥蔵経・大集月蔵分・大般泥恒経・涅槃経・正法華経・八十華厳経
＊5　造立形像福報経・大雲請雨経・阿難陀目佉尼阿離陀隣尼経・盂蘭盆経
＊6　浴像功徳経・不空羂索神呪心経・如来蔵経・温室経
＊7　廻浄論・縁生論・十二因縁論・壱輪盧迦論・大乗百法明門論・百字論・解捲論・掌中論・取因仮設論・観惣相論頌・止観門論頌・手杖論・六門教授習定論・大乗法界差別論・破外道小乗四宗論・破外道・涅槃論

中国唐代と日本古代における写経と「清浄観」

ブライアン・ロゥ

はじめに

周知のように、一定の方式に従って写経するという如法経の修行は、平安時代から盛行するようになった。この如法写経はしばしば円仁により始まったとされるが、兜木正亭氏は既に五十年以上前に、中国やより早期の日本にその前例があったことを指摘していた(1)。本稿でも、兜木正亭氏の指摘に基づきつつ、新しい史料を紹介し、新しい観点を提示することによって、中国と日本の儀式化された写経を理解していく。

しかしながら、本稿では如法経に注目するよりも、写経についての信仰・修行に対しての清浄護持の重要性を強調する。史料上に「潔浄写経」や「清浄奉写」のような用語で言及されているいわゆる「清浄写経」という概念は、伝記・説話の中や、敦煌写本識語や日本の正倉院文書にも記録されている(2)。清浄写経とは、写経に先立って沐浴し、浄衣を着て、斎戒を受持し、肉食や葷食を禁じ、他の穢れとの接触を避けるといった、一連の修行のことを示す。本稿では、まず伝記・説話や敦煌写本を含む中国の史料における「清浄写経」を概観し、その後、日本の場合を特に他のものほどは理解されていないままになっている、写経に先立っての沐浴、穢の忌避という、二つの修行に焦点を当てて考察する。

一　中国の伝記や讖語にみる「清浄写経」

道宣の『大唐内典録』や『集神州三宝感通録』、道世の『法苑珠林』などのように、七世紀初頭、中国の僧侶は経典を「清浄を護持して写経する」人々の話を選集し、流布させ始めた。数十年間で、『法華伝記』の「書写救苦」の章(3)、『弘賛法華伝』(4)や『華厳経伝記』(5)の「書写」の章のように、清浄を護持した模範的な事例を集成した章が編集された。紙面の都合上、清浄観を扱うこれらのテキストにおける多くの伝記を網羅的に検証することは出来ないが、古代日本でも知られていたように思われる二つの代表的な話を取り上げる。

まず、東アジアに流布していた河東出身の練行尼の話を検討する。この事例は『冥報記』にはじめて現れ、さらに『集神州三宝感通録』(6)『大唐内典録』(7)『法苑珠林』(8)『法華伝記』(9)『弘賛法華伝』(10)のような中国の他の書物にも収録されてきた。その後、朝鮮半島の新羅の儀寂によって編集された『法華経集験記』(11)にも収録され、最終的にこの伝記は景戒によって『日本霊異記』下巻第十縁に引用され(12)、『今昔物語集』第七巻第十八話にも収録された(13)。以上のように、この話は唐・新羅・日本を含む東アジアにおける、写経に関しての最も広く知られた伝記の一つといえよう。例えば『冥報記』では、次のようになっている(14)。

河東有練行尼。常誦法華経。訪工書者一人。数于倍酬直。特為浄室。令写此経。一起一浴。燃香熏衣。仍於写経之室。鑿壁通外。加一竹筒。令写経人。毎欲出息。輒遣含竹筒。吐気壁外。写経一巻。八年乃畢。供養厳重。尽其恭敬。龍門僧法端。常集大衆。講法華経。以此尼経本精定。遣人請之。尼固辞不与。法端責譲之。尼不得已。

乃自送付。法端等。開読。唯見黄紙。了無文字。更開余巻。皆悉如此。法端等慚懼。即送還尼。尼悲泣受。以香水洗函。沐浴頂戴。遶仏行道。於七日七夜。不暫休息。既而開視。文字如故。貞観二年。法端自向臨説当具説尼名字。臨忘之。唯記其事云爾。

この伝記において、河東の練行尼は写経のために「浄室」を造り、その空間を息で乱すのを避けるために、写経生に一片の竹を通じて息をさせることとさえしている。さらに、写経生は写経のための準備において体を沐浴する必要があり、それは後述のように、中国と日本における「清浄写経」の一般的な特徴となっている。

次いで、『華厳経伝記』に収録されている、[15] 若い時期から「華厳経」の信仰が深い徳円という僧の話では、さらに清浄の観念を発展させている。徳円の話は、写経に先立つ材料の準備の叙述から始まる。

釈徳円（中略）遂修一浄園。樹諸穀楮。幷種香草雑華。洗濯入園。漑灌香水。楮生三載。馥気氛氳。別造浄屋。香泥壁地。潔檀浄器浴具新衣。匠人斎戒。易服入出。必盥嗽熏香。剥楮取皮。浸以沈水。護浄造紙。畢歳方成。別築浄基。更造新室。乃至材梁椽瓦。並濯以香湯。毎事厳潔。堂中安施文柏牙座。周布香華。上懸繒宝蓋。垂諸鈴珮。雑以流蘇白檀紫沈。以為経案。幷充筆管。

この事例では、紙を作る材料を育てるための「浄園」を準備し、経典を書写するための写経室を建てる徳円の姿が描かれる。ここでは「浄」や「潔」のような清浄性に関する特性が頻繁に現れ、加えて、沐浴して浄衣を着ることが修行の中心とされる。あらゆる段階を通じて、清浄を護持するための大きな配慮が払われており、次のように写経生にとっても同様の関心事となっている。[16]

経生日受斎戒。香湯三浴。華冠浄服。状類天人。将入経室。必夾路焚香。梵唄先引。円亦形服厳浄。執鑪恭導。散華供養。方乃書写。

写経生は、写経を始める前に斎戒を受持し、三回も「香湯」で体を浴し、「華冠」や「浄服」を身につける。この清浄を保つ不断の努力の結果、経典自身が超自然的な感通である「霊感」を生み出し、「毎字皆、光明を放ち、一院を照らす」という。

この話は『日本霊異記』にこそ引用されなかったが、正倉院文書に『華厳経伝記』の書写や貸借が度々記録されていることからも、奈良時代の宮廷内で流布していた可能性が高い。例えば、天平勝宝三年(七五一)に「奉為　嶋御所」では、深道という僧の『華厳経伝記』写本に基づいて写経され[17]、その後も、著名な善珠や紫微中台の命令によって、しばしば写経所から借りられている[18]。中国におけるこれらの二つの事例からも、清浄観とは体を浴し、浄衣を着ることなどであり、おそらくは古代日本の宮廷にもその清浄護持に関する言説が流布していただろう。

以上の伝記に加えて、敦煌写本はこれらの「清浄写経」が実際に広まっていたことを示している。中村不折旧蔵中の「維摩経」第三巻に付け加えられた安楽三年(六二〇)の識語が記録されている敦煌写本には、先述の清浄観を反映する次のような奥書[19]がある。

(前略)弟子焼香。遠請経生朱令弁。用心斎戒。香湯洗浴、身着浄衣。在於静室、六時行道。(後略)

この奥書からは、朱令弁という写経生が願主により遠方から依頼されたことが判明する。そして朱令弁は、斎戒の受持、香水での沐浴、浄衣の着服、静室で常に行道などのような修行をしていた。この史料は、先述の伝記に叙述されていることにより、実際には早く七世紀前半から中国の現地で実践されていたことを示す。

また、別の敦煌写本、一切経写経事業にかかわる三点の写本では、「清浄写経」の重要性をさらに証明する、次のような奥書[20]が現存している。

龍朔二年七月十五日。右衛将軍鄂国公尉遅宝琳与僧道爽及鄠県有縁知識等敬於雲際山寺潔浄写一切尊経。(後略)

これらの奥書は、すべて龍朔二年（六六二）の一切経写経事業からのものであり、尉遅宝琳と道爽という僧によって率いられた鄠県からの知識結が、一切経をいかに「清浄に」書写したかを叙述している。この奥書は、「清浄写経」が大規模な写経事業にも同様に適用されたことを示している点で、重要である。また、この史料は、清浄写経の言説が、俗人のエリート、僧侶、知識結のメンバーの間で流布していたことをも示している。

敦煌写本にみえるこれらの限定的な史料からも、中国において少なくとも七世紀初頭から経典が清浄を護持して書写されていたことは明らかである。この点からも、先述したような伝記はもっと多く存在するが、それらは単なる作り話ではなく、多くの場合、おそらく実際に行われている写経方法を記録したものと思われる。さらに、「清浄写経」は法華経に限定されず広まっており、華厳経や維摩経、一切経にも及んだ。日本からの遣唐僧や俗人が、これらの手本に出会ってそれらを将来したことは、十分に考えられることであろう。

二　古代の日本の沐浴と身体の清浄護持

実際、これらの伝記や奥書に叙述された「清浄写経」の多くは、日本の奈良時代でも実践された。周知のように、写経所で写経生は、写経する時には浄衣を着て、帰宅する前にそれらを返却した。先述のように、浄衣は通例上記の史料上に現れる。それ故、写経するための適切な衣服に関する儀式的行為についての言説には、連続性があるようである。(21)

しかし、浄衣についての信仰と比べて、沐浴についての信仰はおそらくそれほど知られていないと思われる。とはいえ、先述の伝記の多くと敦煌写本奥書で繰り返されたように、唐の清浄な写経の修行には不可欠な行いであった。

実際、『日本霊異記』下巻第十縁の牟婁沙弥についての説話[22]は、先述した河東の練行尼の伝記を引用している同話なのだが、この特定の修行に注目している。

牟婁沙弥者、榎本氏也。自度無名。紀伊国牟婁郡人故、字号牟婁。沙弥者、居住安諦郡之荒田村。剃除鬢髪、著之袈裟、即俗収家、営造産業。発願如法清浄奉写法花経一部、専自書写。毎大小便利、洗浴浄身、自就書写筵以還、逕之六箇月、乃繕写畢。供養之後、入於塗漆皮筥、不安外処、置於住室之翼階、時時読之。神護景雲三年歳次己酉夏五月廿三日丁酉之午時発火、総家皆悉焼滅。唯彼納経之筥、有於盛爓火之中、都無所焼損。開筥見之、経色儼然、文字宛然。八方人視聞之、無不奇異。諒知、河東練行尼、所写如法経之功茲顕、陳時王与女、読経免火難之力再示。賛曰、貴哉榎本氏、深信積功、写一乗経。護法神衛、火呈霊験。是不信人改心之能談、邪見人輟悪之穎師矣。

本説話において、写経生は排尿したり排便したりするたびに洗浴して体を浄めるのであり、この行為の結果として経典は耐火性を持ち、炎から不思議に守られる。このように、体を洗うことを通した清浄な写経行為は、『日本霊異記』では不思議な効果をともなうものとして記録された。黒須利夫氏が以前論じたように、清浄護持と因果応報との繋がりが『日本霊異記』では強く、この説話はその一例であろう[23]。

写経所で沐浴は、どのような役割を果たしていたのだろうか。天平九年（七三七）から十一年までの正倉院文書は、写経生が水褌を支給されたことを示す[24]。これは沐浴のためだったと考えられる。「写経司解（案）申応請浄衣等事」という古文書に、「水褌六十二（六）腰人別二腰」[25]と記録されるように、一人につき二つの水褌が支給されていた。しかも、正倉院文書では、湯帷・湯帳や湯屋への言及がしばしばある。これらの事例は、浴室や沐浴が写経所での生活で重要とされていたことを示唆している。

実際、写経生の浴室がなければ、写経事業の始まりが遅れることもあり得た。このことは、石山寺での「大般若波羅蜜多経」の写経事業についての一連の正倉院文書によって示される。[26]天平宝字六年（七六二）正月二十三日の「造石山寺所解」[27]で、その大般若波羅蜜多経の写経事業のために七人か八人の経師を要請している。

造石山寺所解　申請雑物等事（中略）

一可召経師（等）八人

穴太雑物　広田浄足

右二人、奉奏已訖、

淡海金弓　秦家主　張藤万呂　万昆太智　丸部

右件経、所奉始二月八日、宜承知状、上件人等、手階類経師七八人許率引参上可告知、但上馬甘者司許者、二月三日以前参上、今具状、以告、

天平宝字六年正月廿三日下

主典案（安）都宿禰

本文書によれば、写経事業は二月八日に始めるよう定められたが、他の文書は、写経事業の開始が実際には二月十一日まで遅延されたことを示す。[28]この間、経師のための温船が造られており、その過程としては二月二日に始まったと次の「造石山寺所雑林并檜皮和炭等納帳」[29]に記録されている。

（前略）（二月）二日収納机板十六枚　松卅四材　机足料材十二枝　温船板五枚

右、自田上山作所、進上材等如件、

主典安都宿禰　　　下「道主」（後略）

いくつかの文書で、温船のための釘が二月七日に分配されたことが確認できる。当初の計画通りに二月八日に写経を始めるために、温船を時間内に完成させることは難しかったであろうことを示す事実である。(30) 桑原祐子氏はこの遅延を「おそらく、写経のための潔斎を行う湯船等が間に合わなかったことが、開始が遅れた原因ではないだろうか」としている。(31) まさに、写経前の沐浴の修行が唐では普及しており、日本の説話でも言及されているという先述の指摘と併せて考えると、この解釈はさらに説得力がある。

実際、写経所からの沐浴に関する他の史料もある。例えば、次の正倉院文書(32)は、別の「大般若波羅蜜多経」の写経事業に先立つ時期のものであるが、その時期は、山本幸男氏によれば関連施設の改修があったという。(33) 例えば、「大般若経料雑物納帳」(34)には、以下のようにある。

雑物納帳　宝字八年八月

六日請板五十枚　手水所

七日請板二百六十　用湯屋　已上木工所　並蘇岐

上馬養

又簀子三枝　光所之　用湯屋作料

八日請布浄衣　二具　政所（後略）

ここで注目すべきは、手水所や湯屋、浄衣のような洗浄と清浄に関するものが、文書の冒頭に記されるということである。このことは、これらの浄化施設や服装が、写経を始めるために必要な準備の中でも最優先事項と考えられていたようである。

同様に、光明子の死の直前に発願された御願経という一切経の写経事業の準備段階では、様々な物品の支給が命じられたが、ここには温室と温船を建設するためのものも含まれる(35)。これらの事例は、浴室の準備が、写経事業にとって必要不可欠のものであったことを示している。

上記の文書が写経所での沐浴の重要性を示している一方、「請暇不参解(36)」は沐浴と清浄護持の関係をさらに明示している。

葦浦継手解　請暇事

合四箇日

右為身沐浴浄、所請暇日如件、以解

宝亀四年九月廿一日

この文書において、葦浦継手という経師は、「身沐浴し浄めむが為に」四日間の休暇を求めている(37)。「浄」という字は、説話中に現れる清浄観と明らかな関連があり、「沐浴」という言葉は、衛生のための普通の水浴とは異なり、儀式的な沐浴という宗教的な意味がある。しかし、もし写経所に沐浴施設があるなら、なぜ葦浦継手は休暇を求める必要があったのかという疑問が残る。葦浦継手が四日間という長い時期を求めているという事実は、何らかの穢れに対する浄化の必要性を示唆しており、この点については次に改めて深く考察したい。

三　古代・中世日本と唐の写経と不浄観

以上、写経するために写経生の身体を清浄する方法を明らかにした。しかし、これは清浄写経という修行の半分に過ぎない。写経に際しては、身体の清浄護持に加えて、穢れを避けることが強調されている。古代・中世日本で流布していた説話では、しばしば写経生が性交や肉食のような不浄な行為を避けるべきだと示唆されており、例えば『日本霊異記』下巻第十八縁の丹治比経師の説話[38]は、性交を通じた穢れの危険性を示している。

丹治比経師者、河内国丹治比郡人。姓丹治比。故以為字。其郡部内、有一道場。号曰野中堂。有発願人。以宝亀二年辛亥夏六月、請其経師、於其堂、奉写法花経。女衆参集、以浄水加経之御墨水。于時未申之間、段雲雨降。避雨入堂。々裏狭小。故経師与女衆居同処。爰経師婬心熾発、踞於嬢背、挙裳而婚。随閛入閪、携手倶死。唯女口漚、噛出而死。断知、護法刑罰。愛欲之火、雖燋身心、而由婬心、不為穢行。愚人所貪、如蛾投火。所以律云、弱背自婬面門。復涅槃経云、知五欲法、無有歓楽。不得暫停。如犬齧枯骨、無飽厭期者。其斯謂之矣。

この話では、「浄水を以て、経の御墨の水に加ふ」のように、丹治比経師は清浄写経に参加するために招集されていた。だが、雨が降り墨を作成していた女性たちと寺に避難すると、経師は性欲を抑えられずそのうちの一人と性交する。この「穢行」に対する罰として、彼と女性は二人とも、特に女性は口から泡を出しながら死んだ。「穢行」という語は、彼らが罰せられた理由が不浄のためであることを示している。さらに、『今昔物語集』第十四巻第二十六話[39]のように、穢行と罰の関連性はもっと明白にされる。

此レヲ思フニ、経師、譬ヒ、婬欲盛ニシテ発テ心ヲ焦スガ如クニ思フト云フトモ、経ヲ書奉ラム間ハ可思止シ。而ルニ、愚ニシテ命ヲ棄ツ。亦、経師、其ノ心ヲ発スト云フトモ、女忽ニ不可承引ズ。寺ヲ穢シ経ヲ不信ズシテ現ニ罰ヲ蒙レリ。

現世ノ罰、既ニ如此シ。後生ノ罪ヲ思ヒ遣ルニ、何許ナルラムト、皆人悲ビ合ヘリケリトナム語リ伝ヘタルトヤ。

ここで作者は、彼らが「寺ヲ穢シ」と描いているように、穢行のために罰せられたと述べている。以上に分析した牟婁沙弥の事例のように、清浄護持が善報を表す事件として記録される一方で、穢れた写経は悪報をもたらす事例として理解ができる。

『今昔物語集』第十四巻第二十九話[40]も、写経における不浄行為と悪報を結びつける。この説話では、優れた書道家として知られた橘敏行が、知人に「法華経」二〇〇部の書写を求められる。だが、写経時の過失のために急死して冥道に落ちる。

（前略）搦メテ将行ク人ニ、『此ハ何ナル錯ニ依テ、此許ノ目ヲバ見ルゾ』ト問ヘバ、使答テ云ク、『我レハ不知ズ、只「慥ニ召テ来レ」ト有ル仰ヲ承ハリテ、召テ将参ル也。但シ、汝ハ法花経ヤ書奉タル』ト。敏行ノ云ク、『書奉タリ』ト。使ノ云ク『自ノ為ニハ何許カ書奉タル』ト。敏行ノ云ク、『我ガ為ニトモ不思ズ、只、相知レル人ノ語ニ依テ、二部許ハ書奉タラム』ト。使ノ云ク、『所謂ル、其ノ事ノ愁ニ依テ被召ル、ナメリ』ト許リ云テ、他ノ事ヲ不云ズシテ歩ビ行ク間ニ、極テ怖シ気ナル軍共ノ、甲冑ヲ着タル、眼ヲ見レバ雷ノ光ノ如シ、口ハ焔ノ如シ、鬼ノ如クナル馬ニ乗テ二百人許来会リ。此レヲ見ルニ、心迷ヒ肝砕ケテ倒レ臥キ心地スレドモ、此ノ引張タル者ニ被痓レテ、我レニモ非デ行ク。此ノ軍共、敏行ヲ見テ、打返テ前立テ行ク。敏行、此レヲ見テ、使ニ『此ハ何ナル軍ゾ』ト問ヘバ、使ノ云ク、『汝ヂ、不知ズヤ。此レハ汝ニ経誂ヘテ令書シ者共ノ、其ノ経書写ノ功徳ニ依テ、極楽ニモ参リ、天上・人中ニモ可生カリシニ、汝ガ其ノ経ヲ書トテ、精進ニ非ズシテ肉食ヲモ不嫌ズ、女人トモ触バヒテ、心ニモ女ノ事ヲ思テ書キ奉リシニ依テ、其ノ功徳ニ不叶ズシテ、嗔ノ高キ身ト生レテ、汝ヲ嫉ムデ『召テ、我等ニ給ヘ。其ノ怨ヲ報ゼム』ト訴ヘ申スニ依テ、此ノ度ハ可被召ベキ道理ニ非ズト云ヘドモ、此ノ愁ニ依テ、非道ニ被召ヌル也』。

敏行は写経の間、肉を食べ、女性と性交したので、儀式は失敗し、依頼者は浄土へ行くことができなかった。ここでは、不浄行為は儀式の有効性を打ち消している。

敏行はその時、清浄護持に失敗したために、地獄で苦しんでいる知人が報復として（彼を苦しめるために）彼を二〇〇個に切り刻もうとしているのを知る。敏行が、自分の運命を考えながら旅を続けていると、彼は黒い河に出て、それについて質問する。

> 敏行更ニ歩ム空無クシテ行クニ、大ナル河流タリ。其ノ河ノ水ヲ見レバ、濃ク摺タル墨ノ色ニテ有リ。敏行、『恠シキ水ノ色カナ』ト見テ、『此ハ何ナル水ノ墨ノ色ニテハ流ル、ゾ』ト使ニ問ヘバ、使ノ云ク、『此レハ、汝ガ書奉タル法花経ノ墨ノ、河ニテ流ル、也』ト。亦云ク、『其レハ、何ナレバ、此ク墨ニテハ有ルゾ』ト問フニ、使、『心清ク誠ヲ至シテ精進ニテ書タル経ハ、併ラ竜宮ニ納マリヌ。汝ガ書奉タル様ニ、不浄・懈怠ニシテ書タル経ハ、広キ野ニ棄置ツレバ、其ノ墨ノ雨ニ洗レテ流ル、ガ、此ク河ニ成テ流ル、也』ト。此レヲ聞クニモ、弥ヨ怖ル、心無限ナシ。

不浄の源は、前の一節で引用した肉食と性交のようである。丹治比経師の事例と同様に、穢れは因縁的な結果を有する。この場合では、地獄で現に苦しむ依頼者に写経の功徳が及ばなかった。さらにこの説話では、清浄に写経された経典は龍宮に行くが、不浄に写経された経典は、敏行が地獄で出会った黒い「大ナル河」に流れるとされる。清浄に写経された経典と不浄に写経された経典とでは、その験力が互いに異なることを示す事例である。

この清浄経典と不浄経典の区別は、中国の伝記によく選集されている令狐元軌の話[41]にも、同様に反映されている。

> 唐貞観五年。有隆州巴西県令狐元軌者。信敬仏法。欲写法華金剛般若涅槃等。無由自撿。憑彼上抗禅師検校。抗乃為在寺如法潔浄写了。裹還岐州荘所。経留在荘。并老子五千文同在一処。忽為外火延焼堂是草覆一時灰蕩。軌于時任憑翊県令。家人相命撥灰覓金銅軸。既撥灰開其内諸経宛然如故。潢色不改。唯箱袠成灰。又覓老子。便従

火化。于時聞見之者。郷林遠近莫不嗟異。其金剛般若経一巻。題字焦黒。訪問所由。乃初題経時有州官能書。其人雑食行急不獲潔浄。直爾立題便去。由是色焦。其人現在。瑞経亦存。京師西明寺主神祭。目験説之。

この話では、令狐元軌がいかに清浄を護持しながらいくつかの経典を写経したかを述べる。そのため、彼が清浄に書写した経典は、全て火から救い出された。一方で、別の題師は肉を食べた婉曲表現である「雑食」し、「潔浄を獲ず」のため、清浄に写経された経典は火事を生き延びたのに対し、不浄に写経された題の部分だけ黒焦げになった。橘敏行の話のように、穢れた方法で写経された経典は霊感的な効果を失う。

先述の葦浦継手など、写経生が不浄との接触のために請暇している事例がいくつもあるように、古代日本において、不浄と写経についての考え方は、写経所にも流布していたようである。事実、同様の考えは、彼が提出した別の「葦浦継手不参啓」[42]にも現れる。

葦浦継手謹啓

不堪参向事

右始去七月二十一日、病有家内、已臥長少无人、東西独、恐不参、但今月八九日以来、稍似咸損、今所須家内浣洗解除畢、即果参向、仍注怠状、附童児乙継申上、以啓

宝亀五年八月十五日

ここで葦浦継手は、病気後に家を浄化しなくてはならないから、仕事から離れていたと説明している。彼は「浣洗」と、「解除」に言及しており、特に解除というのは儀式的な意味があると考えられる。病気との接触から生じる穢れは、仕事に戻る前に除かねばならなかったのであろう。

病気は、写経生が仕事を離れる原因となる穢れとの、唯一の接触源ではない。例えば、大宅童子という経師が、次のような「請暇不参解」[43]から、死との接触が休暇を請うための理由として用いられたことを示している。

大宅童子解　申不参故事

妹同姓屋門子年五十一

右婦、従去月下旬癃侍、以今月十三日死去、斯候為始穢忽恐侍、然一二日間願済□

この文書は二次面の食口案帳作成のため、切断されているので、後半が欠損している。判読が難しい部分もあるが、姉妹の死後、大宅童子が「穢れを忽く恐れ侍る」と書き、そのため仕事に戻ることができなかったことは明らかである[44]。判読不能の箇所があるとしても、姉妹の死を述べる手紙の一般的な文脈から考えると、彼が言及している穢れが、死に由来するものであることは確かである。

これらの請暇解では特に病気と死に言及してきたが、写経所で肉食が禁じられていたことも以前からよく知られている[45]。これは、肉食を不浄の源として引用する先述の説話の文脈でも、理解されるべきである。全体として、これらの仕事を離れるための要請と、先述した説話は、写経生が肉・病気・死のようなものに由来する穢れを避けようと努めていたことを示唆している。

四　古代日本の写経にみる宗教的な文脈

事実、写経はちょうど、肉・病気・死からの穢れを避けるように努める日本の多くの儀式の中の一つにしか過ぎず、仏教・非仏教の儀式空間でも忌避されている。穢れに関する同様の用心は、古代日本の広範囲の文献にも現れる。例えば、散斎についての神祇令散斎条[46]では、次のように様々な事例を挙げている。

凡散斎之内。諸司理事如旧。不得弔喪。問病。食完。亦不判刑殺。不決罰罪人。不作音楽。不預穢悪之事。

右記の議論に関連しているのは、弔喪・問病・食完（宍）が、全て散斎を行う理由となるという考えである。さらに「不預穢悪之事」と描かれているように、全ては穢れたものと認識されている。同様に、『日本書紀』天武天皇八年（六七九）十月是月条にみる勅[47]は、仏教寺院での病と穢れの関係を述べている。

是月、勅曰、凡諸僧尼者、常住寺内、以護三宝。然或及老、或患病、其永臥狭房、久苦老疾者、進止不便、浄地亦穢。是以、自今以後、各就親族及篤信者、而立一二舎屋于間処、老者養身、病者服薬。

ここでは、病気の者は「浄地」である寺を穢す恐れとして描かれており、寺の土地から離される必要があるとされる。これらの二つの事例は、総合的に、仕事を離れる理由として病気との接触を挙げた葦浦継手による文書を説明するのに役立つ。すなわち、病気との接触は古代日本において穢れとして見られたのである。

同様に、『日本感霊録』十二の説話[48]は、死を穢れと結びつけている。

大和国宇太郡有一貧人、名曰永人、姓〔盤〕〔　〕人極窮生活無由、無衣無（カ）、唯著単裳矣。去承（和）六年、参詣元興寺四王之所、掃庭浄壇。由此衆僧施（鉢）飯余、以斉其命、亦恵旧衣、而弊裸体。然問、被〔雇〕（他）人死喪之所、役使〔已〕畢、未超幾日、還来止宿元興寺亭舎。是時、晩秋九月八日也。於是、永人中心斟酌、「明〔日〕已当〔飲〕菊醺日矣。為如何事、吾当飲菊。弗若取聚灯油之残以為酒直。」推度已訖、齎瓶窺俟四王之側、写集諸人所献灯油、僅得一升許。以此至于市辺之〔近〕邑、沽其灯油、以彼直残買酒等物、即便半食、以為明日（之）儲也。然遂還来宿、本亭舎。而不超其宵、遂暴死也。是知、以不浄身触汗浄庭、并行非理之行、招夭死（也。罪）過可不勖乎。

この説話において、元興寺の僧侶によって食物と衣服を与えられたある貧人は、「非理之行」と記されている飲み代のために売ろうと寺の灯油を盗んだ行為のために罰せられているが、おそらく本稿にとってより重要なことには、この説話が、不浄な体で清浄な空間を穢したことを、彼が罰せられた別の理由として引用していることである。話の内容から考えると、この不浄は死喪之所での彼の仕事に関係していたに違いない。この話を神祇令に沿って読むと、なぜ大宅童子が「請暇不参解」に、死との接触からの穢れを述べたのかを理解できるであろう。

養老律令、六国史、正倉院文書、仏教説話を含むこれらの様々なジャンルにおいて、穢れを避ける必要性を強調する動きは、死・病気・肉の儀式的な忌避が、日本の奈良・平安時代のより広い宗教的な修行・儀礼にとって中心的であったことを示唆している。写経はこのより広い宗教的文脈で理解されねばならない。

おわりに

ここまで、特に唐と古代日本において、いかに清浄護持が写経に密接に関連づけられていたかを見てきた。これらの修行の基礎となる中心的な概念は、清浄写経によってテキストが霊験を起こす力を得ると同時に、不浄な写経によって功徳がなくなり、悪報を受けるというものである。黒須利夫氏が論じたように、このような価値観は『日本霊異記』に顕著であり、平安時代のケガレ観念の形成にも関与していた可能性が高い(49)。清浄護持・穢れ忌避が奈良平安時代「知の相関」を考察するには、一つの重要なテーマだと位置づけられるのであろう。しかし、本稿では、奈良と平安仏教の相関関係を検討するだけでは十分ではないと論じてきた。おそらく死と病気という例外があるにせよ、写経と清浄観に関連する言説は、中国の思想との重要な連続性を明らかにするとともに、より広い東アジア仏教の文脈から生じたからである。本稿では、清浄護持と穢れ忌避が、仏教の儀式の全東アジア的側面であり、より広く宗教的儀式でさえあったことを示唆することを目的としてきた。今後の研究は、清浄護持と儀式の観念が、いかに写経以外の仏教と非仏教修行や儀式に広がっていたかを検証すべきである。

最後に、如法経と奈良・平安時代「知の相関」の研究方法論について、いくらか述べたい。本稿では意図的に「清浄写経」と不浄・穢れ忌避という術語を使って、如法経という語を避けてきた。「如法」という語は、確かに中国や奈良時代の史料に時々現れているのは事実だが、むしろそれは稀であり、これらの時代における中心的概念であるようには思われない。[50] 他方で、清浄護持と穢れ忌避の思想は、はるかにもっと遍在的である。如法経としてよりも、清浄護持と穢れ忌避の点から写経を解釈することを選択した理由は、リチャード・ペインなどの研究者が「遡及的誤り」と呼んでいる問題を避けるためであった。ペイン氏は「遡及的誤り」を次のように要約している。[51]

遡及的アプローチは、「もしXが今日重要なら、それはどこから来たのか、そしてそれはどのように現在あるような方法になったのか？」という、しばしば理にかなった問題を暗黙のうちに問うている。例えば、浄土、禅、日蓮宗は現在とても重要なので、遡及的歴史学研究は、それらが始まった時代として単純に鎌倉時代を見る傾向にある。だがその時、鎌倉時代は浄土、禅、日蓮宗が日本において生まれた時代として単に遡及的に理解される。

つまり、「遡及的誤り」とは、研究者が後のモデルを通じて前代の言説を理解しようとすることが問題とされる、研究方法である。

同様に、写経を研究するための遡及的アプローチは、平安時代末に重要になった如法経という語と共に始まるのかもしれないし、そしてその時、より初期の使用も同様に発見しようと試みられるかもしれない。兜木正亨氏の開拓的研究において、大いに採用されたアプローチである。遡及的アプローチの危険性は、様々な史料を無視し、後の発展を強調しすぎる傾向であり、それは、より以前の時代に対する理解を誤らせる。奈良・平安時代「知の相関」についての考察において、筆者は遡及的誤りを犯すことに対して細心の注意を払うべきだと考える。単に後の発展という観点からだけではなく、それ自身の語において、奈良時代の言説と修行を認識することが重要である。如法経だけではなく「密教」や「浄土教」のような概念にも、同様の注意が当てはまり得る。我々は、後代の言説から、前代の理解を誤らないように、注意しなければならない。

註

（1）兜木正亨「如法経雑考」（同『法華写経の研究』、大東出版社、一九八三年、初出は一九五七年）、同「我が国如法経における二、三の問題」（『印度学佛教学研究』一〇—二、一九六二年）、同「如法経の起源と思想的背景」（『法華写経の研究』、初出は一九七五年）。

（2）本稿では説話という言葉は、日本で編集された『日本霊異記』や『今昔物語集』などのテキストに限り使用し、中国で編集されたものは伝記や話と呼称する。

（3）『大正新脩大蔵経』第五一巻八〇頁上段〜八七頁下段（以下、大正蔵五一—八〇上〜八七下と表記する）。

（4）大正蔵五一—四二中〜四七下。

（5）大正蔵五一—一七〇下〜一七二上。

（6）大正蔵五二—四二八下。

（7）大正蔵五五—三四〇中。

（8）大正蔵五三―四八六下。
（9）大正蔵五一―八五中。
（10）大正蔵五一―四三中。
（11）『東京大学図書館蔵―法華経集験記』（貴重古典籍刊行会、一九八一年）。
（12）『日本霊異記』下巻第十縁（『新日本古典文学大系』）。
（13）『今昔物語集』第七巻第十八話（『新日本古典文学大系』）。
（14）大正蔵五一―七八九上。
（15）大正蔵五一―一七〇下～一七一上。
（16）大正蔵五一―一七一上。
（17）この写経事業に関連する多数の文書がある。『大日本古文書』巻三―四八七頁（以下、大日古三ノ四八七と表記する）、三ノ五二九～三〇、九ノ四四、九ノ六〇三、一〇ノ四一八～九、一一ノ一九、一一ノ一五九、一一ノ三六四、一一ノ四九〇を参照。
（18）善珠については大日古三ノ六三〇、一三ノ三八～九を参照。紫微中台については大日古一二ノ二六一、一三ノ一九四を参照。
（19）「維摩詰経」中村不折ノ〇六六（磯部彰編『台東区立書道博物館所蔵中村不折旧蔵禹域墨書集成』、総括班、二〇〇五年）。
（20）ペリオノ二〇五六、中村不折ノ〇六九、北図（ＢＤ）ノ一四四九六。
（21）拙稿「Discipline of Writing: Scribes and Purity in Eighth-Century Japan」（Japanese Journal of Religious Studies

39/2(2012): 215-216.)参照。

(22)『日本霊異記』下巻第十縁(『新日本古典文学大系』)。

(23)黒須利夫「古代における功徳としての「清掃」―『日本霊異記』上巻第十三縁の一考察―」(根本誠二・サムエルC・モース編『奈良仏教と在地社会』、岩田書院、二〇〇四年)。

(24)関根真隆『奈良朝服飾の研究』(吉川弘文館、一九七四年)一五八～九頁。

(25)大日古二四ノ一一四～六。

(26)この写経事業についての詳細は、栄原永遠男「奉写大般若経所の写経事業と財政」(同『奈良時代写経史研究』、塙書房、二〇〇三年、初出は一九八〇年)、山本幸男「天平宝字六年～八年の御願経書写」(同『写経所文書の基礎的研究』、吉川弘文館、二〇〇二年)を参照。

(27)大日古一五ノ一四一～二。

(28)大日古五ノ一〇七。

(29)大日古一五ノ二六二～三。

(30)この釘については大日古五ノ六二、一五ノ二九五、一五ノ三一七を参照。二つの温船はこのとき造られた。一つは経師温船であり、一つは僧都温船である。

(31)桑原祐子『正倉院文書の訓読と注釈―造石山寺所解移牒符案(一)』(奈良女子大学21世紀COEプログラム報告集一、二〇〇五年)六九頁。

(32)大日古一六ノ五一七～二〇。

(33)この時代における写経所の歴史については、山本幸男前掲註(26)論文を参照。

(34)　大日古一六ノ五一八。
(35)　大日古一四ノ三九一～二。山本幸男　前掲註(26)論文を参照。
(36)　大日古二二ノ二一五。
(37)　訓読については、奈良女子大学21世紀ＣＯＥプログラム編『正倉院文書の訓読と注釈　請暇不参解編(二)』(奈良女子大学21世紀ＣＯＥプログラム報告集二、二〇〇七年)一三六頁によった。
(38)　『日本霊異記』下巻第十八縁(『新日本古典文学大系』)。
(39)　『今昔物語集』第十四巻第二十六話(『新日本古典文学大系』)。
(40)　『今昔物語集』第十四巻第二十九話(『新日本古典文学大系』)。同じ話は『宇治拾遺物語』にも収める。
(41)　『法苑珠林』大正蔵五三―四二一。また、『集神州三宝感通録』大正蔵五二―四二八、『大唐内典録』大正蔵五五―三四〇、『弘賛法華伝』大正蔵五五―四五、『法華伝記』大正蔵五五―八三、『法華経集験記』(『東京大学図書館蔵―法華経集験記』所収)なども参照。
(42)　大日古二二ノ五八九。
(43)　大日古一七ノ五六一。
(44)　訓読については、奈良女子大学21世紀ＣＯＥプログラム編『正倉院文書の訓読と注釈　請暇不参解編(一)』(奈良女子大学21世紀ＣＯＥプログラム報告集一、二〇〇五年)一一四頁に拠った。
(45)　このことは、早くとも石田茂作『写経より見たる奈良朝仏教の研究』(東洋文庫、一九三〇年)から指摘されていた。肉食と写経についての詳細については、拙稿　前掲註(21)論文参照。
(46)　「神祇令」散斎条(『日本思想大系』)。

（47）『日本書紀』天武天皇八年十月是月条（『日本古典文学大系』）。
（48）『日本感霊録』十二（辻英子『日本感霊録の研究』、笠間書院、一九八一年、参照）。
（49）黒須　前掲註（23）論文。
（50）兜木　前掲註（1）論文。
（51）リチャード・ペイン「序」（『Re-visioning 'Kamakura' Buddhism』University of Hawaii, 1998）。

『日本霊異記』の仏教伝道史的考察

直林　不退

はじめに

『日本国現報善悪霊異記』（以下『霊異記』と略称）と唱導との関係については、これまで種々論じられてきた。『霊異記』が唱導の種本の如き性格を有していたとするならば、「元来説教の重点が演説体におかれたため、優れた説教実演の記録が残らな」[2]い現状の中で、それは日本仏教最古の布教史史料として極めて高い価値を持つ。仏教が人々に対しいかに関わりどのように法を説いていったのか、[3]『霊異記』はそれらを活写しているように思われる。しかし、本書が民衆への接点を求めているとはいえ、その関わりの内実は無条件で絶賛されるようなものではない。『霊異記』には、現代の布教現場にまで連綿とつながる重大な問題が内包されており、[4]『霊異記』の延長線上にある説教の克服は、他ならぬ我々自身の課題であろう。今、『霊異記』と唱導との関係を問うためには、その文学的価値や機能を明らかにするにとどまらず、本書を広く仏教伝道の歴史の中に据えおいて論じていく必要があるといえよう。本稿では、『霊異記』を仏教における伝道の展開の中で捉え直し、その歴史的位置づけを試みる。近年「唱導文学」[5]という分野に衆目の関心が集まり研究の進展も著しいが、本書の存在をアジア全域の仏教伝道の広がりと奈良末平安初期の時代的特色の中に再認識する作業は、なお幾許かの課題を残しているのではあるまいか。

『霊異記』の唱導性に最初に着目したのは、折口信夫氏であった[6]。それをうけて、本書の類話の多さから唱導文芸の発達を看取する見解が示され[7]、景戒による編纂の背景に「説法の材料として用いられたものがかなりあ[8]」るとの指摘を生み、唱導に携わる人々の伝承の存在を想定する議論へと発展していった[9]。一方、『霊異記』以後その説話が口伝で流布継承されたことも解明され[10]、「書かれた作品」ではなく「説教の場で話された」「説教話」としてみるべき面のあることも議論されている[11]。

こうした『霊異記』の唱導的側面の研究の広がりの中で、上田設夫氏によって本書の各説話の構成を、『妙法蓮華経』迹門正宗分の科段たる三周説法、さらには浄土真宗節談の五段法と直接比較する研究が行われた[12]。上田氏の視点は、仏教の布教の歴史的展開の中に唱導文芸としての『霊異記』を位置づけようとする画期的なものであると考えられる。しかし、後に詳述するように『霊異記』説話構成の区分方法や仏教の布教の変遷の把握に関して、若干課題を残しているように思う。また、森正人氏は「前半に過去世のできごと、後半に現世のできごとを示し、その二つに関連を与えようとする」本書の構想は、アヴァダーナと類似するという[13]。だが、一般に「譬喩」と訳されるアヴァダーナとニダーナといわれる「因縁」の関係は、どのように捉えるのであろうか。

その後、中村史氏は、従来混同されてきた本書各説話自体の特質と編者の説話集編纂意図とを峻別する手法に基づき、『霊異記』原説話は悔過などの経典に依拠した法会唱導の場で使用された例証話であり、景戒はそれらを収集再解釈普遍化し「現報善悪」「霊異」を説く説話集を完成させた[14]、とする緻密な研究を発表した。中村説では、かつて提起された各説話を「標題」「素体」「説示」に区分してその関連性を問う方法を援用しているが[15]、それは『霊異記』の構成を検討する際に参照できるといえるであろう。また、中村氏は『霊異記』各説話の唱導性は、自ら教化唱導をなさんとする景戒に継承され、本書編纂の原点となった、という。やはり、『霊異記』と唱導との不可分の関係は、まちがいなく存在するようである。

さらに山口敦史氏は、『霊異記』説話には引用経典の主題を自在に膨らませる姿勢が垣間見られ、それは経典の註釈に相通じる面を有すると論じた[16]。一方、近年、根本誠二氏によって、『霊異記』には奈良時代の仏教が仏教的な功徳を現世に引き出す「交感」から、それを国家やすべての人々と共有する「交歓」へのひろがりを示す様相が窺え、それこそが、日本仏教における唱導の出発点に他ならない[17]、とする提言もなされている。その他、本書をめぐる最近の研究としては、『霊異記』の物語化の過程を通じ、景戒の仏教史叙述への志向を論じる北条勝貴氏[18]や、師茂樹氏[19]による下38縁の夢読解の意欲的な試みもなされている。

上述の如き研究史の蓄積[20]に学ぶ時、まず第一に『霊異記』の存在が、アジア的視座での仏教の伝道の展開の中でどのように位置づけられるかを解明しなければならない。仏教の説法はかねてより九分教・十二部経[21]という経典分類によって没時代的に統括され、『霊異記』説話もその中の「因縁」「譬喩」であると漠然と関連づけられてきた。しかし、「因縁」と「譬喩」との差異、さらにはそれらを『霊異記』説話とどのように関連づけて捉えるべきなのか、更なる論究が必要なように思われる。また上田氏の着目した『法華経』三周説法との同一性は、果たして妥当な指摘なのであろうか。

そのためにはまず本書の説話構成を再整理しなければならない。そこで本稿では、最初に上田氏の卓説に導かれつつ『霊異記』説話の構成を改めて解析していく。一般に『霊異記』は中国の説話に範を仰いだ作品だとされるけれども、その構成面ではどのような先蹤から何を学んだかを明らかにしよう。

そのうえで、かような説話構成を持つ『霊異記』が、「因縁」「譬喩」といかなる関連を有するのか、天台の三周説法の展開とどのような位相にあるのかを展望していきたい。かくして、『霊異記』の唱導史上の位置づけ、ひいては九世紀初頭の歴史状況とのつながりの一端を繙くことができるならば、望外の幸せである。

一　『霊異記』の説話構成と唱導

上田設夫氏は、『霊異記』説話の構造から唱導性を看取する根拠として、「平坦に主人公の身上から語りはじめることから発し、主人公の因果応報譚が中核として物語られ、終りに戒言をもって聴衆を悟す」「三段法による説話形態」と、説教の終末を尊く盛りあげる「説話の結尾」[22]の二点を指摘し、両者の特質を天台の三周説法へと結びつけていく。

しかし、上田氏のいう第一の点である「三段法」は、必ずしも『霊異記』において想定し難いのではないか。かつて春日和男氏は、本書各説話の冒頭部分の類型化を行ない、「主要人物から書き起こす場合が五十四例」「場所から書き起こす場合が三十七例、天皇の時代から書き始める場合が二十例、「昔」から書き始めるもの六例、その他二例」[23]と区分した。やはり『霊異記』では、「人」に始まる書き出しが半数近くに及ぶ。しかし、そうした「主人公の身上」の紹介は、特に唱導の現場では因果応報譚という一連の物語の場面設定の一部分でしかなく、両者の間に口調の変化を読み取るのは困難なようである。つまり、上田氏のいう「平坦」な語りは、一般的に教義自体の知的説明や解釈においてなされるもの[24]であり、一連の物語の中で冒頭のごく僅かな場面設定から本題への展開に際し、口調や内容の変貌を採用するのは、決して有効な唱導の技法とはいえない。従って、各説話の構成を「三段法」で捉え、それを以て直ちに三周説法さらには浄土真宗節談の五段法の口調の移行へと結合させる見解は、首肯し難いところである。

しかし、春日氏の分類からも窺えるように、本書があくまで人間を中核とする物語の構成を採用しているのは、『霊異記』の性格を規定するに際し極めて重要な点であろう。

次に上田氏は、天台宗の「三周説法」は、説教の結末の「結勧」を尊く説くことを推奨していたという前提に基づき、『霊異記』結尾の構成も「聴衆を仏法の道へと導く戒言[25]」の役割を果たしている、とする。しかし、上田氏のいう「終り尊く（結勧）」の格言は、江戸時代の浄土真宗で創始され固定した型として伝承された「説教の五段法」の活用法を示した口伝である。たしかに五段法の構成は、天台の三周説法の伝統を継承し、冒頭に讃題、末尾に結勧を附加し成立した型ではあるが、日本仏教においても三周説法が布教技法の主流として定着していたのは、果たしていつ頃からなのか。景戒が三周説法を知っていたのか。改めて分析しなければならない。その手続きを経たうえで『霊異記』の結尾の特色を、三周説法や五段法と再度比較していく必要があるようである。一方、上田氏も参照したと思われる関山氏の先駆的所説では、『霊異記』が「説教伝統の基本を踏」み、「既に日本の話法の型を形成している[26]」との見通しを提示している。つまり関山説では、あくまで『霊異記』各説話の構成が、三周説法・説教五段法と共通する特質を具備していたといわれるに過ぎない。従って上田氏が、三周説法・五段法自体が本書の説話構造の基底に存在したと断言するのは、いささか性急な議論であろう。しかし、上田氏の着目した第二の末尾構成の問題は、なお深めていくべきであると考える。

春日氏は、本書の末尾形成は雑多であるが、「殆ど撰述者の戒言乃至は感想が附加されて終る」とした。そのうえで「経典の文句を引用するもの」「感慨を述べる手法」「単に「是奇異事矣」と結んだもの」「賛を述べて言行を称揚するもの」「反語をもって強調的に終る例[27]」に分類を試みている。

今、春日氏の区分を参照して、改めて本書各説話の結尾を類型化してみる。

A景戒自身の評言

上　3　4　5○　7　8　9　10　12　16　17　21　24　28　31　32

中　3　4　6　7◎　11　15　16　20　23　24　26　28　29　33　35　36　37　38　39

下　3　6　7　8　11　13　16　17　21　22　24　25　26　28　31　32　33◎　34　35　36

以上五四例（○印は「賛」と重複、◎印は「経典」と重複するもの）

B経典の引用

上　11　13　18△　19　20　23　27　29　30

中　1　5　7　9　10　13　17　18　19　22　27　30　32　41　42△

下　2　4　14　15　18　20　23　27　29　33

以上三四例（△印は「賛」と重複するもの）

C賛で結ぶ

上　5　6　14　18　22　25　33

中　2　21　42

下　10　12　30

以上一三例

D単に「是奇異事矣」で終わる

上　34　35

中　8　14　25　34　40

下 1 5 9 19 37

以上一二例

E縁起（現存の事象とのつながり）を述べる

上 1 2 中 12 以上三例

Fその他

上 15 26 下 38 39 以上四例

右のように各説話の末尾を、A景戒自身の評言五四例、B経典の引用三四例、C「賛」で結ぶ形式一三例、D短い「奇異事」の感嘆一二例、E現存の事柄との連なりを述べるもの三例、Fその他四例に大別した。さらにF群を、物語のみで終わる上15 26、景戒の自伝的内容の下38、本書編纂の感慨を記す下39に詳別できるようである。

最も数の多い説話に対する評言（A群）は、文章の形式によってさらにいくつかに細分化できるのではないか。

A①「誠知」などの語句によって、それまでの話を因果の道理に鑑みて改めて説明するもの 二五例

①は、説話の内容を再度因果応報という道理に照らして、その意味を説き示す形式である。その際、「当是知」「当知」「是知」「誠知」「諒知」「乃知」「闓知」「方知」「定知」「実知」といった人々への熟知を促す強い文言を用い、説話から教義・道理への誘引がなされていく。

誠知、丈六之威光誦経之功徳也。（上巻32縁。以下、巻と数字のみを記す）〔一三一頁〕(28)

上32縁では、細貝の里の人々が王難から逃れることのできたのは大安寺丈六仏の威光と誦経の功徳に他ならないと、因果の道理の実在性を鼓吹する。

誠知、不孝罪報甚近。悪逆之罪非無彼報矣。（中3）〔一五三頁〕

「悪逆子」が母を謀殺しようとして「悪死」を遂げたという中3縁においては、そうした息子の行為を道理に鑑みて訓誡している。即ち、①は、各説話の具体的物語から劇的にメインテーマを導き出す有効な方法であり、本書が単なる机上の読み物でない証左となるであろう。

A②反語や二重否定の構文を用い、説示内容を強く印象づけるもの　八例

これは、「因果之理、豈不信哉」(上10)〔八七頁〕や「是乃法花経神力、観音贔屭。更莫疑之矣」(下13)〔二九四頁〕のように因果の理法や経典や仏菩薩の験力の実効性を二重否定によって強く主張し、「現報猶如是。況後報也」(下25)〔三二六頁〕の如き反語表現を使用し果報の顕著なることを力説する。即ち②も、相手に対し極めて強いアピールを訴える臨場感あふれる手法の一つと考えられる。

A③「猶」という対比構文によって、相手に他者との比較思考をおこさせるもの　三例

③の一例として、上と上縁の結末を検討する。

畜生猶不忘恩返報恩、何況義人而忘恩乎。(上7)〔八〇頁〕

この説話は、百済からの渡来僧に対する亀の報恩譚として名高い。景戒は、「畜生である亀でさえ恩を忘れぬのであるから、道理をわきまえた人間たるもの、どうして恩を忘れてよいであろうか、いや絶対に忘恩の徒になってはならない」と、畜生と人との比較の中で報恩の意義を強調する。

夫死霊白骨尚猶如此、何況生人豈忘恩哉。(上12)〔九一頁〕

また、著名な道登の宇治橋造営に関する説話では、「髑髏」と「生人」との対比によって忘恩を誡めている。それらには、自分より弱い立場の者を設定し、「そのような者でさえ○○するのだからまして我々は○○しなければならない」という論理の存在が窺える。そして、かかる比較の視点は、その後の日本仏教の中に根深く温存しつづけ、今

なお差別を助長する布教の構造として指弾されている。(30) たしかに古代社会と現代との歴史状況の差異を除外した議論は慎むべきであるが、本書に現代布教の負の側面の原型を看取しておくのは、布教史上の大切な論点であるといえよう。

A④「嗚呼」という感嘆詞で結ぶもの　三例

嗚呼現報甚近。恕己可仁。不無慈悲矣。〔上16〕〔九七頁〕

このような感嘆の表現は、説話の結末を劇的に盛りあげ、相手に因果の道理や現報の存在を強く印象づける効果を示すことは、いうまでもない。

右の①から④の如く『霊異記』各説話結尾の景戒の評言を分類した結果、「誠知」・二重否定や反語・比較の語法・感嘆詞によって本書が情感豊かな劇的な結びをめざしていたのではないかと推測してみた。

またA群の格言の長さに着目すると、大部分短い分量で占められていた。景戒は、くどくどした解説を忌避していたように思われる。節談五段法の口伝には、上田氏の指摘したものの他にもう一つ、「讃題について（法説）はなれて（譬喩・因縁）またついて（合法(がっぽう)）花の盛りにおく（結勧）が一番」(31)という格言がある。「具体的例話から説教のメインテーマに立ち返ったならば、長々とした説明は不要だ！」という唱導の極意は、あるいは時代地域の相違を超えてあてはまるのかもしれない。

B群は、説話の内容を仏典（時には外典）の文言に関連づけて説明する結尾の構成である。

涅槃経云、「若見有人修行善者、名見夫人。修行悪者、名見地獄。何以故定受報故」者、其斯謂之矣。〔上27〕〔一一六頁〕

のように、「経にいわく、～～其れ斯れを謂ふなり」という形式が最も多い。引用仏典としては、『精進女問経』『善悪因果経』『法華経』『大方等経』『涅槃経』『憍慢経』『鼻奈耶経』『最勝王経』『不可思議光菩薩経』『大集経』『出曜経』『成実論』『長阿含経』『千手経』『方広経』『丈夫論』『大般若経』『十輪経』『顔氏家訓』の名がある。さらには「経」「義解」「経論」などと、具体的な文献名を秘す例も見うけられる。最も多く引かれるのは、『涅槃経』九例、次いで『法華経』四例の順となっている。先述の後世の節談の格言では、「譬喩」「因縁」で幅広く展開した説教を再度経論釈の文言に合致するように意味づけを行ない、メインテーマへと収束していく。この手法を「合法」という。この「速やかな合法」の方法こそ、B群『霊異記』の経典引用の結尾の構成法と近似しているといえるであろう。

C群の「賛」一三例の中で、中2縁の「血沼県主氏」と下10縁「榎本氏」の一部分を除き、他は全て四文字の偈文（韻文）の形式を採用している。代表的「賛」の事例を検討しよう。

大哉釈氏。多聞弘教、閉居誦経。心廓融達。所現玄寂。焉為動揺。室壁開通、光明顕耀。（上14）〔九頁〕

右の上縁の「賛」では、四字の偈を連ねて説話の主人公釈義覚の人となりを賛嘆し、その功徳を総括していく。つまり、「賛」の意図するところは、偈頌を用い説話の大筋を振り返り、主人公の徳を感動的に称揚する役割があったといえよう。

散文で語られた物語をうけて韻を踏んで詠唱される説話の結末は、極めて感動的であったに違いない。節談五段法の「結勧」は「結弁」ともいわれる如く、一瀉千里に七五調の韻文で畳みかける「セリ弁」を多く用いてきた[32]。今、『霊異記』の「賛」から「セリ弁」を連想させるのは、あまりに穿った見方かもしれないが、四字の偈頌の連なりを豊かな抑揚にのせて口称することによって、知的理解を超えた情感豊かな説法の結末が演出できるのはまちがいない。これは、後述する九分教の「祇夜」（応頌・重頌）に通じる一面を持つ。

D群の一二例は、「奇異事」「奇異之事」「奇事」という短い感慨で結ばれている。全般に本書の結尾部分は、ごく僅かな例外（下33縁三四八頁）はあるにしても、決して長いものではない。簡潔な結びは、「花の盛りにおけ」との格言とも合致する。特にD群の如き一文の評言で閉じるのは、かえって聴衆に対し強烈な余韻を刻印する効果を発揮するのではなかろうか。

E群にまとめた三例は、

所謂古時名為雷岡語本是也。（上1）〔五八頁〕

三乃国孤真等根本是也。（上2）〔六〇頁〕

自此已後、山背国貴乎山川大蟹為善放生也。（中12）〔一八一頁〕

とあるように、いずれも本書が編纂された当時において存在していた地名・姓名・習慣の起源に、説話の内容を結びつける構造を持つものである。元来、このような現存の事象の生起を解き明かすのが、説話文学の目的の一つであるとされる。しかし、右の如くその形式の結末が極めて少ないのは、やはり本書が事物の起源の説明を目的として編まれた作品でないことを示すといえようか。

ところで、『霊異記』各説話の大多数は、上述のA～F群の構成のいずれか一つの様式を以て結ばれているが、それらを重複して使う例が僅かながら見うけられる。即ち、○印を付したA評言とC賛を用いる上5縁、◎印を付したA評言とB経典を用いる中7縁・下33縁、△印を付したB経典とC賛を用いる上18縁・中42縁の五者がそれである。以下それら五例の特質を、一瞥しておく。

上5縁は、日本仏教受容の物語を孝徳朝に「春秋九十有余而卒矣」一人の人物の伝として再構成した長篇であり、背後に大伴氏系の所伝である『本記』の存在があると考えられる。[33] 景戒は、「大部氏」の「賛」の後で一連の説話を五台山信仰を媒介とした行基文殊化身説へと結びつけていく。[34] 評言の附加には、主題を改変しようとする景戒の強い意志が窺えよう。上18縁では、「日下部氏」の『法華経』誦経功徳を詠じた「賛」で完結する持経霊験譚を、本書一流の因果応報の話へと転回する論評が追加されていた。行基を妬んだ智光の地獄めぐりの物語として有名な中7縁は、経典を引用しての果報の説明に続き、後日談として二人の入寂の様を述べる。この最終の結末の描写があってこそ、景戒のいわんとした二人の高僧の対比の構図はより現実味を帯びてくるのではないか。中42縁の説話は千手観音の霊験譚であるが、「賛」の次に附加される『涅槃経』の文によって子を思う母の情愛がより鮮明になっていく。下33縁は、先に若干触れた如く『十輪経』『梵網経古迹記』『像法決疑経』『丈夫論』という四つの経文を引用した、極めて長い結尾部分を持つ。それゆえに、本書の中では珍しく複雑で論理性の高い結びといえよう。景戒は「慳心」を誡めた経論の文をうけ「夫財者、五家共有」なることを力説する。

以上検討したように二重の結尾構成を有する五例の説話には、いずれも編者景戒によってそれまでの物語の主題を改変・進展・増幅・整理せんとする強い意志が働いていたようである。従って、元来簡潔を以て旨とする結末部分の中にあって、屋上屋を架するが如き説明を行う例外的な構成になったのであろうか。

さて、こうした多様な構成を持つ『霊異記』各説話の末尾の手法は、果たしてどのような先例の影響を受けているのであろうか。景戒は本書編纂の動機について、

昔、漢地造冥報記、大唐国作般若験記、何唯慎乎他国伝録、弗恐乎自土奇事。（上序）〔五五頁〕

という。つまり、唐の永徽年間（六五〇～五五）に唐臨によって編まれた『冥報記』三巻、及び玄宗の開元六年（七一八）に成立した孟献忠撰『金剛般若経集験記』三巻を、その先蹤として参照したと告白している。しかし、『冥報記』各説話[35]五四例の結尾の構成に関しては、『霊異記』のそれと大きく相違する。

(イ)此寺臨外祖斎公所立常所遊勤毎聞舅氏説云爾［割註］（上2）

(ロ)因名所造浮図為六日浮図浮図今尚在邑里猶伝之乎（上9）

(ハ)見後魏書及十六国春秋［割注］（下2）[36]

右の(イ)(ロ)(ハ)のように、唐臨は極めて律儀なまでに(イ)説話の入手経路・(ロ)現在との繋がり・(ハ)出典を明記して話を結ぶ。このような解説がなく物語だけで終了するのは、下9 10 15 18 20 の五例のみである。伊野弘子氏によれば、かかる話末の説明は「すべてが実話であることを主張」[37]するためである、という。しかし、物語の出拠来歴を合理的に明示する結尾の構成は、あくまで文字を媒介とした伝達の場面においては説得力を有するが、音声による交感の現場では逆に興趣を著しく低下せしめたに違いない。その点で『冥報記』は、あくまで書かれた文学作品の域を出ないといえるであろう。一方、先に考察した『霊異記』各説話の結びは、実際の人々を前にした語りの臨場感に満ちあふれていた。たしかに景戒は、説話内容において大いに『冥報記』を継承しているが、合理的説明を第一義とする唐臨の手法は採用せず、いかに感動的に話を結んでいくかに主眼を置いたのではなかろうか。

次に孟献忠の『金剛般若経集験記』を吟味してみよう。この書には、救護篇一九章・延寿篇一二章・滅罪篇三章・神力篇一六章・功徳篇一〇章・誠応篇一〇章に分かちて、数多くの霊験譚が編集されている。その中でかなりの説話の巻末の部分には、以下の如き割註が見うけられる。

・徳玄曾孫提於州過具説録之
・前定州安嘉県主薄長孫楷親知具説之
・表兄楊希言所説[38]

これらは、『冥報記』と同様な物語の出典や入手経路の註記である。孟献忠も唐臨と同じく、説話の客観性実在性を重視していたといえよう。

一方、『集験記』については、中田祝夫氏による次の如き指摘がある。

唐の孟献忠の『金剛般若経集験記』三巻は、全六編から成っているが（中略）それに「賛」が、また各六編の末尾に置かれてある。『霊異記』はこうした中国の仏教伝来説話集に影響されているとみてよい。[39]

つまり、各説話の末尾に「賛」を配置するのは、『金剛般若経集験記』に学んだ、といえるであろう。しかし、『集験記』の前述のような巻末の構成全般は、やはり『冥報記』に通じる説明的特色を有するといえる。上田氏は、「賛」の先例を道宣『唐高僧伝』に求め、『文体明弁』によりその原義と「雑賛・哀賛・史賛」の分類を紹介している。[40] さらにその他にも景戒が手にしたと思われる中国の文献は、今日では佚書となってしまった「冥報記十巻」「霊異記十巻」など数多くあったと想定できる。このような散逸文献との比較が不可能である以上、速断は慎むべきであるが、彼は唐臨や孟献忠のような合理的な説明を目的とする終局の演出を踏襲せず、聴衆と情緒的な感動を共有する結末を、様々の形式を駆使することによって表出していたのである。それは、『霊異記』が単なる机上の読み物として編まれた作品ではなく、布教現場の臨場感の中で綴られた唱導の所産であるからに他ならない。上田説は関山氏の先見性に富む発言をうけ、『霊異記』の説話構造を天台の三周説法や節談五段法と直接関連づけて説話の唱導性を立論した。もとより三周説法・五段法を、そのまま『霊異記』説話にあてはめるのは無理である。しかし、上来述べた如く本書結末の構成と今日まで伝承された情念の布教法たる節談の格言には、浅からざる近似性が窺える。かくして、こうした唱導との深い関わりを持つと考えられる『霊異記』説話の存在と成立の問題を、仏教伝道の歴史の中に位置づけて捉えなおしていきたい。

二　因縁・譬喩の特色

『霊異記』を唱導の視点から照射せんとする場合、これまでは各説話を「譬喩因縁譚」と一括して議論されてきた。[41] 人口に膾炙する『梁高僧伝』唱導篇では、唱導の原義について述べる。

唱導者。蓋以宣唱法理開導衆心也。昔仏法初伝。于時斉集止宣唱仏名依文到礼。至中宵疲極。事資啓悟。乃別請宿徳昇座説法。或雑序因縁。或傍引譬喩。[42]

即ち、中国においては、高座に昇って「因縁」「譬喩」を交えた説法が行なわれていた。そして右にある通り、ここでは明らかに「因縁」と「譬喩」とは峻別されていたといえる。仏教文学の先駆的業績とされる小野玄妙氏の『仏教文学概説』でも、「譬喩経文学」「因縁経文学」と別個の章立てがなされている。[43] かくして本稿では、『霊異記』の物語が実際の伝道の場面で演じた役割を把握するために、「因縁」と「譬喩」の特色とその歴史的変遷を明らかにしていく。

元来「因縁」とは、釈尊の悟った真理における、結果を生ぜしめる直接的原因と間接的条件の連鎖をいう。それが説法の場面では、どのような意味づけがなされたのであろうか。『大般涅槃経』巻一五梵行品第八では、次の如く因縁の起源を述べる。

何等名為尼陀那経。如諸経偈所因根本為他演説。如舎衛国有一丈夫羅網捕鳥。得已籠繋随与水穀而復還放。世尊知其本末因縁。而説偈言　莫軽小罪　以為無殃　水渧雖微　漸盈大器　是名尼陀那経。[44]

また、『大毘婆沙論』巻一二六には、

因縁云何。謂諸経中遇諸因縁而有所説。如義品等種種因縁。如毘奈耶作如是説。由善財子等最初犯罪。是故世尊集苾芻僧制立学処[45]

とあり、『成実論』巻一、十二部経品第八では、

尼陀那者。是経因縁。所以者何。諸仏覧聖所説経法。要有因縁。此諸経縁。或在修多羅中。或在餘処。是奈尼陀那[46]。

といい、『瑜伽師地論』巻八一においては、

縁起者。謂有諸而説。如経言世尊一時依里鹿子為諸苾芻宣説法要。又依別解脱縁起之道。毘奈耶摂諸有言説。依如是如是事。説如是如是語[47]。

と記す。さらに『大乗阿毘達磨集論』巻六抉択分中法第二を繙くと、

何等縁起。謂因請而説。又有因縁制立学処。亦名縁起[48]。

とある。唐代の窺基は『大乗法苑義林章』巻二、十二分章で、

此具三義名為因縁。一因請而説。二因犯制戒。三因事説法。如次応知。対法等論唯有初二。涅槃経中唯有後一[49]。

と総括していく。上述のように、「因縁」には「請に因りて説き、犯に因りて戒を制し、事に因りて法を説く」という三つの特質が窺えるようである。もとより、三者の相違は、各文献が編まれた時代地域の状況や、その内容を伝持してきた部派の実情に基づくことはいうまでもない。しかし、そうした変化に拘泥せず大まかに整理するならば、①説法の発端となった弟子からの質問要請、②戒律条項の制定の原因となった犯罪などの事実、③経典が説かれる背景となった事柄や物語、というように要約できるのではないか。つまり、説法の原因・条件を述べることこそ、「因縁」の原義といえよう。そして①から③に共通するのは、いずれも赤裸々な人間模様うずまくドラマの存在であり、

そんな物語の展開を享受するのは、知的合理的理解の領域を遥かに超えた喜怒哀楽の感性の次元においてである。まさにそれは、「共感共振」[50]の感受の世界に他ならない。

一方、「譬喩」に関しては、『大智度論』巻三三に「阿波陀那者与世間相似柔軟浅語」といい、同書巻九一には「以明了事故説譬喩」[51]とある。また、『成実論』巻一では、

阿波陀那者。本末次第説是也。如経中説。智者言説則有次第。有義有解不令散乱。是名阿波陀那。[52]

と述べ、『大乗阿毘達磨雑集論』巻一一抉択分中法品第二に、

譬喩者。謂諸経中有此況説。為令本義得明了故。説諸譬喩。[53]

と記す。このように「譬喩」とは、世間に通じるような平易な言葉を用いて、仏教の本義をわかりやすく明瞭にするために用いられた方法であると考えられる。つまり、容易に理解し難い教説や道理を、身近な他の例に置きかえて説明する手法を「譬喩」という。従って、「譬喩」は、あくまで合理的説明と知的理解のための手段であって、たとえ人間の登場する物語を使用したとしても、それは「因縁」における物語のあり方と異なり、知的合理的理解の領域に止まるものであり、このように「因縁」と「譬喩」とは、既にその原義においても大いに相異なっていたと考えたい。

そして、この両者が説法の一形態として定着流布していく経緯は、九分教・十二部経（十二部教）の問題を通じて解明できるのではないか。九分教・十二部経とは、仏陀所説の経典をその内容あるいは形式の異同によって九通り、または十二支に分類したものである。[54]それらの名称は、仏典により音写・意訳の双方を伝えており、その順序も一定しない。今仮に一般にその順番が粗型に近いとされた[55]『五分律』により、同じ順序を伝える『根本説一切有部毘奈耶雑事』の意趣訳を（　）内に加え、十二支を掲出しておく。

修多羅（契経）　祇夜（応頌）　受記（記別）　伽陀（諷頌）　憂陀那（自説）　尼陀那（因縁）　育多伽（本事）　本生　毘富羅（方広）　未曾有（希有）　阿波陀那（譬喩）　憂波提舎（論議）

なお、他の文献では、受記＝和伽羅那、本生＝闍陀伽、未曾有＝阿浮達磨のような音写表記を用いる場合もある。特にその中で九分教と十二部経との差異をめぐっては、多くの論点が示されてきた(56)。右の十二支の中から「尼陀那」「阿波陀那」「憂波提舎」を除去して九分教とする『大般涅槃経』の所説と、「受記」「憂陀那」「未曾有」をはぶく九支を以て九分教と捉える『法華経』の立場との相違は大きい。さらにその中間形態として、『涅槃経』の九分に「尼陀那」を加え十支とした『法集経』や、「本生」を「尼陀那」に変えた『十住毘婆沙論』、「未曾有」を除き「因縁」を加えた『法集名数経』、「ウダーナ」を「縁起」に代替した『大集法門経』が存在する。またこれとは別に、『ダルマサングラハ』は「イティヴッタカ（本事）」を除去し「ウパーディシャ（論議）」を付加した九分を作すという(57)。これらの相違は、多様な時代・地域において活動した各部派の所伝の違いに由来するといえようか。

平川彰氏は、九分と十二部の先後関係について断定は避けながらも、一応『涅槃経』の九分に「尼陀那」「阿波陀那」「憂波提舎」が加わって十二部経が成立したとの前提のもとに、三支増幅の可能性を言及した。つまり、先述の如く『法集経』が「尼陀那」を含め十支とし、『十住毘婆沙論』『法集名数経』『大集法門経』がそれぞれ別のものを除きながらともに「尼陀那」を加えている点に注目し、増支された三支の中では「尼陀那」が強かったと推定する(58)。右の平川説によれば、「尼陀那」の存在は仏教の聖典発達史の中で重要な位置を占めるといえよう。

一方、平川氏は、『五分律』『法集経』『十住毘婆沙論』『法集名数経』が「尼陀那」を「憂陀那」の次に配するのは発音の類似のためであり、意味の上や十二分の構成上からの必然性はない(59)、という。インド仏教史の専門家ではない浅学の身で不遜な発言は慎みたいが、「尼陀那」の次の「育多伽」「本生」はともに前世物語であり、人間ドラマを説く「尼陀那」とその物語性において共通する側面を有していたのではないか。それゆえ「尼陀那」を七番目に置くのは、物語性という共通項でくるという一定の必然性があったとしたい。他方、「阿波陀那」「憂波提舎」はいずれも知的理解の領域に属するものとして、「尼陀那」と分けて按配されたのかもしれない。このように九分教十二部経という仏教聖典の分類にあっても、物語性豊かな「因縁」と合理的解釈を促す「譬喩」とは別物として扱われていた。

古田和弘氏は「因縁」「譬喩」の経典に関して、民衆を対象とした法師たちの伝道の場で強調や増幅を繰り返し、複雑な経過をたどって形成されたという。[60]「因縁」と「譬喩」が民衆への伝道の所産であると看取された点は傾聴に値するといえようが、実際「因縁」と「譬喩」とが民衆と仏教の媒介に果たした機能については、より詳細な分析が必要となってくる。山田昭全氏によれば、日本中古以降の説話における「因縁」は時間的継続性を重んずる思考、「譬喩」＝空間的同一性（または類似性）を重んずる思考[61]と区分される。それに対し、少なくとも上述の原義と展開を視野に含めるならば、両者は、民衆に喜怒哀楽の情念的共感を促す物語としての「因縁」、民衆の合理的理解に資するための「譬喩」という別個の伝道上の役割を演じたと思う。そして『霊異記』の物語は、まず第一に人間ドラマそのものであり、決して知的教義理解や経典の合理的解釈をめざしたものではない。それは、明らかに仏縁薄き人々に対し切実な物語を示すことによって、強烈に因果応報の展開の世界を人々の感情の中に訴え感受させる機能を果たしていった。その意味において、『霊異記』説話の伝道史的系譜を遡るとすれば、やはり「尼陀那」に逢着せざるを得ない。

三　三周説法のひろがりと景戒

「因縁」「譬喩」を取り入れた唱導がより体系的に構築されたのは、三周説法のひろがりによるところが大きい。元来、三周説法とは、『法華経』迹門正宗分を法説周・譬喩周・因縁周に区分する経典解釈の方法であった。その淵源は、『法華経』方便品冒頭に、

舎利弗。吾従成仏已来。種種因縁。種種譬喩。広演言教。無数方便引導衆生。令離諸著。(62)

とあるのを踏まえ、梁の法雲が『法華義記』巻三において「即化三根人為三段」と、仏が機根の「上中下」に対応して三回の反復説法をなしたものと考えたところに由来する。『法華義記』巻三では、『法華経』方便品の「汝已慇懃三請」以下譬喩品の「我所有福業。今世若過世。及見仏功徳。尽廻向仏道」以前を法説、「爾時舎利弗。白仏言世尊。我今復疑悔」より授記品末以前を譬説、化城品より授学無学人記品までを宿世因縁説と呼ぶ。(63)かかる三周説法では、法説は上根人、譬説は中根人、宿世因縁説は下根人にむけての説法として位置づけられた。

これを承けて天台智顗の説を灌頂が記した『法華文句』巻四上には、

従爾時世尊告舎利仏汝已慇懃三請豈得不不説下、広明開三顕一。凡七品半文為三。一為上根人法説。二為中根人譬説。三為下根人宿世因縁説。(64)

と三周説法を明記する。さらにその考え方は、吉蔵の『法華義疏』巻八(65)や法相宗の大家窺基の『妙法蓮華経玄賛』巻三(66)にも継承され、広く流布していった。そして日本でも上宮太子撰とされる『法華義疏』に、三周説法に関する言及がある。

則挙法説。譬喩。宿世因縁。広開三顕一。以決衆疑。令知実理。(67)

つまり、あらゆる人々に法を説く有効な方法としての三周説法に関する情報は、かなり早い段階から日本にもたらされていたと考えられる。

『霊異記』の編者景戒は、二〇例近い『法華経』に関係する説話を紡いでいる。また『妙法蓮華経玄賛』の作者窺基は法相宗の碩学であり、唯識に造詣の深い景戒が、この書を通じて三周説法の存在を知った可能性は決して低くない。もとより、三周説法が唱導の方式として布教の現場で実際に活用され始めるのは、後代を俟たねばならないが、「譬喩・因縁」を組み込んだ説法の構成は、唱導に思いを寄せる者にとって無関心でいられなかったのではあるまいか。

景戒は、下38縁において、『法華経』に基づく観音の夢の分析を行なった一方で、「未得天台智者之甚深解」（三七三頁）と自己の浅学を慚愧している。この発言は、景戒自身が「免災之由」を知らざることを歎いての感慨である。景戒は、「天台智者の甚深の解」こそ「災を免るる由」の一つと認識していた。しかし、彼はその「術」への限りない関心を懐きながら、未だそれを手に入れていないと明言する。果たして彼のいう「天台智者之甚深解」が、何を指すかを吟味したい。一般にそれは智顗の説いた一乗教全般であると思われがちだが、「解」とある以上、智顗の『法華経』解釈を示すと考えるべきではないか。従って、その中にはあらゆる人々をして法に導く手段たる、三周説法も含まれていたと考えたい。

景戒は、この下38縁の中で延暦十九年（八〇〇）の年代を記す。この時期、景戒が身を置く南都仏教界は桓武政権による峻厳なる統制に晒され、実際の還俗僧も出現した。その一方で最澄はこの翌年十一月、比叡山一乗止観院に南都の十大徳を招いて『法華経』を講じている「無戒名字僧」を説く『末法灯明記』が編まれたのも、この年であるといる。破戒僧への取締りの続行する状況下にありながら、景戒は「災」を除く「術」を得ていないと告白するのであろう。[68]

寺川真知夫氏によると、景戒は「より天台的な思想に近寄り、より大乗的な立場に立つに至った」と、法相宗からの「軌道修正」を想定する。[69] しかし、師茂樹氏によれば、「法相教学においては『大白牛車』や『一切衆生悉有仏性』といった経文も五姓各別の範疇で会通される」という。やはり景戒は、法相唯識の五姓各別の枠内に立脚していたのである。さらに師氏は、唯識派法相宗は菩薩戒や観仏三昧の実践をも包摂する、豊かな宗教的世界を形成していたとする。[70] そのような豊饒な宗教的世界に根ざし、景戒は『法華経』三周説法、分けても仏縁の薄い人々に有効的に伝道する因縁周の存在に開眼していったのではあるまいか。だが彼は、あくまで天台智顗の解と自らとの異質性を認識していた。景戒の立脚地は、かつて朝枝善照氏の述べた如く、五姓各別説に基づき「少なくとも自らを不定種姓以上の者とみなして」「無性有情の得ることのできる、五戒・十善の善因を以て人天の善果を得る事を推奨」する唯識の世界に他ならなかった。[71] それゆえにこそ、本書は苦悩にあえぐ大多数の民衆に対し冷たい差別観をもって接しているのであろう。それは、いわば彼自身の法相唯識の徒としての矜持を示す意志の発露であったに違いない。

大多数の衆生に仏縁を結ばしめる、すぐれた唱導の技法としての三周説法。その情報を知った景戒は、それを暗黙裡に活用すべく、最も初歩の根機を対象とする「因縁」説話を蒐集していった。だが、あくまで五姓各別を説く唯識法相宗の末徒としての自覚を持つ彼は、大乗の悉皆成仏の理念を具現化することもなく、また三周説法の援用も明言せずに、ひたすら赤裸々な「因縁」譚のみを採用し、それを単純な因果の道理へと収斂させていったのであろう。さらに若干の憶測を述べるならば、景戒が法相唯識の立場にありながら、数多い大乗仏典の中で特に『法華経』『涅槃経』への興趣を示した要因の一つには、このような布教形式たる『法華経』三周説法に対する憧憬の念がなかったとはいえないように思う。

むすびにかえて

本稿では、『霊異記』を唱導の現場の視点から、仏教伝道の史的展開の中に位置づけることを課題とした。

第一に、本書が唱導のための作品であることを確認する意味において、各説話の構成を窺った。いうまでもなく『霊異記』各説話は、喜怒哀楽の陰翳に富む人間を主人公とする物語であった。そして説話の末尾の類型化を試みた結果、景戒自身の評言、経典の引用、「賛」で結ぶもの、短い感嘆のことばで終える形が大部分を占めている。景戒自身の論評では、劇的に主題に誘引する表現、反語や二重否定による強意、他者との比較構文、感嘆詞が用いられ、いずれも短い感動的な結末を演出していた。また経典を引用するのは、説話の内容を仏典の価値観によって最終的に意味づける構成であろう。「賛」は、大部分四文字の偈頌で綴られており、九分教十二部経の「祇夜」と通じる特質を持つ。さらに短い感慨の表明は、逆に余韻を醸しだす効果を果たす。

しかし、このような情緒的共感を大切にする各説話の終局構成は、景戒が震旦における先蹤と明記する唐臨『冥報記』や孟献忠『金剛般若経集験記』において、ほとんど披見できない。景戒は、布教現場での臨場感を第一義として、各説話の末尾を工夫していた、といえよう。

第二に『霊異記』説話が具体的な伝道の場面で、どのような機能を果たしたかを探るべく、「因縁」と「譬喩」の特色について論じた。そして「因縁」とは、本来説法の背景となった物語をいうのであり、喜怒哀楽の感情をともなうドラマを意味するといえよう。それに対し「譬喩」は、説教の合理的理解を目的として用いられる平易で身近な例示のことである。かような異質な役割を持つ両者を包摂して、九分教十二部経という体系が成立していく。特に人間ドラマを語る「因縁＝尼陀那」の経典成立史における位置は重要であり、九分教から十二部経への増幅においても重要な役割を演じ、十二部経中の順番でも物語性という共通項による一くくりを生んだのではないか。つまり、物語としての「因縁」は、教義の合理的理解の次元を超越し、説法を人間の感性の世界に深く熏習する効果をもたらした。『霊異記』の物語こそ、まさにその典型といえるであろう。

第三には、「譬喩」「因縁」を盛り込んだ体系的説教の様式として、特に日本仏教で幅広い展開を示した三周説法と『霊異記』編者景戒との関係を考察した。『法華経』迹門正宗分の経典解釈に淵源する三周説法は、やがて「上・中・下」という人間の根機のありように即した布教形式として確立していくのである。法雲・智顗・吉蔵・窺基そして日本の『法華義疏』へと継承されたこの解釈に関する知識は、おそらく景戒の耳にも達した可能性が高い。本稿では、景戒が下38縁において興味を示す「天台智者之甚深解」こそ三周説法ではないかと想定してみた。景戒は、あくまで唯識法相宗の五姓各別説に立脚して、因果応報の物語を紡いでいる。しかし、そんな彼が『法華経』『涅槃経』を多用し、殊更に天台宗の経典解釈に対する「未得」の発言を行なった一因には、より多くの人々（特に民衆）に説法する有効な技法としての三周説法への関心があったのかもしれない。『霊異記』においては、豊かな物語性を持つ「因縁」譚を展開し、感動的な結末を描出する。かかる唱導との関連の深い本書が、あえて三周説法について何も記述していないのは、三周説法が布教様式として未確立であったと考えるよりも、法相唯識の五姓各別説に基づく編者自身の、新興の教学としての天台宗への距離感に由来するのではあるまいか。

いずれにしても、『霊異記』の仏教伝道史上の位置づけは、九分教十二部経そして三周説法へと展開する人間ドラマを描く「因縁」という、感動的物語による説教の系譜において把握されるべきである。その系譜は、その後の日本仏教の伝道史の中で不断に継受され、様々な布教形態や文化を創出していく。その意味で『霊異記』こそ、日本仏教の伝道の粗型といえるのであろう。しかし、そこには「いかに人間を描き物語を紡いでいくのか」[72]という困難な課題が、時代を超えて常に内包されている。現代に生きる私たちが、『霊異記』を古代社会の所産としてその限界を指弾するのはたやすい。しかし、『霊異記』が情緒豊かな伝道をめざすがゆえに逆に落ち込んでしまった陥穽を、今日の布教の問題として再認識していく営みこそ緊要なる課題ではあるまいか。

註

（1）「唱導」の語義に関しては、後述『梁高僧伝』に基づいて検討する。また仏教の説法を何と称するかについては、頗る異称が多く、本稿では「伝道」「唱導」を中心としつつ他の表現も適宜使用したい。

（2）関山和夫『説教の歴史的研究』（法蔵館、一九七三年）三頁及び同『節談椿原流の説教者』序（永田文昌堂、二〇〇七年）。

（3）拙著『日本三学受容史研究』（永田文昌堂、二〇一二年）八頁。

（4）仲尾俊博『靖国・因果と差別』（永田文昌堂、一九八五年）一七六頁、業問題専門委員会『業の問題』（本願寺出版社、一九八九年）一八頁・八四頁、杉本昭典「布教使の道を歩んで六十年」（『節談説教』八、二〇一二年）一〇頁。

（5）折口信夫「唱導文学」（『折口信夫全集』第四巻、初出『日本文学講座』第三巻、改造社、一九三四年）において最初に使用された。一九九四年には『唱導文学研究』が創刊された。

（6）折口信夫「国文学の発生　第四稿」（『折口信夫全集』第一巻、中央公論社、一九五四年、二〇一頁）。

（7）小島瓔禮「日本霊異記と唱導文芸」（『国学院雑誌』五九―六、一九五八年）。

（8）植松茂「日本霊異記における伝承者の問題」（『国語と国文学』三三―七、一九五六年）。
（9）後藤良雄「『冥報記』の唱導性と霊異記」（『国文学研究』二五、一九六二年）。
（10）高橋貢「日本霊異記説話の伝承をめぐって」（『国文学研究』三八、一九六八年）。
（11）長野一雄「説教話としての資質」（同『日本霊異記・土着と外来』、三弥井書店、一九八六年）。
（12）上田設夫「霊異記説話の構造」（『国語国文』五三―七、一九八四年）。
（13）森正人「因縁の時空」（『国語と国文学』六四―一一、一九八七年）。
（14）中村史『日本霊異記と唱導』（三弥井書店、一九九五年）。
（15）西尾光一『中世説話文学論』（塙書房、一九六三年）、同「伝承的・重層的評論」（『国語と国文学』四七―一一、一九七〇年）、及び今成元昭「説話文学試論」（同『論纂説話と説話文学』、笠間書院、一九七九年）。
（16）山口敦史「日本霊異記の注釈的性格」（『九州大谷短期大学紀要』二三、一九九六年）。
（17）根本誠二「奈良仏教と唱導」（『国文学解釈と鑑賞』平成十九年十月号、二〇〇七年）。
（18）北条勝貴「説話の可能性」（『歴史評論』六六八、二〇〇五年）。
（19）師茂樹「五性各別説と観音の夢」（『仏教史学研究』五〇―二、二〇〇八年）。
（20）『霊異記』研究文献の蒐集については、かつて目録の作成に関わったことがある（二葉憲香監修　朝枝善照・小川由美子・後藤（藤田）由美・俵（藤井）一美・早瀬（小川）豊・平野修一（直林不退）・森本（藤原）朝美編『日本霊異記研究文献目録』、永田文昌堂、一九八一年）。その後この目録は朝枝善照氏によって増補された（『日本霊異記研究』、永田文昌堂、一九九〇年）。その他、露木悟義・井上正一・寺川真知夫氏などによる文献目録が知られる。
（21）関山和夫『説教の歴史的研究』（法蔵館、一九七三年）一一・一二〇頁。

(22) 上田 前掲註(12)一六・一七・二二頁。
(23) 春日和男「解説」(日本古典文学大系第七〇巻『日本霊異記』、岩波書店、一九六七年)。
(24) 大須賀順意著・府越義博編訳『現代文・説教の秘訣』(国書刊行会、二〇一二年)。
(25) 上田 前掲註(12)二二頁。
(26) 関山 前掲註(2)二一頁。
(27) 春日 前掲註(23)二六・二七頁。
(28) 『日本国現報善悪霊異記』上巻第三一縁(校注・訳中田祝夫『日本古典文学全集』第六巻『日本霊異記』、小学館、一九九七年、一三一頁)。以下『霊異記』本文の引用は、すべて中田校注本により、文末に頁数のみ註記す。
(29) 拙著 前掲註(3)二九四頁。
(30) 同和教育振興会事務局編『ハンセン病差別と浄土真宗』(永田文昌堂、一九九五年)。
(31) 府越 前掲註(24)。その他、東保流獲麟寮・遠藤流獅子吼寮に学んだ節談説教者 西河義教師も「説教がながくなったらすぐ切りあげて、セリ弁に入れ」との口伝を語っている。
(32) 拙著『節談椿原流の説教者』「説教引文」(永田文昌堂、二〇〇七年)参照。
(33) 渥美かをる「日本霊異記における説話の形成過程」(『説林』一七、一九六八年)、拙著『日本古代仏教制度史研究』(永田文昌堂、一九八八年)。
(34) 朝枝善照『仏教文学研究』(『朝枝善照著作集』第四巻、永田文昌堂、二〇一三年)。
(35) 『冥報記』については、五十嵐明宝「『冥報記』に見られる因果応報の世界」(二葉博士還暦記念会編『仏教史学論集』、永田文昌堂、一九七七年)。また『霊異記』との比較としては、八木毅『日本霊異記の研究』(風間書店、一九五六年)、李鎔敬『日本仏教説話の源流』(勉誠出版、二〇〇七年)などがある。
(36) 伊野弘子訳注『冥報記全釈』(汲古書院、二〇一二年)三五・七五・二〇一頁。
(37) 同前四三頁。
(38)『金剛般若経集験記』(前田慧雲編『大日本続蔵経』七四一)三九・四〇丁。
(39) 中田 前掲註(28)「解説」八頁。
(40) 上田 前掲註(12)二五頁。
(41) 上田 前掲註(12)一八・二二頁など。
(42)『大正新脩大蔵経』第五〇巻四一七頁C(以下『大正蔵』と略称)。
(43) 小野玄妙『仏教文学概説』(甲子社、一九二五年)二五四・三一四頁。
(44)『大正蔵』第一二巻四五一頁C。
(45)『大正蔵』第二七巻六六〇頁A。
(46)『大正蔵』第三二巻二四五頁A。
(47)『大正蔵』第三〇巻七五三頁A。
(48)『大正蔵』第三一巻六八六頁B。
(49)『大正蔵』第四五巻二七七頁B。
(50) 釈徹宗「節談の共振現象」(『節談説教』創刊号、二〇〇八年)三頁。
(51)『大正蔵』第二五巻三〇七頁B・七〇四頁A。
(52)『大正蔵』第三二巻二四五頁A。

(53) 『大正蔵』第三一巻七四三頁C。
(54) 望月信亨『佛教大辞典』(仏教大辞典発行所、一九三一〜三七年)六九九・一一三三七頁。
(55) 平川彰『初期大乗仏教の研究』(春秋社、一九七三年)七三二頁。
(56) 美濃晃順「九分十二部経の研究」(『仏教研究』一二一・一二三、一九二六年)、水野弘元「大乗仏教の成立と部派仏教の関係」(『日本仏教学会年報』一八、一九五三年)、前田恵学「九分十二部教の基礎的性格」(『東海仏教』六、一九六〇年)、森章司「原始仏教経典の編集形態について」(『東洋学論叢』一三、一九八八年)などがある。
(57) 平川 前掲註(55)七二四頁。
(58) 同前七二四・七二五・七二八・七二九頁。
(59) 同前七三二頁。
(60) 古田和弘「因縁・譬喩」(入矢義高編『仏教文学集』、平凡社、一九七五年)四二八頁。
(61) 山田昭全「「因縁」と「譬喩」と」(『国文学解釈と鑑賞』四九―一一)三三頁。
(62) 『妙法蓮華経』巻一(『大正蔵』第九巻五頁C)。
(63) 『大正蔵』第三三巻六〇一頁A。
(64) 『大正蔵』第三四巻四五頁C。
(65) 『大正蔵』第三四巻五六八頁A。
(66) 『大正蔵』第三四巻六九四頁C。
(67) 『大正蔵』第五六巻七〇頁C。なお『法華義疏』の成立に関しては、津田右左吉氏から近年の大山誠一氏に至る数多くの偽撰論がある。一方で、花山信勝氏そして石井公成氏へと続く反論もなされている。ただ景戒の時代には、既にその存在が知られていたことはまちがいない。

(68) 朝枝善照『日本古代仏教受容の構造研究』(『朝枝善照著作集』第一巻、永田文昌堂、二〇〇九年)五九・一四六頁。

(69) 寺川真知夫『日本国現報善悪霊異記の研究』(和泉書院、一九九五年)四六一頁。なお、『霊異記』と天台との関係については、渡辺守順「『日本霊異記』の天台」(『天台学報』九一、一九九九年)がある。

(70) 師 前掲註(19)三六・四七頁。

(71) 朝枝 前掲註(68)二九七・二九八頁。

(72) 釈 前掲註(50)四頁において「宗教とは「生と死を超える物語を提示する」機能をもつ体系なのです」という。

『聾瞽指帰』の再評価と山林の言説

阿部龍一

はじめに

『三教指帰』は延暦十六年（七九七）、空海が二十四歳の時に著した処女作として、また都の大学で儒教を学んでいた学生だった彼が、大学を退いて仏道への道を選択することを宣言した書として広く知られている。自伝的要素を多く持つことから、延暦二十三年に空海が入唐する以前の動向を伝える史料的価値も高く、古来から多くの注釈書が制作され、また近代の研究も豊富だ。『三教指帰』は空海自身による伝記と著作の動機が記された序文、戯曲の形式を取りつつ儒教・道教・仏教の優劣を論じた本文、末尾に本文を要約する五言、一〇行から成る十韻の詩で構成されている。

このうち序文と十韻詩は、空海が唐留学から帰国後、それもおそらくは淳和天皇の天長年間（八二四～三四）の後半に、空海自身によって新たに書き換えられたものである。つまり空海自身が著した伝記であっても、序文は空海が人生の岐路に立っていた二十四歳の時点ではなく、それより三十年も後の五十代後半に書かれたものである。それは淳和天皇の信任を得て僧綱の僧都職を勤め、密教儀礼を宮中の行事に導入し、都の東寺を密教寺院として経営していた晩年の空海が、青年期を懐述して著した序文であり十韻詩である。『三教指帰』という作品の題も、この時に改名されたものと見られる。

空海が実際に延暦十六年に著した書は『聾瞽指帰』と題されており、序文も十韻詩も『三教指帰』のそれとは大きく異なっている。しかし本文の戯曲の部分は、使用される語彙や漢字の異字体などの細部の変更を除いて同文のままであり、物語の内容にも変更はない。『聾瞽指帰』は空海自筆と伝えられる作品が金剛峰寺蔵の国宝として現存するが、『三教指帰』は現存する最古のものが仁平四年（一一五四）の書写本であり、戯曲の分の同異についてはどこまでが空海自身の校正によるものかを明らかにできない。そのうちの多くは、書写を繰り返す過程で生じた変更や写し誤りと見るべきであろう(1)。

つまり大学から身を引き、私度僧として新しい道を歩み始めた青年期の空海の内面を理解するために最も貴重なのは『聾瞽指帰』であり、その序文と本文の戯曲、さらに結末の十韻詩との関連である。ところが『聾瞽指帰』の序文の伝統的注解としては、寛文年間（一六六一～七三）成立と思われる作者不詳の『聾瞽指帰序註』があるのみである(2)。しかもその解釈は真言宗の宗祖としての空海の立場にとらわれすぎているゆえに多くの誤読があり、序文の文意が大きく曲解されている。『聾瞽指帰』に関する先行研究は『三教指帰』のそれに比べるとごく少数だが、それらの多くもこの『序註』の解釈に盲従しており、同じ誤りが繰り返されている。

本稿は『聾瞽指帰』を仏教者として大成して平安宮廷で重きを成した晩年の空海や、滅後に真言宗の開基として信仰を集めた空海の立場からいったん切り離し、未だ「空海」という法名さえも持たなかった大学の一学生が、自度の沙弥となって仏教の実践に目覚めてゆくという、この作品をめぐる本来の歴史的文脈に戻してその序文を精読し、『聾瞽指帰』の自伝的文学作品としての新たな解釈の可能性を提示する。その結果、『聾瞽指帰』が当時の朝廷が儒教教育の牙城として重視した大学を中心に鼓舞していた、いわゆる経国的言説の対極に位置する作品であることを明らかにする。またそれが山寺・禅師・優婆塞・自度沙弥などに代表される山林修行の世界と深く関わるものであることを示唆する。山林の宗教的文化を通して『聾瞽指帰』の文学的性格が、ほぼ同時期に成立した『日本霊異記』の説話群と、さらに奈良末期から平安初期にかけて大安寺・薬師寺・唐招提寺など奈良の大寺を中心に産出された漢文学の作品とも、多くの共通項を持つことを指摘する。

以上の考察から、空海がなぜ後年に『聾瞽指帰』を『三教指帰』に改作する必要が生じたかの理由も、明確にすることが可能となる。『三教指帰』については、二、三の研究者から偽撰説が提示されている。しかしこれら偽撰説は、同著者による『聾瞽指帰』と『三教指帰』の成立の背景の大きな違いに対する考察が不充分であることに起因していること、『聾瞽指帰』の序文の精読により『三教指帰』が空海の真撰と見るべきであることも随時指摘する。[3]

一　『三教指帰』序の成立の背景と『聾瞽指帰』の内容との齟齬

『聾瞽指帰』が序・本文・十韻詩とも空海が大学で規範的文体として学んでいた駢文で綴られているのに対し、『三教指帰』の序文と「十韻の詩」は、彼が唐留学中に学んだ当時唐で盛んだった古文体や古体詩の文体や詩法によって書き改められている。このことから『三教指帰』への改作がなされたのは、彼の帰国以降であることが明らかであろう。[4] 天長五年（八二八）に空海は平安京左京九条にあった藤原三守（七八五—八四〇）の旧邸宅を譲られて、ここに日本初の本格的な私立学校である綜芸種智院を設立した。空海はこの学校を貴族・庶民・僧侶などの身分に関係なく門戸を開き、儒教・道教・仏教の三教を中心にさまざまな学芸を総合的に学べる学校とした。[5] 天長五年十二月十五日付で

「大僧都空海記」と署名された「綜芸種智院式幷序」には、「霹靂の下、蚊の響き何の益かあらむ」（霹靂之下、蚊響何益）という表現が見られるが、『聾瞽指帰』の序には「霹靂の中、蚊の響き息まず」（霹靂之中、蚊響不息）という酷似した一節がある。(6) このような表現は仏教教理や儀礼に関する著作を含め、空海の他の詩文には全く見られない。また霹靂と蚊響を組み合わせた句は、仏教経典類にも見いだせない。

これは空海が「綜芸種智院式幷序」を記すにあたり、以前自分が三教の関係について述べた『聾瞽指帰』の序を読み直した際に、若き日に自らが用いた表現が目に止まり、それを綜芸種智院で三教をどのように教えるかについて論じるうえで採用したと考えられる。『後漢書』巻四十一（列伝第三十一、第五「倫」）には、「衆呴飄山、聚蚊成雷」（暖かい日光も集まればその熱で山をも動かし、蚊でさえも多く集まればその音は雷のように大きくなる）という句がある。博覧強記を誇った学生時代の空海がこの句の「聚蚊成雷」から、霹靂と蚊響という表現を『聾瞽指帰』執筆にあたって編み出し、それを懐かしく見いだした後年の空海が「綜芸種智院式幷序」の記述に用いたと見るのが妥当であろう。

また空海は同じ天長年間に淳和天皇の勅令に応えて『十住心論』と『秘蔵宝鑰』を著したが、この両著でも仏教・儒教・道教が協調的な関係を築くための道が説かれている。『聾瞽指帰』本文の第三幕にあたる「仮名乞児論」は、主人公で官位を捨てて乞食僧となった仮名が彼の決断を非難する親族や識者と議論を展開するが、仮名は「逃役の輩」に交わるものとして非難される。『秘蔵宝鑰』巻中の「第四唯蘊無我心」は、仏教の立場を守ろうとする玄関法師と儒教的な憂国公子の論議の形式を採っていて『聾瞽指帰』との共通性を示すが、ここでも仏教者を非難する言葉として「逃役の者」という言葉が用いられている。(7)

これらの機会に空海は、大学時代に自らが三教の関係について書いた『聾瞽指帰』を読み直し、それに改訂を加えたと考えられる。これらの著作の機会が公卿や天皇に直接関わっていたので、入唐以前に空海が三教の関係を論じた書を著したことが宮廷人の知るところとなり彼に閲覧を求め、それによって空海が『聾瞽指帰』を『三教指帰』に改めたと考えるべきである。

空海が詩文にも書にも卓越した才能を発揮したことは、平安初期の宮廷人が広く認めるところだった。天皇の勅書、公卿や高僧の書簡など、空海が代筆を依頼されて制作した文が多く存在する。この中には渡来僧だった如宝、唐に長期留学僧として滞在した永忠、唐からの帰化人で大学頭を勤めた袁晋卿を父に持ち、自らは親王の侍講だった浄村浄豊など、本来、漢文の文書を綴るのに不自由しない者のための代筆が含まれていたことは注目に値する。(8)

弘仁十年（八一九）七月、嵯峨天皇の勅命により空海は朝廷の中務省に居住することになった。(9) 天皇の勅命の内容の仔細は、残念ながら不明である。しかし中務省が天皇の侍従、尚侍、警護の内舎人などを管轄し、勅書をはじめ朝廷の重要書類を発給する、現代でいえば内閣府の官房や秘書室に相当する役所だった。ちょうどこの頃、空海は詩文を著述するための手法、技能、約束事などを網羅的に集めた大著『文鏡秘府論』を執筆した。翌弘仁十一年五月に空海は、読者の便宜を図るために『文鏡秘府論』を約三分の一の量に要約した『文筆眼心抄』を著している。これは嵯峨天皇が、宮廷の貴族官僚の文筆の技量を向上させるため、空海を中務省に止住させて手ほどきをさせるよう求めた結果であろう。

つまり空海は単にその文筆の才能を尊重されるのみでなく、現実に宮廷人たちに漢文の作文法・作詩法・筆法などを教える役割を担っていた。その空海が綜芸種智院の創設や淳和天皇の勅命に応じて著した『十住心論』の制作にあたり、儒教・道教・仏教の関係を仏教を中心に新たに構築するとなれば、天皇をはじめ宮廷の知識人たちが空海の三教論である『聾瞽指帰』の閲覧を求めたとしても、不思議はないであろう。

しかし大学を退学しようとしていた二十四歳の時の自分と、僧綱の要職について、奈良の大寺の指導者とも緊密な連帯を築き、都の東寺、東大寺真言院、高雄山寺、高野山金剛峰寺などを拠点として日本に密教を定着させていった五十歳代後半の空海とでは、社会的な地位や環境、仏教に対する理解、さらに漢籍や詩文についての知識も大きく隔たっていた。そこで空海は『聾瞽指帰』の序と結論部の十韻詩を改めて、『三教指帰』という新たな題を与えて宮廷人の求めに相応しい書としたのであろう。

事実、『三教指帰』が空海の三教論として、平安初期の宮廷で学ばれていたことを示す史料が存在する。『続日本後紀』の空海崩伝（承和二年〈八三五〉三月二十五日庚午条）である。この記事は初めに、三月二十一日に紀伊国金剛峰寺の禅居で入滅した空海に対して淳和太上天皇から送られた弔書を引用し、それに伝記が続く。

法師者讃岐国多度郡人。俗姓佐伯直。年十五就舅従五位下阿刀宿禰大足読習文書。十八遊学槐市。時有一沙門。呈示虚空蔵聞持法。其経説「若人依法。読此真言一百万遍。乃得一切教法文義諳記。」於是信大聖之誠言。望飛焔於鑽燧。攀躋阿波国大滝之嶽。観念土左国室戸之崎。幽谷応声。明星来影。自此慧解日新。下筆成文。世伝『三教論』。是信宿間所撰也。在於書法。最得其妙。与張芝斉名。見称草聖。年卅一得度。延暦廿三年入唐留学。遇青龍寺恵果和尚。禀学真言。其宗旨義味莫不該通。遂懐法宝。帰来本朝。啓秘密之門。弘大日之化。天長元年任少僧都。七年転大僧都。自有終焉之志。隠居紀伊国金剛峯寺。化去之時年六十三。

傍線を引いた部分は、『三教指帰』序の自伝的記述をほぼそのまま収載している。[10] 大学（槐市）入学後に一人の沙門から虚空蔵求聞持法を授けられ、その真言を唱える修行を阿波の大瀧岳や土佐の室戸岬で続けるうち、「幽谷は応声し、明星来影す」という宗教体験を得た。この体験により悟りの智慧の理解が日に日に新たになり、その成果を筆を執って文章に著した。それが世間一般に『三教論』として知られる書であるとしている。

この記述から、『続日本後紀』が成立した貞観十一年（八六九）までに空海が三教を論じた書が、『聾瞽論』ではなく

『三教論』として宮廷人に広く読まれていたことが明らかである。これは『聾瞽指帰』を『三教指帰』に改作することにより、つまり本文には変更を加えずに新たな序と十韻詩を戯曲に与えたことで、宮廷の文人に受け入れられ、彼らの賞賛の的となっていたことを示している。本稿の後半で述べるように、『聾瞽指帰』序は文体も文意も当時の宮廷のイデオロギーであった文章経国主義の儒教に真っ向から反対するものだから、到底宮廷人の支持を得られるべきものではない。『続日本後紀』の記述は空海による改作がいかに効果的であったかの証左と見るべきであろう。

また空海がこの書をたった二晩で書き上げてしまったとする、彼が希有の文章家であることを顕彰する伝承も採られている。『続日本後紀』の編者が、空海の著作を代表する作品として『三教指帰』を重視したことが明らかである。傍線部分が『三教指帰』序からのそのままの引用からなるのも、空海の美文を尊重し、その姿を伝えようとする編者の配慮であると考えられる。

それに続き、文章のみでなく書も精妙を極め、後漢の大書家張芝の名声に並ぶほどであり、特に草書に優れて、草聖と呼ばれたと明記する。これら空海の詩文と書に関わる記述に比べ、終わりの部分の三十一歳の時の出家から、唐留学、恵果和尚からの密教受法、大日如来の教えを広めたこと、淳和天皇による僧都職への任命などの記述は簡略である。

つまり『続日本後紀』の空海崩伝は、その大部分をどのように『三教論』を著作するに至ったか、その経過の記述に割いており、その部分は空海自身の『三教指帰』序に依拠している。『続日本後紀』崩伝の焦点は空海の求聞持法の修行ではなく、その過程を通して成立したとされる『三教論』に示される文筆の卓越性に置かれている。それは『続日本後紀』の編纂が完了した貞観十一年以前に、空海の名文家としての名声が確立されており、『三教指帰』が彼の文筆の代表作として宮廷人に親しまれ、また研究されていたことの証である。

当時の朝廷の文人の上級任官試験である進士試や秀才試には、「対策」と呼ばれる政策に関する作文が科せられ、三教の関係を論じることがしばしば科せられた。貞観六年に秀才試を受ける準備として橘広相は、一切経を読誦したと伝えられている(11)。また貞観十五年の秀才試に挑んだ滋野良幹には僧尼の戒律に関する問題が与えられた(12)。九世紀後半には儒教教育の中心であった大学の卒業者にも、仏教と儒教の関係を明確に説明できる能力が求められた。それは宮廷での仏教の重要性が増していたことの証であろう。

『三教指帰』が儒教・道教・仏教を網羅的に解説し、仏典のみでなく主要な漢籍からの豊富な引用を含んでいたことも、朝廷の知識人に珍重された理由と考えられる。『三教指帰』の最も早い注釈が『三教指帰注』一巻と『三教指帰勘注抄』二巻であり、その著者が仏教者ではなく、堀川・鳥羽・崇徳の三朝で大学文章博士として活躍した宮廷学者の藤原敦光(一〇六三―一一四四)であることも、この事実をよく示している。これらの事例からも『三教指帰』の真価をまず見いだしたのは、空海の漢籍全般の知識の豊富さと卓越した文才に注目した宮廷の文人であり、空海の密教が主な関心事であった僧侶ではなかったと思われる。

では空海自身は『三教指帰』の序で、この書の著述に至った過程をどのように描いているのだろうか。以下に序の自伝にあたる部分を、文意を明確にするため現代語訳して引用する。

文章が生まれる時は必ずわけがある。天が朗らかに晴れ渡ると美しい自然現象が現れるのと同じように、人も感動すると筆を執って文を著す。それだから伏犠の『八卦図』、老子の『道徳経』、周の『詩経』、屈原の『楚辞』などの優れた書も、すべて心の内の動きを紙に書き取ったものだ。聖人と凡人と、またいにしえと今との隔たりはあるけれど、文章とは皆心から満ちあふれてくる思いを写したものだ。同じように私も自分の気持ちを言葉に表さずにはいられない。

私は十五歳の時に母方阿刀氏で二千石の官位をもった親王の侍読の叔父に師事し、その学徳を仰いで研鑽を積んだ。十八歳になると大学に入学した。晋の時代の車胤は蛍の光を集めて、孫康は窓の雪明かりをたよりに読書した。同じように孫敬は首に縄をかけ、蘇秦は太ももに錐をあてて睡魔と戦った。これらの先学に努力で劣る自分を叱咤しながら大学での学問に打ち込んだ。

あるとき一人の沙門に出会った。彼は私に虚空蔵求聞持という修行法を教えてくれた。その経典には「正しい方法で虚空蔵菩薩の真言を百万回唱えれば、仏教の一切の経典の文と意味を暗記することができる」と書いてあった。大聖釈尊のお言葉に偽りなどあろうはずはないと信じて、錐で火を起こすようにひとときも怠ることなくこの修行に打ち込んだ。阿波国の大滝嶽によじ登り、また土佐国の室戸崎で禅定を修めた。私の真言の声に呼応するかのように、谷は惜しむことなく谺を返し、明星は輝きを増して私を照らした。

こうして修行を続けるうちに、大学のある都での名誉や富を追い求める暮らしぶりは思い出すごとに嫌気がさして、朝な夕なに霞や雲のたなびく山林での生活を願うようになった。上質の衣服や贅沢な乗り物がもてはやされるのを見ると、電光や幻のようにはかないものを求めて止まない人々のことを嘆かわしく思った。また身体が不自由な人や極貧に沈んだ人たちを見ると、何の因果でこのような苦しみを受けなければいけないのかと、哀れの情がこみ上げた。

目に触れるものすべては、私に世俗を離れるように勧めていた。風をつなぎ止めることができないように、私の決意は誰も変えることができない。

ところが親類や知人の多くは仁・義・礼・智・信の儒教の五常の徳目を説いて私を引き止め、忠孝に背くという理由で私を糾弾する。私はこう思っている。「ちょうど鳥は空を飛び魚は水を泳ぐように命あるものはさまざまに性格が異なる。だから聖人は人を導くのに三種類の教えの網を設けられた。それが仏教、道教、儒教だ。これらには浅い深いで違いがあるが、いずれも神聖な教えだ。だから私がこのうちの一つの網に掬い取られれば、どうして忠孝に背くということがあり得ようか」。

また私の母方の従兄弟に性格がねじけた者がいる。彼は狩猟、酒、女遊びに昼となく夜となく入り浸り、賭博、悪ふざけ、喧嘩沙汰が絶えることがなかった。しかしこれらは悪友などの悪影響の結果で、彼の本来の性質に原因があるわけではない。

周囲の者からの非難と従兄弟の悪行、この二つのことは私を常に悩ませた(13)。

これに続き空海は、これらの二つの悩みに触発され、その思いを文に表したのが『三教指帰』という作品だと述べて序文を締めくくり、戯曲へと読者を導き入れてゆく。

『三教指帰』の序文の叙述に沿って考えると、空海が大学を去って私度僧へと変身を遂げる決意をする最大の理由は、仏教の瞑想体験だった。空海が一沙門から教わった禅定法は、虚空蔵菩薩の真言を唱えながら瞑想に入るものだった。虚空蔵菩薩は悟りによって得られる無限の知恵を納める虚空のごとき広大な宝蔵が、実は心そのものであることを人格化した菩薩だ。求聞持法とは、その菩薩の真言を学ぶことで心の深層にある潜在的能力を開発し、さまざまな経典を学ぶための暗記力を超絶的に高める修行法である。

虚空蔵求聞持法は、『大日経』の翻訳者として有名なインド僧善無畏三蔵(六三七―七三五)が中国にもたらし、それを大宝二年(七〇二)に唐に渡り養老二年(七一八)に帰国した三論僧の道慈(?―七四四)が、日本に伝えたといわれている。律令体制下では僧侶となるためには『法華経』と『金光明最勝王経』を中心に大乗経典を学び、それに加えて『観音経』『薬師経』『金剛般若経』『般若心経』『阿弥陀経』、さらに千手観音・十一面観音・仏頂尊・虚空蔵菩薩などの陀羅尼や真言の諳誦――つまり暗記して唱えられること――が義務づけられていた。求聞持法の真言を唱えることが記憶力を増進させる修行法として、奈良時代から修行者や僧侶の間で広まっていたことも不思議ではないだろう。[14]

また清和天皇（在位八五八―七六）の朝廷で参議として活躍した大江音人（八一一―八七七）は、大学の秀才科に在学した当時、貢挙試つまり任官試験を受ける準備として求聞持法を修めたといわれている。[15] 官吏を目指す者たちにも、求聞持法の記憶力増進の効果は魅力的であったはずである。大学で儒教経典類を学んでいた空海は、はじめは卒業試験や任官試験の準備のための方法として求聞持法の真言に興味を抱いたのであろう。

虚空蔵の真言を唱え続けていると、その響きが谷あいに広まってゆき、それを山々が谺に変奏させて惜しみなく応えてくれたり、一明一明と真言を繰り返し唱えるごとに明星が光を強めて自分を照射するなど、せせこましい人間社会を遥かに超えた大きな世界と一体になる神秘的な体験を得た。そこに空海は、将来の栄達とのみ結びついた大学での「経国的」な学問とは全く次元の異なる、精神の高みを垣間見たはずだ。

『三教指帰』の序文の説明を整理すれば、空海に大学中退を決意させたのは、真言を唱える修行法で仏教の禅定を体験し、それが大学で学ぶ儒教よりも精神的にも宗教的にも遥かに優れたものだと気づいたことによる。その認識を人生の指針とするため儒教・道教・仏教の違いはあっても、それらはすべて人を導くための正統な教えであると理由づけていること。また仏教は主君や親族の世俗のつながりを捨てる出家主義を取るが、それは悟りの知恵を得て生きるものすべてを救うためのものであり、大きな意味で忠孝の道に背くことではないこと。つまり仏教の出家主義に立脚しつつ、儒教と道教の仏教との協調的関係を築くことは可能である。この二点に『三教指帰』序の主張を集約できる。

しかしこの二点を『三教指帰』の本文である戯曲の部分、つまり『聾瞽指帰』と同一な二十四歳の時に書かれた部分と比較すると、いくつかの興味ある事実を見いだすことができる。

まず戯曲中では、序文で大学中退の理由として最重要視されている、禅定体験への言及が全くない。空海は戯曲中で、自分自身の投影あるいは分身の役割をする人物、私度僧の仮名乞児(「仮の名」という名前の若い乞食行者)を主役に当てている。そしてこの仮名乞児に、修行のありさまを語らせている。そこに描かれるのは粗末な衣服で山野を踏み分け、乏しい食料で命を繋いで精神を鍛える、いわゆる頭陀あるいは抖藪といわれる衣食住へのとらわれを絶つための実践である。この修行によって知恵を磨いた仮名が能弁を発揮して、論敵である儒者の亀毛先生と道士の虚亡仙人を説き伏せることに戯曲の焦点が置かれている。

禅定を修めるためには座法・呼吸法・観想法など、つまりどのように足の位置を決めて座を組むか、どうして深く静かな呼吸を保つか、どのようなイメージを浮かべるかなどの具体的な方法をまず学ぶことが必要である。仏教の三本柱と言われる戒・定・慧の「三学」は、まず戒律で宗教的生活を整え、そのうえで禅定を学び、禅定の深みで悟りの知恵を得るという段階を構成している。それにもかかわらず空海の劇中で、知恵の弁才の前提であるべき禅定修行について、仮名はなぜ沈黙しているのだろうか。

さらに興味深いのは、『三教指帰』の序文で禅定体験の根本として述べられている真言についても、戯曲では触れられることがない。禅定を修めるためには身心の一如、つまり心と身体が隔てなく統一される体験が必要である。真言を唱えることは、一方で呼吸と発声器官を整える身体的行為であり、他方では心を集中する精神的な営為だから、身心一如の達成にきわめて有効な方法だとさまざまな経典で説かれている[16]。

戯曲の中でただ一カ所だけ、真言に関わりがある箇所がある。それは劇のクライマックスで、仏教が儒教と道教に比べ遥かに深遠な教えであることを仮名が滔々と述べると、亀毛(『三教指帰』では「龞毛」を「亀毛」とする)と虚亡が衝撃のあまり気絶してしまう場面である。仮名は瓶を取って「水を呪してあまねく面の上に灑ぐ」と、亀毛と虚亡が息を吹き返したと言っている。[17]「呪」は真言や陀羅尼を含むが、仏教に限らず呪文一般を意味する言葉で、つまり水におまじないをして気付け薬にして仮名が亀毛と虚亡に与えた、という場面で触れられているだけである。序文に現れた空海を神秘体験に導いた真言の本格的な効力を示唆するような場面は、戯曲の中には見られない。

『三教指帰』の序で空海は、一人の沙門から授かった虚空蔵求聞持の経典に「もし人、法によってこの真言を誦すれば、すなわち一切の教法の文義暗記することを得」と書かれていると言っている。この経典とは先に述べた善無畏三蔵が訳したもので、正式名を『虚空蔵菩薩能満諸願最勝心陀羅尼求聞持法』という。空海が序で触れているのは、この経典からの直接の引用ではなく、経典の最終部を空海自身が抄訳したもので、面白いことにこの経典の中には「真言」という言葉が一度も現れず、すべて「陀羅尼を二十五遍誦すべし」というように「陀羅尼」で統一されている。つまり空海は『三教指帰』序を著すにあたって、経典の「陀羅尼」の語をわざわざ「真言」と置き換えている。

空海が密教を唐から伝える以前は、真言は「呪」「神呪」、あるいは「陀羅尼」と呼ばれていて、「真言」という言葉自体が一般に知られておらず、求聞持法の真言も「陀羅尼」として理解されていた。それは「掲諦掲諦波羅掲諦」の陀羅尼で知られる『般若心経』や、『法華経』『金光明経』などのいわゆる顕教一般の陀羅尼と区別されることなしに、修行者に諳誦されるべきものとして扱われていた。つまり顕教と密教という範疇自体も、空海自身が唐への留学で修得した知識に基づいて帰国した後に紹介したものだから、空海が『聾瞽指帰』を書いたのは、密教が一般の仏教と異なるという社会的な認識自体が未だにない時代だった。[18] 虚空蔵求聞持法は重要な体験だったに違いはないが、その「真言」が彼が進んでゆく道にとって決定的なものであったことは、空海には見えていなかった。

第二に戯曲の構成は、仏教が儒教と道教よりも遥かに優れた深遠な教えであることを強調するもので、三教の協調関係を示す意図は見られない。本文の戯曲は、まず立派な身なりをした儒教の大学者の鼈毛先生（『三教指帰』では亀毛先生と改名）が登場する。第一幕「鼈毛先生論」で彼が休暇中に友人の兎角公を訪ねると、そこに兎角の甥の蛭牙公子が居合わせた。この蛭牙が劇中で問題の空海の従兄弟にあたり、兎角の求めに応じて鼈毛は蛭牙に忠孝の教えのいかに大切であるかを諄々と説く。蛭牙は鼈毛先生により、その不徳を戒められ改心させられる。第二幕「虚亡隠士論」では、兎角の館に道教の仙人の虚亡隠士が訪れ、こんどは道教の教えを説くと蛭牙だけでなく鼈毛先生もそれに説得させられてしまう。最後の第三幕「仮名乞児論」では、空海の劇中の分身として登場する優婆塞の仮名乞児が兎角邸を通りかかる。浮浪者のようなみすぼらしい風貌をした仮名であるが、その見事な説教により、鼈毛先生をはじめ一同は仏教に帰依してしまう。

戯曲の結末では鼈毛先生が仮名乞児に対し感謝の意を込めて仏教を心に、そして身にも刻み込む決意を表明する。これに仮名乞児が答えて、鼈毛先生に席に戻るように促し、三教を十韻詩にまとめるのでそれを君たちの諷い文句にしなさい、と述べて劇の幕が閉じる。これに続く十韻詩も、この一生でのささやかな成果に拘泥する儒教や道教の教えに比べ、生死輪廻のかなたまで人々を救い教え導く仏教の圧倒的優位が説かれて、戯曲の本文の内容と一致している。

心を作して孔教を漁り　　老風に憶いを馳す
双ながら今生の始めを営み　並びに来葉の終りを怠る
方に種覚の尊現れて　　円寂は一切に通ず
（以下略）(19)

『三教指帰』では序文の意図との齟齬を生じないように、空海は十韻詩の始めの部分を以下のように改めている。

居諸は冥夜を破り　　三教は疑心を褰ぐ
性欲に多種有らば　　医王は薬鍼を異にす
綱常は孔述に因り　　受習して槐林に入る
変転は聃公授けて　　依伝して道観に望む
金仙一乗の法は　　義益ます最も幽深なり
（以下略）[20]

日月辰星が暗い夜を照らすように、三教も心の疑いの闇を払う。人々の性格はさまざまなので、それを救済する者も医師が病に応じて薬や針を用いるように、異なる教えで導く。道徳や倫理は孔子の説くところで、それを学んで高い官位に昇り、世の転変については老子が授けた者が伝え続けられて仙人の棲家に至ることができる。釈尊が説いた大乗一乗の教えは、その中でも最も深遠だ、と『三教指帰』の結末では空海は仮名乞児が亀毛先生に謳い文句として与える十韻詩を改めて、仏教を最重要としながらも三教相互の協調性に留意している。

このような『三教指帰』の序文と本文の戯曲の部分との基本的な視点や焦点の当て方の食い違いは、どのように説明されるべきだろうか。それはやはり戯曲が著作された二十四歳の時点から、遥かに隔たった空海の後半生に『三教指帰』の序文と十韻詩が用意されたからで、その序文には密教の阿闍梨として大成を遂げた空海が、若き日の自分を振り返っている余裕がある。その晩年の視点から、大学から官吏への道を進むべきか、私度僧となって仏教者として生きるのか、という自らの人生の岐路を捉え直している。数十年前の自分が遭遇した幾つもの出来事から、虚空蔵菩薩の真言を唱えて得た禅定体験を最重要なものとして選び取っている。そこには、若き日に山野で真言を唱えていた瞑想法が、後に自らが大唐長安で受法した密教の実践に不可欠であることを熟知している、空海がいる。

『三教指帰』の序は、大学在学中に学んだ虚空蔵法を説く善無畏訳の経典が、実は恵果阿闍梨から相承した金剛界曼荼羅を基礎づける『金剛頂経』の一部分であるとされていること、恵果から伝えられたもう一つの曼荼羅、胎蔵界曼荼羅の十三大院の一つを主宰する重要な菩薩が虚空蔵であるなどの豊富な知識に裏打ちされている[21]。求聞持法に出逢ったことが後に長安で密教の両部大法の伝統を授けられることを運命づけていた、と読者が理解するように自らの人生の軌跡が整理されている。その密教の知識を十分に生かして淳和天皇の信任を得て、宮廷、都の東寺、高雄山寺、さらに高野山を密教弘法のための場として活躍している現在の自分に、一本の線で繋がる若き日の原初的な宗教体験を、「谷は響きを惜しまず、明星は来影す」という名文で鮮やかに捉え直し、蘇らせている円熟した空海の視点によって『三教指帰』の序は綴られている。

二　『聾瞽指帰』著述の社会的環境と経国的風潮

以上から『三教指帰』の序文が、延暦十六年（七九七）に大学を中退しようとしていた学生だった空海の立場からは全く異なった、彼の晩年の視点から著されていることが明らかとなった。では『聾瞽指帰』を著述した二十四歳の青年の視点や意図は、どのように探ることができるだろうか。それはたとえば、空海が当時の最高学府だった大学に在籍していたことの重み、その地位を擲って一介の私度僧となった転身の振幅の激しさ、空海の非常識的な行動が親族や友人に与えた波紋などに見いだせるであろう。なにより空海自身にとってこの翻身の決断は、苦渋に満ちたものであったはずである。

『聾瞽指帰』の戯曲の第三幕「仮名乞児論」には、空海の決断がいかに困難なものであったかを示唆する描写が見いだせる。空海が自らの分身として劇作中に登場させる仮名は、諸国をさまよい歩く乞食僧である。彼の剃髪した頭は銅製の盆のようで、その顔は憔悴し、体つきは小さく醜く、やせ細った足は水辺の鷺のようであり、筋が浮き出した首を縮めている様は泥の中の亀のようだと描写されている。彼の姿のみすぼらしさといったら、市場の乞食たちは顔を背け俯いて自らを恥じ、牢屋に繋がれた盗人も膝を抱えて天を仰いで哀れむほどだという。

道神の屩を着けて紫皮の履を弃て、駄馬の索を帯として犀角の帯を擲つ。[22]

「紫皮履」は中国で古来から官人が着用した牛皮製の履であり、「犀角帯」も宮廷人の正装に用いられた宝玉で装飾された石帯と呼ばれる帯の一種である。[23] 仮名は紫皮履を脱ぎ捨てて道祖神に具えられる藁で作った履物に替え、高価な犀角帯も打ち捨てて駄馬を引く縄を帯にしているという。物語の中では仮名が元は宮廷に勤めていたが、出家して乞食僧に身をやつしていることを示唆している。それは作者の空海にとっては、自らの心境を象徴する表現であろう。大学に残り儒教の学問を続け、応挙試（卒業試験）や貢挙試（任官試験）で好成績をおさめて官人として出世する道を断念し、当時の朝廷から租庸調の義務を逃れるため本籍地から逃亡する「浮逃之徒」「浪人」「逃役輩」などと呼ばれ、忌み嫌われていた流民と同様に扱われていた私度僧となった自分自身が、仮名乞児に投影されていた。

仮名乞児は、自分の生き方が世間で貴ばれる忠孝の道に外れた生き方をしていることを認めながらも、自分を育んだ親に対する感謝の思いは一瞬たりとも忘れず、その恩に報いることができない無念を思うとただ深い嘆きに沈むばかりだ（「一念も離れず、心の憶い深く嘆く」）、と懐述する。また自らの苦境については、官人の位に進み人を押しのけて出世するような才覚はなく、退いて出家しようとすると非難に遭う。進退二つの道の板挟みとなって、歎きのため息をつくことのなんと多いことか（「進まんと欲するに才無く、将に退かんとするに逼めあり。進退両つの間、何ぞ嘆息すること夥し」）と、仮名が詠む四言詩を通して語らせている。[24]

官人候補生のエリート学生から流民への翻身が、彼の親族や擁護者にとっていかに深刻で厄介な問題となったかは想像に難くない。当時の朝廷が律令制の建て直しのために、大学での儒教教育に力を注いでいた文章経国的な社会状況では、空海の選択が一層物議を醸すものだったはずである。

称徳女帝と道鏡の作り上げた仏教重視の政権は、律令体制にさまざまなひずみと亀裂を生じさせた。即位早々道鏡を失脚させて政務を開始した光仁天皇(在位七七〇―八一)は、仏教勢力の政治干渉を制限するために儒教の権威の強化に努めた。そのために天皇がまず手がけたのが、当時の儒教教育の中心であり、国家の官僚エリート養成所でもあった大学と、大学を運営する行政機関である大学寮(式部省に所属した)の権限の拡大と教育内容の充実であった。宝亀元年(七七〇)に天皇は吉備真備の奏上を受け入れ、奈良時代初期以来実施されたことがなかった釈奠――春秋二度、孔子の像に供え物をする年中行事――を大学に復活させ、文武百官の参列を義務づけた。(25)

光仁天皇の後を襲った桓武天皇(在位七八一―八〇六)は儒教中心政策を忠実に受け継ぎ、さらに推進させた。空海が大学に入学する四年前の延暦三年には儒教聖典の注解でも特に中華思想を謳歌し、支配イデオロギー色の強い『春秋公羊伝』と『春秋穀梁伝』を大学の正式なテクストとして大学教育に採用し、それによって天皇は長岡京や平安京への遷都や北方の蝦夷に対する領土拡張など、自らの中央集権強化策を正当化した。(26)空海が唐で帰国の準備を進めていた時にあたる大同元年(八〇六)六月、桓武天皇に続いた平城天皇(在位八〇六―〇九)は詔を発して、五位以上の貴族の子息すべてに大学に入学し儒教経典を学ぶことを命じた(『日本後紀』巻十四、大同四年六月十日条)。

弘仁三年(八一二)五月、嵯峨天皇(在位八〇九―八二三)は勅で平城帝の大学改革に言及し「国を経し家を治むるは、文より善きはなく、身を立て名を揚ぐるは、学より尚きはなし」と述べて、大学での儒教教育の重要性を強調している(『日本後紀』弘仁三年五月二十一日条)。経国的思想とは奈良中期の仏教重視政権の大きなうねりの後に、その反動として儒教的＝律令的体制の建て直しを目指したものであり、経国時代とは歴史上儒教的なそして中国的な価値観や政治倫理が最も重視された時代だった(27)。漢籍の研究や漢文による著述活動が、この時期に頂点を極めたこともまた当然と思われる。

平安初期の大学には本科として儒教の根本を学ぶ経明科があり、それに加えて文章作法と中国の歴史を学ぶ文章科が朝廷での貴族の実務に直結するとして人気を博した。また律令の研究を専門とする明法科も、律令が隋唐の儒教的法律解釈と運用を根本としたので、儒教の教養が不可欠だった(28)。

大学への入学は十三歳から十六歳の五位以上の官人と、諸国で学問を専門とする氏族（東西史部）の子弟に限ることを原則としていたが、八位以上の子弟で諸国の国学での教育を受けた郡司の子弟も、才能を認められれば入学を許された（『律令』「学令」第二条）。空海の本貫は現在の善通寺の周辺の讃岐国多度郡方田郷で、幼名は真魚、戸主は小六位上佐伯直道長であったと伝えられている(29)。空海が少年期に讃岐国の国学で学んだかどうかを確かめられる史料はない。しかし叔父で親王の侍読だった阿刀大足の推薦により、入学が許されたのであろう。

阿刀大足は『三教指帰』序では「外氏阿二千石文学舅」と記されているから、空海の母方の阿刀氏の叔父であることが分かる。二〇〇〇石は漢の時代の太守の禄が二〇〇〇石だったところから、国守に相当する六位以上の官位を持ったものを示す言葉である。これは先に引用した『続日本後紀』の「年十五にして舅の従五位下阿刀宿禰大足に就きて文書を読み習う」という記述とよく一致する。「文学」は唐の律令（『唐六典』）で親王府に教育係の学者二名が配備され、それらが「文学」と呼ばれたのを模したものであり、日本では親王の侍読にあたる。阿刀大足から実際にどのようなことを学んだかは不明だが、空海は「貧道は幼にして、すこぶる藻麗を学ぶ」と当時を振り返っている。藻麗とは修辞法や作詩法などを駆使して、雅文で文章を綴ることを指す。単に儒教の経典の学習をしたのではなく、漢文の文章作法を学ぶ教科書として標準的だった『文選』などによって漢文学の基礎を学び始めたのであろう。当時の一流の学者であった阿刀大足の指導の下、本格的な学問を始めた空海は、三年に及ぶ研鑽を経た十八歳になるまでに、大学で学ぶのに十分な知識を得ていたと考えられる。

大学では必修とされた『孝経』と『論語』を基本として、学ぶべき儒教経典がその分量の多さによって、大経・中経・小経に分かれていた。大経は『礼記』と『春秋左氏伝』、中経は『毛詩』『周礼』『儀礼』、小経は『周易』『尚書』と定められていた。大学の学問を終了したと認められるためには、少なくとも大経と小経から一経ずつか、中経のうちの二経に通じなければならない（通二経）。さらに大経・中経・小経から各一経の三経を修めること（通三経）、大経すべてとその他の任意の三経に習熟すること（通五経）が奨励された。このいずれの場合も、『孝経』と『論語』に熟達していることが前提だった。またこれらの書を理解するために用いる注釈書も、厳密に決められていた（『律令』「学令」第五・六・七条）。

空海の伝記類でも初期に成立したといわれる『空海僧都伝』は、空海の十大弟子の一人である真済の著と仮託されているが、それによると空海は大学に入学して、直講の味酒浄成から『毛詩』と『尚書』を、博士の岡田牛養から『春秋左氏伝』を学んだという。岡田牛養は空海が大学に入ったのと同じ年の延暦十年十二月に、佐婆部姓から岡田姓への改名を許されると同時に、大学博士に任じられているから、この『空海僧都伝』の記述は信頼してよい。すると空海は『春秋左氏伝』を大経、『毛詩』を中経、『尚書』を小経として選んで学んでいたと思われる。

大学では十日に一度は旬試と呼ばれる試験が実施されたが、それは基本書籍の一部分を隠して漢音で素読させる帖試と、講義の内容に沿って経典の意味を解釈する大義試が実施され、大義三問のうち二問以上正解が合格、一問以下は不合格で鞭打ちの罰を受けた。さらに七月には学年度末の年終試が行われ、一年間の学習内容から八問が出題され、四問以上正解が合格となった。三年続けて不合格の者は、退学に処せられた。「通二経」以上と認められた者は卒業試験（応挙試）を受けたが、大学での試験は口頭試問の形式で行われた（『律令』「学令」第八条）。

卒業試験を通過した者は、式部省での任官試験（貢挙試）受験へと進んだ。それには秀才試・明経試・進士試・明法試に分かれていた。大学内の試験とは違い、これらは全て筆記試験だった。秀才試は最難関の試験で、博学を示すための長文の論文（方策）と要約の才能を問う小論文（略策）の二つの論文で、儒教の教養のみでなく理路整然とした論拠、さらに優雅な文体での作文の能力が問われた。明経試は『孝経』と『論語』から三問、その他の儒教経典から三問あるいは四問が大義として出題された。進士試は時事問題を論じた作文二題（時務策）、中国古代を代表する詩文集である『文選』と、漢代初期成立の漢字の類語辞典である『爾雅』の暗記問題（帖試）が問われた。明法試は律令の条文から一〇条の解釈の正確さを問う出題がなされた（『律令』「選叙令」第二十九条）。

律令では蔭位と呼ばれる制度により、五位以上の貴族は大学で教育を受けなくとも官位を得て朝廷での任官が可能だった（『律令』「選叙令」第三十条）。奈良時代中期から後期に大学で学ぶ者は、中級から下級の中央の貴族の子弟が主体だった。しかし桓武天皇に始まる平安初期のいわゆる経国的時代の天皇は、中国風の朝廷の運営を強調し、儒教の教養を基礎として漢詩・漢文に長けたものを重用したので、上流貴族の子弟で大学に学ぶ者が文章科を中心として増加していた。(30)

空海入学から三年目の延暦十三年の十一月に、桓武天皇は越前国の水田一〇二町を天平宝字元年（七五七）に設置された大学寮田三〇町に加えて合計一三二町と大幅に拡大し、それを勧学田と名づけた。これは増加しつづける学生数に対応して、大学の経営を維持するための方策であった（『日本後紀』延暦十三年十一月七日条）。

八世紀末に大学で学んでいた学生の数は、三〇〇名前後だったと推測される。(31) これらすべてが国費で寮生活を営み、租税・徴兵・労役などの義務を免除され、学問に専念したのだから、学生たちの親交は厚いものだったであろう。空海が在学した延暦十年から延暦十六年の前後に大学で学び、空海の学友であったと思われる有力貴族としては、延暦八年入学の菅原清公、延暦九年頃入学の小野岑守、延暦十四年入学の南淵広貞などが確認できる[32]。これらはいずれも下級の貴族の出身だったが、平安初期の朝廷で公卿として重職に就いている。

菅原道真の祖父に当たり学問の家としての菅家の礎を築いたといわれる菅原清公(七七〇―八四二)は、空海が参加した第十六次遣唐使節で遣唐判官を勤め、空海と同時期に長安に滞在した[33]。公営田法の建議による地方行政の建て直しなどで知られる小野岑守(七七八―八三〇)は、弘仁・天長期を代表する良吏だったが、空海と長く交友を続け、岑守が弘仁六年に陸奥の国守に任命され任地に赴く際に、空海は送別の漢詩のやり取りをしている[34]。南淵広貞(七七六―八三三)は天長二年(八二五)に参議に任じられ公卿に加わり、淳和天皇治下の宮内卿・刑部卿などを歴任、漢詩人としても活躍した。空海の詩を多数収載した勅撰詩文集『経国集』の編纂に、菅原清公と共に携わった[35]。おそらく空海は、大学在籍時から詩文や書でその才能を認められ、これらの多くの良友に恵まれていたのであろう。

では空海は、なぜ大学を去らなければならなかったのだろうか。儒教から仏教へと彼の興味が移った、と説明するのはたやすい。しかし地方の豪族の出身の一少年が苦学の末、都の大学で上流貴族の子弟と共に当時を代表する一流の学者たちから学ぶ機会を得て、朝廷での任官も約束されていたとすれば、その決断は容易なものではなかったはずだ。経国的時代に大学が儒教教育の牙城として、同時にエリート官僚養成機関として重視されていたことはすでに述べた。学生としての空海は、いわば時流に乗った存在だった。

多くの先行研究は、当時の地方豪族出身の官人が大学を優秀な成績で卒業し、朝廷での任官を得ても従五位下ぐらいが彼らの出世の限界であり、空海は自らの将来に失望したと述べている。しかしこの説は、当時の大学卒業者をめぐる文章経国的な状況を把握しておらず、大きな訂正が必要だ。

空海より一年年長だった勇山（安野）文継（七七三―八二八）は河内国の姓を持たない庶民（白丁）の出であったが、大学の文章科で学び、嵯峨天皇の弘仁元年には勇山連の姓を受け、大学の文章博士に任じられ、翌年には大学助も兼任した。弘仁七年六月には、嵯峨天皇に『史記』を進講した。淳和天皇の天長三年には正五位下、翌年には従四位下へと昇任、東宮学士にも任命された[36]。『凌雲集』『文華秀麗集』『経国集』の勅撰詩文集の編纂には編者の一人として携わり、『文華秀麗集』と『経国集』には文継の詩が一首ずつ採られている。

春澄善縄（よしただ）（七九七―八七〇）は父が従八位下、周防国大目という官人でも最低位の出自だった。弘仁七年に大学の文章科に入学、天長七年に対策に合格、翌年には淳和天皇から文才を認められて中務省の小内記に抜擢された。仁明天皇の承和年間（八三四～四八）には東宮学士・文章博士・備中守などを歴任、また天皇に『荘子』と『漢書』を進講した。文徳天皇の即位（嘉祥三年〈八五〇〉）にともない従四位下に叙任、但馬守と刑部大輔を兼任、その後、伊予守・右京太夫に任じられ、天安二年（八五八）に従四位上に昇った。文徳天皇にも『文選』と『晋書』の進講を行っている。清和天皇の貞観二年（八六〇）に参議に任命され、ついに公卿に列することとなった。以後、式部大輔・伊予守・播磨権守・近江守を歴任した。貞観十一年には文徳天皇の勅命で始められた六国史のひとつ『続日本後紀』の編集を、藤原良房と共に主編者として完成させた。最終職歴は従三位参議兼式部大輔だった[37]。

勇山文継や春澄善縄の例は、空海が生きた経国的時代の特徴をよく捉えている。それは下層の出身者でも学問と文才があれば朝廷で重きをなすことができた、古代・中世を通しても特異な時代だった。

空海が中務省に居住することを請われるなど、嵯峨天皇をはじめ朝廷の貴族にその詩文と墨筆の特異な才能を認められ、宮廷で活躍したことはすでに述べたとおりである。詩も文も筆も求められて止まなかったその活躍を考えると、彼が官吏への道を歩んでいれば、勇山文継や春澄善縄に劣らぬ、むしろそれ以上の能吏として、また天皇の側近として国家の運営に大きく貢献する実力を発揮したはずである。だからこそ、空海は仏教者でありながら宮廷人の尊敬を得て彼らと有意義な交際を持ったと考えるべきであろう。単に地方豪族の出身だったことを理由に、空海が自らの官人としての将来に失望し、大学での儒教を捨てて仏教を選んだと考えるのは早計である。

地方の下級官吏の出であっても学問を身につけることで中央での出世が可能だった時代的背景を考えると、阿刀大足をはじめとする親族の空海に対する期待が大きかったことは当然であろう。それは父方の佐伯氏も、同様であったはずだ。空海が没してから四半世紀を経た貞観三年に、空海の佐伯一族の者一一名が朝廷から地方の豪族を示す「直」を改めて、畿内の豪族に与えられる「宿禰」に姓を改めることを許された。彼らの本籍地も、讃岐の多度郡から平安京の左京職の管轄下に移すことを認められた。その時の記録によると、空海には鈴伎麻呂・酒麻呂・魚主、さらに出家して空海の弟子となった真雅の四名の弟がいたことがわかる。このうち鈴伎麻呂は父を継いで讃岐の郡司として活躍し、天長四年に能吏としての才能が認められて従五位下を授けられた。さらに酒麻呂と魚主もそれぞれ、正六位上、正七位下を与えられていた。また空海から見ると甥にあたる、鈴伎麻呂・酒麻呂・魚主の子息の計六名も階位を得ていた(38)。

彼らのうちでも酒麻呂の長男の豊雄は、大学の書博士(書道の教授)の任にあり正六位上を得ていた。空海の家系は地方豪族であったが、おそらく徴兵や納税での貢献を通して朝廷と太い繫がりを持ち、書博士の佐伯宿禰豊雄を好例とするように、空海の次世代にはその多くが都に進出して活動していたので、本籍地を平安京内に移すことが認められたと考えられる。

多くの研究書が空海の家系について、奈良時代の後半からその勢いが凋落した佐伯今毛人に代表される中央の佐伯氏に関連づけて説明している。空海の一族が中央の大伴氏や佐伯氏と先祖を共有する同族と考えていたことは、貞観三年の本籍地移動に関する文書からも明らかである。しかし讃岐国多度郡の佐伯氏は空海の世代以降も、少なくとも貞観年間まで繁栄を続けていたのであり、少年時代の空海が都で皇族と直接つながりを持つ叔父の儒学者と学ぶことにも積極的だったはずである。

空海は佐伯氏と阿刀氏の彼に対する期待を担って、大学の学問に打ち込んだのであろう。彼は阿刀大足との学問を背景として入学したのだから、明経科か文章科のどちらかで学んでいたはずだ。空海が入学以前から作詩法や修辞法の学習に熱心だったこと、佐伯氏や阿刀大足が大学での教育を足場にして空海の中央での立身出世に期待を寄せていたことを考えると、文章科に籍を置いて秀才試や進士試に備えたと考えるべきであろう。

本来、大学はエリート官吏養成のための機関だから、卒業試験通過者はすべて任官試験を受験することが期待された。大学在学を許されるのは最長九年間で、その期間内に任官試験を通過できなかった者は退学に処せられた。また在学を許されるのは二十五歳以下だった[39]。十八歳で入学した空海の場合は二十四歳まで、つまり延暦十六年の十二月末日までが、在学が許される上限だった。しかし空海が大学の卒業試験にあたる応挙試や、任官試験（貢挙試）の秀才試、進士試などを受験した形跡はない。『聾瞽指帰』を書いた一カ月後の延暦十七年の新年には空海は数えで二十五歳になったのだから、自動的に学生の資格を失い、大学での勉学は途中で放棄して退学したことになる。おそらく彼は、この期限に間に合うよう『聾瞽指帰』を完成させて自らの進路を定めたのであろう。

大学の学生は一年に百日以上の出席を義務づけられていたが、五月と九月には長期の休暇を取ることが認められており、実家が遠隔地の場合は往還に必要な時間の猶予も与えられていた（『律令』「学令」第十八条・二十条）。在学中の空海にとって吉野をはじめとする畿内の修行地はもとより、石鎚山などの故郷の四国の山岳修行の霊地を訪れることも可能であったはずだ。空海は休暇期間中の本籍地の讃岐国多度郡への往還の途中で山林の修行者と出会い、仏教の実践を体験してそれにのめり込み、遂に退学を決意するに至ったのであろう。

儒教教育の中枢だった大学の学生が、儒教よりも仏教が優れていると宣言するだけでもあるまじきことだった。そのうえ空海は「得度─受戒」という律令で定められた手続きを踏んで正式に出家者となる道を選ばなかった。法的に僧侶となったものは、税・兵役・労役の免除、処罰の軽減など、朝廷の官吏に準じた特権を与えられ、さらに国家によって生活費や寺院運営の必要経費の給付を受けられた。そのため朝廷は毎年僧侶の候補者に対して厳しい試験と審査を実施し、得度と受戒を許可する人数を制限した。空海はこれらの手続きを無視して、当時の朝廷から「浮逃之徒」などと呼ばれていた自度の僧、あるいは私度僧として新たな道を踏み出した。

私度僧の中には国家の統制を嫌い、山林に聖地をもとめて真摯に修行にいそしむ「優婆塞」と呼ばれる者も含まれていた。しかし彼らとても、朝廷から見れば国家が律令で定めた受戒の方法を無視した違反者、つまり「破戒僧」と見なされ、律令の規則によれば納税・労役・徴兵などの義務を逃れるため定住地から逃走した流浪の民だった。律令体制の建て直しに取り組んでいた経国的政権にとって、彼らを取り締まることが基本的政策だったことは次に述べる法令からも明らかである。

空海の大学の学生としての資格が消滅して仏教者としての新たな道を歩み始めた年である延暦十七年四月、天皇は朝廷が毎年定員を設けて出家を承認する「年分度者」の年齢制限を、従来の二十歳以上から三十五歳に一気に引き上げ、年分度者になるための審査もさらに厳格にするよう命じた。同年の七月の勅令で、奈良平城旧都の寺院の多くで僧尼の規律が乱れているので、大和国守の藤原園人に僧尼の行動を厳しく監督するよう命じた。さらに十月の勅令で破戒僧が寺院に居住し、食事を給され、法会に参加することを禁じ、破戒僧と知りながらこれを許した場合、寺院の指導者も同罪に処す、と厳命している。[40]

つまり律令違背者に対する締め付けが強化されていくただ中で、空海はあえて経国的律令国家で生え抜きのエリートだった大学の学生の身分を振り捨てて、一朝にして社会の底辺をさまよう放浪者の群れの中へと自らを投じようとしていた。空海の翻身への願望は、体制の内部からの反逆と見られても仕方がないほど劇的なものだった。それは彼の大学の関係者・学友たち、少年時代から勉学を支えてきた佐伯氏の親兄弟や阿刀氏の親族にとっても、あってはならない裏切りであり、親族全体に汚名を着せるものだった。また伊予親王の侍読の立場で空海を大学に推挙した叔父の阿刀大足にとっては、進退問題に及ぶほどの重大事に発展しかねない危険なものであったはずである。

空海が『聾瞽指帰』を著していたのは、まさにこのような混沌とした彼自身をめぐる危機的な状況のただ中だった。そこには『三教指帰』の序に示されたような、将来への開けた展望はなかった。五里霧中の苦しい試練の波に打たれつつ、彼は進路を模索していた。求聞持法の修行や真言読誦の禅定体験は、彼に親族との確執を忘れさせ、希望を与えたであろう。しかしその宗教体験が『聾瞽指帰』序では全く言及されていない以上、延暦十六年の時点の空海は密教の実践が彼に進むべき道を示すことになることに未だ気づいていなかったと見るべきだ。彼が苦境の中で頼りとしたのは、自らの詩文の才能を信じて『聾瞽指帰』を綴るという文学的な創造に打ち込むことそのものだったのではないだろうか。後節で述べるように『聾瞽指帰』の序文は、若き日の空海一流の文学論で埋め尽くされている。

三　『聾瞽指帰』の文学作品としての機能

以上のような延暦十六年（七九七）前後の空海をめぐる社会環境と彼自身の苦悩を背景として『聾瞽指帰』の作品全

体を見ると、まず注目されるのが『聾瞽指帰』の自伝的要素がすべて本文の戯曲中の第三幕で仮名乞児の言葉を通して語られていることだ。『聾瞽指帰』の序文には――『三教指帰』の序文とは対照的に――自伝的な性格が全くない。それは空海が直面していた人生の岐路があまりに厳しいものであり、彼の内面の苦悩を序文で一人称のノンフィクションとして語るには、あまりに重すぎたからではないだろうか。

『聾瞽指帰』という題名は空海自身によるものであることは、その序文に明記されている。「聾瞽」という語は、六朝時代の梁の僧祐（四四五―五一八）撰の護教論書である『弘明集』やそれを敷衍した唐の道宣による『広弘明集』に、真理を見ることも聞くこともできない愚かものの意味で使われた用語である。つまり聾瞽指帰は、これらの人々に帰着すべきところを指し示す書、という意味であることが分かる。また『広弘明集』にも一部を採用されている初唐の法琳の『弁証論』に代表される中国の三教論を、空海が『聾瞽指帰』を著すにあたって参照していたことが、その語彙から明らかにされている。[41]『弁証論』は上痒公子と古学通人との問答に儒生や仏教の弁護をする開士が参加する形式となっており、空海の『聾瞽指帰』に与えた影響は明らかであろう。

しかし、これら中国の護教論書がすべて教理的な論議の書であるのに対し、『聾瞽指帰』は戯曲の形式を採用して文学作品となっているところが独創的である。仏教の儒教と道教に対する優位を示すために、空海がなぜ教理的論書ではなく戯曲の形式にこだわったのかを探ってみよう。

仮名乞児が登場する第三幕には、空海の親族、大学の学問の師、学友たちが当時の空海をどのように見ていたかをよく示す一節がある。「あるひとが告げて言った（或告曰）」として、仮名乞児に忠告を与えている場面である。

いま子は親あり君もあるに、なんぞ養わず仕えざるや。いたずらに乞丐の中に淪み、むなしく逃役の輩に雑わる。辱行して先人を忝しめ、陋名を後葉に遺す。これ惟に大辟の加わるところ、君子の耻るところなり。然も汝これを行う。親戚は汝に代わりて地に入り、疎人も汝を見て目を掩う。宜しく早く改心し、忠孝に就き務むべし。[42]

あなたには両親もご健在で立派な主君もおありになるのに、どうして親を養い主に仕えることを捨てるのですか。無益にも乞食の群れの中に身を沈め、また逃亡者の一団に加わって、恥さらしな行為を繰り返して祖先を辱めており、汚名は何代も後の子孫にも祟るほどに広がる一方ではありませんか。あなたの不幸不忠は死刑に値するほど罪深く、君子が恥ずべきものとしてこれ以上のものはないでしょう。それでもあなたはそれを止めようとしない。親戚の者たちはあなたの代わりに地面に穴を掘って身を隠し、他人でさえも目を覆いたくなります。一日も早く改心して忠孝の道に戻り努めなさい。

このように厳しい叱咤の言葉に直面して、仮名は自らの懊悩をこう独白する。「老いた親鳥にえさを与えるという孝行者の鳥とされるカラスを見れば、一日中身を焦がされ、魚を供えて先祖の祭りを欠かさないというカワウソに出逢えば、夜もすがら肝が爛れるほどの苦しみを覚える（「嗷嗷の烏を見れば終日燋灼し、鮲を噬む獺を思っては達夜肝を爛らす」）」[43]。これは『文選』に収められた今は亡き親に孝養を尽くせないことを嘆く束晳の、「補亡詩」（南口篇）の「嗷嗷の林烏を見れば終日燋灼す」と「獺有り、河の涘に在り（中略）鮲を噬み鯉を捕る」を引用している。『礼記』などの儒教経典に見られる中国古来のカラスは親孝行で、カワウソは先祖に供え物をするなどの伝承をよく承知していなければ用いられない表現である。

著者の空海は、山林の修行で訪れた林や小川でカラスやカワウソに出逢っても心が引き裂かれると仮名乞児に言わせると同時に、自らが仏教の出家を選んだのは、儒教の忠孝の教えを充分教養として身につけた上での決断であることを示そうとしている。そのためには忠孝の道かあるいは出家の道か、どちらが優れているのかの是非あるいは黒白を断定する理論書の形式は、空海には不十分であったはずだ。劇中の仮名乞児の人物を通して苦悩と決心の両方を同時に、あるいは苦悶を内に籠めつつそれを乗り越える選択をしたことを表出できる比喩や修辞による文学的な創造に、空海は自らを苦境から救う道を見いだしていったのであろう。

このことは、空海の劇中の人物の命名の仕方からも理解できる。蛭牙（ヒルのキバ）、兎角（ウサギのツノ）、鼈毛（カメのケナミ）、虚亡（虚空の消滅）はさまざまな仏典で、空性の比喩として用いられている。[44] これらの語はすべて矛盾語法あるいは撞着法と呼ばれる語法からなっていて、現実にあり得ないことが言葉の世界の中に立ち現れる。空海はこれらの語を仏典から選び出し、彼らの名前自体が戯曲の虚構の世界を作り出す役割を演じさせている。「仮名乞児」も、「仮の名」という語が主人公である若い乞食僧の物語の中での本名を意味するから、これも撞着法による命名である。

このように考えると、狩猟や博打に現を抜かし酒色に溺れる若者の蛭牙公子は反社会的な不忠不孝の生き方を、その叔父の兎角公は空海の親族に代表されるような世間の良識的判断を、それぞれ劇中で人格化した存在であるといえよう。儒教の大学者の鼈毛先生は大学と儒教を支配イデオロギーとしていた経国的な国家の権威を、仙境に遊ぶ虚亡隠士は当時の社会で左道と目されていた道教の仙術を、それぞれ体現している。仮名乞児が仏教を代表していることは言うに及ばないが、彼が大寺院の高僧や学問僧ではなく、諸国を経巡る乞食僧であることは、当時の空海が仏教に何を求めていたかを示している。

つまり空海は、大学の学生でありながら私度僧としての出家を決意しようとしている自分が直面している苦境を形作っていたさまざまな社会的要素を、登場人物に投影して戯曲を制作した。『聾瞽指帰』のこれらの登場人物の一人一人は、比喩的な役割を担うことで空海の試練を映し出して、戯曲の物語中の出来事と空海が直面していた現実を関わり合わせていたといえる。

三教の優劣を論じるには直接関係ない蛭牙公子を登場させたのも、そのためであろう。先に引用した「或が告げて曰く」で始まる仮名への非難の言葉が示しているように、放蕩者の蛭牙公子の堕落も、大学の学生としてなすべきことを放棄して山林修行に打ち込む空海の逸脱も、世間の常識に逆らった不忠不孝であり、親族に大きな恥辱と汚名を与えていることでは何ら変わりがない。空海の大学中退と出家に反対する者たちから見た否定され是正されるべき空海の姿が、蛭牙に反映させられている。蛭牙公子の心は狼のようでねじけており、どのような訓戒もはね除けてしまう（「狼心は佷戾にして教誘に纏われず」[45]）、とその性格が描かれている。

説得を繰り返しても断固として大学に戻ろうとしない空海も、親族には同様に映ったであろう。蛭牙と彼の母方の叔父の兎角との関係が、空海と彼の親族を代表する阿刀大足との関係と同じであるのはそのためだ。だからこそ『聾瞽指帰』では戯曲の最初に蛭牙の堕落を紹介し、物語の進行につれて深まってゆく宗教的探求の最後に仮名の俗世からの逸脱を描いて、両者が対極に位置する全く異なるものであることが自明となるように戯曲の物語を展開させてゆく。

第一幕「鼈毛先生論」では兎角公の邸宅を訪れた友人の鼈毛先生が、兎角に頼まれて甥の蛭牙を真人間にするための説教をする。大学者の鼈毛は、身なりも由緒正しく居ずまいも泰然自若としている。蛭牙の放蕩の無益、仁愛と忠孝の道と学問の重要性を説く鼈毛の訓戒は、儒教の立場からはありきたりのものに見える。しかしそれによって、すぐさま蛭牙が改心することを誓うのには理由がある。それは鼈毛の説教が、きわめて功利的であり実利的だからである。

鼈毛は蛭牙にお前が求めているのはこの世の愉悦や富貴なのだから、それを得るためには放蕩のように回りくどいことは止めて、すぐさま学問に専念しなさいという。特に弁舌と詩文の才能を磨きあげ、議論でも作文でも誰にも負けぬようになれれば、それを求めて門前に高位の者たちが市を成し、彼らの届ける贈り物はうずたかく積み上げられるであろうという。それのみならず、宮廷から召し抱えられて内殿で天子を補佐する三公の位に昇る。善政により得た名声は史書に記録され、あなたの栄誉は末裔にまで及ぶ。生前は高い官位爵位を保証され、死後は美しい諡号を送られる。これこそ不朽の盛事ではありませんか（「名は簡牘に策され、栄えは後裔に流る。高爵は綏ぜられ、美謚を贈らる。豈不朽の盛事ならずや」）[46]、と鼈毛は訴える。

この一節は、空海の在籍していた大学を含め当時の朝廷で支配的だった経国的な時代的風潮、あるいは文章経国思想をよく示している。空海の学友で『凌雲集』の編纂に携わった小野岑守が、魏の文帝の言葉を要約して詩文のあるべき姿を語った「文章は経国の大業、不朽の盛事なり」という句とよく重なりあう[47]。下級貴族や地方官人の出身者でも大学での学問に秀でれば、宮廷で公卿の位にも昇れた開かれた時代であったことは否めない。しかし、それは同時に学問の目的を官位や政治的権力の獲得に直結させ、文章の価値でさえもそれが国家の経営に寄与するか否かで決められてしまう時代でもあった。

空海は『文鏡秘府論』の序文で「幼くしてすこぶる藻麗を学ぶ」と語っている。藻麗とは、修辞法や作詩法を駆使して、雅文で文章を綴ることをさす。その意味で『聾瞽指帰』は、彼の少年時代からの文学的創作への情熱が結晶した作品と見ることができる。それとは対照的に、空海が学んだ大学が属した経国的体制下の宮廷人に求められた詩文の技能は、国政の運営に必要な勅書・上表文・法令書を能筆で書き上げ、詩文でさえもこれらの実用的な書類の説得力を向上させるため、あるいは応制唱和詩のように天子への忠を言葉にして献呈する類の文章を作るためのみに価値を見るものだった。それは空海にとっては、文学の創造の自由に対する規制であり圧政でしかなかったであろう。

戯曲では髑毛先生の説教が続く。ひとたび宮廷で権威と名声を獲得すれば、天下一の美女を名家の娘の中から選ぶのも意のままで、華麗な婚礼で嫁を迎い入れ、彼女と褥をかさねて偕老同穴の末まで夫婦の契りを結ぶ。幸福な家庭に親類や友人たちを招待して山海の珍味と美酒を振るまい、音楽にあわせて幾夜も踊り明かす。こうして天下の逸楽を思う存分味わい、世界中が羨望して賞賛を惜しまない暮らしが手に入る。これ以上の楽しみがどこにあるだろうか（「寰中の逸楽を縦いままとし、世上の賞盤を尽す。寧ぞ楽しからずや」[48]）、と髑毛は加える。

その上で髑毛が改心を勧めると、蛭牙公子は髑毛の儒教的功利主義に動かされ、跪いて「はい、慎んで仰せの通りにいたします、今後はお教えいただいたことの習得に専心いたします（「唯唯、敬って命を承るなり。今より後、心をもっぱらに習い奉る」[49]）」と答えて、全面的に髑毛の教えを受け入れる。叔父の兎角も蛭牙公子の改心を喜び、あたかも雀が変じて蛤になったような希有の出来事だ、と『史記』の故事を引いて髑毛の説教の見事さを褒め称える。さらに自らも命が尽きるまで髑毛先生の教えを座右の銘とします、と誓う。

しかし髑毛先生の勝利は、束の間で終わってしまう。第二幕「虚亡隠士論」の主人公の虚亡隠士は、姿は愚か者のようで髪は伸び放題、衣服はぼろ切れでできている。虚亡は登場するなり、髑毛先生の論述ははじめに仁愛や忠孝の大切さで始まるのに、終わりは名声と権力と富の獲得に終わる竜頭蛇尾の粗末きわまりない教えだと宣言する。虚亡によれば、世間の欲望の対象はすべて真の仁や忠孝の道を傷つけるものだから、巨万の富は塵芥のように、帝王位は脱ぎ捨てた靴のように、美女は化物のように、高い官位は腐ったネズミのように見なし、我が身から遠ざけなければならない。また美酒・美食・女色・歌舞音曲などのすべての贅沢は、いたずらに寿命を縮める猛毒であり命を絶つ鉞や斧にほかならないから、髑毛が賞賛する栄誉や栄華はすべて砂上の楼閣であるともいう。これらを退けて清貧に徹し淡白な暮らしをすることで、不老不死に至る仙術の修行をはじめることができるとする。[50]

これに続き虚亡隠士は鼈毛先生・蛭牙公子・兎角公に、食餌法・製薬法・呪禁法・呼吸法などを教える。これらを習得することで宇宙の根源の道と合一し、つねに仙境に遊んで永遠の命を楽しむことができると。これを聞いた鼈毛先生は蛭牙と兎角を引き連れて虚亡の前に跪き、先生に出会えたことはなんと幸運でしょう、先生の教えが芳しい名香ならば、私の教えは悪臭を放つ魚市場の塩魚のようであり、両者には金石の隔たりがあります。以後は先生の教えを永久に守って精神を磨くことに専心いたします、と誓う(51)。

大学時代の空海が道教の実践と現実に関わりを持ったとは考えにくいが、彼は『弁証論』や『広弘明集』など護教論書を読んで、道教が唐の朝廷で政治思想として儒教と対立していた事情をよく弁え、鼈毛先生の権威を相対化させるために虚亡隠士を戯曲に登場させたのであろう。空海の道教論には、『老子』や『荘子』で中心的な思想を示す「僕」「無為」「道枢」「谷神」「真人」などの教理的用語が全く見られない。かわりに道術の実践に重きを置いた『抱朴子』などからの豊富な引用で、鼈毛が蛭牙を改心させるために強調した世上の名誉・富貴・愉楽がいかに有害であるかを徹底的に暴いている。

つまり空海の道教論は、当時の文章経国的な政権の根幹にあった儒教の功利的な理解とその適用への批判に向けられている。文筆の技能を含めた学問体系の儒教の立場からの重視が、経国的思想の枠組みでは精神的な高みへとは至らず、結局世間的な栄華の追求に逆戻りして世俗の既成的価値に還元されてしまう。それは儒教を学ぶ学生だった空海が、大学での学問に失意を抱き、山林の修行に希望を見いだしてゆく大きな要因であったはずである。ならば、みすぼらしい隠者の虚亡の前に大学者の鼈毛をひれ伏せさせた戯曲の展開は、最終幕で戯曲中に空海自身を投影させた仮名乞児の登場に導くためにも当然のものであろう。

四　仮名乞児の人物描写と『聾瞽指帰』の意図した読者

以上から『聾瞽指帰』の戯曲には、延暦十六年（七九七）に儒教を学ぶ大学を去って仏教の修行者としての新しい生き方を模索していた空海をめぐる現実的な社会情勢が、色濃く反映されていることが明らかになった。第三幕「仮名乞児論」は『聾瞽指帰』全体の三分の二を占める長大なものだが、その理由の一つは仮名乞児の人物描写に多くが割かれているからである。彼が空海の戯曲中での分身であり、仮名が官人としての人生を捨てて出家者の道を選んだこと、しかも正式の僧侶となる手続きを経ずに自度僧となったこと、その選択により彼が親族や支援者から厳しい非難を浴びせられたなどの場面については、すでに本稿の第二節と第三節の冒頭で述べた。

第三幕の物語の大筋は、仮名乞児の二段構えの論陣に沿って進む。第一に仮名は鼈毛先生の儒教の教えに対して、なるほど自分は剃髪し家を捨て父母を捨てて諸国を彷徨い歩く身だが、それが必ずしも忠孝の教えに反するものではなく、自分の実践こそ大孝であり大忠であると主張する。

小孝は力を用い、大孝は匱きず。是れゆえ太伯は髪を剃り永く夷俗に入り、薩埵は衣を脱いで長く虎餌の為る。父母は倒地の痛みを致し、親戚は呼天の歎きあり。これによりて視れば、二親の遺体を毀ち九族の念傷を致す。豈誰か能くこの二子を過ぎんや。まさに汝が告ぐる如くならば並びに不孝を犯す。然りといえども泰伯は至徳の号を得、薩埵は大覚の尊と号す。然ればすなわち苟もその道に合わば、何ぞ近局に拘らん。[52]

仮名乞児によれば、鼈毛の唱える孝は自分の両親だけに尽くす小孝であり、ただ力を無駄に費やすのみのに終わるが、本当に大きな孝というの広い世界に向けられた大孝であり、いくら尽くしても竭きることのないものだという。

周の王子だった太伯（泰伯）は、後世に名君として知られる文王となる弟の季歴が有徳だったので、未開地の呉に自ら退いた。周王朝から太伯を連れ戻すための使者が来ると、その地の習俗に合わせて髪を切り入墨を刺して帰還することを拒絶して、周の統一を保ち、同時に呉を建国する礎となった（『史記』呉太伯世家）。釈尊は前世に薩埵太子だった時、子連れの飢えた母虎を見て自らを餌食として捧げた『金光明経』の「捨身育虎」の故事で知られている（『大正』第十六巻四五二頁上）。儒教の教えでは髪を切ることでさえ、両親から与えられた体を傷つける親不孝とされている。もしその通りなら、この二人ほど親も親族も悲しませる不孝者はいないであろう。ところが太伯王子は孔子によって「至徳」と賞賛され、薩埵太子は大覚尊と呼ばれる者となった。仮名乞児は鼈毛先生の意見を逆手に取って、太伯や薩埵のように親族に大きな名誉をもたらした者はいないではないかと述べる。だから仮にも自分のように大孝を志すものがあれば、剃髪していたり出家したことなどの目先の小局に拘泥して、そのものを非難すべきではないと主張する。

さらに仮名は続ける。自分は常にまずこの国の民すべての冥福を祈り、自分の陰徳はこの世で子を持つすべての父母に捧げている。だから自分が菩薩行を修して得る福徳と智慧は、すべての衆生への孝であり忠となっている、と（「毎に国家のため先ず冥福に捧げ、二親一切に悉く陰功を譲る。此の慧福を捴べて孝と為し忠と為す」[53]）。こうして仮名乞児は鼈毛先生を論破する。

第二に虚亡隠士に対する仮名乞児の論議は、さらに急進的である。仮名の仏教的な宇宙観によれば、宇宙のすべては無常であり転変を繰り返している。この世界も終末を迎えれば、微塵もなく消え去ってしまうという。それを「無常の賦」と題する詩にして、虚亡・鼈毛・蛭牙・兎角に示した。

熟惟れば峨々たる妙高、崛岣として漢を干せども、劫火に焼かれてもって灰滅す。浩々たる溟輪は滉瀁として天に滔れども、数日に曝されて消え竭きぬ。盤礴たる方輿も漂蕩として摧裂す。穹隆たる圓盖も灼燻として砕折す。然れば則ち寂寥たる非想の八万の長寿も已に電撃より短く、放曠たる神仙の数千の遠命も忽ちに雷撃に同ず。況や吾等の体を稟くるは金剛にあらず、形を招くこと瓦礫に等し。(54)

つまり仏教の世界観は空間的にも時間的にも、虚亡隠士の説く道教のそれを遥かに超える広大なものだという。その世界観によって仮名は、我々が住む娑婆世界そのものが、劫が尽きる時に幾つもの太陽が現れて、天空もそれを支える須弥山も大海も大地も悉く焼けただれて崩れ落ちてしまうことを明らかにする。だから虚亡が説く仙術によって得るという天地に等しい長寿も、虚亡の安住の地である神仙でさえも、宇宙の広大な時間の中では雷の電撃のごとく束の間のものだという。まして仙人の長寿すら得られない我々の生身の体は、さらに空しいものである。その移ろいやすい身体の上に成り立つ名声・権力・富・愉悦などに鼈毛の教えるように執着し、それに振り回されて生きるのは、笑止千万以外の何ものでもないと結論する。

仮名乞児の意見があまりに衝撃的なので、鼈毛先生たちはそろって気絶してしまう。仮名は持っていた口の欠けた瓶の水を呪を唱えて加持し、鼈毛たちに注いで蘇生させる。息を吹き返した鼈毛たちは、仮名に宇宙の限りない転変のただ中でどのように救済を得ることができるかと問う。これに答えて仮名は、菩薩の六波羅蜜行を中心とする実践を救いの筏としまた船として、限りない輪廻生死の苦海を渡り、遂には法身如来の恒常な身体を獲得することができるという大乗仏教の教え説く。それを「生死海の賦」と題した、さらに長大な詩にまとめて一同に与える。(55)

仮名乞児の説教が終わると、それを聞いて一同は「喜歓踊躍」する。皆を代表して鼈毛が、偉大な大阿闍梨に出逢い教えを受けて真実に目覚めることができた千載一遇の好機に感謝しつつ、以下のように誓う。

彼の周孔老荘の教えもなんぞ其れ偏膚なるや。今より後、皮を剥いで紙と為し、骨を折って豪となし、血を刺して鉛に代え、髑を曝して研に用ふ。大和上の慈誨を銘して、戴いて生々の航路に充てむ。[56]

つまり作者の空海は、戯曲の最終場面で経国的な権威を象徴する鼈毛先生が、仮名乞児に完膚なきまでに打ち負かされるだけでは飽き足らず、仮名の説く仏教の教えを押し戴き、自分の骨身にまでしみ込ませます、と鼈毛に誓わせている。自分の皮を剥いで紙に用い、骨を折って筆とし、血を墨にして大切な教えを忘れないようにするという表現は、『華厳経』や『大般涅槃経』で釈迦如来が前世で辛苦に繰り返し耐えて六波羅蜜行を完成させていった様子の描写に用いられるもので、[57]空海は鼈毛先生の口からこの言葉を引き出させて、鼈毛が大乗菩薩行に精進することを仮名に誓わせることも同時に示している。

このように『聾瞽指帰』は儒教的な権威に対する痛烈な風刺で幕を閉じるが、この風刺こそが空海が自らの選択の正しさを著すために用いた戯曲という様式の、文芸作品としての力の発揮であったということができる。

ではなぜ劇中で鼈毛先生と虚亡隠士は、仮名乞児にいとも簡単に説き伏せられてしまうのだろうか。第三幕の初めに登場した仮名に対して、虚亡隠士があなたの様子は頭に毛がないなど世の常の人とはずいぶん違うが、一体どこに住み、誰の子で、誰の弟子なのか、と問う場面がある。これに仮名は輪廻転生の果てしない繰り返しの中で、自分には定まった家も住所もない。時には魔を師として持ち、また外道を友とした。ある時はあなた方の妻子として、学友として、また父母として生きた。だから今あなた方の髪が白く、私の髪は黒雲のように繁くとも、必ずしも私があなた方に対して目下の者であるとは限らない、という。[58]これは仮名が、輪廻転生の過程で鼈毛と虚亡が説く儒教も道教もすでに彼らの友として学んでおり、その上で今の世では仏教者として生きていることを示すものであろう。つまり大学でまず儒教を学び、それに失意を抱いて儒教の対抗勢力である道教に興味を持ち、遂に仏教の教えに巡り会ってそれを選択したという空海自身の精神的な彷徨と成熟が、第三幕の世界観を構成する輪廻生死の循環を通して仮名乞児の人格に映し出されている。

以上から、なぜ空海が『聾瞽指帰』を著述するにあたり教理的論書ではなく、戯曲という形式が必要だったかも明らかである。大学在学中の空海は精神的な成長を遂げるにつれて、世俗的な栄華を価値基準の中心に据えた経国的儒教の浅薄さや、不老長寿による救済を唱える道教の限界を認識するようになり、三教のうちで至上のものとして見いだした仏教を、自らが進む道として選択した。当時の社会では国家を経営するイデオロギーの中核として覇権的だった儒教の権威が、彼の心の中では崩れ落ち三教の最下位に置かれた。空海の内面で起こった現実社会の思想的価値秩序の倒置にこそ、彼がつかみ取った真実が見いだされた。それを生き生きと描くためには、戯曲が作り出す虚構と、そこから生じる体制を批判する風刺の力が必要だった。空海が『聾瞽指帰』の撰述で目指したのは、単に三教の関係を論理的に整理して仏教の優位を証明する護教的な論述ではなかった。それは仏教を頂点とする三教の新たな教理的関係を自らが構築してゆく過程と、その過程で彼が直面した精神的な試練や苦悩を同時に描くことだった。それを可能にしたのが、仮名乞児を主人公とする戯曲の文芸的な架空の世界であったといえよう。

この意味で空海が主人公を「仮名乞児」と名づけたことは、彼によって戯曲の虚構性の持つ重要性を代表させようとする意図があったと思われる。兎角・蛭牙・鼈毛など登場人物すべてが、その意味に矛盾を内包する撞着法によって命名されていることはすでに述べた。ウサギのツノなど現実には存在し得ない言葉を選んで『聾瞽指帰』の文学的な虚構を創作し、その中で三教の関係を儒教の学生から仏教者へと翻身を遂げるに至った空海の、内面世界での体験に照らして記述することが可能となった。『聾瞽指帰』全体が仮の言葉の虚構で構成されており、現実の社会関係で見失われてしまいがちな真理をその虚構の中で捉える文芸的な言葉の創造力を、著者が自らの分身として作品中に凝縮したのが、「仮名」という主人公の名であったのではなかろうか。

ところが虚構で埋め尽くされた『聾瞽指帰』の言辞の中に、突如として二十四歳の著者空海が関わっていた社会的現実が顔を出す興味深い記述がある。それは戯曲の中に一〇カ所、著者自身によって記された「割注」である。この割注は空海がどのような読者を想定して『聾瞽指帰』を記述したかを知るために、きわめて重要だ。

『聾瞽指帰』の原本として国宝で金剛峰寺蔵の空海真筆と伝えられる作品がよく知られている。そこには通常の一行分の字の大きさを半分にした小字で、二行書きとした割注が書き込まれている。それらのうち七カ所は、第三幕「仮名乞児論」の冒頭で仮名乞児がどのような人物かを描写する自伝的な部分に集中している。

道神の屩を着けて〔割注一〕紫皮履を棄つ。駄馬の索を帯として、犀角帯を擲つ。（中略）阿毗私度〔割注二〕を常に膠漆の執友となす。光明婆塞〔割注三〕は時に得心の檀主となす。或いは金巌に登って〔割注四〕雪に逢って坎囗す。或いは石峯を跨いで〔割注五〕粮を絶ちて囗轗たり。或いは雲童嬢を眄て〔割注六〕心は懈りて思いを服く。或いは滸倍尼〔割注七〕を観て意を策ます。(59)

まず仮名乞児が革の履物ではなく、道ばたの祠に供える藁で作った粗末な藁靴（屩）をはいていることについて割注一は、

「道祖屩」── 布奈登能加未（ふなとのかみ）

と万葉仮名をふっている。岐の神あるいは境の神として知られる道祖神が、土佐など四国各地で「ふなとのかみ」（船戸の神）と呼ばれていたことが、『古事記』や『万葉集』の研究などで明らかにされている。(60)

また仮名乞児と膝を交えて語り合い行動を共にした親友の修行僧の阿毗と、大先輩でなにかと面倒をみてくれた優婆塞の光明についても、割注二・三が附されている。

「阿毗私度」── 阿卑法師（あびほっし）

「光明婆塞」　―　光名能優婆塞（こうみょうのうばそく）

また仮名乞児の修行の地についても割注四・五で、

「金巌」　―　加禰乃太気（かねのたけ）

「石峯」　―　伊志都知能太気（いしづちのたけ）

と読みが与えられている。

さらに仮名が恋心を抱いた娘には、最長の割注六が加えられている。

「雲童嬢」　―　須美乃曳乃宇奈古乎美奈（すみのえのうなこおみな）

雲童は本生譚に登場する仏陀の前生の一少年で、知恵と美貌は梵天と見誤られるほどだったと言われる。善技という少女が雲童に心を寄せ、彼女と協力して妨害者を退け、然灯仏に見事な供養をした。その功徳によって然灯仏から雲童は将来、釈迦牟尼仏として生まれるという受記（予言）を授かった話が『仏本行集経』にある。[61]「住之江の海（うな）の小さな（こ）女（おみな）」という名で修行者たちの間でも話題になった、まるで雲童の娘のように美しいと描写される、乙女の存在を思わせる。住之江は空海の母方の阿刀氏の拠点だったことが知られている。また平安京や山岳修行の中心地の吉野などの畿内各地から讃岐に向かう旅路の要衝でもあったから、学生時代の空海はこの地をよく訪れていたはずである。

また仮名乞児を励ます模範的な女修行者についても、読みが割注七で加えられている。

「滸倍尼」　―　古倍乃阿麻（こべのあま）

さらに第三幕の中ほどで、虚亡隠士のいったいあなたはどこの国の者か、という問いに対して仮名は自分の生地について、輪廻転生の世界を転変して生きる身だから定住するところはないが、この頃は「刹那、幻のごとく、南閻浮提の陽谷〔割注八〕、輪王所化の下、玉藻帰すところの島〔割注九〕、予樟が日を蔽ふの浦〔割注一〇〕に住す」と答えている。[62]

「陽谷」――――日本
「玉藻所帰之島」―讃岐
「予樟蔽日之浦」―多度

これら三つの割注により、仮名の出生地が空海の一族の本籍地だった日本国の讃岐国多度郡と一致していることを示して、仮名が戯曲の虚構の中で空海の分身の役割をしていることを明かしている。またこの部分に続き、この地に生を享けた自分は「忽ちに三八の春秋を経るなり」と言っているから、仮名乞児の名を借りた作者の空海が『聾瞽指帰』を著作した時点で二十四歳だったことも示されている。

これらの割注が施された言葉に共通するのは、それが空海が山林修行を通して出逢った人物や修行の旅で訪れた場所に関わる事項ばかりであることである。戯曲でフィクション化された名前が、空海の山岳修行の日常で何に対応するかが割注で示されている。つまり空海が読者に想定した者が割注を読めば「ああ、誰々のことか」と、または「あれこれのことか」と思い当たるようにするのが目的のはずで、物語の主人公についてもこの割注によって読者は仮名乞児が戯曲中で著者空海自身の分身であることを確認できる。『聾瞽指帰』には作者による署名がないが、それは戯曲の虚構性を重視した空海が、署名よりも割注によって作者自身と主人公の関係を示唆する方が適切であると判断したからであろう。

言い換えれば、空海が『聾瞽指帰』の読者として想定していたのは、彼が身分の上では大学の学生に留まりつつも実際には私度僧として山林修行に打ち込んでいた時期に、彼と同じく山野を経巡りそこで出逢った仲間たちであったといえよう。山林修行者特有の広汎な行動範囲と豊富な情報の交換手段をもっていた読者たちは、金峯山や石鎚山などの代表的な修行地について、讃岐・伊予・土佐などで道祖神がフナトノカミと呼ばれていたこと、住之江に絶世の美女がいたこと、空海が多度の出身だったことなどの知識を共有していた。だからこそ、著者の空海は彼らのために『聾瞽指帰』の虚構世界と、彼の属した山林修行者集団の日常的な現実を関連づける割注を記したはずである。

この推論は、空海が戯曲の文学性によって訴えようとした『聾瞽指帰』の内容と照らし合わせても当然であろう。単に仏教が儒教よりも遥かに優れた教えであると主張するのみならず、儒教の大学者の龜毛が一介の乞食僧の論議に徹底的に打ち負かされ、滑稽を催すほどに平身低頭してその教えを乞うというその結末は、阿刀大足をはじめとする空海の親族や恩師にとって到底受け入れられるものではなく、むしろ彼らの憤りの火に油を注ぐ結果となったであろう。

先行研究のいくつかは、空海が『聾瞽指帰』を著述したのは彼の出家に反対する親族を説得するため、あるいは阿刀大足が侍読を勤めていた伊予親王に献呈するためという説を取るものもある。しかし以上考察したように、二十四歳の空海が置かれていた社会的環境と、その空海が『聾瞽指帰』の文学的虚構によって何を求めていたかに注目すれば、そのような説が全く的外れであることは自明である。

空海の反対者や批判者とは対照的に、私度僧の「阿卑法師」や「光名能優婆塞」などの当時の朝廷から律令違反者、浮逃人として扱われていた空海が頭陀行を共にした山林修行者たちにとって、経国的権威を堂々と風刺する『聾瞽指帰』の物語は、まさに痛快そのものであったはずだ。儒教の学生から仏教の修行者へと翻身を遂げた空海を律令国家の社会的周辺で受け入れ、彼と価値観を深く分かち合う仲間こそ、空海が『聾瞽指帰』の真価を問うことのできる読者であったと考えられる。

五　『聾瞽指帰』序文の再解釈

前節では、空海が自らの精神的な彷徨で直面した葛藤を解消し昇華するための作品として『聾瞽指帰』を著したこと、その目的のために単に教理書としてではなく、自伝的な文芸作品としての様式が必要だったこと、この作品を理解できる読者として山林修行を共にした仏教者の仲間を選んだこと、以上三点を明らかにすることができた。

本節ではこの三点が、果たして『聾瞽指帰』序文にも当てはまるかを検討しつつ、序文の徹底的な解読を目指す。本稿の冒頭でも触れたとおり、空海の自伝として名高いが実際には晩年の著作である『三教指帰』の序に比べ、空海が二十四歳の時に書いた『聾瞽指帰』の序については近代的研究も少なく、未だ本格的な解明がなされていない。『聾瞽指帰』の序の伝統的な解説書としては、作者不詳で寛文年間（一六六一―七三）の成立と見られる『聾瞽指帰序註』（以下『序註』と省略）があるのみである[63]。この唯一の注釈書が労作であることは確かだが、空海の『聾瞽指帰』序を果たして正しく解明しているかのみを問えば、その注釈の過半数が誤りであると判断せざるを得ない。『序註』の頻繁な誤読の原因は、次の三点にある。第一に序文で用いられたさまざまな用語の漢籍の出典を正確に把握できずに、文意を誤読している箇所が多い。第二におそらく『聾瞽指帰』が空海の若年の著作であることに留意しすぎて、多くの箇所を空海が自らの詩法や文章作法が、未熟であると謙遜し卑下しているものと曲解している。第三に空海が偉大な宗教者である事実を重視し過ぎるあまり、序文全体に溢れる誇張、皮肉、冗舌、風刺などのユーモアに満ちた表現を理解できず、その重要性を見落としている。『聾瞽指帰』序の解読を目指した先行的研究も、管見に入ったものはすべてこの三点の誤りが繰り返されている[64]。

これらの誤読のすべては空海の文才自体よりも、彼の真言宗を開基した宗祖としての立場に留意していることに起因していると思われる。しかし『聾瞽指帰』序を著した時点での空海は、未だに大学に席を置き漸く私度僧として仏教の修行を始めたばかりの、真言宗祖の立場とは未だ縁のない存在だった。

序で空海は、自らの文芸の創作の才能に傲慢といわれても仕方がないほどの自信を表し、また悪ふざけにも似た冗談も交えてその論を展開してゆく。しかし彼のユーモアには、本節で以下に検討するように必然的な理由がある。この点が真言宗の祖となる人物に相応しくないので黙殺してしまうのは、空海の作品の真の理解よりも宗派の威信を尊重する態度であり、『聾瞽指帰』の真価を理解するためには無益だ。その点に留意して空海が序で表現しようとしたことを見直すべきである。

文芸の創造に彼がどれほど熱意を燃やし、また自らの才能を信じることがどれほど著作時の空海にとって重大事であったかは、『聾瞽指帰』の序文の初めの部分によく示されている。

人に才能のあるなしの違いがあるように、文章にもうっとりするほど美しいものと、笑いを誘うほど粗末なものがある。魏の詩聖曹植（一九二―二三二）の詩にも未だ詩法から逸脱しているものがあり、梁の音韻の大家沈約（四四一―五一三）の詩も未だ韻律を極めたとは言いがたい。また唐の張文成（六六〇？―七四〇？）は娯楽書の傑作『遊仙屈』を書いた。言葉の選び方はあたかも美玉を連ねたようで、文中にちりばめられた詩は鳳凰の飛翔のようにおおらかだ。ただ惜しむらくは淫事の描写がみだりに多く、文章に雅趣を欠いている。しかしその面白いことといったら、本を広げるだけで謹厳で知られた周の賢者柳下恵もため息をつき、ひとたび文を目で追って味わえば静かな僧院も騒然となるほどだ。わが国の日雄人という者は『睡覚記』を著した。巧みな空想を優れた弁舌にのせて綴られる物語の壮大さは大空に湧き出る白雲のようにその書に溢れている。その名前を聞くだけででくのぼうも手を叩いて大笑いし、その字を追ってゆくだけでどんな口べたや舌足らずも雄弁になって歓声を上げる。両書とも先人が残した美文を代表するものだ。しかし後の世代の人々の規範とするには、未だまだもの足りない。私が甚だ残念だと思うのは、これらの著作の志すところが高邁でまた弁舌も精妙なのに、作品としての雅致を欠いていることだ[65]。

二十四歳の時に著されたこの序文を一読して、その内容が同じ戯曲のために書かれた『三教指帰』の序文とあまりに大きく隔たっていることに、誰でもが驚きを感じるだろう。ここには『三教指帰』の序文で語られた、大学での儒教教育に幻滅したこと、仏教の禅定体験によって宗教的体験に目覚めたこと、それによる周囲の者との確執など、自伝的な記述が一切ない。

ここに表出されているのは、未だに「空海」と呼ばれる以前の一人の無名の学生の文筆への、特に文学作品の創作に向けられた熱意である。中国の長い詩の伝統のなかでも権威として貴ばれる曹植や沈約にも、まだまだ欠陥が多いとこき下ろし、逆に大学では見向きもされない、いや眉をひそめられるであろう、大衆小説の『遊仙屈』と『睡覚記』を美文を代表するものとして褒めそやしている。『睡覚記』は残念ながら今日に伝わっていないが、唐の『遊仙屈』に匹敵する娯楽小説として空海が愛読していた作品であろう。ただ残念なのは張文成と日雄人の作品は、色事など安っぽい題材をとりあげていて、品格を欠いている、と指摘するのを忘れていない。

つまり読者を引きつける楽しさと文章の美しさでは、『遊仙屈』と『睡覚記』に全く引けを取らず、しかも宗教的内容の深さと品格の高さではこの両著を遥かに超え、劇中に挟まれた漢詩は曹植や沈約の欠点を補ってあまりある名作を生み出すこと、それこそがこの戯曲だと、あり余る自信とともに読者に訴えかけている。

しかしこの一見傲慢と見えるほどの自信の表出が、後世の読者の誤解を導いたと思われる。それはこの自己の文章力の誇示が、真言宗の宗祖として信仰されるべき弘法大師の若年時の姿として似つかわしくないからであろう。たとえば引用した段の最後の文（「余、恨むらくは高志妙弁なれど、妄りに雅製に乖く。」）を、『弘法大師空海全集』（以下『空海全集』と省略）第六巻では「わたしは、遺憾ながら、高くすぐれた志も絶妙な弁舌もなくて、みだりに雅やかな文章にそむくことばかりである」と現代語訳されてしまっている。(66)

これに連なる序の中段と下段で空海が文才を誇る箇所も、『空海全集』訳者は空海が自分の文章の稚拙さを卑下しているもの、と一貫して解釈してしまっている。これは重大な誤読だ。空海は序の始まりの部分で雅製きわまりないとして有名な曹植や沈約の詩も、自分から見れば改善されるべきところが多いと壮語しているのだから、『空海全集』現代語訳者の理解は序文の文意を大きく見誤っている。「恨むらくは高志妙弁なれど、妄りに雅製に乖く」が、『遊仙屈』について述べた「ただ恨むべくは濫りに淫事を縦いままにして、雅詞なし」と一致するから、引用の最後の文が空海が自分の文筆について謙遜しているのではなく、前述の曹植・沈約・張文成・日雄人の詩文について遺憾に思うところがまだまだ多い、と言っていることは明らかであろう。

興味深いことに「余、恨むらくは」に始まるこの箇所について、他所では誤りの多い『序註』が「これ曹、沈と文、雄とを鋪叙して結ぶなり」と正しく解釈している。(67)鋪叙は「くし」と「かんざし」であり、まとまらない髪を一つに結うように、ばらばらのものをひとまとめにするという意味で、つまり空海の「余、恨むらくは」という句は曹植と沈約、張文成と日雄人をまとめて、これら作者すべてに向けられている、と『序註』は明確な見解を示している。文学史上で賞賛されて止まない彼らの作品も、空海から見ればまだまだ残念に思うところが多いにある、と読むべきだとするのが『序註』の解釈である。『空海全集』訳者は『聾瞽指帰序註』を「けだし稀代の名著というべき」と絶賛している。同現代語訳者はことこの箇所については『序註』さえも無視して、二十四歳の著者空海を謙譲の美徳をわすれない優等生に仕上げるための意識的な誤訳を行った、と判断せざるを得ない[68]。

このような誤読に基づいた従来の研究では、『聾瞽指帰』の序文は空海が密教を本格的に学ぶ以前に書かれた文学論であり、それゆえ空海を、さらに彼の密教を理解する上での重要性は低いと位置づけられている。しかし従来の曲解を正してこの序文を精読すると、まず第一に人生の岐路に立っていた空海が、なぜ文学的創作に自らを賭けたのか、第二にどのような読者のために『聾瞽指帰』は書かれたのか、第三に唐に留学するまでの空海が仏教を学んでいた環境がどのようなものだったのか、さらに第四に文筆への熱意と密教との出会いの関連など、空海の密教者としての活動を理解するためにもきわめて有益な事柄が解明される。これらの四点を念頭に置きながら、必要に応じて先行研究の解釈の間違いを指摘しつつ、『聾瞽指帰』の序文の中段以下を精読し直してみよう。

自らの文芸の創作への熱意を語った初めの部分に続き、『聾瞽指帰』の序分の中段で空海は乱暴者で悪事ばかりに走る蛭牙という若者を紹介する。彼の悪辣ぶりといったら、どんなに説教をされても「あたかも悪い腫れものにいつまでも膿がたまるように、鳥が隙あれば籠から逃げようとするごとくに」全く反省がない。しかしそれも、彼が相応しくない環境に自らを置いていることによるもので、そこで亀毛・虚亡・仮名の三人の先生にそれぞれ儒教・道教・仏教を代表させて競い合わせ、蛭牙を全うな道に戻すために最良の教えがどれかを判断する、それが空海の戯曲の設定であろう。この三名の先生がいかに能弁であるかについて、空海は特に強調している。

この先生たちはそれぞれ盾や鉾のように鋭い言葉で蛭牙を諭す。侮蔑とともに発せられる彼らの叱咤は蛭牙を踏みつけにしてその心の膿をすっかり潰し出し、自信に満ちあふれた対句は蛭牙を捕らえ彼の中にいる梟（気が荒く親不孝な悪鳥）をやすやすと籠に収めてしまう。この三名の先生の優れた言葉を集めて文字に刻み一巻の書として『聾瞽指帰』――「真実の光が見えないもの、真実の声が聞こえないものに正しい帰路を指し示す書」――と名づける。ただ私がこの書で鳳凰の飛翔の雄大を表現しても、その飛翔をあざ笑う蟭螟という小虫たちの羽搏きのような私への批判は続き、この書の教えが雷音のように地を揺るがしても、それに無頓着な無数の蚊の唸りのような私への反対者の声は止むことがないであろう[69]。

つまり空海は、三人の先生の弁舌の切れ味があまりに鮮やかで、さすがの蛭牙も改心せざるを得ないと言いながら、実はこの三人を登場人物として作り出した自著の戯曲の文章の素晴らしさを誇っている。しかも親族などの周囲の批判者を執拗な蚊の唸りや蚊の眉毛に巣食う小虫にたとえて、この書の希有壮大なスケールやその思想の高邁さは、彼らの理解を遥かに超えてしまったと示唆している。

ところが『序註』は「是れ従りして流通なり。文明の治下、益無からんの意を謙したまうなり[70]」として、この部分以降の空海が自己の文筆について述べる箇所をすべて、謙譲あるいは卑下の意を表するものと誤読している。しかし作者が文筆の才に自信を持てないならば『聾瞽指帰』などという、ただでさえも仰々しく聞こえる題名を自作に与えるだろうか。その題名を明記した文の直後に、自作を蚊の唸りや、蚊より微小な虫の羽音にたとえることはないだろう。

ただ蛭牙自身については、『聾瞽指帰』の序の中には『三教指帰』の序文のように空海自身の従兄弟であるという叙述はない。『聾瞽指帰』の序に自伝的要素がないのは、二十四歳の作者が序文でノンフィクションとして語るには、自分自身が置かれている状況は厳しすぎ、一学生としての葛藤もまた大きすぎたためであろう。だからこそ自分を悩ます反対者たちの声は「蟭螟」や「蚊響」で暗示するにとどめ、自伝的な記述は『聾瞽指帰』ではすべて戯曲の虚構の中に収めている。

近代的な諸研究も『序註』に依拠しているので、この段を正しく理解できている例を見ない。『空海全集』現代語訳者は「おごりたかぶった対句は籠のなかの鴟（ふくろう）をほしいままにするようなものである」と現代語訳している[71]。しかし、これでは日本語として意味が通じない。それは空海の対句の用法と中国の古典籍一般で「鴟」あるいは「梟」が、どのような象徴的意味を持っているかに無知なためであろう。

原文は以下の通りで、

蔑爾踴発　潰思瘡之膿
慢浚隔句　縦籠中之鴟

読み下しにすれば「蔑爾として踴発すれば、思瘡の膿を潰し、慢浚たる隔句は縦いまま籠中の鴟とす」となる。「思瘡の膿を潰し」と「縦いまま籠中の鴟とす」は、前節で蛭牙のひねくれた性格を形容する「あたかも悪い腫れものにいつまでも膿がたまるように、鳥が隙あれば籠から逃げようとするごとくに」という表現と対応しているから、蛭牙を指す表現であることは自明である。

また原漢文で見れば一層明らかなとおり、「鴟」と対をなしているのは「膿」で、中国最古の字典といわれる『説文解字』（巻七、木部）では「梟は不孝の鳥なり。ゆえに日に至り梟を捕らえ、これを磔す」と説明されている。つまり中国の古典文献ではフクロウは夜出歩いては小動物をいじめて喰い、成長すると親を殺して食べてしまうといわれる親不孝の象徴で、古代中国ではこれを捕らえると引き裂いてみせしめに晒し首、「梟首」にしたといわれている。つまり蛭牙の心の腫れ物の膿と同様に、彼の心に巣食う不孝者の悪行の原因が梟にたとえられている。

儒教・道教・仏教を代表する三人の先生の蔑みと哀れみを込めた叱責で踏みつけにされて、蛭牙の心の中の膿はすっかり除去される。それと同様にこの先生たちの畳み掛けるような対句を用いた説教の網にかかり、蛭牙の心の中の梟、つまり親不孝の性根もたちまちに捕らえられ、こともなげに籠の中に捕らえられてしまう、と「縦」（ほしいままに）という語の意味は理解されるべきだ。同様に仮名乞児を含む三人の先生の自信に満ちあふれた説教の中で、対句がいかに巧みに用いられたかを形容する「慢浚たる」を、「おごりたかぶった」と解釈するのが全く不適切なことも、これ以上の説明を要さないであろう。

『聾瞽指帰序註』の注解の多くが、いかに当てにならないものかの好例が、次の一節への解釈である。「およそ鵄は鳥子を攫りて噉う残虐を性とす。飛勢慢にして鳥に逢うときは則ち淩ぐものなり。句法の物にあるもまたかくのごとし。このゆえにもって句法の不可なるに諭う[72]」として、梟の残虐性には留意しても、肝心な親不孝の象徴であることに気づいていない。しかも梟の傲慢な性格が、空海の作品中で髗毛・虚亡・仮名の説教の対句の用い方が傲慢なことを示していて、句法として認められないものと理解している。しかし「鵄」は、漢籍で残虐ではあっても傲慢という意味はない。それは親不孝の象徴なのだから、三名の先生ではなく、蛭牙をたとえているので、『序註』の解釈では文意が通じない。また序の初めで、自分の戯曲は中国文学史上に燦然と輝く曹植や沈約の作品の欠点を補うほどの名作になるであろう、そう宣言している空海の意図とも大きく矛盾してしまう。

序文の後半部で空海は茶気をこめて、文学の創作についての熱意をぶつけている。冗舌や皮肉は、文学的な創作にはしばしば重要な要素となる。当時の空海には、親族との間に生じた重苦しい状況や自らの心の懊悩の暗雲を吹き飛ばすための、文学に昇華された笑いが必要だった。つまり読者に向かって「でくのぼうも手を叩いて大笑いし」「どんな口べたや舌足らずも雄弁になって歓声を上げる」ほどの冗談を、空海は序文の結論部で本論の戯曲の開始を待たずにすでに始めている。

寸分でも音程から外れた鐘を聞き分けた魏の音楽の師の杜虁（とき）のような、また伯牙の琴の名演をただ一人理解した鍾子期のような人物にこの書を読んでもらうことは望めない。残念ながら自分の下手な笛の腕を隠して出世した南郭処士のような身の程知らずの友人たちを読み手として馮(たより)にするばかりだ。[73]

ここに引用した部分は、空海が『聾瞽指帰』の読者としてどのような者を想定していたかを示しており、文芸作品としての『聾瞽指帰』の性格を理解する上でも重要なので、少し詳しく見てみよう。

冒頭の「夔鍾の見聞を願うにあらず、ただ郭処の知己を馮くるのみ」だが、見聞にすぐれた人物である夔と鍾のような人物に本書を読んでもらうことは望めない、と空海は前置きしている。『序註』は「夔」を『書経』「舜典」で聖王の舜が臣下の夔に「夔、汝に命じて楽を典(つかさど)らしむ、冑子を教えよ」を引いて、古代神話の舜王から宮廷の有力貴族の長子たちに音楽を教える役を命ぜられた臣下であると注釈している。[74]夔はこれに「於(ああ)、予が石を撃ち石を拊(う)てば、百獣が率(したが)いて舞わん」と答えている。『書経』の夔に関する記述は、彼が音楽を奏で、また教えるのに優れていることを言っているのであり、見聞の才とは直接関わらない。

ところが中国の史書には、もう一人の「夔」を名に持つ音楽家の存在が知られている。『三国志』「魏書」の第二十九巻にある管弦の道に優れた杜夔の伝記がそれで、漢の霊帝の雅楽郎を勤めていた杜夔は、漢が滅び三国の時代になると、魏を建国した太祖の文帝曹丕に召し抱えられ太楽令に任ぜられた。漢に仕えた鍾を造る名工で柴玉という者がいて、見事な鐘を多く造ったので宮廷人にもその名を知られていた。杜夔は柴玉に鐘を造らせることとなったが、その鐘の多くは音程が僅かながらずれていた。杜夔はそれらを潰して鋳直そうとしたが、これを不服とする柴玉は太祖に訴えて判断を仰いだ。太祖は杜夔の鐘と柴玉の鐘を交互に並べて試した。その結果、杜夔の鐘の音階が正しかったことが判明したので、柴玉は罰せられ、その子孫は馬の飼育係にされてしまった。空海の『聾瞽指帰』序の文脈に相応しいのは、音色の微妙な違いさえ聞き分けた「魏書」のなかの杜夔の事績である。

もう一人の「鍾」については、『序註』が鍾子期であると正しく判断している。[75]『列子』湯問篇などで紹介されてよく知られる「伯牙絶琴」の逸話の登場人物に、伯牙という琴の名人がいた。彼が高山を思いつつ琴を弾くと、鐘子期は「善きかな、峨々たること泰山のごとし」とすぐさま言った。流水を思いつつ琴をつま弾くと「善きかな、洋々たること江河のごとし」と、いつも伯牙の演奏の意図を言い当てたので、二人は深い友好を交わした。『漢書』巻六十二（「司馬遷伝」第三十二）によれば、その後、鐘子期が死んだことを聞いた伯牙は琴線を絶って、二度と琴を持つことはなかったという。

　鍾子期は演奏の真意を常に聞き取ることができたのだから、彼に釣り合う人物は、並外れた音感を持っていたという『三国志』に登場する杜夔であろう。つまり音楽の善し悪しの判断に優れた杜夔と鍾子期、「夔鍾」に並ぶほど、文芸作品としての『聾瞽指帰』を読んでその真価を理解できる審美眼に優れた者は、残念ながら自分のまわりにはいない、と空海は言っている。これは婉曲な表現を用いつつも、自作に対する自信の表出である。

　空海が杜夔と鍾子期の二人の音楽の達人と対比させているのが、えせ音楽家である南郭処士だ。『韓非子』（「内儲説」上）の逸話によると斉の国の宣王は笛の合奏を好み、いつも三〇〇人の大吹奏楽団に演奏させていた。南郭の地にひとりの処士、つまり仕官の定まらない文士がいた。王の好みを知った彼は、自分はろくに笛を吹けないのに笛の名人を数百名も集めて宣王に謁見し、王は喜んで処士をはじめ彼らを召しかかえた。しかし宣王の王位を継いだ湣王は独奏を所望したので、南郭処士は慌てて宮廷から逃げ出した。

「但（ただ）郭処の知己を凴とするのみ」。自分が読者として頼みにする友人たちは、残念ながら南郭処士のように分を弁えないような文士気取りばかりでなんと情けないことか。こう言いつつ空海は、またも自分の戯曲の秀逸さを誇っている。

　この段に続く序の結末部は、空海が独特のユーモアを自らが意図した読者に向けて投げつけることで、予想外な展開を見せる。まず読み下しで引用し、それに現代語の意訳を添える。

仰ぎ望む。若し巻を握って綺を解く人あれば、先ず斤斧を研ぎて瓦礫を破棄すべし。紙に面（むか）いて文を瞻（み）るの士は、宿（とど）めるに蘭蓀を韞（つつ）んで必ず葷莸に代えんことを。蓋し此の制に乖くあれば、罪科に差あらん。

時に平朝御宇、聖帝瑞号、延暦十六年窮月始日。(76)

――読者諸君に敬意を表して、私の切なる願いを述べよう。敢えてこの書の巻を手に取って紐解く者いれば、本書を読むことによって斧を研ぐように文章力を磨いて、自分たちの瓦礫のように粗末な文を打ち砕きなさい。紙を広げて文を追ってゆく気概のある者たちは、蘭や蓀（ハナショウブ）のように香り高いこの名文の雅趣に自らを包み留めて、自分たちの拙い作文から葷（ニラ）や莸（クビソウ）のような臭みを消してしまわなければならない。もしこの掟に背く者がいれば、その掟を破った程度の差に応じて必ず罪科を受けるであろう。

時に平安の都に御される聖王の喜ばしき年号である延暦十六年の十二月一日

さあ、果たして君たちのような者に、これから始まる私の戯曲を読みこなす力があるだろうか。もしあえて読書に挑戦する勇気があるのならば、私の『聾瞽指帰』を手本として君たちの稚拙な文章を書き改められるようになれなければいけないぞ。この「決め」に背いて上達が見られなければ、君たちは失敗の度合いに見合って罰を受けることになるぞ、と空海はからかいつつも警告する。君たち読者はせいぜい南郭処士がいいところだから、私の戯曲を読めばほうほうのていで逃げ出すのが落ちだよ。そのほうがこの決めを守れずに罰をさせられるよりは、ましだろうからね。空海はそう言ってあらためて自著への自信を露わにして、序を結んでいる。

さらに末尾に記された日付も原漢文では、

平朝聖帝瑞号延暦十六年窮月始日

と、まるで中国の皇帝に差し出す上表文のように仰々しく記されている。空海の自信満々で誇大主義のユーモアに満ちた序文の終わりとして、いかにも相応しい書き方であろう。

杜夔と柴玉が鐘の音階の正否の決定をめぐって上表したのは、魏の文帝曹丕で、文帝は漢の滅亡後、文治主義を施行し学問と文芸を振興して、魏を三国時代の随一の強国にのしあげた。彼自身も文人で、多数の詩が空海が少年時代から学んでいた詩文集『文選』にも収められている。小野岑守が『経国集』の序で文帝の名言「文章は経国の大業」を引いたことは、すでに述べた。また南郭処士が伺候した斉の宣帝も都の臨淄の城門、稷門の周りに孟子をはじめ多くの優れた学者を住まわせて学問を振興させ、戦国時代を代表するいわゆる「稷下の学」が興ったことが知られている。

音楽が韻律――音色の響きとリズム――をとおして文筆と深い関わりがあるのは言うに及ばないが、空海が自分の戯作の文章の善し悪しをめぐって斉の宣帝と魏の文帝に繋がる南郭処士と杜夔を持ち出したのは、偶然ではないであろう。一方は演奏の未熟なことが発覚して罰を受けるのを恐れ宮廷から逃げ出した者の話であり、もう一方は名人といわれる柴玉が鋳造した鐘が音階からずれていることを見破って王の罰を蒙らずに済んだ者の話だ。君たちがせっかく私の天下第一の文章を学んでも、それによって音調の狂った鐘や、えせ音楽師の演奏のような自分たちの拙文を書き改められなければ、君たちの失敗は宣帝や文帝をはじめ中国の英名な皇帝に倣おうとして懸命な延暦の帝、桓武天皇のお耳に達し、罰せられなければならないほど重大な事態になるぞ。そう言わんばかりに、空海は当時盛んだった文章経国のイデオロギーを逆手にとって、桓武天皇治下の日付の書き方にまで彼の冗談を行き渡らせている。

無論このような自由気ままで皮肉と冗舌に満ちた表現が許されるのは、気心の知れたきわめて近しい仲間同士であるはずだ。二十四歳の空海が親族、大学の恩師、学友の期待を裏切り、彼らからは孤立しつつも自度僧としての道を歩み始めていた状況を考えると、彼が序文の結末で「知己」と呼んだのに相応しい読者は、やはり前節で検討したように『聾瞽指帰』第三幕の割注でわざわざ言及した「阿卑法師」や「光名能優婆塞」などの、山林修行を共にした仲間以外には考えられない。

序の初めでは、中国の文学史上に燦然と輝く曹植や沈約も未だ自分の手本とするのには物足りないとこき下ろして、大上段に文学論を展開する。中段では娯楽作でありつつも、三教の関係を解明する思想的深さを持つ作品の未曾有の傑作の創造という、文芸史上でも注目すべき大事件がこの書によって始まったことを予感させる壮語を並べ立ててゆく。しかし序の結びの部分では読者に向かって茶気のある悪口を飛ばして、自分が書いた天下無双の大傑作の戯曲を読めるものなら読んでみろ、これを読んでも文章上手になれなければ罰が下るぞ、と言い放っている。緊張と緩和を自在に使い分けて、文章のリズムにウィットを織り込んでゆく。序を読んだ彼の親しい仲間たちがどんなに大笑いして、その座が盛り上がったかが想像される。

山林修行者は漢文の仏教経典を学びそれを読誦することが必要だったのだから、その中には文章上手や空海と文学論を交わすことのできる友人がいても不思議はないであろう。だが仏教以外の中国の膨大な古典籍に精通し、さまざまな故事の引用や修辞法を駆使して自在に作文する能力を発揮した空海は、修行者の集団の中でも異彩を放っていたはずだ。その空海が、序文の最後で文章経国主義の官人の文章からはかけ離れた風刺を冗舌に乗せて繰り広げて、律令体制の締め付けから自由になった私度僧として生きる自由を、文芸の創造として謳歌している。彼の文章の生み出す笑いは、その意味で山林修行者同士の結束を確かめあうものであった。また同じ笑いは国家の経営から離脱した文章の自由な制作と山林での仏教の実践が、相補しあうことを確認するものであったはずであろう。

しかし、この序を記した時に人生の岐路で文芸の創作に自分の存在理由を賭けていた空海の立場と、自度僧だった空海が仲間に向けた彼一流のユーモアの重要性が理解できないと、彼の序文の書きようは、文章力について驚くほどの唯我独尊で誠実さを欠く作者が書いたとしか思われないであろう。自信過剰の作者も、読者に対する悪ふざけをやめない作者も、空海を真言宗祖とのみ見る立場からは『聾瞽指帰』の著者として受け入れられないもので、このいわば宗派中心主義の先入観が従来の研究で『聾瞽指帰』序が正しく理解されなかった最大の理由であろう。

このような先入観に立った理解がどのように『聾瞽指帰』序を曲解させてきたかを示す好例として、『空海全集』第六巻の結びの部分の現代語訳を見てみよう。原文の解釈は『序註』に依拠したものであり、『序註』の誤りがすべて繰り返されている。

どうか望みたいことは、もしもこの書物をとって文句をひもとく人があれば、まず斧や斤を研いで瓦や小石をこわしすて、紙面に注目して文章をみられる人は、まえもって蘭や蓀の香りで包んで、必ず葷や莠のような臭くて有害な草ととりかえていただきたい。それにしてもこのようにして文章作法にそむくことは、その罪状にもいろいろな差異があるであろう。(77)

この訳文は支離滅裂であり、現代語として文意が通らない。敢えて訳文を理解しようとすれば、作者の空海が自分を卑下して自著が下劣だから読者に添削を願い出ている。また自作中でしばしば文章作法を犯しているので、自分が犯した罪を案じていることとなろう。しかしこの段の前で空海は、自著の読者について南郭処士のように頼りにならない友人たちであると言っているのだから、彼らが空海の著作を添削できる能力があると解釈するのは空海の意図と矛盾してしまう。またへりくだった態度で序を結ぶならば、「平朝聖帝瑞号延暦十六年窮月始日」のような特別大げさな日付の記し方は、いかにも著者の謙遜にそぐわないものになってしまう。

また結びの一文である「蓋しこの制に乖くあれば、罪科に差あらん」について「制」を文章作法とすることも的を射ていない。『序註』は「制は正なり。文詞格律相い得て偏勝無し」と「制」を誤読しており、『空海全集』訳者はこの間違いのとおりに現代語訳している。しかし空海が『聾瞽指帰』序で文章作法としての「制」をどのように取り扱っているかを見れば、それが結末の「制」に当てはまらないことは明白であろう。

序の上段の部分で空海は『遊仙窟』や『覚睡記』を批判して、「八病の制あるに纏われんとす」[78]と言っている。八病は平仄や韻律に関する漢詩の作詩法上の決まりごとを沈約が定めた詩八病のことである。空海は『遊仙窟』や『覚睡記』の中の詩を作詩法の取り決めにとらわれすぎて、詩の自由な表現を欠いていると批判しているのだから、結末の「制」を同じ意味に取ることはできない。つまり空海が自著中の漢詩が八病の制に違背して罪を犯したことを恐れていると理解すると、詩八病の制約から自由になりなさいという彼自身の主張と矛盾してしまう。

『空海全集』訳者はこの点に気づかずに、『序註』を盲信して序の結びに出てくる「制」も同じ意味と勘違いしている。また原文では「蓋乖此制、罪科有差」で「此の制」としているのだから、ここでは特定の「制」を意味している。もし文章作法の意味での制なら、押韻や平仄などさまざまな規則のうちの何を指すのかが、先立つ部分で明らかにされているはずである。また空海自身を文章作法に背いて罪状を受けるべき人物と解釈すると、なぜ一人の人物が受ける罪状にさまざまな差が生じるかも理解不能になってしまう。やはり「此の制」とは著者の空海が、友人の読者たちと戯れるために定めた「決め」であったと捉えるべきであろう。

『空海全集』の現代語訳者は、『聾瞽指帰』の作者を後年に真言宗祖となるに相応しい、自分を卑下し謙遜することを忘れない優等生として捉え、その前提に基づいて序を解釈しようとしているのであろう。『聾瞽指帰』序を扱った先行研究は、この点については異口同音に空海が自らの文章能力の欠如を恥じて序の結びにしていると取っている。[79]

しかしこのような前提からは『聾瞽指帰』序を読み解き、そこに満ちている文芸作品としての性格を際立たせる独自のユーモアと、ユーモアを交えつつも揺るがない論理の一貫性とを理解することはできない。『聾瞽指帰』を著述していた空海にとって大学を去ることはすでに不可避だった。彼は体制の外に身を置くことで、経国的イデオロギーを風刺した反逆者だった。

前節で述べたように空海は戯曲の虚構を用いた文芸作品を創造することによって、仏教の儒教に対する圧倒的優位を示して自らの選んだ道の正しさ証することができた。だから当時の彼の存在理由そのものであった文筆の才についての自負を曲げてまで謙譲することはできなかったし、自分を卑下する必要もなかったはずである。この点を見落としている宗派第一主義の解釈は、一見信仰の対象としての空海に敬意を払っているようでも、『空海全集』の現代語訳に見られるように、空海の処女作があたかも未熟な作品で、そのため主張が揺れ動き自己矛盾をきたしているような印象を与える。これは空海の並外れた文才に対する冒瀆以外の何ものでもない。本節で検討してきたとおり、空海の『聾瞽指帰』序の文章は徹頭徹尾、皮肉・冗舌・風刺の使い方、年号の表現にまで、理路整然が貫かれている。

以上の考察は、空海が後年『聾瞽指帰』序を全く新しい序文に書き改めて、この作品自体の題も『三教指帰』へと変更した理由についても、新たな手がかりを与える。それは先行研究でよく論じられるように、『聾瞽指帰』序の文体が未熟だったからではなく、序の目的も著者が対象とした読者も、二十四歳の空海が著した時点と、五十歳代の後半の大僧都とし淳和天皇の宮廷で重きを成していた空海とでは、大きく異なっていたからである。さもなければ本文の戯曲のみはほぼそのまま使い、序と結びの十韻詩だけを改めた事実を説明することができない。

二十四歳の時に著した序と本文の両者を比べて、序を書いた時だけ文章力が稚拙だったから、晩年に全く新たなものに入れ替え、本文はそのまま再利用したとは考えられない。『続日本後紀』の空海卒伝の著者が『三教論』を例として用いて空海の文筆の才能を讃えていることから、空海が宮廷文人の求めに応じて『三教指帰』への改作を行ったであろうという推論は、本稿の第一節ですでに述べた。大学の席を捨てて自度の僧として歩み出していた若き日の空海が、『聾瞽指帰』序で文芸の創造力に頼って仏教を人生の指針として選択したことの正しさを訴えたことも、山林修行の仲間に対する冗舌に込めてその文筆の才を披瀝しなければならなかったことも、宮廷の仏教者の重鎮となっていた晩年の空海とその読者には無用のものとなっていた。

『三教指帰』の序の末尾には、「時に延暦十六年臘月一日なり」と淡々とした日付が記されている。これも空海が対象とする読者が大きく変わったこと、著者としての彼の立場と社会的環境が大きく変化して、自らの文才を誇示する必要が一切なくなったことの表れであろう。

しかし仏教を最上位に、次に道教を、その下位に儒教を置くという三教の秩序に対する彼の解釈は、何ら変わることがなかった。これは淳和天皇の勅命を受けて著した『秘密曼荼羅十住心論』と『秘蔵宝鑰』の内容からも確認できる。ただ宮中の儀礼に密教を導入しようと努めていた空海は、仏教が三教の最上位にあるという主張を続ける一方で、仏教と当時の朝廷の統治イデオロギーだった儒教とは、互いに協力し補いあうべき関係を築くべきだと強調する必要があった。彼に求められていたのは、体制の外側から儒教的権威を風刺するのではなく、政権の内部にあって仏教を中心に三教の関係を組み立て直す改革であったといえよう。この点を明白に述べて、その視点から自らの生涯を振り返ったのが、『三教指帰』のために新たに用意された序であり、十韻詩であったといえる。

六　山林をめぐる正統と異端の言説

平安京への遷都から四年が経過した延暦十六年(七九七)二月――それは空海が『聾瞽指帰』を完成させる十カ月前にあたる――奈良時代の中期から何度かの中断を経て続けられていた国史編纂の大事業が、東宮学士菅野真道を中心とする編纂者の努力により漸く完成した。『日本書紀』に続く第二の勅撰の正史である、『続日本紀』四〇巻がそれである。この勅撰の国史の完成を天皇に報告する上表文では、王朝史を編むことが中国の古代以来の伝統であり、たとえ些細な小事であっても良い行いを書きとどめ悪事も覆い隠すことなく後代に伝えて、千年の後への戒めとして残す、と述べられている。それに続き編纂の完成を命じた桓武天皇が、次のように讃えられている。

伏して思いますに、天皇陛下にあらせられては、その徳の光は周の文王に増して輝き、その政道は聖人の堯よりも理にかなっています。あらゆる出来事を処置される的確さはあたかも曇りのない鏡に万象が映るようであり、天下の九つの地方を治められる御心は神々しい珠のように澄んでおられます。陛下の仁徳は北の渤海国までにも及んで未開の人々に忠誠の心を起こさせ、陛下の威徳は東の北上川にまで達して蝦夷は反抗をやめました。過去には教化できなかった民族を教化されて、前代の天皇に対して不忠だった人民を臣下として従わせています。巍巍としてそびえる山々をも超える陛下の徳の高さなくして、だれがこのような偉業をなし得るでしょうか。(80)

この記述は、奈良末期から平安初期にかけての統治のイデオロギーとしての、儒教の最重要性を示す好例である。桓武天皇を讃え、その名を歴史に刻むために用いられたのは、王による徳治の理論である。支配者が最高の徳の具現者であれば、民衆はあたかも子が父に孝を尽くすように王への忠誠を守る。天子としての王の善政に天が感応して、自然の運行は穏やかになり豊作と豊漁をもたらし、国は平和と繁栄に恵まれる。さらに王の徳の影響が及んで近隣の諸国は臣下として外交使節を送り、未開の民は礼節を学んで王に帰順する、というのが中国の歴代王朝を支えた儒教による国家経営の基本的な考え方である。孔子が私淑した周王朝の聖王の一人である文王や、伝説的な聖人の堯よりすぐれた徳治の体現者として、桓武天皇は理想化されている。『続日本紀』の上表文では天皇が儒教的な君主としてのみ描かれていて、天皇の仏教との関わりや、神祇信仰での役割などへの留意は一切みられない。

現実の桓武朝廷をめぐる政治状況は、この理想とはかけ離れたことが多かった。はじめ長岡京へ、さらに数年後には平安京へと続けざまに行われた遷都と新都の造営、さらに長期化した東国での蝦夷との戦役が、重税・強制労働・徴兵となって民衆を苦しめた。皇太后と皇后の度重なる死、皇太子安殿親王の長引く病は、桓武天皇が長岡京遷都の反対勢力の指導者と決めつけて処分し、死に追いやった元皇太弟の早良親王の御霊の祟りだと恐れられていた。あたかも早良親王の祟りを証明するかのように干魃・水害・飢饉・疫病が各地で頻発し、朝廷は常にその対応に追われていた。

しかし遷都による奈良の寺院勢力の政治への介入の排除と、東国の夷敵に対する軍備の強化により、桓武天皇は王権への権力の集中による律令体制の立て直しに成功を収めつつあった。渤海国の外交団を一方的に日本の天皇への朝貢使節と見なし、坂上田村麻呂の軍門に下った蝦夷の捕囚たちを天皇の徳に恭順してきた異民族として扱うことによって、儒教的王権の体面を保った。

このような儒教による王権の正当化に重要だったのが、大学である。大学は単に儒教的官人の養成機関であるのみでなく、律令体制を支える思想的基盤としての儒教の中心的研究機関でもあったことはすでに述べた。つまり大学で文章を学ぶ学生にとっては、『続日本紀』の完成を報告する上表文こそが、彼らが目指すべき規範であり目的であったはずである。

しかし、その十カ月後に『聾瞽指帰』を完成させて自らが目指す文筆の目標を明らかにした空海にとっては、たとえ朝廷での栄達と引き替えであっても、自らの文芸の創造力を『続日本紀』の上表文が示す、儒教的・律令的・経国的な窮屈な枠組みに押し込めてしまうことは、到底できなかったのであろう。空海には一方で天皇を讃える経国的言説の描き出す秩序と、もう一方で災害・戦乱・政争で苦しむ人々の苦難という現実との乖離が見えすぎていたのではないだろうか。

修行を続けるうちに大学のある都での名誉や富を追い求める暮らしぶりは思い出すごとに嫌気がさして、朝な夕なに霞や雲のたなびく山林での生活を願うようになった。上質の衣服や贅沢な乗り物がもてはやされるのを見ると、電光や幻のようにはかないものを求めて止まない人々のことを嘆かわしく思った。また身体が不自由な人や極貧に沈んだ人たちを見ると、何の因果でこのような苦しみを受けなければいけないのかと、哀れの情がこみ上げた。[81]

『三教指帰』序で空海は当時の心境をこのように懐述している。自伝的な戯曲を書くことにより、彼には正史の言説が作り出す虚構が――儒教のイデオロギーに沿って現実をねじ曲げて、天皇をいかにも聖王であるかのように描こうとする文章経国主義の限界が――ありありと見えてしまったのであろう。自らの人生の岐路で発見した真実を表出できるのは戯曲の物語であり、正史の記述こそが虚構であるという逆転が生じたといってもよい。

儒教の言語観の根底にあるのは「正名」という概念で、『論語』十三篇第三節で弟子の子路に国家の経営に最重要なことは何ですかと問われた時、孔子が答えた「必ずや名を正さんか」という言葉がそれをよく示している。

名正しからざれば則ち言したがわず。言したがわざれば則ち事ならず。事ならざれば則ち礼楽おこらず。礼楽お

こらざれば則ち刑罰あたらず。刑罰あたらざれば則ち民手足を措くことならず。（原漢文）

つまり孔子の思想の根底にあるのは、言葉が本来事物のあるべき性格を正しく捉えているという信念である。言葉と事物の正しい照応は太古の聖人によって定められたものであり、言葉の正しい用法を封じ込めたのが儒教の経書である。言葉の用法が乱れれば、社会の秩序が失われ文明は廃頽する。「名を正す」ことにより言葉の本来の用法を守りあるいは取り戻すことで、社会秩序を維持するのが国政の最重要事と考えられていた。

このような思想が架空の事物を対象とした小説などの文芸作品の発展を阻害するものであることは、中国の文学史で小説類一般が「稗史」、ちっぽけで賤しい歴史という名で蔑まれていたことからも明らかである。それは文芸作品がしばしば正名とは反対に言葉と事物の繋がりをいったん切り離し、言葉の意味を自由に創造的に変成させる力を持っていたからで、儒教的な政権にとって文芸とは狂言あるいは綺語として、正名の秩序を脅かす可能性を常にはらんだ危険な存在であったといえる。以下の自伝的文学研究者による考察は、儒教が再び政権のイデオロギーとして採用された江戸時代前期の小説をめぐる政治的環境について述べたものである。しかしこの考察は、空海が『聾瞽指帰』を著述した時代、つまり同じく儒教が国政の基盤となっていた文章経国的時代、また国風暗黒時代と呼ばれて物語などの文芸の発展が抑制されていた時代にも当てはまるであろう。

不完全な、もしくは疑わしい歴史書と呼ばれた「小説」は、面白いが「正史」に比べてはるかに低級だと考えられており、作者たちもそれを「慰みもの」とか「戯作」と呼んで満足していた。「慰みもの」という名分で「小説」は実際には「正史」を逸脱し、正統的な社会的諸価値を風刺する事もできたので、十八世紀末以降、その潜在的な危険性に気づいた幕府はたびたびそれを禁止した。(82)

空海にとって政権に対する風刺や皮肉を必然的に含んだ文芸の創造に携わるには、朝廷の儒教イデオロギーを核とした律令的、経国的な言説空間の外部へ出ることが必要だった。その外部で空海が見いだしたのが、山林修行の場だったといえる。天長元年（八二四）に淳和天皇に送った書簡で「空海、弱冠より知命に及ぶまで、山藪を宅とし黙然を心とす」と、つまり二十の年から五十歳になった今まで、山林を棲家とし、禅定に心がけてきましたと述べている。平安京への遷都が行われる延暦十三年（七九四）に空海は二十一歳だったから、その前後から彼は大学に籍を置きつつも山林での修行を本格化させてゆき、大学での学問の政治的意義や朝廷の政策の意図を、その外側から距離を置いて眺めるようになったのであろう。

このように『聾瞽指帰』著作の背景を考えると、『聾瞽指帰』は単に空海の若年期の作品というだけでなく、平安最初期に自度僧あるいは優婆塞といわれた山林修行者によって作られた文学作品の貴重な一例としても重要なのではないだろうか。仮名乞児の修行の地とされた吉野の金峯山や土佐の石鎚山は、『聾瞽指帰』とほぼ同時期に成立した『日本霊異記』にもしばしば有徳の修行者の霊地として紹介されている（上巻二十八話、中巻二十六話、下巻一話・三十九話）。

経国的儒教をイデオロギーの中核とした律令体制の周辺部としての山林が、中国の稗史や奇譚類の日本での流通を促し、また冗舌や風刺を含めた物語の発生にとっても豊穣な文化的空間であったことは、『霊異記』に収載された禅師・優婆塞・優婆夷などをめぐるさまざまな逸話からも知ることができる(83)。

『日本霊異記』下巻の第十四は、京の出身の小野朝臣庭麿という者が千手観音の陀羅尼を誦持する優婆塞となって、越前国加賀郡の山々にやってきて修行していた話が紹介されている。彼が御馬河という里に至った時、加賀の郡に流れ着いた諸国の浮浪人を捕縛して労役に酷使し、庸と調を取り立てていた「浮浪人の長」と呼ばれる人物と遭遇する。庭麿が自分は優婆塞で俗人ではないといくら言っても長は聞く耳を持たず、彼を縛り打ちすえて使役しようとした。庭麿はそれでも従おうとせず「衣の虱も頭に上れば黒くなり、頭の虱も衣に下るれば白くなる」という譬えを引いて身の潔白を主張した[84]。つまり正式な得度はしていなくても自分は山林での修行に努めるのだから、在俗の浮浪人とは異なる身の上だと訴えている。

「頭に陀羅尼を戴き経典を背負っている身だから、このような俗世の災難に遭うわけがない。陀羅尼よ、大乗を護持する私が辱められないよう、どうかその験徳をお示しください」そう庭麿が祈る。長が下馬しようとすると身体の自由が奪われ、馬ごと空に舞い上がり一日後に空から落ちてきて身が摧けて死んだという[85]。

この逸話で注目すべきは、庭麿が用いた虱の譬えである。これは『文選』李善注にある「抱朴子曰、今頭虱著身、皆稍変而白。身虱処頭、皆漸化而黒」に拠っている。つまり空海が『聾瞽指帰』の執筆でも多用した『文選』の故事を会話の中に引くことができる、学識のある私度僧や優婆塞が山野に存在していた、と『霊異記』には書き記されている。空海が山林修行者の仲間を読者として選び、あたかも彼らと文筆の才を競い合っていることを窺わせる序を『聾瞽指帰』のために用意したとしても不思議はないであろう。

当時の漢籍の教養を代表する『文選』をよく学んだ優婆塞が、自らの修行の力に依って律令的な権威を担う「浮浪人の長」を打ち負かす点で、『霊異記』の庭麿の話は『聾瞽指帰』と共通項を持っている。このような物語を自度の僧や優婆塞が諸国に伝搬させていたとすれば、彼らの住まう山林はやはり空海が自らの文芸を育てるのに適した環境を提供していたと考えられよう。

七 「仮名」再考――結びにかえて――

なぜ空海は『聾瞽指帰』の戯作中で、自らの分身の役割をする主人公を「仮名」と名づけたのだろうか。『聾瞽指帰』が制作された背景を考えると、主人公の名は「けみょう」と読まれるべきである。『日本霊異記』上巻第二十七には、「仮名の沙弥」と呼ばれる自度僧が登場する。「石川沙弥は、自度にして名無し。其の俗姓もまた詳らかならず。号けて石川沙弥という所以は、其の婦の河内国石川郡の人なるを以ちてなり」。この石川沙弥は姿ばかりは沙弥にやつしていたが、本心は盗賊だった。造塔の事業を興すと人をたばかって浄財を集めて私腹を肥やしていたので、とうとう悪業の報いで地獄の火に焼かれて死んでしまうというのが、この話の筋である。(86) しかしここで注目したいのは、この沙弥が自度であり、また俗姓も知られなかったので、妻が住んでいた場所の名によって仮に「石川」沙弥と呼ばれていたということである。

自度の僧尼は律令の「僧尼令」を犯して山林で修行にいそしんだのだから、族姓を明かすことができず、正式の法名もないままに、自分の出身地やゆかりの土地、自らが依拠した仏菩薩や経典にちなんだ名を仮に用いていた者も多かったことだろう。空海が自分の山林修行の仲間であると、割注で明記した「阿卑法師」「光名能優婆塞」「古倍乃阿麻」も、その意味ではすべて「仮名」であったかもしれない。「阿卑」は陀羅尼の梵語の接頭語〈abhi-〉を漢字で表記する時に用いられる音訳であり、「光名」は『華厳経』などで如来が眉間の白毫から放つさまざまな光の名を示すのに用いられる語であり、「古倍」は尼が住んでいた地名であろう。(87)

空海は大学の学生として姓も名も明らかであった自分を振り捨てて、これら「仮名」の者たちが集う山林に逃れることで、自らの文芸作品の創造の自由を守る決断をした。そうして儒教の「正名」の概念とは正反対に、事物と対応しない「仮名」で構成される戯曲を著述することによって儒教的権威を風刺した。自らの仏教の選択の正しさを表出した『聾瞽指帰』の主人公としての「仮名」という名は、いかにも相応しいものだったはずだ。

さらに「仮名」という語は、般若経典を中心とする大乗仏典でも教理を示すためにきわめて重要な語で、玄奘訳『大般若波羅蜜多経』巻第十一（「初分教誡教授品第七之一」）には頻繁に使われている[88]。すべての事物は常に移ろいゆくもので、その性質は空であり生滅を繰り返しているが、それらの事物はいったん名を与えられると、あたかも揺るぎない実体とて存在するような印象を我々に与える。しかし名と事物の関係をよく観察すると、名は転変してゆく事物の内にあるのでもなく、外にあるのでもなく、またその中間にあるわけでもない。だからこれらの事物に与えられた名はすべて「仮名」である、と。また同じことが、自我と自分の名前の関係についても当てはまると説かれている。

しかし、すべての名が仮名であると見ることが可能ならば、事物が空であるからこそ、空性そのものの表れであり、真理と一つであることを知る。それにより事物へのまた個我への執着から自由になって、悟りを得ることができる。このことを鳩摩羅什訳『維摩経』（「菩薩品第四」）では、「仮名これ菩提、名字空なるが故に[89]」と述べている。つまり空海は、『聾瞽指帰』の主人公に大乗仏教の悟りそのものを言葉のありようとして示す「仮名」という名を与えて、彼が仏菩薩に等しい弁才を発揮して、儒教と道教の先生を説き伏せてしまうという構成を考えた、と理解することができよう。

では空海は『聾瞽指帰』の執筆にあたり、どこで仏教経典を学んだのだろうか。彼は少年期から阿刀大足に私淑して学問を始め、さらに大学で研鑽を積んだのだから、彼の創作した戯曲に儒教を中心とする漢籍の知識が縦横無尽に用いられているのは当然であろう。しかしそれに加えて第三幕の「仮名乞児論」は、あたかも彼の博覧強記を誇示するかのように、仮名乞児の能弁の内容となる仏教経典からの引用や、大乗仏教の聖教類一般への言及で埋め尽くされている。大学での学問に対する興味を次第に失い、山林での修行に目覚めていった彼が仏教経典類を学ぶのに最も適していたのは、修行地に点在していた山寺だったと思われる。

近年の研究で山寺が俗界から遮断された山深い霊山に存在するのではなく、国大寺や国分寺のある人里と山岳修行をする霊地を結ぶ中間地域にあり、いわば俗界と聖地を結ぶ機能を果たしていたこと、官僧と私度の沙弥や優婆塞との交流の場を提供していたこと、またその結構も塔や講堂などの本格的な施設を備えたものが多く存在していたことが明らかになった[90]。『霊異記』にもさまざまな山寺のことが記述されている。そのなかでも和泉国の珍努（血停）上山寺（中巻第十三話・三十七話）と吉野の竊寺（上巻第五話）は、空海の『聾瞽指帰』執筆にも関連しうるものとして注目に値する。

珍努上山寺は施福寺の前身といわれているが、施福寺は空海が帰国後入京の許可を得るまでしばらく留まった寺であったとされる。『聾瞽指帰』によると空海が修行を行った地域は畿内から吉野さらに四国地方へと広がっていたが、この地は平城京・平安京から難波・摂津を経過して淡路に行く途上に位置していたから、空海の山林修行の一つの拠点であった見ることができるであろう。この寺には大安寺三論宗の高僧として名高く僧綱の任を空海とともに勤めた勤操が、延暦年中（七八二～八〇六）に十年以上も止住して法華八講を年中行事として定めたといわれている[91]。

また現光寺・比蘇山寺としても知られている竊寺は、すでに白鳳期に伽藍が整備され、唐の学僧だった神叡がこの寺に二十年居住して学問の研鑽を積み、虚空蔵法を修して自然智を開発し、遂に朝廷の信任を得て律師に任ぜられたという。以来この寺を中心にして、「自然智宗」と呼ばれる伝統が形成されたと伝えられている。また同じく唐の渡来僧で大安寺西塔院に住した道璿が、律師を退任した後に比蘇山寺に移り住み、以後、東塔・金堂・講堂が整って大伽藍を構成した。また延暦年間から弘仁年間（八一〇〜二四）にかけて僧綱の高位を歴任した興福寺法相宗の護命なども、この地をしばしば訪れて虚空蔵法によって自然智を得ることに努めたという。奈良や飛鳥からの往来が簡便な吉野川北岸の比蘇山寺を基点として、金峯山を中心とする南岸の吉野の奥地での修行が行われていた(92)。この寺は『三教指帰』序で空海が信仰の対象としたと強調している虚空蔵菩薩法を伝えていること、唐の仏教者と強い繋がりを持っていたことなど、空海が大学を退いてから山林修行を経て唐に留学するに至った経過と関連する要素を多く持っている(93)。

これらの山寺は、国大寺の学僧が長期にわたって居住しても不便のないように、蔵書類も整っていたはずであり、また官僧と自度の僧が盛んに交流を持つ場としても機能していた。したがって大学在学中でありながら山林修行者となっていた空海が仏教経典を学習する場としては、いかにも相応しいものであったと思われる。

唐道宣編の『広弘明集』が三教を比較し優劣を論じた仏教護教論集であり、空海が『聾瞽指帰』を執筆するにあたり、この書を参照していたことは第三節で述べた。もう一方で『広弘明集』は、奈良から平安初期の文人が漢文で僧伝など仏教関連の作品を著述する上で、『文選』とならび重要な役割を果たした規範例文集であったことがすでに指摘されている(94)。大安寺を中心に著述された吉備真備撰の『道璿和上伝纂』を含む僧伝類に、『広弘明集』の影響が色濃く残されており、大安寺関連の「文学圏」を形成していたといわれる。それならば道璿自身が大安寺から隠棲した後、居所とした比蘇山寺や勤操が法華八講を始めた施福寺も、この文化圏に含まれるものと考えることは可能であろう。空海が仏教書の学習を始めた時に『文選』同様に文章作法を磨く上で重要とされていた『広弘明集』に注目し、この書の三教の捉え方が『聾瞽指帰』の構想の下敷きになったと考えることができる。

ところで『広弘明集』巻第十二（「弁惑篇第二之八・第八決破」）には、三教の比較を「仮名」と関連づけて論じる興味深い箇所がある。天竺の宝応声菩薩は中国に化生して伏義となり、吉祥菩薩は女媧となり、釈尊の前世の儒童は孔子となり、過去七仏の一人の迦葉仏は老子に化生したという『須弥図経』が伝える説がまず紹介される。また『涅槃経』によれば世に伝わるすべての宗教書・論書類、芸能や技能に関する書物も仏説でないものはない、といわれている。このような主張を推し広げると、

三皇、五帝、孔李周荘はみなこれ菩薩化身の所収なり。文字・図書・詩章・礼楽はならびに是れ諸仏法蔵の所収なり。文理昭然なり、豈虚妄ならんや。（中略）故に仏、覚あるを仮名と名づく。[95]

つまり古代の聖王も孔子・老子・荘子も多くの菩薩の化身のうちに数えられるものだから、彼らに拠って説かれたと伝えられる五経・四書をはじめとする経書類、八卦などの図、詩文、儀式や音楽に関する書物もすべて諸仏の説いた仏教の教えの一部と見るべきだという。つまりここでは『維摩経』で「仮名これ菩提なり」と説かれたことが、三教の関係に沿って言い直されている。すべて事物は常に転変して生滅を繰り返しているから、不変の実体もなければ、それに一対一に対応する実名といえる言葉もない。このことは儒教の経典の言葉についても、道教の経典に用いられる言語についても同じである。しかし言葉がすべて仮名であるという、その真理を伝えられるのは仏教の教えのみであり、それだからこそ、仏教は中国の儒教や道教の教えよりも根源的で深いものであると主張している。上に引用した部分に続く箇所では、仮名自体が悟りに導くための方便として示されている。「非実にしてもって名を施し、名によって実を悟らせしめんがためなり。名もなく実もなし」。普遍的な実体を欠く事物に仮に名を与えるのは、その仮の名によって実体の本質が実はいかに不確かなものであるかを悟らせるためだという。つまり言葉を仮名と見ることで、「名もなく実もなし」という真理に目覚めることができるとされている。

このような言葉の性質と働きに対する解明こそが、大学の学問に失望し、自由な文芸活動を続ける道を山林の仏道

修行に見いだそうとしていた空海が、探し求めていたものだったのではないだろうか。『聾瞽指帰』の第三幕「仮名乞児論」で、仮名が髑毛の教えも虚亡の教えも自分の奉じる仏教に比べれば五十歩百歩だと説くくだりがある。「儒童、迦葉は並にこれわが朋、汝の冥昧を愍んで先んじて遣わす。然れども機劣なるによって浅く二儀の膚を示し、未だ過未の脳を演ぜず(96)」。この一節は先に引用した『広弘明集』の文意と一致するから、空海が『広弘明集』に啓発されて『聾瞽指帰』の執筆にあたって三教の言葉の関係を「仮名」として捉えていた、と考えることは可能であろう。

『聾瞽指帰』序で空海が表出しているのは、文学に対する熱意である。「貧道は幼にして、すこぶる藻麗を学ぶ」と語った空海の幼少時から詩文を愛し、修辞法、作詩法を学び優れた文芸作品を生み出そうとする情熱は大学を去る決意をしたことにより、さらに大きなものに飛躍しようとしていたといってもよいであろう。彼は言葉の創造的な力を信じて、人生の岐路の選択をした。しかし、その一方で仏教の一般的な言語観は言葉の働きについて否定的だ。たとえば『大般若波羅蜜多経』巻第五十五(「初分弁大乗品第十五之五」)では「名字は施設の言説を仮想し、三界中より出ることあたわず、また一切智智中に至りて住することあたわず」と説かれている。これは空性はすべての言語を超えているから、悟りを得ることは言語を超越することによってのみ可能となるという見解である。大学を捨てて選んだ文芸と仏教という二つの道がお互いに矛盾するものだったならば、空海が直面した人生の危機は解消されるどころかますます深刻になっていたであろう。

ところがこの言語に否定的な一般的見解とは異なる解釈が、大乗仏教の一部に見られる。それがすでに述べた『維摩経』に説かれる「仮名これ菩提なり」や、先に引用した『広弘明集』巻第十二に示された言葉についての理解である。言葉がすべて仮名であることを突き詰めれば、言葉自体が事物の空性を示す方便となり、さらに言葉の働きそのものが人々を悟りに導く空性の力の顕現として理解することが可能となる。「仮名」という言葉に象徴されるこの理解によってこそ、空海は彼が選択した文芸と頭陀行という二つの道を補完しあう関係に置き、その二つを自らの中で統合することを可能にできたのであろう。その成果が、「仮名」という山林修行の乞食僧を主人公とする戯曲の形式を採った、空海の三教論だったと言える。

ところで以上のような「仮名」の理解は、密教の「真言」の言語観と深く関わり合っている。『大日経』「住心品第一」の終末部に「真言の相はただこれ仮名なり」とあるように、大乗仏教の中で言葉のありようを空性や悟りそのものの現れとして、つまり真言として積極的に捉えるのが密教である。(97) このことを空海は『秘密曼荼羅十住心論』の最終部分で、『大日経疏』を引用しつつ端的に示している。

世間の文字言語は実義なるをもって、この故に如来はすなわち真言の実義をもってこれを加持したまう。もし法性を出でて外に別に世間の文字ありといわば、すなわちこれ妄心の謬見なり。(98)

これは『広弘明集』の仮名についての積極的見解をさらに一歩進め、世俗の言葉もすべて真言に異ならないと述べている。『維摩経』が「仮名これ菩提なり」と表現した言葉のありようこそ如来の真実語、真言であり、それは世間すべてに遍満する名字音声そのものであるとしている。確かに『聾瞽指帰』の記述には密教的要素は見いだせないから、この書を執筆した時点で空海は未だに密教に着目していたとはいえないであろう。しかし『広弘明集』に触発されて三教の秩序を示す戯曲の創作を思い立ち、その主人公を「仮名」と名づけた彼は、すでに密教の言語観に向かうべく自分を位置づけていたのではないだろうか。『聾瞽指帰』を完成させた空海は、文芸的創作よりもさらに一歩進んで、言葉の力そのものを真理であると見る大乗仏教の中の密教的な要素に注目し、その習得に没頭していったと思われる。空海の内面でこのような展開を可能にしたのが、律令国家の経国的な言語統制を逃れて、漢籍の言説と仏典の言説が自由に行き交い、ぶつかり合い、こだまし合う山林修行の空間であったといえよう。

註

（1）　太田次男氏の一連の論文により、『三教指帰』の諸写本の本文は時代が早ければ早いほど『聾瞽指帰』の本文と一致する傾向があることが指摘されている。「東寺観智院旧蔵三教指帰〔注〕文安写本について」（『成田山仏教研究所紀要』七、一九八二年）、「尊経閣文庫蔵〔注三教指帰〕鎌倉鈔本について」（『成田山仏教研究所紀要』八、一九八四年）、「東寺宝菩提院三密蔵三教勘注抄巻五、二（鎌倉初）について―附・本文の翻刻」（『成田山仏教研究所紀要』二二、一九九九年）、「高野山宝寿院蔵『三教勘注抄』巻一、二（平安末鎌倉初間）について―附・本文の翻刻」（『成田山仏教研究所紀要』二三、二〇〇〇年）。

（2）　『定本弘法大師全集』第七巻二六九～三三二頁。

（3）　一例を挙げれば河内昭円氏は「『三教指帰』本文の文章―済暹偽撰説」（『大谷大学研究年報』六四、二〇一二年）で『聾瞽指帰』と『三教指帰』の本文の相違を詳細に検討し、先に自ら提示した済暹による偽撰を裏付けようとした。しかし前掲註（1）の太田氏の一連の論文が示すように、『三教指帰』は書写を繰り返す過程で誤字や故意の変更などが加えられたことが確かである。空海の時代に遡りうる『三教指帰』の写本が発見されない限り、『三教指帰』が空海自身による『聾瞽指帰』の再治本であることを否定することはできない。また院政期の済暹が誤字などの多い『三教指帰』本文を修正したとしても、『三教指帰』と『聾瞽指帰』の本文の内容が一致する以上、両者の違いは済暹が『三教指帰』を偽撰したとの裏付けとはならない。さらに本稿第一節で指摘しているように、すでに『続日本後紀』空海崩伝が『聾瞽指帰』のことを『三教論』として言及している以上、空海自身がすでに『聾瞽指帰』を改題していたと見るべきである。

（4）空海の入唐以前と以降の文体の変化については、興善宏a「空海と漢文学」（『岩波講座 日本文学と仏教』第九巻『古典文学と仏教』、一九九五年）ならびに同b「日本漢詩史に於ける空海」（弘法大師墨蹟聚集刊行会編刊『弘法大師墨蹟聚』論文篇、二〇〇八年）に詳説されている。中国では六朝から初唐にかけて四六の対句や装飾的表現に豊かな駢儷体が発達したが、中唐から空海が留学した盛唐にかけて、特に安禄山の乱（七五五―七六三）以降、煩瑣な駢儷文に代わり実用性が重視されるようになり秦漢の古文に回帰する古文体が流行した。空海も在唐中にこの文体を修得し、帰国後の文章では古文体も多用している。『三教指帰』の序は簡潔で平明な古文調に改められている。

詩の分野では六朝の後期から盛唐にかけて、五言・七言の絶句や律詩を中心にして対句・平仄・押韻について細かい法則を設けた近体詩が発展し、長さや平仄等比較的自由な古体詩とは対照的な展開を見せた。『聾瞽指帰』の十韻詩には見られない平仄への考慮が、『三教指帰』の十韻詩では十分になされている。特に当時の唐で頻繁に用いられていた二四不同（一句の中の第二字と第四字の平仄が同一にならないようにする）と、粘法（第二句と第三句、第四句と第五句というように一つの聯の終句と次の聯の初句の第二字と第四字の平仄が一致しつつ、平平―仄仄―平平というように交替してゆく）という平仄の配置法が几帳面に守られている。つまり序文の文体からも十韻詩の詩法からも、『三教指帰』への改作は空海が帰国後であることが明らかであろう。

（5）『続遍照発揮性霊集補闕抄』巻第十「綜芸種智院式幷序」（『定本弘法大師全集』第八巻一八六～一九四頁）。

（6）『定本弘法大師全集』第七巻五頁。

（7）同前二一頁・第三巻一三九頁。「逃役」の語については加藤誠一「忠孝問答と十四問答」（『印度学仏教学研究』五二―一、一九九八年）に指摘がある。松長有慶「空海の生涯・思想と『三教指帰』」にも一方で『三教指帰』と他方『十住心論』『秘蔵宝鑰』両著の三教の理解の共通性が指摘されている（福永光司訳『空海・三教指帰ほか』、中央公論社、二〇〇三年)。興善 前掲註(4)b。

(8) 『遍照発揮性霊集』巻四「為藤真川挙浄豊啓」、『続遍照発揮性霊集補闕抄』巻第九「永忠和尚辞小僧都表」、『定本弘法大師全集』第八巻七二・一六八頁。

(9) 『高野雑筆集』巻上(『定本弘法大師全集』第七巻一一三頁)。

(10) 『定本弘法大師全集』第七巻四一頁。河内昭円氏は「『三教指帰』偽撰説の提示」(『大谷大学研究年報』四五、一九九六年)で、傍線を附した部分は『三教指帰』序からの引用ではなく、逆に後年『三教指帰』序の偽撰者がこの部分を引用したと述べている。その根拠は『三教指帰』の序に古文体と駢文の併用が、また十韻詩には破格の例が見られるから、空海の真撰と認められないという。しかし古文と駢文の併用や近体詩での破格は、柳宗元などの同時代の唐の文人にも用いられたことが、下定雅弘(「柳宗元詩の平仄―律詩における破格の意義」『岡山大学文学部紀要』五五、二〇一一年)、大柴慎一郎「『三教指帰』真作説」(『密教文化』二〇四、二〇〇〇年)、興善 前掲註(4)aなどの論考で明らかである。河内氏の説は牽強付会と言わざるを得ない。やはり篠原幸久「空海と虚空蔵求聞持法―『三教指帰』撰述の所伝をめぐって―」(『芸林』五七―一、二〇〇八年)にもあるように、傍線部分は『三教指帰』序を『続日本後紀』が引用したと見るべきであろう。

(11) 『江談抄』第五(『群書類従』第十七輯四三二頁)。

(12) 『都氏文集』第五(『群書類従』第六輯八三二頁)。

(13) 『定本弘法大師全集』第七巻四一～四二頁(原漢文)。

(14) 薗田香融「古代仏教における山林修行とその意義―特に自然智宗をめぐって」(『南都仏教』四、一九五七年)、宮城洋一郎「優婆塞貢進文にみる仏教受容について―とくに陀羅尼との関連から」(『龍谷大学仏教文化研究所紀要』二五、一九八六年）、篠原幸久「空海と虚空蔵求聞持法―『三教指帰』撰述の所伝をめぐって―」（『芸林』五七―一、二〇〇八年）。

(15)『扶桑略記』巻二十、貞観十八年十一月三日条。

(16)たとえば、『観自在菩薩如意輪観音念誦儀軌』には「真言加持の故に身口意の業悉く清浄なり」とある。『大正新脩大蔵経』（以下『大正』）第二十巻二〇三頁下。

(17)『定本弘法大師全集』第七巻三二頁。

(18)拙稿「奈良期の密教の再検討―九世紀の展開をふまえて」（サムエル・モース・根本誠二編『奈良仏教と在地社会』、岩田書院、二〇〇四年）。

(19)『定本弘法大師全集』第七巻三七頁（原漢文）。

(20)同前八六頁（原漢文）。

(21)善無畏訳の『虚空蔵菩薩能満諸願最勝心陀羅尼求聞持法』の経題には「出金剛頂経成就一切義品」という但書が添えられている（『大正』第二十巻六〇一頁上）。胎蔵界曼荼羅の部主としての虚空蔵菩薩については『大日経疏』巻第十六、秘密曼荼羅品第十一之余（『大正』第三十九巻、七四五頁上）に記述がある。

(22)『定本弘法大師全集』第七巻二〇頁（原漢文）。

(23)『南斉書』「高帝紀」下に「内殿施黄紗帳、宮人皆紫皮履」とある。犀角帯については『兵範記』保元元年（一一五六）八月六日（乙亥）「鳥羽院五七日御仏事」条、『装束抄』第百十六（『群書類従』第八巻二三一頁）などに言及がある。

(24)『定本弘法大師全集』第七巻六七頁（原漢文）。

(25)『続日本紀』第三十三巻、宝亀六年十月二日条（吉備真備薨伝）。

(26)『令集解』第十五巻学令(『国史大系』、吉川弘文館、四四五頁)。
(27) 池田源太『奈良・平安朝の文化と宗教』(永田文昌堂、一九七七年)一三九〜一四〇頁、桃裕行『上代学制史論攷』(思文閣出版、一九九三年)第三部。
(28) 鈴木一雄「平安時代の学制・教育」(山中裕・鈴木一雄編『平安貴族の環境』、至文堂、一九九二年)、久木幸男『大学寮と古代儒教』(サイマル出版会、一九六八年)六三〜八九頁。
(29) 延暦二十四年九月十一日付太政官符(『平安遺文』第八巻四三一四号)。
(30) 久木幸男『日本古代学校の研究』(玉川大学出版部、一九九〇年)一五〇〜一五九頁。
(31) 八世紀から九世紀半ばの大学の財源に基づいた学生数の推定については、久木 前掲註(30)一〇八〜一一三頁に詳しい。
(32) 同前九五頁。
(33)『続日本後紀』巻十二、承和九年十月十七日条、『公卿補任』仁明天皇、承和六年条。
(34)『公卿補任』嵯峨天皇、弘仁十三年。
(35)『公卿補任』淳和天皇、天長二年。
(36)『国司補任』相模国、弘仁二年条、『日本後紀』弘仁元年十月二十一日条・弘仁二年二月十三日条・弘仁七年六月十五日条・天長三年正月七日条・天長四年八月九日条・天長五年十月二十六日条。
(37)『日本三代実録』貞観十二年二月十九日条、『日本後紀』天長九年正月七日条、『政治要略』巻二、斉衡元年十月二十日条、『公卿補任』清和天皇、貞観二年。
(38)『日本三代実録』貞観三年十一月十一日条。武内孝善『弘法大師空海の研究』(吉川弘文館、二〇〇六年)七〇頁以下に、この史料の詳細な検討がある。

(39) 『律令』巻第四「学令」第八条（『日本思想大系』第三巻、岩波書店、一九七七年、二六四頁）、『令義解』巻十七「撰叙令」（『国史大系』本四九五頁）。空海が大学を去った年齢については、高木訷元『空海思想の書誌的研究』（法藏館、一九九〇年）五～一九頁に詳細な考察がある。

(40) 『日本後紀』（逸文）延暦十七年四月十五日条、『日本後紀』同年七月二十八日条。

(41) 加地伸行「弘法大師と中国思想と―『指帰』両序によせて―」（中野義照編『弘法大師研究』、吉川弘文館、一九七八年）九〇頁。

(42) 『定本弘法大師全集』第七巻二一～二二頁（原漢文）。

(43) 同前二一～二三頁（原漢文）。

(44) 『金光明最勝王経』如来壽量品（『大正』第十六巻四〇六頁下）、『智度論』巻十二（『大正』第二十五巻一四七頁中）、『成実論』二世無品（『大正』第三十二巻二五六頁上）。

(45) 『定本弘法大師全集』第七巻六頁（原漢文）。

(46) 同前一二頁（原漢文）。

(47) 『群書類従』八（装束部・文筆部）巻第百二十三文筆部二、四四九頁上。

(48) 『定本弘法大師全集』第七巻一三頁（原漢文）。

(49) 同前一三頁（原漢文）。

(50) 同前一六～一七頁。

(51) 同前一七～一九頁。

(52)　同前二四頁(原漢文)。
(53)　同前二四頁(原漢文)。
(54)　同前二九頁(原漢文)。
(55)　同前三三頁以下。
(56)　同前三七頁以下(原漢文)。
(57)　『大正』第十巻八四五頁下・第十二巻四四九頁上。
(58)　『定本弘法大師全集』第七巻二七頁。
(59)　同前二〇～二一頁(原漢文)。
(60)　倉石忠彦『道祖神信仰の形成と展開』(大河書房、二〇〇五年)三一・三九頁。
(61)　『大正』第三巻六六五頁上～六六六頁中。
(62)　『定本弘法大師全集』第七巻二七頁(原漢文)。
(63)　同前二六九～三三一頁。『序註』の作者が誰であったかの推定については『定本弘法大師全集』第七巻の解説(四七四～四七六頁)を参照されたい。
(64)　たとえば村岡空氏による『弘法大師空海全集』第六巻(弘法大師空海全集編輯委員会編、筑摩書房、一九七四年)所収の『聾瞽指帰』序の現代語訳と解説、波戸岡旭『上代漢詩文と中国文学』(笠間書院、一九九八年、一三五頁以下)、河内前掲註(10)など。
(65)　『定本弘法大師全集』第七巻三～四頁(原漢文)。
(66)　『弘法大師空海全集』第六巻一二六頁。

(67)　『定本弘法大師全集』第七巻二九九〜三〇〇頁。
(68)　先行研究でこの箇所を『序註』に沿って正しく解釈している例を見ない。たとえば波戸岡　前掲註(64)も同様に「空海自身にはかかる人々のような文才が缺けている」と理解している(一三八頁)。
(69)　『定本弘法大師全集』第七巻四頁(原漢文)。現代語訳した部分の最後の文は「ただ恐らく、翔鳳の下、蟭螟は翼を舒べ、霹靂の中、蚊の響きは息まざらん」である。「翔鳳之下、蟭螟舒翼」は『抱朴子』外篇「逸民」にある「猶蟭螟笑云鵬、朝菌之怪大椿」の一節に依拠している。「霹靂之中、蚊響不息」は『後漢書』巻四十一、列伝第三十一第五「倫」にある「衆煦飄山、聚蚊成雷」。
(70)　『聾瞽指帰序註』下(『定本弘法大師全集』第七巻三一八頁、原漢文)。
(71)　『弘法大師空海全集』第六巻一二八頁。
(72)　『聾瞽指帰序註』下(『定本弘法大師全集』第七巻三一七頁)。
(73)　『定本弘法大師全集』第七巻五頁。
(74)　『聾瞽指帰序註』下(『定本弘法大師全集』第七巻三一〇頁)。
(75)　『聾瞽指帰序註』下(『定本弘法大師全集』第七巻三一一頁)。
(76)　『定本弘法大師全集』第七巻五頁(原漢文)。
(77)　『弘法大師空海全集』第六巻一二八頁。
(78)　『定本弘法大師全集』第七巻四頁(原漢文)。
(79)　波戸岡　前掲註(64)一四〇頁、河内　前掲註(10)一一一頁など。
(80)　『日本後紀』巻第五、延暦十六年二月十三日条(原漢文)。

(81)『定本弘法大師全集』第七巻四一～四二頁(原漢文)。
(82)鈴木登美『語られた自己』(岩波書店、二〇〇〇年)二六頁。
(83)小峯和明「『日本霊異記』の語戯をめぐって」(小峯和明・篠川賢編『日本霊異記を読む』、吉川弘文館、二〇〇四年)、河野貴美子『日本霊異記と中国の伝承』(勉誠社、一九九六年)三八一頁以下、同、「『日本霊異記』にみる漢籍の受用と消化」(『和漢比較文学』二十九、二〇〇二年)、吉田一彦『日本古代社会と仏教』(吉川弘文館、一九九五年)七七頁以下。
(84)岩波『新日本古典文学大系』三十、一四八～一四九頁。
(85)同前一四九頁。
(86)同前四〇～四一頁。
(87)智積院の泰音が宝永四年(一七〇七)に開板した『刪補鈔』の第一冊(一五～一六丁)に『聾瞽指帰』の空海自注の注解があり、「古倍」については「按ずるに古倍は里の名、摂津の国に在り」と記している。
(88)『大正』第五巻五六頁上以下。
(89)『大正』第十四巻五四二頁下(原漢文)。
(90)逵日出典『奈良朝山岳寺院の研究』(名著出版、一九九一年)、三舟隆之「「山寺」の実態と機能」(前掲『奈良仏教と在地社会』)、牛山桂幸「山寺の概念」・藤岡英礼「山寺の空間」、大西貴夫「山林仏教と山寺」(以上『季刊考古学』一二一、二〇一二年)
(91)『日本後紀』巻第三十五(逸文)五月八日条。
(92)逵　前掲註(90)一一～三二頁。

(93) 空海が高野山を修行の地として定めることを弘仁七年六月に嵯峨天皇に求めた上表文で「空海少年日。好渉覧山水。従吉野南行一日。更向西去両日程。有平原幽地」と述べているから、彼が山林修行者だった時代に吉野がその修業地であったことが明らかである（「於紀伊国伊都郡高野峯被請乞入定表」『続遍照発揮性霊集』巻九）。

(94) 蔵中しのぶ「大安寺文学圏―奈良朝漢詩文における『広弘明集』の受容について―」（石橋義秀・他編『仏教文学とその周辺』、和泉書院、一九九八年）。

(95) 『大正』第五十二巻一七五頁上（原漢文）。

(96) 『定本弘法大師全集』第七巻二六頁（原漢文）。

(97) 『大正』第十八巻三頁。「真言想唯是仮名」としているが、『大日経疏』の該当部分（『大正』第三十九巻六〇七頁上）はすべて「真言相唯是仮名」に統一されている。「想」ではなく「相」が本来の文意にも適うので、ここでは「相」を採った。

(98) 『定本弘法大師全集』第二巻三二一頁（原漢文）。

Ⅱ　宮廷社会における「知」の相関

日本古代の放鷹文化と統治思想
――天皇遊猟から野行幸へ――

秋吉正博

はじめに

日本の放鷹の起源は、『日本書紀』によれば、仁徳朝に百済から放鷹が伝来して鷹養部が設置されたことに遡るという[1]。鷹養部の業務は鷹を飼育調教して天皇の遊猟に供することであったが、それ以上のことは殆ど明らかではなく、鷹養部の後継組織も定かではない。律令体制下では鷹・犬を飼育調教する兵部省放鷹司の存在が確認できるから、鷹養部の系譜を引く養鷹・養犬組織が七世紀末の頃までに廃止されると、放鷹司の品部である鷹養戸として再編されたのであろう。わずかな手がかりをもとに、八世紀から九世紀にかけては、放鷹を含む天皇遊猟の増減と放鷹司（主鷹司）の興隆・衰退を辿ることができる。放鷹司の変遷において注目されるのは、その要因の一つとしてしばしば仏教の浸透・定着が想定されていることである。しかし、古代国家の養鷹組織が変容して中世・近世の史料に散見するほか、放鷹自体は中世・近世の公家・武家社会に行なわれていた。古代国家の養鷹組織が単に衰退してしまった、ということはできないだろう。

別稿では、放鷹が天皇遊猟の中に占める位置に着目して、その継続の背景を考察する目標を立てた。七世紀以前から八世紀前半までの放鷹を含む天皇遊猟をめぐる認識の変化を辿り、また、古代国家の養鷹組織と天皇遊猟を支える体制の特徴を考察した[2]。本稿では、八世紀後半から九世紀後半までを検討する。天皇遊猟が八世紀後半に停滞し、八世紀末の桓武朝に一転して急増したと推測されているが、九世紀以降には再び天皇遊猟が停滞するに従い、養鷹の規制が次第に強まって、一部の皇族・貴族の養鷹が特権化された事実は注目できる。仏教の浸透・定着の影響に関する考察も加えながら、放鷹を含めた天皇遊猟を取り巻く認識の変化を辿り、多少大胆な精神史的素描を試みたい。

一　八世紀後半の天皇遊猟と放鷹

別稿ではまず七世紀以前から八世紀前半までの天皇と放鷹の関係を調べるため、『日本書紀』に注目して、仁徳天皇紀の放鷹伝来記事と孝徳天皇紀の白雉改元記事が重要であると捉え直した。天皇遊猟は古く弓矢を中心とする狩猟であり、神事に擬する贄貢納の役割を担った。放鷹伝来以降に射芸と放鷹等を中心とした遊興となり、王土王臣思想との結びつきを強調されたが、百済王族や僧侶を通じて移入された天人相関思想、儒教の「仁愛」、仏教の禁殺生・放生との相克を七世紀後半に強く意識されたと考えた。そして、七世紀後半の百済・高句麗滅亡後の軍国体制下では、行軍訓練に擬する猟騎観閲の役割を併せて期待されていたと述べた。八世紀前半には聖武天皇の遊猟に関する史料を見いだせたが、何故か他の天皇の遊猟に関する記事は確認できなかった。そこで、六国史に天皇遊猟の記事がみえない時期には、天皇遊猟が比較的抑制されていたのではないかと見込んだのである。天皇遊猟の抑制もまた、国内諸勢力や近隣諸外国の動向を意識した征夷・大赦・放生等との関わりが深いと予想して、『続日本紀』の記事を辿ると、聖武が譲位した後の孝謙・淳仁・称徳・光仁の四代にはやはり明確な天皇遊猟記事がない。

孝謙天皇の場合は女性天皇であるから、積極的に遊猟を行なっていない可能性が高いけれども、それ以上に仏教の影響が強かったことは周知の通りである。父の聖武天皇は藤原不比等の娘光明子を皇后に立てたが、皇后の勧めに従って大仏造立・諸国国分寺建立事業を推進した。天平二十一年（七四九）、陸奥守百済王敬福が大仏鍍金用の陸奥産黄金を献上したことに因み、聖武天皇は同年中に天平感宝、天平勝宝と二度も改元を行ない、皇女の阿倍内親王に譲位した。(3)これが孝謙天皇である。天平勝宝四年（七五二）四月に大仏造立事業を達成する前に、最初はその年の正月から十二月まで天下の殺生を禁じており、縁海の百姓で漁撈を生業とする者に対しては、日別籾二升を支給するとしたが、閏三月八日には月六斎日及び寺辺二里内の殺生の禁止に切り替えている。(4)

また、大仏造立事業と孝謙の即位に貢献した百済王敬福は、七世紀半ばに来朝した百済王族の子孫である。(5)百済王氏の本拠は摂津国百済郡であり、孝謙朝初期に大仏造立事業に関連して河内国交野郡へ移住したと推定されている。(6)孝謙朝では聖武朝末期の仏教尊重を受け継ぎ、天下大赦を放生の一環としたことが注目されよう。『続日本紀』天平勝宝六年十一月戊辰条によると、七日間の薬師瑠璃光仏供養を開催して天下大赦を命じており、放生の中で人を救うのが最も尊いと唱えた。仏教の放生を以て天下大赦を包摂するが、実は人を最も重んじ、次に他の生き物を位置付けているのは従来通りである。放生の重視には、母の光明子や八幡信仰の影響を強く受けていたと考えられる。

孝謙朝末期には、天平勝宝九年四月辛巳に大炊王が立太子した際、渡来氏族の申請に従って改氏姓を認めることになった。これは孝謙の譲位を睨んだ、藤原仲麻呂の施策であったとみられる。大炊王が即位した淳仁朝では、渡来氏族の内民化を勧めながら、新羅征討の計画や征夷を推進した。しかし、淳仁天皇の遊猟記事を見いだせない理由は、政治の実権を握った藤原仲麻呂の影響によるものと考える。仲麻呂の父武智麻呂が首皇子（聖武）に「文学」と「淳風」を勧め、首皇子が田猟を廃して即位後に「仁愛」に基づく善政を心掛けたという、「武智麻呂伝」の逸話が参考になる。仲麻呂が父武智麻呂に倣い、大炊王に「文学」と「淳風」を勧めて導き、大炊王が即位後に遊猟を廃して「仁愛」を重んじたことはあり得るだろう。(7) 仲麻呂は文武の興隆を図っていたが、仲麻呂のいう武は主に射芸と乗馬の総合技能である騎射を意味していた。(8) 強いていえば武官の狩猟に留まって、天皇遊猟の実施に結びつかなかった可能性がある。

孝謙太上天皇が淳仁天皇・恵美押勝（藤原仲麻呂）から政権を奪うと、深く信頼した僧道鏡を太政大臣禅師に任じて共同統治を始め、やがて法王の位を授け、八幡神託事件へと展開していくわけである。この道鏡を大臣禅師に任じた直後から、仏教を国政の基軸に据える施策を強行した。天平宝字八年（七六四）十月己丑に放鷹司を停止して放生司を設置しており、放鷹・遊猟とそれに伴う贄貢納を廃している。(9) 続く同年十月甲戌には天下諸国に対して鷹狗や鵜を飼養して田猟することを禁じ、また、諸国が担当した御贄の雑宍魚等の類の貢納や中男作物の魚宍蒜等の類もすべて停止している。(10) 孝謙太上天皇（高野天皇、称徳天皇）は重祚したが、孝謙朝よりも強く仏教を用い、放生を恒常化して禁殺生を徹底した。天平勝宝四年の天下殺生禁止の拡大版である。これはまず以て諸国国司・郡司が鷹・犬・鵜を調養し、公私田猟に管内の百姓等を駆使していたことを念頭に停止したものであろう。『続日本紀』同年十月甲戌条によれば、但し書きで神戸の狩猟・漁撈等を除外したことにも関わる。神戸以外の公戸の狩猟・漁撈等をすべて規制したうえで、神戸を特別に認めたといえるからである。神戸の狩猟・漁撈は神饌調達を目的としていたのであろう。

称徳朝による放鷹司や諸国の狩猟・漁撈の停止には、諸国国司・郡司の田猟で問題視された公戸百姓の私役を抑止するとともに、神戸の狩猟・漁撈を保護する意図があったと推測される。また、この施策は蝦夷・俘囚対策との関わりから捉えることもできる。称徳朝末期の神護景雲三年（七六九）三月辛巳に陸奥大国造道嶋嶋足の申請の結果、俘囚の改氏姓を積極的に認めた。(11) これより前に陸奥の国造を通じて、蝦夷・俘囚の内民化促進策が進められたことを示している。陸奥の国造の下で神祇祭祀に供する狩猟・漁撈は、神戸除外の但し書きに寄せて広く許容されていたのではないかと思う。称徳朝の放鷹司や諸国の狩猟・漁撈の停止は、蝦夷・俘囚の生業との違いを示しており、蝦夷・俘囚の内民化促進策に資するものでもあったと考えてみたい。仏教を国政の中心に据え、贄貢納から雑宍魚蒜等を排除し、放鷹司を放生司に改組したことは恐らく、八幡信仰の放生会に似た行事を推進したのであろうか。生業の変更を強いることの難しい蝦夷・俘囚の狩猟・漁撈については、国造の監督下に置き、神祇祭祀に寄せて導く方策を選んだと思われる。称徳朝では太政大臣禅師道鏡の指導下で天皇自ら遊猟・贄貢納をやめ、仏教の影響力を広く天下に広げて徳化の増大を試みようとしたものであろう。

光仁朝には蝦夷・俘囚等の内民化促進策を転換して、征夷等を積極的に推進することになった。宝亀二年（七七一）には孝謙朝以来の方針を継承して、六斎日及び寺辺二里内の狩猟・漁撈の規制を加えた。次いで宝亀四年正月には山部親王立太子の直後、弾正台・左右京職・諸国に騰勅符を下して国郡司・百姓・王臣子弟が「特聴」と称して鷹を養い、狩猟して民産を妨げていた実情を述べ、養鷹の規制を強化して「一二陪侍者」の私養鷹を許可し、その年の十二月には「雑類之中、人最為貴、至于放生、理必所急」として天下大赦を実施した。(12)これらの施策は孝謙・称徳朝の施策を選択的に受け継ぎ、その換骨奪胎を図ったものと評することができる。光仁は皇后井上内親王（聖武の皇女）の呪詛事件により、井上内親王と皇太子他戸親王を廃した後、藤原百川・良継等の建議を受け入れ、旧来の百済系渡来氏族の和史新笠を母とした山部親王の立太子を実現すると、養鷹の規制と特権化を図った。その時機は、蝦夷・俘囚等の内民化促進策から征夷への転換との連動をうかがわせる。

宝亀三年正月の朝賀では渤海使、陸奥出羽蝦夷の拝賀、宝亀四年正月の朝賀では陸奥出羽夷俘の拝賀を受けた。(13)翌年の宝亀五年以降、蝦夷・俘囚の入朝を停止した。(14)入朝停止と同じ宝亀五年以降に、蝦夷との武力衝突が繰り返された。[15] 宝亀年間の蝦夷との武力衝突については、王臣家等と蝦夷との交易に関わる紛争から発したものであり、交易品目の中心が鷹や馬等の陸奥国産物であったとみなす見解もある。[16] しかし、これは順序からいえば話が逆である。養鷹規制等の影響が陸奥国産物に及んだと考えると、陸奥鎮守府・国府が養鷹規制等を梃子に、王臣家等と蝦夷・俘囚との交易関係へ介入したために紛争が発生したと推察できる。

光仁天皇の遊猟記事は『続日本紀』になく、淳仁朝と同じく征夷等との関わりを断言できないが、『続日本紀』宝亀二年二月庚子条に光仁が河内国の交野へ行幸した記事は確認できる。交野の近くに居住した、百済王氏との接近を意図したのであろう。百済王氏は、鷹養部や放鷹司鷹養戸に充てられた百済系の渡来氏族等との関わりが推測され、聖武朝末期の陸奥守百済王敬福をはじめとして諸国国司を歴任した者が多かった。恐らく諸国の養鷹・養犬組織の整備や、国司の公私田猟・贄貢納との関わりも深いのであろう。陸奥守百済王敬福は聖武朝末期に黄金を以て大仏造立事業に貢献したが、光仁・桓武・平城朝に陸奥鎮守府将軍等として派遣された者には大伴・佐伯・紀・多治比・文室の諸氏など在来系豪族・皇親氏族が多く、渡来氏族では坂上氏や百済王氏がいた。これらの諸氏族は、いずれも放鷹と関わりの深い氏族であったのは注目できよう。この中でも、百済王氏は象徴的な役回りを期待されていたらしい。

次の桓武朝では、『続日本紀』によれば、延暦二年(七八三)、延暦六年、延暦十年のいずれも十月に、桓武天皇が交野へ赴いて「放鷹遊猟」を行ない、百済王氏と交流した。[17] 桓武天皇の交野の「放鷹遊猟」は、天皇自身が放鷹を確実に行なった事例として仁徳天皇以来である。桓武と百済王氏の交流は、仁徳紀の放鷹伝来記事における仁徳と百済王族酒君の交流を彷彿とさせるものであろう。また、桓武は交野の円丘へ使者を派遣して郊天祭祀を実施した。[18] 郊天祭祀は犠牲の供献を伴う中国風の祭祀であり、王土王臣思想を背景に天下にその徳化を及ぼす祈願を込めたものである。供献の犠牲は、放鷹の獲物も含まれたのであろう。

桓武朝は渡来氏族の改氏姓を通じてその内民化と重用を進めたが、百済王氏の改氏姓を行なわないまま、百済王氏を外戚と呼び、郊天祭祀への奉仕を課し、その権威を恃んだのではなかろうか。百済王氏を外戚と呼ぶのは、桓武の母和史新笠（高野朝臣新笠）が旧来の百済王族の子孫を称するからである。和史氏は新来の百済王族の子孫百済王氏からみればかなり遠い同族であるが、百済王氏から百済王族の血統の保証を得ていたと推測されている[19]。桓武朝では百済王氏の権威も借りて多くの渡来氏族を取り込み、征夷を続行するほか、長岡京・平安京の二度の遷都を決行した。遊猟と遷都の関係については、遊猟を名目に遷都候補地を調査したことが注目される[20]。

桓武朝の延暦十一年以降の記事は『日本後紀』に記録されるが、『日本後紀』は周知の通り残存の巻が少ない。欠落部分は『類聚国史』と『日本紀略』の記事から補われている。桓武天皇の遊猟の回数は、記事採録方針の違いから『続日本紀』に少なく、『日本後紀』の延暦十一年以降に夥しい[21]。そのような違いを念頭に置いても、桓武天皇の遊猟の活発な実施は、平安京遷都前後から顕著になっていたことが分かる。それが大いに主鷹司の業務の繁忙を招き、『日本後紀』延暦十五年十月辛未条によると、主鷹司に史生を設置して業務の整理を図った。また、『日本紀略』延暦十七年閏五月己酉条によれば、閏五月己酉以前に主鷹司が北山に巣を造り、鶍の番いを放ち、三羽の雛が生まれたので、桓武の「御前」で飼養したところ、桓武は鶍を愛翫したという。桓武はその出来事を慶事と祝って宴会を行ない、詩を作らせた。この記事は日本最初の鷹巣の人為的な営巣と育種の記録であり、桓武の放鷹・養鷹への傾倒ぶりが分かるものである。この時に作られた詩と推測されるのが、『経国集』に収録された「五言詠禁苑鷹生雛一首」と同題一首である[22]。作者の賀陽豊年は鷹が天皇の傍で長く「魯臣忠」を助けるように願い、もう一首の作者仲科善雄は鷹がその翼で「逐雀誠」を示すように願う句を詩に含めている。

この頃に鷹が「忠」と「誠」を象徴する、と位置付けられたことは重要である。これは文人の考えに基づいているのではなく、文人たちが桓武の意図を汲んで作ったのであろう。桓武と鷹の関係が桓武と臣下の関係を補強するという、桓武と鷹の関係を桓武と臣下の関係自体にまで重ねており、さらには桓武と臣下と鷹の関係を漢詩文の詩句で編み上げている。これらの関係性は桓武と百済王氏の関係をモデルとしていたと思われる。桓武が延暦十六年に百済王氏の課と雑徭を永く免除した際に、神功皇后以来の文教・儒風の興隆に代表される百済王氏の「忠誠」を嘉している。[23]桓武は文教・儒風の興隆の由来に百済王氏の権威を借り、漢詩文に儒教の概念を駆使して、鷹を象徴とする君臣関係の理想化を図ったのではなかろうか。鷹に象徴される「忠誠」については、君臣関係の表象に終始するのではなく、その土台は実物の鷹を介した君臣関係の裏付けに支えられていたと考えられる。

桓武朝では実物の鷹を介した君臣関係を表示するために、光仁朝の方針を受け継ぎ、養鷹の規制を延暦十四年、延暦二十三年に公布した。[24]養鷹の規制が鷹の名産地の一画であった陸奥・出羽両国へ及ぼした影響は、両国の鷹・馬等の交易をめぐって蝦夷・俘囚との対立を深めたと思われる。しかし、養鷹の規制の影響は陸奥・出羽両国にとどまるものではなく、他の諸国にまで及んでいたようである。ちょうど延暦十八年頃、尾張権掾阿保広成が多数の鷹を養い、管内の海部郡少領尾張宮守に預けて六斎日に寺林で狩猟を命じた事例もある。[25]この事例では国司が郡領と結託して鷹を養っており、郡領に放鷹・狩猟を命じている。郡領に任命される氏族は、国造の系譜を引く場合が多い。郡領氏族の放鷹の起源は、孝徳紀の白雉改元記事にみえる穴戸の国造一族の放鷹のように、七世紀以前に遡ると思う。少領尾張宮守は単に国司の鷹を預かって狩猟に用いるだけでなく、鷹を飼育調教する技術を保持し、国司の鷹を飼育調教していたのだろう。この事例から見る限り、鷹を介する国司と郡司の社会関係が、天皇と臣下の関係に准えて展開していたということもできる。国司・郡司等が養鷹規制を実行する難しさを推察できる。

このような養鷹規制の実効性を高めるため、桓武朝末期の延暦二十三年には、「一二王臣」に鷹の数を記した印書を下賜して私養鷹を許可することになった。次の平城朝には、桓武朝末期の方針をさらに整備した。大同三年（八〇八）に宝亀四年の騰勅符を引いて養鷹の規制を強め、同時に私養鷹の特権化を進めた結果、特権対象者を親王・公卿等に絞って太政官の公験を下賜したことである。(26)そこでは、多くの人々が天皇との君臣関係を象徴する養鷹の「特聴」を称して鷹を養い、狩猟に興じたのであり、養鷹をめぐる社会関係の広がりが民産との軋轢を生み出すと認識されていた。天皇と公卿等との関係を軸に私養鷹の特権を整理する一方、国司・郡司・百姓・王臣子弟等の養鷹・放鷹と民産との軋轢を強調しており、桓武朝末期以降に諸国行政との関連で捉えられたことを示している。

以上のように、桓武天皇の遊猟の回数が増加し、養鷹の規制と特権化を強化したことは恐らく、光仁朝以来の征夷と新たに始めた造都の二大事業に関連していたとみられる。桓武朝では、征夷と造都等を通じて在来系豪族と渡来氏族の「忠」と「誠」を確認しつつ、馴れ難しと評された蝦夷を改めて徳化の対象と定めて、徳化の増大を目指したと考えられる。光仁・桓武の徳化の増大を目指す方針は、いうまでもなく諸国の財政の負担を増した。桓武朝末期の徳政相論を経て、平城朝に財政を緊縮すると、天皇遊猟の回数が極端に減少したことはその裏返しである。嵯峨朝初期には、平城太上天皇の政変（薬子の変）が起こって一時的に諸勢力の分裂が生じる。政変鎮圧後に天皇遊猟の回数が回復したものの、大局的にみて桓武朝をピークに減少していく。嵯峨朝以降は平安京を万代の宮と定め、また征夷を終えた。これらの施策が桓武朝末期から嵯峨朝にかけて収束したため、古代国家内部で急速に天皇遊猟の低迷を促したのであろう。そのために光仁朝以降では女性天皇が即位しなくなり、男性天皇が続いたのにも拘らず、平城・嵯峨朝以降に天皇遊猟が抑制され、主鷹司の業務の整理、養鷹規制と特権化の見直しが必要になったと考えられる。

二　九世紀前半の天皇遊猟と放鷹

そのような傾向に抗して、放鷹・養鷹の継続の途が探られた。平城朝では諸官司の統廃合を進めるなか、主鷹司の業務の整理はうかがえない。それどころか大同三年（八〇八）に春宮坊が坊の鷹につき、太政官に代わって坊の公験（坊験）を発行することになった。太政官の公験とは別に春宮坊の公験の発行を認めたのは、実物の鷹を介した君臣関係を皇太子時代から構築できるように整備したわけである。春宮坊の鷹の自立化は、平城朝の皇太子神野親王をめぐる君臣関係の構築に資したと思われる。

神野親王が即位した嵯峨朝では、後半期の弘仁十一年（八二〇）に主鷹司鷹飼を分割して蔵人所鷹飼を設置している[27]。これは本来、主鷹司が担った鷹・犬調養の二つの目的である天皇遊猟と贄貢納から、贄貢納を切り離して蔵人所に付けるに至ったのではなかろうか。それほど明確な役割分担を史料上に確認し難いが、おおよそ主鷹司は兵部省所管下で鷹・犬を調養して天皇遊猟に提供する役割を担い、蔵人所鷹飼は蔵人の下で鷹・犬を調養して、主に雉等の獲物を貢納する役割を担うことが期待されていたと考える。主鷹司の主な業務を分割した時点で主鷹司の衰微が予想されるものの、嵯峨が弘仁九年に『新修鷹経』を主鷹司に下賜したという『新修鷹経』奥書の記述を信用するなら、嵯峨朝の段階ではまだ主鷹司の廃止を決めたわけではなかろう[28]。

このように平城朝・嵯峨朝は、天皇遊猟と贄貢納を支える養鷹・養犬組織の内実とその位置付けを考え直す時期に入っていたが、その位置付けは桓武朝と同じく漢詩文で修飾していた。嵯峨朝に編纂された漢詩文集『凌雲集』には、嵯峨天皇の作品「春日遊猟日暮宿江頭亭子」と応製詩がある[29]。嵯峨天皇と近臣は遊猟を唯美的に詠じたことが知られる。嵯峨朝は七世紀より続く儀式行事等の唐風化を一層推進した時期であり、嵯峨と近臣もまた唐風文化を強く意識していたといえる。

こうした実情を踏まえつつ、巷間では密かに嵯峨天皇が聖君か否かをめぐる論争が起こり、その論点の一つに天皇遊猟や放鷹・養鷹を含んでいたことに着目したい。その様子は『日本霊異記』に具体的に描かれる。『日本霊異記』下巻第三十九縁にも天皇遊猟に関連する説話があり、その末尾がいわゆる嵯峨天皇聖君問答と呼ばれる部分である。(30)嵯峨朝では、嵯峨が聖君であるかどうかという議論があった。嵯峨が聖君であると主張する者によれば、その根拠は「国皇法」が人を殺した人を法に随って必ず死罪とするが、この天皇は「弘仁」の元号を世に伝えて殺すべき人を流罪にして活かしていることであった。王者が人の犯罪に関して、その「仁」を表明する措置は大赦である。大赦では、死罪の減刑は稀であり、多くの場合は重罪人以外の罪人を赦して解放するが、嵯峨は死罪の人をあえて減刑して流罪としたという。その主張に対して嵯峨が聖君に非ずと主張する者によるなら、嵯峨の治世下では天下旱厲や天災地妖・飢饉が頻発しているにも拘らず、嵯峨が鷹・犬を飼養し鳥猪鹿を取る遊猟を行なうことは、嵯峨の慈悲心が乏しい証拠であるという。この非聖君論は、中国古来の天人相関思想や仏教を意識している。

非聖君論に対して反駁する『日本霊異記』編纂者の僧侶景戒は、王土王臣思想を持ち出す。「食国内物、皆国皇之物、指針許末、私物都無也、国皇随自在之儀也、雖百姓、敢誹之耶、又聖君堯舜之世、猶在旱厲故、不可誹之也」とあるように、「食国」の内の物は針の先ほどの小さなものであろうと「国皇」の物であり、また、堯舜の世であっても旱厲は起こったとする主張であった。この聖君問答では、天下旱厲等の頻発と嵯峨の仁・慈悲心の有無が焦点である。嵯峨聖君論を主張する場合は、嵯峨が死罪を流罪に減刑することは王者の「仁」を備える証拠であり、放鷹・遊猟に限っては王土王臣思想を背景に肯定する考え方であった。嵯峨聖君論にみえる嵯峨が死罪を減刑することと遊猟を行なうことの両方を肯定する発想は、王土王臣思想を背景にした仁徳紀の放鷹伝来記事と同根であろう。しかし、嵯峨非聖君論の場合は、嵯峨が人の命も鳥獣の命も等しく尊重することを求めていたようである。王土王臣思想に立って嵯峨聖君論を主張する者は、人に対する死罪と鳥獣に対する遊猟の間に優劣をつけており、非聖君論を主張する者は仏教の禁殺生を背景に優劣をつけていないことが分かる。

次に、聖君問答では嵯峨の放鷹・遊猟に従事する人々への言及を、巧妙に避けていることに注目したい。嵯峨非聖君論は嵯峨の放鷹・遊猟を否定する立場であるが、この見解に立って考えると、嵯峨の放鷹・遊猟が嵯峨個人の仁・慈悲心の乏しさを示したということは、逆に嵯峨が放鷹・遊猟を停止するか、抑制することができれば、仁・慈悲心を示し得るのだろう。次の史料から、嵯峨の放鷹・遊猟に従事する人々への言及を避ける方針には理由があったと思う。天皇の放鷹・遊猟、贄貢納の従事者に言及する議論としては、僧侶道昌の卒伝にみえる逸話を取り上げる(31)。道昌は元興寺三論宗を学び、その後に空海から真言宗を学んだ僧侶である。嵯峨朝の次の淳和朝には、道昌が天長七年(八三〇)に宮中の仏名懺悔の講師として招かれ、淳和天皇から質問を受けた。

淳和の問いは、「帝王殺生之罪」が臣下と比べてどちらが重いかという内容である。帝王殺生の罪、臣下殺生の罪の両方を仏教の戒律的な意味で罪と認めており、そのうえで両者の軽重を問い掛けた。道昌は、帝王殺生の罪が臣下よりも重いと答えた。なぜなら、臣下が狩猟を行なうのは自らの口腹を満たすためであるが、帝王は虞人等に狩猟・漁撈を行なわせており、虞人等はその猟果を得るために、帝王自身の口腹を満たすよりも多くの生き物を殺すことになるからである、と説いた。その場にいた侍臣たちが道昌の回答に対して難色を示したことから考えて、本来は発言の難しい内容であったが、淳和はあえて自ら問い掛けて道昌の回答を引き出すと、限定的に受け入れたとみられる。道昌の伝では「帝曰、善、自此省遊虞之事、緩山沢之禁」とみえるため、淳和は自らの遊猟と贄貢納を抑制して虞人等の負担を軽減し、また、山川藪沢の禁を緩和して百姓等が生活のために利用することを許した。ここで重要なことは、淳和が道昌の回答を受けて最小限の対応にとどめたことである[32]。

道昌の回答は、贄貢納全体を指して述べているため、贄貢納の一部の抑制が養鷹・養犬組織等の停止と連動したことを思い起こすと、放鷹・養鷹とその従事者のあり方は、道昌のいう贄貢納と同じであったとみてよい。まず養鷹の局面である。人間が野生の鷹を飼うのに必要なものには餌がある。鷹の餌は、『万葉集』巻十七の大伴家持の歌の左註にみえる「腐鼠」や、『新修鷹経』巻中の「凡調肥者、以馬豕兎鼠雞雉宍哺之」が知られる[33]。天皇の鷹の総数は定かではないが、十世紀前半の醍醐朝では蔵人所が七四聯の鷹・鷂を飼育した[34]。人間が多くの鷹に餌を与えるために、鷹の数よりも多くの生き物を確保したわけである。

次に実際の放鷹の局面である。時代は下るが、十一世紀成立の『今昔物語集』巻十九、西京仕鷹者見夢出家語　第八が参考になるだろう[35]。西京に住む鷹飼が出家するきっかけとなった夢の内容を描いている。西京の鷹飼が日夜鷹のことばかりを考え、夏飼に多くの生き物を殺す生活を送っていたが、或る夜、彼は夢を見た。彼は妻子と一緒に、夢の中で雉になって嵯峨野に潜んでいると、鷹飼や犬飼らが何人も嵯峨野に入ってきて雉を追い立てる。鷹飼が鬼のような鷹を据えて歩き、犬飼が犬を牽きながら棒で草むらを叩いて、草陰に隠れて怯えていた雉を叩き出す。雉が草むらから飛びだしたときは、棒で雉を殴り殺している。鷹による捕獲だけでは雉の数が揃わないため、棒で雉を叩いたり、犬に雉を襲わせたりするのだろう。この様子は『日本霊異記』中巻第四十縁の橘奈良麻呂の「奴」が「鷹鳥猟」に出かけて子狐を串で刺し殺す行為と大同小異であろう。こうした説話は批判的な視点に貫かれているが、贄貢納としての放鷹の実態に通じると考えるべきかもしれない。

この説話では天皇の鷹・犬と明記していないため、鷹飼・犬飼の素性が曖昧であった。あえて鷹飼・犬飼の背景を説明していないのだろう。この説話は、天皇の鷹・犬を飼育調教して嵯峨野で雉を捕らえる鷹飼・犬飼の姿を描いたとみてよいが、この説話に描かれた鷹飼・犬飼の放鷹は鷹を用いて捕獲せず、棒や犬で捕獲しており、いわゆる放鷹の形式を守っていない。仏教的な批判の文脈からいえば、淳和や僧道昌のいう贄貢納の様子に近いのであり、二人の言葉を借りると帝王の口腹を満たす程度を超えるほどに重い「帝王殺生之罪」と評されるものであろう。それでも天皇の鷹・犬を飼育調教する養鷹・養犬組織は存続していたから、なるべくその猟果を天皇自身の口腹と臣下の共食を満たす程度に抑えようと試みたと考えられ、仏教的な批判とは違った放鷹・養鷹の継続の背景があったとみなければならない。

八世紀末・九世紀初めの桓武朝末期、征夷・造都等の収束に伴って天皇遊猟の軍事的な位置付けが弱まると、天皇遊猟と贄貢納を取り巻く認識の動揺が顕在化した。嵯峨朝以降には、天皇遊猟の中核にある古来の贄貢納や共食を再認識して、主鷹司から蔵人所鷹飼を分割するとともに、養鷹規制等を介して諸国国司・郡司等の田猟や陸奥出羽の鷹馬交易への統制を強めるに従い、改めて放鷹を含む天皇遊猟と贄貢納の意義や養鷹・養犬自体の意義が問われたのであろう。その一端が唯美的な漢詩文の世界に通じる遊猟のあり方を模索した動きに現われ、また、『日本霊異記』の嵯峨天皇聖君問答や、天長七年の仏名懺悔における淳和天皇と道昌の問答に垣間見えたわけである。

淳和天皇の次の仁明天皇は、嵯峨とその后橘嘉智子の間に生まれた皇子であり、叔父の淳和の跡を継いだ。母橘嘉智子の父清友は、橘奈良麻呂の子である。別稿では『日本霊異記』中巻第四十縁の説話にみえる「諾楽麻呂之奴」の「鷹鳥猟」に注目したが、この「奴」は子狐を串に刺しており、それほど十分に放鷹の技術を発揮できていなかった。橘奈良麻呂とその奴に関する説話は、嵯峨の后橘嘉智子の実家である橘氏の放鷹・狩猟の様子を想定していたとみてよい。橘氏は放鷹・遊猟を容認して、嵯峨・淳和・仁明の放鷹・遊猟を支えていたが、橘氏とその配下の鷹飼が実際に放鷹・狩猟の形式を超えて殺生していたか、それに近い傾向を暗に批判されていたのではないかと思う。そのような批判的な風潮を意識して、天皇遊猟の体制の見直しが進められたと考えられる。仁明朝には仁明の父嵯峨と母橘嘉智子、叔父淳和が存命中であるから、嵯峨・淳和朝を踏まえて各種の恒例・臨時の行事を整備しており、天皇遊猟も見直しの対象となっていたのであろう。

仁明天皇はしばしば神泉苑で隼を放って遊猟したように、優れていて興趣の尽きない馴致された隼を愛したという。『続日本後紀』では仁明天皇が愛した隼を、漢詩文の表現で修飾している。[36]仁明朝は桓武朝・嵯峨朝から引き続き、漢詩文の表現によって鷹・隼の理想化を試みていたようである。たとえば、承和八年（八四一）九月九日には仁明が紫宸殿で公卿已下文人已上と重陽の宴を行ない、文人たちに「鳩化為鷹之題」を示して賦を作らせたことがあり、承和十年には左大臣藤原緒嗣の死後に従一位を贈る詔で「自朕幼郁、比翊王室、志同鷹隼、操均松筠」と讃えたことがあった。[37]「鷹隼」の志と「松筠」の操とは共に、藤原緒嗣が「王室」を守ってきた志操であることがうかがえ、いいかえれば近臣の忠誠を象徴したのであろう。桓武朝・嵯峨朝から続いてきた文人による鷹の理想化は、仁明朝に踏襲されており、天皇遊猟の体制の見直しと呼応していたと思われる。

文人による鷹の理想化、天皇遊猟の体制の見直しと同時に、仁明朝が陸奥出羽の鷹交易に対する統制を強化したのは特筆されよう。たとえば、鷹・馬の産地として知られた陸奥・出羽両国内では、王臣家や富豪輩が蝦夷・俘囚等との交易を続けていた。その統制は桓武朝の征夷期間中、続いて嵯峨朝の征夷終了後に何度か強化したが、仁明朝では改めて陸奥・出羽両国内の交易への統制を強化した。[38]嵯峨朝では陸奥・出羽の馬の出入りを中心に統制したのに対して、仁明朝ではその対象を馬以外の鷹にまで拡大したようである。

三　九世紀後半の天皇遊猟・野行幸と放鷹

仁明朝の後半には淳和太上天皇、嵯峨太上天皇が相次いで亡くなると、承和の変で淳和の皇子恒貞親王が皇太子を廃され、仁明の皇子道康親王が立太子した。藤原良房の外甥にあたる道康が即位した文徳朝から清和・陽成朝までは、『日本文徳天皇実録』、『日本三代実録』による限り、天皇遊猟の実施が殆ど確認できない時期である。この時期は外戚が橘氏から藤原氏へ変わったため、天皇遊猟が藤原氏による王権の抑制で停滞したといえるのだろうか。文徳・清和・陽成の三代と、放鷹・天皇遊猟との関係を確認してみよう。

文徳天皇の場合は、その崩伝に文徳が専ら「天下昇平之化」を思い、「行幸遊覧之事」を好まず、在位中に嘉瑞が多数出現したと記されている(39)。天皇遊猟を含む「行幸遊覧之事」全体が停滞したようである。崩伝の後半によると、その好みは生来の病弱に由来したとでも言いたげである。文徳が東宮時代に侍者とした雄風王は頗る鷹・馬を習ったように、文徳とその周辺が放鷹・遊猟を好まなかったとは考えられない(40)。文徳朝では鷹・犬を飼養して養鷹規制を受け継ぎ、山川藪沢の禁も緩和しており、その他に後田原山陵(光仁)に遣使して河内国交野の原の「配天之事」(郊天祭祀)を告げたこともあった(41)。これらは、淳和天皇や桓武天皇の事績を継承したものであろう。文徳が桓武・淳和を意識した背景には、皇位継承問題があった。文徳は皇位継承候補者として長子惟喬を推したため、四男惟仁を推した外伯父藤原良房と対立していた。惟喬親王は『伊勢物語』に描かれており、狩猟・詠歌・飲酒を好んで水無瀬・交野に通ったと伝わる(42)。惟喬が交野の狩猟・遊興で百済王氏と接触したことは確認できないが、良房側は両者の接触に対して警戒感を抱いていたのではないかと思う。文徳と藤原良房の対立は、お互いの推薦する候補者の遊猟・遊興の嗜好を焦点としたとみられる。結局のところ、良房外孫の惟仁が即位した。清和天皇である。

清和天皇の場合は崩伝に「好読書伝、潜思釈教、鷹犬漁猟之娯、未嘗留意」とあるように、学問・仏教を好み、遊猟の娯しみに興味をもたなかったと記される(43)。清和の遊猟回避は、真言僧真雅の意見に従ったものである(44)。長兄惟喬とは対照的であろう。ここで清和が即位して貞観六年（八六四）～八年の元服前後の様子を、『日本三代実録』に確認しよう。清和は即位後も東宮に居住したが、貞観六年正月の元服を経て、二月二十五日に太政大臣藤原良房の東京染殿第に行幸した(45)。染殿第の花亭から射場に出た清和が自ら弓矢を取り、鵠（こく）を射て一発命中すると、その後から順に親王以下が射たという。これは『続日本後紀』承和元年二月甲午条等にみえるように、清和の祖父仁明が射場で鵠を射た行事に倣うものであろう。成長後の行動範囲が広がる契機は山野の遊猟であるが、山野に比して矮小化された良房私邸の擬似的な〝射猟〟を実施した理由は、天皇の行動の制御と関わるのではないかと思う。貞観七年八月二十一日己巳に清和が東宮から太政官曹司庁に移って泊まり、十一月四日辛未に内裏に遷ったという(46)。これは方違の初見であり、陰陽寮の意見に従って天皇の行動の順序を制御したと考えるべきではなかろうか。清和は東宮、太政官曹司庁、内裏の順に遷った後、貞観八年三月二十三日己亥に藤原良相西京第に行幸して桜花を観覧するほか、鵠を射る行事を行なった(47)。藤原良房や良相は、清和の射芸の鍛錬を重視して仁明朝の行事を受け継いだが、良房と良相の私邸を会場にしたにすぎず、弓矢を広い山野で使える遊猟に至っては完全に自制を促したといえる。

また、外戚藤原良房の弟良相の「飛鷹従禽之事、一切禁止、山川藪沢之利不妨民業」という意見により、清和は即位後に放鷹・養鷹を禁止して山川藪沢の禁の緩和を行なった(48)。即位後の主鷹司及び諸国の養鷹の停止は、その一環である。貞観元年八月に諸国年貢御鷹を停止し、諸国国司の養鷹も禁止された(49)。貞観二年からは主鷹司（蔵人所鷹飼も含む）を停廃した(50)。貞観五年三月、「卜筮」で「天行之疫」を予見した陰陽寮勘奏状に基づき、経王講説・転読を命じる詔を諸国に下した日には、重ねて国司の養鷹と国司配下の「猟徒」による狩猟を禁じており、応天門の変後の貞観八年十月に大般若経転読を開始した同じ日には国司・庶人の養鷹を禁じた[51]。貞観五年と八年の国司の養鷹・狩猟の停止は、光仁・桓武朝以来の養鷹規制を踏襲しながら、平城朝の養鷹と民産との軋轢への認識を色濃く受け継ぎ、国司の養鷹と「猟徒」の狩猟に焦点を当てたわけであるが、それればかりではなく、旱厲の事前対策や政変等の事後対応にも連動していたと考えられる。養鷹規制と同日の対策・対応は嵯峨天皇聖君問答を思い出すが、養鷹によって引き起こされる民産との軋轢を、旱厲や政変等に結びつけるかのような発想がうかがえるだろう。

一方、清和朝では一部の親王・貴族等の養鷹を許可しており、親王・貴族等が自分の口腹を満たすことは引き続き特権的に認めていた。養鷹特権の許可対象者は少なく、一部の親王・諸王・賜姓源氏のほか、坂上氏、安倍氏の者がいた[52]。これは放鷹の遊興を楽しむ特権を与えたのが表向きの理由であるが、その裏側では彼らの養鷹を支える技術・文化の伝承を許したと考えるべきであろう。その視点に立つと一つ気にかかるのは、許可対象者に百済王氏や百済系渡来氏族の男性がいないことである。尤も百済王氏等は清和朝の貴族・官人層から全体的に後退していた。そのような傾向の中、嵯峨天皇と摂津国百済郡の広井宿禰氏の女性との間に生まれた源朝臣信や、嵯峨天皇と百済王氏の女性との間に生まれた忠良親王、源朝臣定には養鷹の特権が与えられ、畿内の禁野以外の野での遊猟が許可されている。

百済王氏及び百済系渡来氏族の伝統が、親王・賜姓源氏に受け継がれていたとみてよい。彼らは家政組織に鷹飼等を雇って養鷹・放鷹を実現するのであり、百済王氏及び百済系渡来氏族に関わるような人間を鷹飼等に雇うことは可能であろう。源朝臣信は、応天門の変で伴善男の讒言に遭って嫌疑をかけられ、藤原良房の奏聞によってその難を免れるも、隠遁後の貞観十年に摂津で遊猟した際の落馬が原因で亡くなった[53]。忠良親王は貞観十八年、源朝臣定は貞観五年に亡くなる[54]。百済王氏や百済系渡来氏族の伝統を色濃く受け継いだ嵯峨の皇子たちは、清和朝に次々と姿を消したが、他面からみれば百済王氏等の伝統が王氏・源氏に吸収されていったといえよう。

もう一つ気にかかるのは、許可対象者に外戚の藤原良房が含まれないことである。良房がそれを望まなかったためではあろうが、鷹を媒介に清和と良房の関係をうかがえる史料がある。清和が良房との関係性を様々な言葉で譬えており、『日本三代実録』貞観十三年四月十八日甲午条に引く、太政大臣重抗表への勅答である。「公為忠臣、朕為孝子」等のほか、「公是朕之鷹」と譬えた。清和や良房は養鷹を控えたから、清和が良房を「朕之鷹」と譬えているのは不思議である。清和の祖父仁明が鷹・隼を養って藤原緒嗣の志を鷹・隼に等しいと評したことに比べると、清和が鷹を養わずして「忠臣」良房を「朕之鷹」と譬えるのは、天皇の鷹の理想化が進行してその象徴性が極まったものと考えてよかろう。翌年に良房が亡くなって数年経つと、清和は子の陽成に譲位した[55]。清和は譲位前の自制を振り払うかのように、それでも遊猟に向かうことなく、落飾入道すると、畿内の諸寺・諸山を巡幸して修行した末に、元慶四年(八八〇)十二月に亡くなった[56]。

陽成天皇の場合は退位後に盛んに遊猟を行なったと伝わり、父の清和と違って遊猟を好まなかったとはみられない。僧真雅や父の清和太上天皇の亡くなった後、元慶六年正月に陽成が元服すると、その十二月に禁野や蔵人所猟野を設定して淳和・仁明朝の山川藪沢の禁を受け継ぎ、同七年七月に蔵人所鷹飼を設置した[57]。これらは元服後の陽成の親政開始に合わせたものと思われる。陽成は元慶七年十二月の宮中格殺事件、禁中の馬飼育事件等を契機に太政大臣藤原基経から見限られたらしく、翌年二月に退位した[58]。禁中の馬飼育は遊猟準備を想定し得るが、従事者の振舞いが目に余り、基経によって解体されたのである。とはいえ、陽成退位後に禁野等の設定や蔵人所鷹飼の復活は撤回されていないから、陽成一人の意志に基づくものとはいい難い。むしろ陽成が父の清和を失った後に打ち出された措置であること、次の光孝朝に光孝天皇が藤原基経を信任して政務を委ねながら遊猟を実施したことは注目に値するであろう。

文徳・清和・陽成朝の動向を見る限り、天皇遊猟・行幸等の制限を史料上に読み取れるのだが、単に外戚の藤原氏が天皇個人の成長に伴う王権の伸長を抑制したとみなすばかりでなく、八世紀の首皇子と藤原武智麻呂の関係、九世紀の清和天皇と藤原良房・藤原良相・僧真雅の関係にうかがえるように、皇位継承候補者・天皇の元服後の行動の自制を促した背景を問うことが必要である。その背景は天変地異・旱厲・飢饉の頻発に応じて勃興した、或る種の論争に関係したのではなかろうか。これまで述べた通り、該当時期の治世に関する天人相関思想や王土王臣思想等に基づく密やかな論争である。そのような密やかな論争から飛び火して社会不安が広がることを恐れたために、天皇の地位の理想像(「聖君」像)から「仁」・「仁愛」を尊んで善政を志向する姿を選び、天皇遊猟や放鷹・養鷹等の抑制を行ない、皇位継承候補者・天皇の行動の自制を促したという捉え方が或る程度の説得力をもつ。そうであるならば、王権の伸長を抑制するにとどまらず、王権の質的な転換を図ろうとしたとみるべきであろう。

天皇が備えるべきものとされた「仁」・「仁愛」の意味は本来、仁徳天皇が百済王族酒君の罪を赦し、嵯峨天皇が死罪の人を流罪にしたように人間に対する姿勢であったが、その解釈の幅を生きとし生けるものにまで及ぼす見方が七世紀後半～九世紀の間に浸透したと推察できる。これは儒教的な理想像が仏教によって拡大解釈されたもの、もしくは理想像が儒教と仏教の同調によって揺動しており、仏教的理想化の優勢になったものと捉えられなくはない。また、そのような見方に抗して、嵯峨天皇聖君論にみたように、放鷹を含む天皇遊猟の自明性を背景とする理想像があった。この理想像が「仁愛」等と対抗するには弱くなっていたため、放鷹に用いる鷹の性質が儒教的な概念で補強され、特殊な人間関係を表す象徴性を付与されるようになった。桓武天皇は鶴の雛を孵すとともに、文人に対して鷹と関わる「忠」と「誠」を賛美する詩を作らせ、桓武の孫仁明天皇は馴致された隼を愛するとともに、藤原緒嗣の志を鷹・隼に等しいと評したが、仁明の孫清和天皇は鷹を養わずして「忠臣」の藤原良房を「朕之鷹」と譬えるに至ったように、天皇の鷹の象徴化が極まったといえよう。

しかし、男性天皇の場合は、養鷹を抑制して王者の「仁」・「仁愛」を示したり、「忠臣」を「朕之鷹」と譬えたりするように、手元にない鷹の意味を様々に解して多くの者に悟らせるだけでは足りないようである。そこで重視されたのは、仁徳紀の放鷹伝来記事にみえる鷹を介した仁徳天皇と百済王族酒君の関係であり、交野の放鷹を介した桓武天皇と百済王氏との関係であろう。仁徳や桓武の鷹は清和の「朕之鷹」と違って実物の鷹であるから、王土王臣思想を背景に実物の鷹を介する君臣関係を象徴するものであったと理解できる。実物の鷹という目に見える形で内実を伴った、天皇遊猟・贄貢納を尊重する理想像に根強く支えられたのであろう。その理想像を固守する立場に立つならば、九世紀後半の文徳・清和朝の養鷹の規制と特権の継続、陽成朝の禁野・蔵人所猟野の設定、蔵人所鷹飼の業務再開、光孝朝以降に整備された野行幸の様式化を見据えることができる。

『日本三代実録』によれば、光孝天皇が仁和元年（八八五）十二月七日丁巳に神泉苑の放鷹、同二年十二月十四日戊午に芹川野行幸、十二月二十八日壬申に神泉苑の観魚・放鷹隼と北野遊猟を実施した。芹川野行幸に続く神泉苑・北野の遊猟の逸話は示唆的である。清和の皇子貞固親王が遊猟に扈従したところ、剱を帯びていなかったため、藤原基経が「遊猟之儀、宜有武備」と奏言した。光孝はその奏言を聞くと、欣悦して親王の帯剱を許可している。光孝朝以降の野の遊猟は後代に野行幸と呼ばれるが、十世紀の儀式書によると、野行幸では放鷹を行ない、鷹飼として供奉した人々が帯剱を義務付けられている[59]。光孝と基経のやりとりに照らすと、芹川野行幸等は二人の合意で後代の先例となるべく行なわれたと読み取れる。

光孝朝には太政大臣藤原基経の指導・助言の下で野行幸の体制を整えたことは間違いなく、その様式は光孝の父仁明天皇の承和の故事を受け継ぎ、冬季の山野の放鷹を中心とするものである。天皇は輿に乗り、鷹飼等を従え、行列を編成して出掛ける。供奉の鶬飼・鷹飼は蔵人所の鶬飼・鷹飼のほかに猟道を知る親王・貴族から任命した。帯剱以外に注目するべき彼らの装束は摺衣である。『西宮記』によると、野行幸供奉の「大鷹飼」は地摺狩衣、「鶬飼」は青摺白橡袍を着るという。[60] 摺衣は『延喜式』の随所にみえるように、一般的に神事に奉仕する人々がその時に着用した。[61] 摺衣は神事に擬する意味合いがあり、帯剱は行軍訓練に擬する意味合いがあるだろう。摺衣と帯剱は、天皇遊猟を神事と行軍訓練に擬した意識を受け継いで選ばれた装いである。

また、野行幸の開催時期である冬季は、放鷹と関係している。放鷹は鷹の換羽期である夏季を除いて大体の季節に行なえるが、桓武朝以降の状況を意識して最適な冬季の臨時行事として整備したのであろう。放鷹の獲物は主に雉・鶉であった。前代の陽成朝に改めて設定された禁野・蔵人所猟野では、山川藪沢の禁を布いて雉・鶉を保護している。天皇遊猟は九世紀後半以降に停滞したが、仁徳紀の放鷹伝来記事に関係する雉の位置付けは重要である。十世紀成立の『西宮記』巻十（裏書）所引「御厨子所例」に引用される延喜十一年十二月二十日官符によると、延喜十一年（九一一）に畿内五ヶ国と近江国の日次御贄を定めており、六ヶ国が順番に雉・鳩・鶉・鴨等の鳥類と魚介類を内膳司に納めていた。十一世紀成立の『侍中群要』巻三、供御膳次第によると、新嘗会から五月五日までの間、天皇の御膳に供する雉の調達は蔵人所が担当したようである。[62] 畿内諸国・近江国による日次御贄から、蔵人所による雉貢納と御膳供進へ移行したのか、諸国の貢納と蔵人所の貢納が並び立つのかは定かではないところもあるが、蔵人所が雉貢納を十一月の新嘗会から始めることは注目される。冬季は御膳供進のために放鷹を始めるシーズンであった。

蔵人所が九世紀後半以降に深く関わった禁野・猟野の変遷もまた、天皇遊猟から野行幸への変化と呼応していた。桓武朝に多数の禁野・猟野が山城国内に設定されたようであるが、天皇代替わりごとに変更され、淳和・仁明朝に整備された。陽成朝には、平安京北郊の北野、西郊の嵯峨野等をはじめとする禁野と蔵人所猟野が、畿内諸国・近国に設けられた。禁野の設定変更が続き、十世紀の『西宮記』には禁野として北野・交野・宇陀野がみえる。[63]『西宮記』成立の十世紀までに山城の北野が残り、何時の頃からか河内の交野、大和の宇陀野が加わったのであろう。『西宮記』等によると、交野の管理は蔵人所以外に百済王氏が関与していたようである。[64]

百済王氏は、鷹養部や律令体制下の放鷹司・主鷹司との関わりが深いと推測される渡来氏族であり、七世紀後半から九世紀前半にかけて国司を歴任する者が多く、諸国の養鷹組織・鷹貢上体制の整備や田猟・贄貢納との関わりを思わせる。八世紀後半・九世紀前半の貴族・官人層の中で重用されたが、九世紀後半に貴族・官人層から後退した。十世紀に交野の検校に任命されると、蔵人所とともにその管理に当たったらしい。百済王氏と蔵人所に管理された交野に関しては、毎年十一月の五節のために蔵人所鷹飼が交野へ赴いて雉を捕らえたという指摘もある。先に述べた通り、雉貢納の可能な期間は長く、『侍中群要』成立の十一世紀には新嘗会（十一月の五節に含まれる）から五月五日までの期間であった。確証は乏しいが、交野の雉を雉貢納シーズン開始の新嘗会に供する意味合いがあろう。この伝統は息長く続き、十一世紀には百済王氏が禁野別当（交野の検校と同じか）を世襲していたことが知られ、『西宮記』成立の十世紀以降、少なくとも十一世紀までは保持されていたことが確認できる。[65]

本稿の関心からいえば、その逆に交野の雉の形成時期が気になるところである。百済王氏の交野移住は、八世紀半ばの大仏造立事業と関連して孝謙朝初期に遡るから、孝謙朝以降に百済王氏が交野を猟野として整備した結果、平安期にようやく放鷹に適した雉の名産地となり、雉を天皇の御膳や新嘗会の共食に供するため、雉の保護を担う禁野の役割を与えられた可能性がある。天皇遊猟の中心であった贄貢納と共食という古来の伝統を新嘗会等の行事に残しており、年中行事の中に百済王氏と蔵人所に管理された交野の雉を位置付けたのであろう。交野の雉を捕らえるのは蔵人所鷹飼であるから、百済王氏は天皇へ直接貢納していないが、百済王氏が交野の雉を守って提供することが重要であった。交野の雉については、さらに遡って仁徳紀の放鷹伝来記事を振り返れば理解することができるのではないかと思う。交野の雉は仁徳紀の放鷹伝来記事にみえるような百済王の献上するべき郷土所出に准えていたと思われ、百済王氏が毎年十一月の新嘗会に交野の雉を提供したことは、放鷹の伝統に象徴される王土王臣思想の始源をわずかに示していたと考えられる。

おわりに

別稿で述べた通り、仁徳天皇紀の放鷹伝来記事と孝徳天皇紀の白雉改元記事が、天皇と放鷹の関係を考えるうえで重要な記事であると捉え直した。天皇遊猟は弓矢を中心として古く神事に擬せられ、放鷹伝来以降に射芸と放鷹を中心とする遊興となり、王土王臣思想との結びつきが強調されたが、孝徳紀の白雉改元記事等にみられるように、七世紀後半には天人相関思想に基づく祥瑞や大赦、仏教の放生との相克が強く意識された。特に天皇遊猟は、百済・高句麗滅亡後のいわゆる軍国体制下の行軍訓練に擬して、新旧の渡来人・渡来氏族等を含めた従駕者の序列化に利用された。天皇遊猟・贄貢納の中に放鷹を組み込んで実現するには、宮・都と諸国に養鷹・養犬組織を必要とした。放鷹の重視には、養鷹に従事した百済系を中心とする渡来氏族と、その背後にいた百済王族への配慮があろう。放鷹を含む天皇遊猟が行軍訓練に擬する猟騎観閲の機能を強調された結果、七世紀末・八世紀初めには鷹養部の系譜を引く養鷹・養犬組織が兵部省放鷹司の所管下に再編され、屯倉の鷹捕獲・貢上業務を受け継ぐ各地の養鷹・養犬組織が諸国府の養鷹・養犬組織に再編されたと思われる。

七・八世紀の女性天皇の場合は自ら弓矢を取り、鷹を放って遊猟した記事を確認できないため、女性天皇の時期は贄貢納を軸に揺れていたようである。八世紀前半の元正朝では、元明太上天皇の病気平癒を祈って儒教の「仁愛」と仏教の禁殺生を背景に放鷹司等の一時停止を実施したが、その期間限定の方針は男性天皇の場合と変わらなかった。八世紀の男性天皇の場合であっても、病気平癒・儒教等を理由に遊猟の自粛、養鷹・養犬組織の一時停止を実施したことがうかがえる。しかし、男性天皇による天皇遊猟の抑制や養鷹・養犬組織の停止は、古代国家と天皇のあり方として常態であったとはいえないのであろう。放鷹を含む天皇遊猟・贄貢納を支えたのは、仁徳朝以来の放鷹の技術と文化を受け継ぐ伝統意識であり、それが七世紀後半の百済王族の渡来によって強調され、八世紀には兵部省放鷹司と諸国国府の養鷹・養犬組織のほか、貴族・官人とその家政組織、諸国国司・郡司・百姓等において養鷹伝習を認めていたと考えた。

本稿では、八世紀後半から九世紀までの時期を検討した。聖武朝は天平二十一年（七四九）の陸奥守百済王敬福の黄金献上を梃子として、二度の改元から孝謙の即位及び東大寺大仏の造立へと盛り上げた。孝謙朝では大赦を放生の最も尊いものと位置付け、大赦を放生で包摂しようとした。七世紀後半渡来の百済王族の子孫である百済王氏が、孝謙朝初期に大仏造立事業に関連して摂津国百済郡から河内国交野郡に移住しており、このことはむしろ平安期以降の禁野である交野の整備につながった。次の淳仁朝では渡来氏族の改氏姓を勧め、儒教の「仁愛」を重んじて武官の射芸・乗馬を奨励したが、天皇遊猟を抑制していたと推測した。次の称徳朝は孝謙朝の路線を推し進め、仏教を国政の基軸に据えるに至り、放生の拡大を試み、放鷹司を停止して放生司を設置すると、諸国の鷹・犬、鵜の飼養を禁じた。その禁止から神戸の狩猟・漁撈を除外することで恐らく、陸奥の国造を介して蝦夷・俘囚等の内民化を促進したと推測される。

称徳朝の次の光仁朝以降の皇統では、女性天皇が即位しなくなり、男性天皇の即位が続いた。光仁・桓武朝には百済王氏と接近して渡来氏族を重用すると、彼らの変わらぬ「忠誠」を期待した。特に孝謙朝の六斎日・寺辺二里内殺生禁止を継承し、称徳朝の養鷹・贄貢納等の停止を換骨脱胎して養鷹の規制とその特権化を進めた。養鷹の規制と征夷・造都の関係がうかがえたことから、征夷・造都の大事業の推進は、放鷹を含む天皇遊猟、主鷹司（旧放鷹司）の役割の増大と連動していたと考えた。桓武朝末期の徳政相論以降は、征夷・造都等の収束に伴い、天皇遊猟の見直しを迫られた。平城朝には私養鷹を親王・公卿等の身分に制限し、嵯峨朝からは主鷹司から蔵人所鷹飼への段階的な移行が進展した。蔵人所鷹飼の主な業務は鷹・犬の調養と贄貢納である。放鷹を含む天皇遊猟や贄貢納と治世の理念・実情との関わりをめぐる密やかな論争が、『日本霊異記』下巻最終話の嵯峨天皇聖君問答や淳和天皇と道昌の問答等に垣間見られた。

この考察を続けて次第に見えてきたのは、古代国家内部に天皇の地位の理想像が少しずつ形成される過程であり、その理想像が歴代や皇位継承候補者の個性との間で揺動してやまない過程であった。百済王族や僧侶を通じて移入された中国古来の天人相関思想と王土王臣思想が七世紀後半に強く意識されたが、八世紀に儒・仏二教を参照して次第に人間以外の生き物に及ぶ「仁愛」や禁殺生を重んじるようになり、九世紀に質的な転換の試みが続けられた。これを長期的な転換と考える必要があろう。長期的な転換に関与した人々の動向は、今後の課題である。百済王氏等の渡来氏族が貴族・官人層から後退していった九世紀後半の文徳・清和・陽成朝には、天皇外戚の藤原氏、僧侶、陰陽寮の意見を容れて遊猟・行幸等の行動の制約が進展した。清和朝では引き続き一部の親王・公卿等の養鷹特権を認めたが、清和は幼少時から遊猟の回避を勧められ、主鷹司の停廃と諸国養鷹の禁止を実施して自らは鷹を養わず、天皇の鷹の体制を廃した。清和が鷹を養わずして「忠臣」を「朕之鷹」と譬えたように、桓武・仁明の時期に比べると天皇の鷹の理想化が進み、その象徴性が極まったようである。

しかし、七世紀後半以降の天皇の理想像には、人間以外の生き物に及ぶ「仁愛」と禁殺生を広める理想像に抗して、王土王臣思想を背景に実物の鷹を介した君臣関係を重んじる理想像があったと思う。前者の理想像に寄せれば放鷹を含む天皇遊猟と贄貢納の抑制を試み、後者の理想像を固守すれば放鷹・養鷹の技術の子孫伝習を積極的に認めて促したわけである。後者の理想像を九世紀後半に具現化した路線として、文徳・清和朝の養鷹の規制と特権の継続、陽成朝の禁野・蔵人所猟野の設定、蔵人所鷹飼の復活、光孝朝以降の野行幸の様式化を見据える必要があろう。光孝天皇の芹川野行幸等は、父仁明の承和の故事を受け継いで放鷹を中心に据えると、供奉の鷹飼に摺衣着用と帯剱を義務化して神事と行軍訓練に擬した。野行幸は古来の天皇遊猟の基本的性格をわずかに受け継ぎ、桓武朝以降の事績を意識してアレンジされたものである。

九世紀後半以降に男性天皇がほしいままに遊猟を愉しめなくなった姿は、日本の放鷹の原点である仁徳天皇の百舌鳥野遊猟から遠く隔たっていたと考えられる。七世紀後半に渡来した百済王族が官人身分になり、恐らく鷹養部から放鷹司鷹養戸への再編や、諸国の養鷹・養犬組織の整備にも関与したと推測されるが、その子孫百済王氏は野行幸の整備と呼応するかのように、蔵人所とともに交野とその雉の管理を担い、十一月の新嘗会や天皇の御膳に交野の雉を提供する存在になったのである。百済王氏によって管理された交野の雉が年中行事の体系に改めて組み込まれたことになるが、このことは、仁徳朝に百済から伝来した放鷹の伝統に象徴される王土王臣思想の始源を、新たな装いでわずかに伝えていたと思われる。

註

（1）『日本書紀』仁徳天皇四十一年三月条、同四十三年九月一日条。『日本書紀』の記事は、本文中で触れたものを含めて新訂増補国史大系による。『続日本紀』以降の五国史、『日本紀略』、『類聚三代格』、『延喜式』の記事も同様である。

（2）拙稿「日本古代の放鷹伝来と統治思想―放鷹伝来・白雉改元・天皇遊猟―」（二〇一四年以降公表予定）。以下、これを別稿と称する。

（3）『続日本紀』天平勝宝元年四月甲午朔条・四月丁未条・四月乙卯条・七月甲午条。

（4）『続日本紀』天平勝宝四年四月乙酉条・正月辛巳条、『類聚三代格』巻十九、禁制事、貞観四年十二月十一日太政官符。

（5）『続日本紀』天平神護二年六月壬子条。

（6）百済王氏の交野移住は、今井啓一『百済王敬福』（綜芸社、一九八五年）、大坪秀敏『百済王氏と古代日本』（雄山閣、二〇〇八年）九三～一三二頁を参照。両氏は重視していないが、交野は平安期に雉の産地として知られるようになった。その契機は百済王氏の交野郡移住に遡り、移住後に百済王氏が交野を猟野として整備したのではなかろうか。

（7）「武智麻呂伝」（沖森卓也ほか『藤氏家伝　鎌足・貞慧・武智麻呂伝　注釈と研究』、吉川弘文館、一九九九年）。「武智麻呂伝」撰者は僧仙慶である。僧仙慶の背後には藤原武智麻呂の次男、仲麻呂がおり、この逸話は仲麻呂の意図を汲む必要があるのだろう。

（8）『続日本紀』天平宝字元年八月辛丑条。諸衛府のために射騎田を設定し、毎年季冬の騎射の試験を設定したが、これは単純に狩猟と考えることはできないであろう。

（9）『続日本紀』天平宝字八年九月甲寅条・十月己丑条。

（10）『続日本紀』天平宝字八年十月甲戌条。

(11)『続日本紀』神護景雲三年三月辛巳条。陸奥大国造の位置付けは諸説あるが、陸奥国内の蝦夷・俘囚の内民化促進と神戸の狩猟・漁撈の保護を結びつける存在と考えてみた。
(12)『類聚三代格』巻十九禁制事、貞観四年十二月十一日太政官符、大同三年九月二十三日太政官符、『続日本紀』宝亀四年十二月乙未条。
(13)『続日本紀』宝亀三年正月壬午朔条、宝亀四年正月丁丑朔条。
(14)『続日本紀』宝亀五年正月庚申条・七月庚申条・七月壬戌条・八月己巳条。
(15)『続日本紀』宝亀十一年正月己巳条・二月丁酉条・二月丙午条・二月庚戌条。宝亀十一年正月の朝賀では唐使・新羅使の拝賀を受けたが、陸奥出羽蝦夷の参加はなく、二月の使者の帰国までに陸奥国の戦況報告が次々と天皇の許に届いていた。
(16)『続日本後紀』承和十二年正月壬申条。窪田大介「承和二年十二月三日官符の歴史的意義」（『弘前大学国史研究』一一二、二〇〇二年）を参照。
(17)『続日本紀』延暦二年十月戊午条、延暦六年十月丙申条、延暦十年十月丁酉条。
(18)『続日本紀』延暦四年十一年壬寅条、延暦六年十一月甲寅条。
(19)弓野正武「平安時代の鷹狩について」（『民衆史研究』一六、一九七八年）。
(20)『日本後紀』延暦十八年二月乙未条。
(21)田中史生『日本古代国家の民族支配と渡来人』（校倉書房、一九九七年）七二～一〇九頁。
(22)「経国集」巻十一（『群書類従』文筆部）。
(23)『類聚三代格』巻十七、蠲免事、延暦十六年五月二十八日勅。

(24)『日本紀略』延暦十四年三月辛未条、『日本後紀』延暦二十三年十月甲子条。
(25)『日本後紀』延暦十八年五月己巳条。尾張国海部郡主政刑部粳虫は、尾張権掾阿保広成が多数の鷹を養い、海部郡少領尾張宮守に命じて六斎日に寺院の林で狩猟させたと訴え、その鷹を奪って桓武に奏進した。しかし興味深いことに、桓武は、粳虫が先に国司等の違犯を報告するべきであり、国吏を凌慢してその鷹を奪ったことは罪に当たると述べて、逆に粳虫を罰した。
(26)『日本後紀』大同三年九月乙未条、『類聚三代格』巻十九禁制事、大同三年九月二十三日太政官符。
(27)『類聚三代格』巻十九禁制事、大同三年十一月二日太政官符、『日本三代実録』元慶七年七月五日己巳条。
(28)「新修鷹経」巻下(『群書類従』鷹部)。
(29)「凌雲集」(『群書類従』文筆部)。
(30)『日本三代実録』貞観十七年二月九日癸亥条。
(31)拙稿「『日本霊異記』にみる天皇像」(『説話文学研究』三四、一九九九年)。
(32)淳和は退位して大規模な贄貢納を命じる立場から離れたが、退位後も遊猟に出掛けた。『続日本後紀』承和元年十月壬午条、承和三年二月戊子条等を参照。
(33)『万葉集』巻十七、四〇一一・四〇一二左註、「新修鷹経」巻中(『群書類従』鷹部)。
(34)「西宮記」巻十二裏書、延長八年十月三日条・同月六日条・同月八日条(『新訂増補故実叢書　西宮記』第二)。前後の配列からみて「吏部記」の逸文であろう。
(35)「今昔物語集」巻十九、西京仕鷹者見夢出家語　第八(『日本古典文学大系　今昔物語集』)。
(36)『続日本後紀』承和三年二月己丑条によると、仁明天皇が「愛其逸気横生、鹰則応機、招則易呼」とある。

(37)『続日本後紀』承和八年九月丙子条、承和十年十月庚戌条。

(38)『類聚三代格』巻十九、延暦六年正月二十一日太政官符、弘仁六年三月二十日太政官符、『日本後紀』弘仁六年三月辛卯条、『続日本後紀』承和十二年年正月壬申条。

(39)『日本文徳天皇実録』天安二年九月甲子条。

(40)『日本文徳天皇実録』斉衡二年六月癸卯条。

(41)『日本文徳天皇実録』斉衡二年四月戊午条、斉衡三年十一月辛酉条。

(42)「大鏡裏書」四品惟高親王東宮諍事(『群書類従』雑部)、「伊勢物語」第八二段・第八三段(『日本古典文学大系　竹取物語　伊勢物語　大和物語』)。

(43)『日本三代実録』元慶四年十二月四日癸未条。

(44)『日本三代実録』元慶三年正月三日癸巳条。真雅は空海の実弟にあたる真言僧である。清和の誕生時から左右を離れずに日夜供奉していたため、清和から甚だ親しく重んじられた。真雅が「停山野之禁、断遊猟之好、又摂津国蟹胥、陸奥国鹿尾、莫以為贄奉充御膳」と奏請したところ、清和はその奏請に従っていたという。

(45)『日本三代実録』貞観六年二月二十五日壬午条。

(46)『日本三代実録』貞観七年八月二十一日己巳条。

(47)『日本三代実録』貞観八年三月二十三日己亥条。

(48)『日本三代実録』貞観九年十月十日乙亥条。

(49)『日本三代実録』貞観元年八月八日辛卯条・八月十三日丙申条。

(50)『日本三代実録』元慶七年七月五日己巳条。

(51)『日本三代実録』貞観五年三月十五日丁丑条、貞観八年十月二十日辛卯条。
(52)『日本三代実録』貞観二年閏十月四日庚戌条・十一月三日己卯条、貞観三年二月二十五日己巳条・三月二十三日丁酉条、貞観八年十一月十八日己未条・十一月二十九日庚午条。
(53)『日本三代実録』貞観十年十二月二十八日丁巳条。
(54)『日本三代実録』貞観十八年二月二十日戊辰、貞観五年正月三日丙寅条。
(55)『日本三代実録』貞観十八年十一月二十九日壬寅条。
(56)『日本三代実録』元慶四年十二月四日癸未条・十二月五日甲申条。
(57)『日本三代実録』元慶四年十二月四日癸未条、元慶六年十二月二十一日己未条、元慶七年七月五日己巳条。
(58)『日本三代実録』元慶七年十一月十日癸酉条・十一月十六日己卯条、元慶八年二月四日乙未条。
(59)『日本三代実録』仁和二年十二月十四日戊午条。吉井哲「古代王権と鷹狩」(『千葉史学』一二号、一九八八年)、榎村寛之「野行幸の成立」(『ヒストリア』一四一号、一九九三年十二月)を参照。
(60)「西宮記」巻十六、臨時四、野行幸(『新訂増補故実叢書　西宮記』第二)。
(61)『延喜式』四時祭の鎮魂祭条、三節祭幷解斎直会之日条等。
(62)「侍中群要」巻三、供御膳次第(『続神道大系・朝儀祭祀編　侍中群要』)。
(63)「西宮記」巻十七、臨時五、諸院(『新訂増補故実叢書　西宮記』第二)には、「禁野　北野有別当少将　交野以百済王為検校　宇陀野」とある。
(64)奥野高廣『戦国時代の宮廷生活』(続群書類従完成会、二〇〇四年)一一四頁。
(65)田島公「「氏爵」の成立」(『史林』七一―一、一九八八年一月)。

「崇道天皇」の成立とその展開
――九世紀における「天皇」の位相――

長谷部　将司

はじめに

光仁天皇の皇子にして桓武天皇の同母弟である早良親王は、桓武の即位に伴い皇太子となるも、延暦四年（七八五）に発生した藤原種継暗殺事件に坐して廃太子されると、絶食し淡路国への配流途上で亡くなった。だが、その後桓武の周辺に近親者の病気や死が相次ぐ中で次第に非業の死を遂げた早良の祟りが認識され、晩年の桓武は早良に崇道天皇号を追贈するなど、その怨霊の鎮魂に神経を注いだ。その結果、後世には貞観御霊会で御霊の筆頭に挙げられるなど、神として祀られるようになった。

以上の来歴が示すように、生前の早良親王は、長岡・平安京遷都をはじめ大きく時代を転換させた桓武朝の背景を探るための主要人物の一人として、種継暗殺事件の背景を中心に、これまでしばしば議論の対象とされてきた。一方、死後の早良（崇道天皇）についても、国家に承認された怨霊の初例であるため、御霊信仰の出発点に位置づけられて多くの研究が積み重ねられてきた。先行研究の詳細についてはそれぞれ後述するが、特に後者におけるこれまでの問題点として、怨霊にとどまらない「天皇」としての崇道天皇への言及がほぼ見えない点を挙げることができる。その最大の要因は問題関心の違いといえるが、彼が実の天皇ではない追贈天皇のためでもあろう。ただ、追贈とはいえ少なくとも他の天皇らと同等の扱いを受けたのは事実であり、その意義はもう少し積極的に掘り下げる必要がある。
以上の点をふまえ、以下では崇道天皇の存在を怨霊ではなく天皇の歴史的展開の一幕として捉え直すことに主眼を置き、「崇道天皇」が保持することとなった記憶の形成とその変容・定着の過程を明らかにしていきたい。

一　早良親王立太子の背景

早良親王は、『続日本紀』（以下、『続紀』と表記）天応元年（七八一）四月壬辰条[1]に、

立㆓皇弟早良親王㆒為㆓皇太子㆒。

と、兄である桓武天皇の即位に伴い皇太子となったことを初見とするが、立太子以前の経歴を官撰史書でたどることはできない。ただ、山田英雄氏が明らかにしたように[2]、宝亀六年（七七五）に淡海三船が記したとされる『大安寺碑』や、後世の史料だが『大安寺崇道天皇御院八嶋両処記文』（以下、『記文』と表記）・『東大寺要録』（以下、『要録』と表記）などの記載より、正倉院文書中において宝亀年間に何度か登場する「親王禅師」「禅師親王」[3]が、早良親王のことを指すことは確実である。その『大安寺碑』[4]では、

寺内東院皇子大禅師者、是淡海聖帝之曾孫、今上天皇之愛子也。

と、大安寺の東院にいる「皇子大禅師」を宝亀六年時の今上である光仁天皇の皇子とし、また『記文』[5]では、

白壁天皇第二皇子早良親王、諱崇道、初以㆓東大寺等定大僧都㆒為㆑師、寄㆓住羂索院㆒。生年十一出家入道、廿一登壇受戒。清潔清浄、修練修学。以㆓神護景雲二年㆒移㆓住大安寺東院㆒。以㆓宝亀元年㆒奉㆓親王号㆒。同十一年奉㆑定㆓皇太

子」。

と、大安寺東院に住む光仁天皇皇子を早良親王とする。(6) さらに『要録』では、「弘仁六年四月二十五日」の年紀を有する「東大寺権別当実忠二十九ヶ条事」(7) にて、「親王禅師」と良弁・実忠との密接な関係および東大寺の造営への関与を見出すことができる。(8)

これらの史料から、早良王（親王）は若くして出家して東大寺で修行し、(9) 次いで大安寺に移り、父である白壁王（光仁天皇）が即位した宝亀元年に親王号を奉られた後も、「親王禅師」として大安寺に居住しながら、ほぼ宝亀年間を通じて造東大寺司や東大寺の経営に深く関与していたといえる。なお、親王禅師の動向を伝える正倉院文書の年紀が「宝亀十年十二月六日」まで確認できることから、早良の還俗は桓武の即位が現実的な課題となって以降、おそらくは立太子の直前であったろう。

では、なぜ桓武の即位時に早良が僧籍を離脱してまで皇太子となったのか。桓武にはこの時八歳になった安殿親王（後の平城天皇）がおり、まだ幼少ではあるが、生後三ヶ月で皇太子となった聖武天皇皇子の某王の例のように、安殿の立太子が全く不可能だったわけでもない。この点について、高田淳氏は両者の父である光仁の意志を強調し、桓武への権力集中を防ぎ光仁自身の影響力を少しでも残しておくための妥協の産物としたが、(10) この見解は後の藤原種継暗殺事件の結果をふまえ、桓武と早良をあらかじめ対立関係で捉えている。また、井上満郎氏は桓武自身の意志を強調し、桓武にとって早良は安殿を第一候補とする策の次善のものと捉えるが、(11) むしろ次善の内実こそ詳細にすべきであろう。

桓武が将来的に安殿の即位を望んでいたことを否定する必要はなかろう。ただ、いかに過去の実例があるとはいえ、某王は夭折しており、これに次いで若い例が首（後の聖武天皇）の十四歳、軽（後の文武天皇）の十五歳であったことからも、八歳での立太子は明らかに困難が伴う。さらに、某王立太子時の聖武の二十七歳に対して、桓武のそれは四十五歳で、かつ皇太子時代には一年間近く病に苦しんだ経験もあった。結局はこの後二十年以上皇位にあるのだが、当時の状況からすれば、いつ桓武自身に不測の事態が起こっても不思議ではない状況であったといえる。そのため、安殿の成長を待って皇太子を立てずに桓武が急逝した場合、かつての光仁即位時のように、異母兄弟の薭田親王や、臣籍降下しているも聖武天皇の血を引く天武系の氷上川継など、桓武とは別系統に皇統が移ってしまう危険性が残されていた。桓武としても、このような事態は絶対に避けたいと考えたであろう。

また、早良自身に全く配偶者や子息の影を見ることができないのも看過できない。もちろん、若くして出家し皇太子になる直前まで僧籍にあったため、皇太子以前に妻子をもうけることがなかったのは自然である。ただ、還俗後、皇太子になってから亡くなるまで五年近くあったにもかかわらず、やはり妻子が存在した形跡は見えない。兄の桓武にしても、立太子以前からの妻子を確認することはできないが、皇太子就任の翌年には後に皇后となる藤原乙牟漏との間に長子である安殿を生んでいる[12]。おそらくは乙牟漏の父である藤原良継が、皇太子になったのを機に嫁がせたと考えられる。だが、早良には同様の状況が見られないことからも、単に記録されなかったのではなく、本当に存在しなかったのであろう。とすれば、このような状況は、早良自らがそうしたのか桓武が要求したのかは不明であるが、いずれにせよ意識的に選択されたものと考えられる。そして、実はこの点にこそ、僧籍にあった早良が立太子するに至った大きな要因があったのではないか。

つまり、桓武としては政権の安定のためにも皇太子が必要だが、さりとて将来的な安殿の即位を阻害するものであってはならない。その結果、当該時点で子がなく皇統の転換を懸念する必要がない実弟の早良に白羽の矢を立て、早良自身もその意を受けてその後も不婚を貫いたのではないか。そうすれば、もし桓武が亡くなり早良が即位した時には、子のいない早良の後継者として、ほぼ必然的に安殿を次の皇太子にすることができる。この点で、早良はまさに皇統上の中継ぎの皇太子（天皇）と規定することができるが、後継者としての子孫を残すことを断念するという状況を可能にしたのが、彼自身の長期間にわたる出家であったことは想像に難くない。

二　藤原種継暗殺事件の背景

延暦三年（七八四）に遷都した長岡京の造営事業が進められる中、桓武天皇が平城京に赴き長岡京を留守にした延暦四年九月、桓武の側近であり造営事業の中心者でもあった藤原種継が突然暗殺された。『続紀』によると、まず延暦四年九月乙卯条(13)に、

　中納言正三位兼式部卿藤原朝臣種継被㆓賊射㆒薨。

と、種継が射殺されたという簡潔な記事を載せ、翌日の九月丙辰条(14)で、

　車駕至㆑自㆓平城㆒。捕㆓獲大伴継人・同竹良幷党与数十人㆒、推㆓鞫之㆒、並皆承伏。依㆑法推断、或斬或流。其種継、参議式部卿兼大宰帥正三位宇合之孫也。（中略）天皇、甚委㆓任之㆒、中外之事皆取㆑決焉。初首建㆑議、遷㆓都長岡㆒。宮室草創、百官未㆑就、匠手・役夫、日夜兼作。至㆔於行㆓幸平城㆒、太子及右大臣藤原朝臣是公・中納言種継等、並為㆓留守㆒。照㆑炬催検、燭下被㆑傷、明日薨㆓於第㆒。時年卌九。天皇、甚悼惜之、詔、贈㆓正一位左大臣㆒。

と、桓武が平城京より戻り、大伴継人・竹良らの実行犯や関係者の逮捕・糾問と処罰が速やかに実行されたこと、および種継の薨伝から事件当日の状況を伝える。そして、翌月の十月庚午条(15)では、

　遣㆓中納言正三位藤原朝臣小黒麻呂・大膳大夫従五位上笠王於山科山陵、治部卿従四位上壱志濃王・散位従五位

下紀朝臣馬守於田原山陵、中務大輔正五位上当麻王・中衛中将従四位下紀朝臣古佐美於後佐保山陵一、以告下廃二皇
太子一之状上。

と、早良親王の廃太子が桓武と関わりの深い各山陵[16]に報告され、さらにその翌月には新たに安殿親王が立太子されたのであった[17]。

このように、『続紀』では事件の内容が断片的に記載されるのみで、事件と早良廃太子との因果関係も明確でない。その原因は、嵯峨天皇がいわゆる薬子の変を桓武の柏原山陵に告げた『日本後紀』（以下『後紀』と表記）弘仁元年（八一〇）九月丁未条[18]に、

又続日本紀所レ載乃崇道天皇与二贈太政大臣藤原朝臣一不レ好之事、皆悉破却賜弖。而更依二人言一弖、破却之事如レ本
記成。此毛亦无レ礼之事奈利。今如レ前改正之状、（以下略）

とあるように、桓武が種継と早良との問題に関する記載を完成した『続紀』から削除させ、平城はそれを一度復活させるも、嵯峨が再び削除させたためである。このような複雑な過程を辿ったためか、『続紀』で抹殺されたと考えられる記事が『日本紀略』（以下、『紀略』と表記する。）に残されている。『紀略』延暦四年九月丙辰条[19]では、

車駕至レ自二平城一。云々。種継已薨。乃詔二有司一捜二捕其賊一。云々。仍獲二竹良并近衛伯耆桴麿、中衛牡鹿木積麿一。
勅二右大弁石川名足等一推二勘之一。桴麿款云、主税頭大伴真麿、大和大掾大伴夫子、春宮少進佐伯高成、及竹良等
同謀、遣下二桴麿木積麿一害中種継上。云々。継人高成等並款云、故中納言大伴家持相謀曰、宜下唱二大伴佐伯両氏一以
除中種継上。因啓二皇太子一、遂行二其事一。窮二問自余党一、皆承伏。於レ是、首悪左少弁大伴継人、高成、真麿、竹良、
湊麿、春宮主書首多治比浜人、同誅斬。及射二種継一者桴麿木積麿二人、斬二於山崎椅南河頭一。又右兵衛督五百枝
王、大蔵卿藤原雄依、同坐二此事一。五百枝王降レ死流二伊予国一。雄依及春宮亮紀白麿、家持息右京亮永主流二隠岐一。

東宮学士林忌寸稲麿流二伊豆一。自余随レ罪亦流。（傍線部は筆者、以下も同様）

と、より詳細な事件の経過と広範囲にわたる関係者の名が記され、そこでは首謀者として事件直前に死去した大伴家持の名が挙がり、この計画が事前に早良に伝えられたことも述べられている。そのため、『続紀』に見えない四日後の『紀略』延暦四年九月庚申条で、[20]

詔曰。云々。中納言大伴家持、右兵督五百枝王、春宮亮紀白麿、左少弁大伴継人、主税頭大伴真麿、右京亮同永主、造東大寺次官林稲麿等、式部卿藤原朝臣乎殺之、朝庭傾奉、早良王乎為レ君止謀気利。今月廿三日夜亥時、藤原朝臣乎殺事尓依弖、勘賜尓申久、藤原朝臣在波不安、此人乎掃退牟止、皇太子尓掃退止弖仍許訖。近衛桴麿、中衛木積麿二人乎為弖殺支止申云々。是日、皇太子自二内裏一帰二於東宮一。即日戌時、出二置乙訓寺一。是後、太子不二自飲食一、積二十余日一。遣下二宮内卿石川垣守等一、駕レ船移中送淡路上。比レ至二高瀬橋頭一、已絶。載レ屍至二淡路一、葬云々。至三於行二幸平城一、太子及右大臣藤原朝臣是公、中納言種継等並為二留守一。種継照レ炬催検、燭下被レ傷、明日薨二於第一。時歳卅九。天皇甚悼二惜之一、詔贈二正一位左大臣一。又伝二桴麿等一、遣下レ使就二柩前一告二其状一、然後斬決上。

と、桓武の詔により種継暗殺は早良の許可を受けて実行された早良の即位を目的としたクーデターと認定され、早良は廃太子され乙訓寺に監禁されると、自ら食を断ち淡路国への配流の途中で餓死し、その屍はそのまま淡路に送られて現地に葬られたとする。

この事件は桓武朝の評価に直結するため、これまで多くの論者が言及しているが、問題点としては、①実際の早良の動向と、②種継暗殺の動機すなわち対立の主要因にほぼ集約できる。前者では、北山茂夫氏が事件の前年から都を離れていた家持の関与を否定しつつ早良の関与も否定し、桓武が安殿への皇位継承を進めるために、事件をフレームアップして早良を廃太子に追い込んだと捉えた。[21]この早良冤罪説はその後多くの支持を得るが、[22]一方で村尾次郎氏は種継と早良との対立を重視し、家持の帰京による家持の関与と早良の黙認を指摘した(23)。この早良関与（黙認）説もまた多くの支持を集めるが(24)、両説の差は、一つには桓武が最終的に編纂させた『続紀』を元とする『紀略』の記載をどの程度事実の反映と捉えるかであり、一つには早良の関与（黙認）の程度差といえる。なお、北山氏が早良冤罪の根拠の一つとした抗議の絶食と餓死については、西本昌弘氏が早良は朝廷により故意に飲食を停止されて餓死させられたとした(25)が、支持すべき見解であろう。

また後者について、北山氏や村尾氏は安殿への皇位継承を目論んだ種継らと、早良に依って早良即位後の勢力拡大を図ろうとする大伴氏らの対抗関係で捉えた(26)。この対立軸は以降の議論の基軸となるが、山田英雄氏が「親王禅師」の早良と南都勢力との密接な関係を打ち出す(27)と、高田淳氏や本郷真紹氏により皇位継承をめぐる対立の直接的な背景として長岡京遷都をめぐる対立が強調され、桓武による早良排除の根本要因にすら据えられた(28)。ただ、この早良＝南都勢力＝遷都抵抗派という論も、西本昌弘氏により早良の春宮坊が遷都事業に積極的に関与していたことが明らかにされた(29)ことでその根拠を失いつつあり、現在では改めて桓武後の皇位継承をめぐる対立に収斂しつつある状況といえる(30)。

ここで私見を述べる前に、まず大伴家持の動向について再確認しておく。家持自身は事件直前に彼の死を報じた『続紀』延暦四年八月庚寅条(31)にて、

> 中納言従三位大伴宿禰家持死。（中略）坐㆓氷上川継反事㆒、免移㆓京外㆒。有㆑詔宥㆑罪、復㆓参議春宮大夫㆒。以㆓本官㆒出為㆓陸奥按察使㆒、居無㆑幾、拝㆓中納言㆒。春宮大夫如㆑故。死後廿余日、其屍㆑未葬、大伴継人・竹良等、殺㆓種継㆒、事発覚下㆑獄。案㆓験之㆒、事連㆓家持等㆒。由㆑是、追除名。其息永主等並処㆑流焉。

と、参議春宮大夫でありながら陸奥按察使（鎮守将軍も兼任）として任地に赴いており、その後持節征東将軍となり、

死の直前にも中納言従三位兼春宮大夫陸奥按察使鎮守将軍として陸奥国多賀・階上両郡の拡充を申請している。[32]なお、この肩書のうち陸奥按察使には直前に多治比宇美が就任しているため誤りだが、[33]宇美は同時に陸奥守・鎮守副将軍であり、ここから逆に鎮守将軍の記載は誤りではなかろう。さらに、死後一ヶ月近くたっても葬られていない点からも、家持は都ではなく赴任先の陸奥国で亡くなったと考えられる。よって、延暦年間以降の家持は、東北経営の実質的な責任者として議政官でありながら多くを陸奥国で過ごしており、一時的に都に戻った際に種継への不満をあげて謀議をめぐらせる機会はあったかもしれないが、具体的な計画立案までは至らなかったであろう。

そして、家持の事件への関与がその程度であれば、同時に語られた早良の関与も大差なかろう。継人らの証言でも、家持が「一緒に計画した」のに対して、早良は「計画を伝えられた」に過ぎず、それに対する早良の反応も何も語らない。その報告時期にしても、家持の動向からして事件の直前ですらない、計画以前の願望段階にとどまるとみられる。つまり、事件自体は計画性のない、種継を殺害することのみを目的とした、家持の死に危機感を募らせた継人らの暴発としてよかろう。結果として、政権の中枢にいながら継人らの言動を諫めもせず、そのため種継が暗殺されてしまった時点で、早良自身の責任は免れない。その点で早良の廃太子自体はやむを得ないが、桓武の詔のような早良のクーデター挙行の許可は、既に多くの論者が述べているように桓武の誇張であろう。

では、なぜ桓武は早良の廃太子にとどまらず、絶食させて死に至らしめる必要があったのか。先述の通り、早良自身は事実上皇統の中継ぎとして、桓武から安殿(平城)の皇位継承を補完する役割を担って立太子したが、その補完的な役割は皇位継承にとどまらない。即位時の権力基盤が弱かった桓武にとって、同母弟の早良は「皇太子」として幅広い人脈を持ち、さらに親王禅師以来の造東大寺司との関係を通じて長岡京遷都事業へも積極的に関与するなど、[34]政権運営上も桓武の権力を補完する役割を果たした。よく言われる桓武の専制的な権力も、遷都事業やこの事件などを経てようやく確立するのであり、延暦四年段階でそこまで権力を確立していたかは疑わしい。そのような桓武が早良を自らの意志で排除しようとするとは考えがたく、安殿の立太子を目的とした桓武陰謀論の多くは、即位直後の氷上川継事件や後の専制君主としての桓武像に束縛されたものといえる。

ただし、両者を取り巻く側近集団がそのような関係性を了解していたかは、別の問題である。そもそも事件の遠因となった種継と早良の対立の一端が、外戚である安殿を早く即位させたい種継と、そのような種継に対する早良自身や春宮坊に集う大伴氏を中心とした官人らの反発にあることは、ほぼ疑いない。その点で、種継自身もどの程度桓武の思惑を理解していたか疑問であり、結果として早良側に反種継陣営を形成させてしまった。しかも、種継は桓武が最も信を置く股肱の臣であるから、反種継陣営は意識せずとも必然的に反桓武の色合いを帯びる。つまり、王権の安定のためにとった体制が、かえって政権を分裂させかねない事態を招いてしまい、それが種継の暗殺という最悪の形で表に出てしまったのである。したがって、ここで早良の処分を甘くしては反桓武の温床を残すことになるため、桓武としても春宮坊を軸とした反種継陣営の徹底解体による権力の一本化は必須であった。ここに早良の復権の可能性は閉ざされた。桓武としては、廃位・廃太子後も一定の権威を保持したために対抗勢力に利用されそうになった道祖王や淳仁天皇の事例に鑑み、早良が生存して後に再び災いの種となるのを避けるために死に追いやったのであろう。

三　「崇道天皇」の成立

藤原種継暗殺事件を乗り切って権力基盤を固めた桓武天皇だが、延暦八年(七八九)十二月に母の高野新笠が、翌年閏三月には皇后で皇太子安殿親王の母の藤原乙牟漏が亡くなり、さらに安殿が発病しその状態が続くなど周辺に不幸が相次ぐと(35)、原因として次第に亡くなった早良親王の祟りが着目されるようになる。『紀略』延暦十一年六月癸巳条(36)では、

皇太子久病。卜之、崇道天皇為㆑祟。遣㆓諸陵頭調使王等於淡路国㆒、奉㆑謝㆓其霊㆒。

と、追贈後の崇道天皇で表記されているが、安殿の病気が早良の祟りと認定され、淡路国の早良の墓に使者が派遣された。なお、この記事から七日後の『類聚国史』（以下、『類史』と表記）延暦十一年六月庚子条(37)に、

勅、去延暦九年、令㆘淡路国充㆓某親王〈崇道天皇〉守冢一烟㆒、兼随近郡司、専㆗当其事㆖。而不㆑存㆓警衛㆒、致㆑令㆑有㆑祟。自㆑今以後、冢下置㆑隍、勿㆑使㆓濫穢㆒。

と、早良の墓への対応は不幸が頻発した延暦九年から既に行われていたが、これまでは清浄を保てなかったために改めて対処したことが判明する。この後、これらの対応が功を奏したのか、安殿の健康不安に関する記載は姿を消し、早良の祟りもしばらく姿を消す。だが、延暦十六年には再び祟りが認識されるようになり、『類史』延暦十六年五月乙巳条(38)で、

遣㆓僧二人於淡路国㆒、転経悔過。謝㆓崇道天皇之霊㆒也。

と、僧を派遣して読経させるなど改めてその霊を慰めた(39)。なお、『後紀』の逸文とも考えられる『扶桑略記』延暦十六年正月十六日条(40)では、

興福寺善珠任㆓僧正㆒。皇太子病悩間、施㆓般若験㆒、仍被㆓抽賞㆒。去延暦四年十月、皇太子早良親王将㆑被㆑廃、時馳㆓使諸寺㆒、令㆑修㆓白業㆒、于㆑時諸寺拒而不㆑納、後乃到㆓菅原寺㆒。爰興福寺沙門善珠含㆑悲出迎、灑㆑涙礼仏訖之後、遥契遥言、前世残業、今来成㆑害。此生絶㆑讎、更勿㆑結㆑怨。使者還報㆓委曲㆒。親王憂裡為㆑歓云、自披㆓忍辱之衣㆒、不㆑怕㆓逆鱗之怒㆒。其後親王亡霊屢悩㆓於皇太子㆒、善珠法師応㆑請、乃祈請云、親王出㆑都之日、厚蒙㆓遺教㆒。乞

用二少僧之言一、勿レ致二悩乱之苦一。即転二読般若一、説二无相之理一。此言未レ行、其病立除。因レ茲昇進、遂拝二僧正一。為レ人致レ忠、自得二其位一也。已上国史

と、僧正に任じられた善珠が早良の霊を鎮めて安殿の病気を回復させることができた理由として、早良廃太子の際に形成された両者の密接な信頼関係を述べている。本史料は善珠と早良の接触を事件発生の九月でなく早良死去の十月としており、また食を止められるほど厳しい監禁状態にあった早良が自らの行動をとることは事実上不可能であるため、語られた出来事自体は作り話であろう。だが、善珠の僧正就任と安殿との親密な関係は事実であり(41)、この物語が説得力を持って受容される素地はあった。かくして、改めて早良の祟りと本格的に対峙する必要に迫られた桓武は、『類史』延暦十九年七月己未条で(42)、

詔曰、朕有レ所レ思、宜故皇太子早良親王、追二称崇道天皇一。故廃皇后井上内親王、追復称二皇后一、其墓並称二山陵一。令下二従五位上守近衛少将兼春宮亮丹波守大伴宿禰是成一、率二陰陽師衆僧一、鎮中謝在二淡路国一崇道天皇山陵上。

と、思うところ有りとして早良に崇道天皇を追贈し(井上内親王の復位も)、淡路国の早良の墓(井上の墓も)を山陵に格上げさせるなどその復権を図った(43)。その後、延暦二十四年に桓武自身が大病を患い自らの死期が近いことを悟ると、改めて崇道天皇のために淡路国に寺を建てるなど働きかけを強め(44)、『後紀』延暦二十四年四月甲辰条で(45)、

令下二諸国一、奉二為崇道天皇一建二小倉一、納二正税卌束一、幷預中国忌及奉幣之例上。謝二怨霊一也。

と、諸国に正税を納める崇道天皇のための小倉を建立させるとともに、国忌や奉幣の対象に含めさせた。なお、本史料は官撰史書上における「怨霊」の初見であり、早良の祟りとそれに対する一連の対応の中で、政府は早良のような恨みを抱いて現世に害を為す死者の存在を「怨霊」と規定するようになったのである。さらに、同月には早良の山陵の改葬を命じ、七月には帰国した遣唐使がもたらした唐物を天智・光仁陵とともに献上するなど、早良の天皇として

の実態を整えていった[46]。また、十月には崇道天皇のための一切経書写が指示されると[47]、ついに桓武の死直前の『後紀』大同元年（八〇六）三月辛巳条[48]では、

勅、縁二延暦四年事一配流之輩、先已放還。今有レ所レ思、不レ論二存亡一、宜レ叙二本位一。復二大伴宿禰家持従三位、藤原朝臣小依従四位下、大伴宿禰継人、紀朝臣白麻呂正五位上、大伴宿禰真麻呂、大伴宿禰永主従五位下、林宿禰稲麻呂外従五位下一。奉二為崇道天皇一、令三諸国国分寺僧春秋二仲月別七日、読二金剛般若経一。

と、種継暗殺事件で配流・除名された関係者を復位させるとともに、崇道天皇のために毎年春秋二回、諸国国分寺にて金剛般若経を転読させることを命じたのであった。

この早良の怨霊については、これまで主に貞観御霊会（と御霊信仰）や、菅原道真の怨霊（と天神信仰）を考察する際の出発点として言及されてきた[49]ため、主な論点は怨霊発生の社会的背景であり、都市民など信仰を受容する側の観点に着目されがちであった。だが、大江篤氏は朝廷内での早良の霊に対する処遇に着目し、朝廷内で怨霊の思想を「語る」すなわち発信していく宗教者の変遷を導き出した。具体的には、延暦十一年までを神祇官の亀卜によって認定された「祟」、延暦十六年からを僧侶が関与し語られた「怨霊」とし、貞観五年（八六三）以降のいわゆる御霊信仰とは区別すべきとした[50]。大江氏の指摘は妥当と考えるが、残された課題は、宗教者からの提示を受容して怨霊として認定した国家側の意図、すなわち単なる怯えにとどまらない桓武の王権にとっての必然性であった。この点に関しては、小林茂文氏が「怨霊言説」の発信者として国家を規定し、国家の認定により王権を守護する怨霊を発明したと指摘した[51]が、小林氏の指摘によっても残された課題は、なぜ発明された怨霊が崇道天皇という追贈された「天皇」であったのかという点である。

崇道天皇以前の追贈天皇は、天平宝字二年（七五八）八月の岡宮御宇天皇（草壁皇子）、天平宝字三年六月の崇道尽敬

皇帝（舎人親王）、宝亀元年（七七〇）十一月の御春日宮天皇（志貴親王）の三例である。[52]この三名は、草壁が譲位直後の孝謙太上天皇の曾祖父、舎人が即位翌年の淳仁天皇の父、志貴が即位直後の光仁天皇の父と、いずれも天皇の直系尊属にあたる。つまり、直系尊属でない弟への追贈は早良が初めてにして唯一の事例といえる。儒教的な概念からすれば、過去の三例は追贈する側がされる側を敬う必要があり、まさに追贈はその一環として実施された。[53]だが、早良の事例は追贈される側がする側を敬うべきという構造となる。現実には、弟の早良は兄の桓武に祟りをなし、兄は怨霊となった弟の存在に怯えているのだが、その生死は別として天皇が並列したら、長幼の別からして理念的に桓武「天皇」が崇道「天皇」の上位に位置づけられることは確実である。

また、そもそも死者への追贈は生者のために行われるのであり、先の三例の追贈もそうすることで即位（譲位）時に不安があった現天皇（上皇）の権威を高めようとする意図があった。官人の場合にはそこに蔭位や経済的な給付が加わることになるが、天皇の場合の利益とは究極的には皇位継承権であろう。そのため、追贈とはいえ傍系天皇の誕生は後継者争いのリスクを増やすことにもなるが、先述のように早良はおそらくは意図的に不婚を貫いたため、利益を享受しうる近親は既に天皇となっている桓武しかいない。

このように、桓武としては早良を天皇にしても自分の立場が脅かされることはなく、他の誰かを利して将来に禍根を残すこともない。しかも、今後も早良を祀る必要性は感じていたであろうし、事件がなければいずれ早良自身がその地位に就いていたのである。それならばいっそ早良を天皇に格上げし、過去の天皇と同様に祭祀の体系に組み込んだ方が、後々対処しやすいと考えて不思議はない。つまり、桓武の王権にとっては、早良を過去の天皇の列に加えて共に祀る対象に設定することで、怨霊としての強力な霊威を内部に取り込み、さらなる霊威の強化へつなげようとしたといえる。[54]ここに、仏教者側から仏教によって処理されうる「怨霊」を提示された王権側が、それを受容しつつ、

自らの主導権を確保するための方策として、早良の「天皇」化を持ち出した構図を見ることができる。(55)

四 「崇道天皇」認識の拡大

桓武天皇の死後、崇道天皇の怨霊は一時的に姿を消す。かつて皇太子時代の平城天皇を苦しめた早良親王の怨霊だが、平城は『続紀』の種継・早良関係記事を復活させており、父桓武と異なりその祟りをそれほど気にしなかったのであろうか。しかし、その後即位した嵯峨天皇が大同五年(八一〇)七月に体調を崩すと、大同二年に謀叛の罪で川原寺に監禁され自殺した伊予親王・母藤原吉子と共に崇道天皇の怨霊が久しぶりに姿を現した。(56)それでも、この二ヶ月後に嵯峨が平城との対立に勝利し、『続紀』に復活していた種継・早良関係記事を再び破却させると、以降崇道天皇の祟りは完全に姿を消す。

また、このような動きと連動して、延暦年間(七八二〜八〇六)以来の崇道天皇の実体化も着々と進められた。『新撰年中行事』十月十七日国忌事(57)からは、

十七日、国忌事、大安寺、 崇道天皇、 今案止、天長元年十月十日官符、依去九月廿七日論奏止之、但同年十二月十四日官符、列十陵、預荷前也、

と、大安寺で執り行われる崇道天皇の国忌が天長元年(八二四)まで継続したことが判明する。(58)また、大和国添上郡の八嶋の地に遷された山陵の祭祀はその後も継続しており、年末の荷前別貢幣の対象を限定するいわゆる十陵四墓制を(59)定めた天安二年(八五八)十二月では、「崇道天皇八嶋山陵在二大和国添上郡一」(60)と十陵の一つに含められた。(61)さらに、『延喜式』には壱岐島分寺の法会料として「崇道天皇春秋読経料八百束」(62)とあり、保安元年(一一二〇)の「摂津国正税帳案」(63)にも「依例奉為崇道天皇春秋二季転読金剛般若経布□(施)料頴仟肆佰捌拾束」とみえることから、かなりの期間

にわたり、崇道天皇のために国分寺での読経が実際に行われていたといえる。

以上のように、弘仁年間(八一〇～二四)以降、早良親王＝崇道天皇はもはや天皇及びその周辺に祟る神ではなく、完全に王権を守護する先皇の一つとして組み込まれたのであるが、これはある意味、桓武らが志向した通りであった。だが、いみじくも大江氏や小林氏が指摘したように[64]、霊(神)はあくまで語られる存在である。したがって、王権を中心とした朝廷内で先述のような崇道天皇の言説が受け入れられたとしても、それが全てではないことは明白であり、そこで大江・小林両氏が照射したのは御霊会の問題であった。いわゆる貞観御霊会の開催を記した『日本三代実録』貞観五年(八六三)五月二十日壬午条では[65]、

所謂御霊者、崇道天皇、伊予親王、藤原夫人、及観察使、橘逸勢、文室宮田麻呂等是也。並坐レ事被レ誅、寃魂成レ癘。

と、崇道天皇はここで祀られた六名の御霊の筆頭として登場するように、九世紀後半以降には朝廷の枠から離れて、平安京の都市民の中でも神として祀られていく。ここでは、在地と切り離された都市民たちが、新たな精神的紐帯の柱の一つとして、疫神としての「天皇」を担ぎ出したといえる。ここに王権側の文脈とは異なる平安京の都市民による新しい文脈を読み取る視線は正しく、その点で両氏の主張に異論はない。

ただし、崇道天皇の存在は一連の政策により全国的に展開している。そして、当然ながら地方では中央とは認識を異にする人々が生活しており、朝廷内と異なる、さらには平安京やその周辺とも異なる、多面的な展開をみせることになる。そこで改めて注目されるのが、桓武が諸国に建てさせた、崇道天皇のための正税を納める小倉の存在である。『類聚三代格』承和九年(八四二)二月二十五日太政官符には[66]、

太政官符

応レ修二理正倉一事
右案二太政官去延暦廿四年四月四日符一偁、右大臣宣、奉レ勅、奉三為崇道天皇一諸国造二正倉一収二納正税一者。仍須下国司掾已上一人専二当其事一、郡別造レ倉納中稲卅束上。其造制者准二納物数一、所レ須料者宜レ用二正税一者。今被二正三位行中納言兼左兵衛督陸奥出羽按察使藤原朝臣良房宣一偁、奉レ勅、件倉若有二損失一者随即修造。自外之事一依二前符一。

承和九年二月廿五日

と、各郡ごとに造られた崇道天皇のための正倉で老朽化したものの修理が命じられたように、ここでは崇道天皇のための正倉が一過性のものではなく、恒久的に維持されるべきものと認識されていることが判明する。そして、時代は降るが、最初の設置から二百年近く経過した『権記』長保三年（一〇〇一）三月十八日条[67]にも、

又崇道天皇大安寺御在所平超可修理由、幷阿波国御在所焼亡後未作、同仰国司、又諸国崇道天皇御稲倉等修塡（事カ）由、同可仰不可懈怠之由、仰左大臣奉親宿禰、

と、承和九年同様、諸国に置かれた崇道天皇御稲倉の修繕が議題に上がっているように、その意志はなお貫徹されている。

なお、仁治二年（一二四一）の「筑後国交替実録帳」では、「無実」の「崇道天皇御倉一宇」[68]が確認できる。この文書を検討した牛山佳幸氏は、平安期には各郡の官倉群の中に崇道天皇御倉が一宇ずつあり、それが当郡では遅くとも大治元年（一一二六）頃までに〝無実〟となっていたが、このような御倉が後に西日本諸国に多く見える崇道社に展開したと指摘した[69]。本史料からは、崇道天皇御倉が各郡で孤立していたのではなく正倉と並んで置かれたと推察されるが、この倉から神社へと展開するという牛山氏の指摘は重要である。また、このような崇道天皇御倉の検討をふまえ

つつ正倉の意義を捉えようとした大津透氏は、天皇とは全国の郡に正倉が建てられ稲が納められることと不可分の存在であり、倉を建てるということは神に稲の初穂を献上して祭ることを意味するとして、律令制下の支配イデオロギーとしてのクラの意義を指摘した[70]。この指摘も重要であるが、ここでは正倉の存在によって示されるイデオロギーが、崇道天皇の御倉（小倉・正倉）が脇に並び立つことによってより明確になるという側面を改めて強調したい。

そもそも、八世紀初頭に『古事記』や『日本書紀』で提示された「現人神」としての天皇の位相は、多分に理念先行で実体が伴わず、都の貴族たちにしても宇佐八幡神託事件を経てようやく「万世一系」が内在化したように[71]、浸透するのには時間がかかる。確かに地方では初穂の献上先としての神＝天皇という論理を浸透させようとしたのであろうが、班田農民らにとっては律令以前の在地首長層への貢納と大差なく、その浸透には時間とそれを促す何らかの契機が必要であった。そんな時に突然もう一つの正倉として崇道天皇のためと明示された倉が設置され、その崇道天皇は都で猛威をふるった霊的な存在すなわち神でもあった。つまり、都から離れた地方における郡ごとの崇道天皇御倉の設置により、各郡内では都の「天皇」のための正倉と「崇道天皇」の小倉との並列状況が可視化された。ここに、神として祀られる「崇道天皇」小倉の脇に、より大きな固有性を持たない都の「天皇」の正倉が位置するという、神の上位的存在としての天皇の位相が可視化され、認識されるに至る。

かつて早川庄八氏は、桓武以降の九世紀に「天皇の雲の上への上昇が生じた」と指摘したが[72]、より具体的には、ここに本当の意味での天皇の神そのものへの接近、というよりむしろ「上帝」への接近の端緒を見出すことができよう[73]。

おわりに

ある人物の評価は、専らその死後にその人物についての記録が残され、その記録を解釈した記憶が共有されることで、ようやくその集団内で定着する。また、得体の知れない不安についても、それがある一定の合理性を持って解釈され、その説明がその集団内で共有されることで、安定に転換させることができる。

早良親王が最終的に崇道天皇として人口に膾炙するようになるまでにも、様々な記憶の再構築がなされた。立太子以前の「親王禅師」としての経験がもたらした仏教との結合という記憶、後継者のいない中継ぎ的な皇太子としての記憶、藤原種継暗殺事件がもたらした悲劇の犠牲者という記憶、これら生前の記憶は死後に「怨霊」として桓武天皇ら生者を苦しめると同時に、そこからの解決策を提供する道具ともなり、最終的に仏教により供養されつつ王権を守護する「崇道天皇」という位相を獲得する。ただし、この記憶はあくまで為政者側のものであり、そこからこぼれ出た崇道天皇の記憶は、都とその周辺では疫神としての「御霊」という新たな記憶を獲得する一方で、地方の諸国においても正倉と並ぶ小倉に神としての（固有名詞の）天皇という記憶をもたらし、以前から正倉に付与されていた神としての（普通名詞の）天皇の記憶を増幅させる結果を生み出す。

桓武が進めた早良の慰撫による崇道天皇の実体化は、はじめはあくまで怨霊への怯えから進められたかもしれないが、おそらくは当事者たちの予期しないところで、後世にわたる「天皇」の地位の上昇に寄与したのである。

註

（1）『続紀』天応元年四月壬辰条（『新日本古典文学大系』五—一七八頁）。

（2）山田英雄「早良親王と東大寺」（『南都仏教』一二、一九六二年十一月）。

（3）「奉写一切経料墨紙筆用帳案」（『正倉院編年文書』一八—四五七頁）、「倉代西端雑物出入帳」（同前一二—二三六頁）、「親王禅師冶葛請文」（同前二三—六二五頁）、「双倉北雑物出用帳」（同前四—一九九頁）、「倶舎衆牒」（同前三—五二三頁）。

（4）『大安寺碑』（『寧楽遺文』下—九七九頁）。

（5）『記文』（『大日本仏教全書』一一八—一三五頁）。

（6）『要録』巻第四羂索院（筒井英俊校訂『東大寺要録』、全国書房、一九四四年、九〇頁）にも、神護景雲二年を三年とする以外は『記文』と同内容の記載がある。

（7）『要録』巻第七東大寺権別当実忠二十九ヶ条事（前掲書二六三～二七一頁）。

（8）『要録』巻第三の末尾に「崇道天皇（実忠之弟子並等定大僧都資、白壁天王第二子也）」（前掲書八七頁）、巻第五東大寺華厳別供縁起では良弁の臨終に際して「僧正臨終時、偏以㆓花厳一乗㆒、付㆓属崇道天皇㆒。々々敬受伝持不㆑断亦其力也」（前掲書一五七頁）と、早良は良弁および実忠の弟子とされるが、これらはあくまで後世の記載であり、そこまで言い切れるかは不詳。

（9）後世の史料だが、『一代要記』は早良親王について「宝亀元年賜㆓親王号㆒、天応元年四月為㆓皇太子㆒、年三十二」（『改訂史籍集覧』一—六〇頁）とし、この記載を根拠に『国史大辞典』（吉川弘文館）をはじめ多くで早良の生年を天平勝宝二年（七五〇）とする。ただし、『記文』の文章構造からすれば神護景雲二年（七六八）時点では二十一歳以上であり、天平二十年（七四八）より前に生まれている必要がある。「修練修学」の文言からは大安寺への移住が受戒の直後とは考えがたく、そこから数年間分は考慮したい。
(10) 高田淳「早良親王と長岡遷都」（林陸朗編『日本古代の政治と制度』、続群書類従完成会、一九八五年）。
(11) 井上満郎『桓武天皇』（ミネルヴァ書房、二〇〇六年）六八〜七〇頁。
(12) 『日本後紀』平城天皇即位前紀（『新訂増補国史大系』六一頁。同時に『訳註日本史料』本も参照、以下も同様）。
(13) 『続紀』延暦四年九月乙卯条（前掲書五―三四六頁）。
(14) 『続紀』延暦四年九月丙辰条（前掲書五―三四六・三四八頁）。
(15) 『続紀』延暦四年十月庚午条（前掲書五―三四八・三五〇頁）。
(16) 『新日本古典文学大系』の註ではこれらの山陵をそれぞれ天智・光仁・聖武とするが、吉川真司氏はこれを天智・施基・光仁と捉え直した。吉川真司「後佐保山陵」（『続日本紀研究』三三一、二〇〇一年四月）。
(17) 『続紀』延暦四年十一月丁巳条（前掲書五―三五二頁）。
(18) 『後紀』弘仁元年九月丁未条（前掲書八六頁）。
(19) 『紀略』延暦四年九月丙辰条（『新訂増補国史大系』二六〇頁）。
(20) 『紀略』延暦四年九月庚申条（前掲書二六〇・二六一頁）。
(21) 北山茂夫「藤原種継事件の前後」（同『日本古代内乱史論』、岩波書店、二〇〇〇年。初出一九五九年）。
(22) 佐伯有清「桓武天皇の生涯」（同『新撰姓氏録の研究』研究篇、吉川弘文館、一九六三年。初出一九六二年）、林陸朗「暗殺事件と怨霊」（同『長岡京の謎』、新人物往来社、一九七二年）、本郷真紹「光仁・桓武朝の国家と仏教」（同『律令国家仏教の研究』、法蔵館、二〇〇五年。初出一九九一年）、西本昌弘「藤原種継事件の再検討」（『歴史科学』一六五、二〇〇一年八月）など。

(23)　村尾次郎『桓武天皇』(吉川弘文館、一九六三年)一〇九～一一三頁。
(24)　高田　前掲註(10)、木本好信「藤原種継の暗殺と早良廃太子の政治的背景」(同『奈良時代の人びとと政争』、おうふう、二〇〇三年。初出一九九八年)、井上　前掲註(11)八八～九六頁など。
(25)　西本昌弘「早良親王薨去の周辺」(『日本歴史』六二九、二〇〇〇年十月)。
(26)　北山　前掲註(21)、村尾　前掲註(23)一〇九～一一三頁。
(27)　山田　前掲註(2)。
(28)　高田　前掲註(10)、および本郷　前掲註(22)。
(29)　西本　前掲註(22)。
(30)　最近では関根淳氏が、『紀略』に加えて『扶桑略記』載録の善珠の伝から事件への早良の関与を認め、背景に皇位継承問題をめぐる近臣間の対立をみる。関根淳「皇太子監国と藤原種継暗殺事件」(『ヒストリア』二四〇、二〇一三年十月)。
(31)　『続紀』延暦四年八月庚寅条(前掲書五—三四四・三四六頁)。
(32)　『続紀』延暦元年六月戊辰条(前掲書五—二四〇頁)・延暦三年二月己丑条(前掲書五—二八八頁)・延暦四年四月辛未条(前掲書五—三二二・三二四頁)。
(33)　『続紀』延暦四年二月丁丑条(前掲書五—三二〇・三二二頁)。
(34)　西本　前掲註(22)。
(35)　『続紀』延暦八年十二月乙未条(前掲書五—四四八頁)・延暦九年閏三月丁丑条(前掲書五—四六二頁)・延暦九年九月丙寅条(前掲書五—四七四頁)・延暦十年十月甲寅条(前掲書五—五一〇頁)。

(36) 『紀略』延暦十一年六月癸巳条（前掲書二六六頁）。
(37) 『類史』巻二十五追号天皇、延暦十一年六月庚子条（『新訂増補国史大系』一五五頁）。
(38) 『類史』巻二十五追号天皇、延暦十六年五月乙巳条（前掲書一五五頁）。
(39) 延暦十八年二月にも使者を派遣して早良の祟りを鎮めようとしている（『後紀』延暦十八年二月己丑条、前掲書一六・一七頁）。
(40) 『扶桑略記』延暦十六年正月十六日条（『新訂増補国史大系』一一二頁）。
(41) 『紀略』延暦十六年四月丙子条では「僧正善珠卒。年七十五。皇太子図像安ニ置秋篠寺ニ」（前掲書二七一頁）、『扶桑略記』延暦十六年四月丙子日条では「僧正善珠卒。年七十五。皇太子図ニ其形像ー、置ニ秋篠寺ニ」（前掲書一一二・一一三頁）とある。
(42) 『類史』巻二十五追号天皇、延暦十九年七月己未条（前掲書一五五頁）。
(43) なお、併せて淡路国津名郡の二烟が崇道天皇陵に充てられ、その後改めて追贈を報告するための使者が派遣された。『類史』巻二十五追号天皇、延暦十九年七月壬戌条（前掲書一五五頁）・延暦十九年七月甲子条（前掲書一五五頁）。
(44) 『後紀』延暦二十四年正月甲申条（前掲書三八頁）。
(45) 『後紀』延暦二十四年四月甲辰条（前掲書四一頁）。
(46) 『後紀』延暦二十四年四月庚戌条（前掲書四一頁）・延暦二十四年七月甲午条（前掲書四六頁）。
(47) 『後紀』延暦二十四年十月庚申条（前掲書四七頁）。
(48) 『後紀』大同元年三月辛巳条（前掲書五三・五四頁）。
(49) 一九九〇年代までの研究史は、飯泉健司「御霊信仰の研究史」（『国文学解釈と鑑賞』六三―三、一九九八年三月）参照。

(50) 大江篤「早良親王の「祟」と「怨霊」」（同『日本古代の神と霊』、臨川書店、二〇〇七年。初出二〇〇〇年）。

(51) 小林茂文「早良親王怨霊言説の発明」（『史学』七九―三、二〇一〇年七月）。

(52) 『続紀』天平宝字二年八月戊申条（前掲書三―二七八・二八〇頁）・天平宝字三年六月庚戌条（前掲書三―三一六頁）・宝亀元年十一月甲子条（前掲書四―三二二頁）。

(53) 柴田博子「怨霊思想成立の前提」（同編『日本古代の思想と筑紫』、星雲社、二〇〇九年）。

(54) 拙稿「日本古代の氏族秩序と天皇観」（『歴史学研究』九一一、二〇一三年十月）。

(55) この政策に進言者がいるとすれば、当時右大臣神王につぐ大納言壱志濃王ではないか。彼は延暦元年から十七年まで喪葬や山陵を司る治部卿を長く務めており、それ以前も井上内親王の改葬や光仁の異母姉坂合部内親王・皇子稗田親王の喪事監護、早良廃太子を各山陵に告げる使者を務めるなど、桓武近親の喪事に深く関与した。また、彼の薨伝では「質性矜然、不レ護二礼度一。杯酌之間、善二於言咲一。毎レ侍二酣暢一、対レ帝道二疇昔一。帝安レ之」（『後紀』延暦二十四年十一月丁丑条、前掲書四八頁）と、酒席でしばしば昔時を語り桓武を和ませたとする。彼の経歴や桓武との強い信頼関係からして、その「疇昔」に早良の処遇に関することが含まれている可能性は考えられる。

(56) 『類史』巻三十四天皇不予、大同五年七月辛亥条（前掲書二―二一頁）・大同五年七月乙丑条（前掲書二―二一頁）・大同五年七月丁卯条（前掲書二―二一頁）。

(57) 西本昌弘編『新撰年中行事』（八木書店、二〇一〇年）一一六頁。

(58) 大同二年八月には大和国八嶋で山陵の領域確定がなされ（『類史』巻三十七山陵、大同二年八月己巳条、前掲書二―二四六頁）、天長十年十二月と承和六年十二月には光仁・平城・桓武らの山陵と共に唐物が奉られた（『続日本後紀』天長十年

十二月乙酉条、『新訂増補国史大系』一八頁、同承和六年十二月辛酉条、前掲書九五頁）。

(59) 荷前別貢幣の展開に関しては、北康宏「律令陵墓制祭祀の研究」（『史学雑誌』一〇八―一一、一九九九年十一月）参照。

(60) 『日本三代実録』天安二年十二月九日丙申条（『新訂増補国史大系』一二・一三頁）。

(61) 『延喜式』諸陵寮式7柏原他近陵条では、「八嶋陵崇道天皇。在大和国添上郡。兆域東西五町、南北四町。守戸二烟。」（『訳注日本史料』中―七二四・七二五頁）とある。

(62) 『延喜式』主税寮上式71壱岐島分寺法会条（前掲書中―九九八・一〇〇〇頁）。

(63) 「（保安元年）摂津国正税帳案」（竹内理三編『平安遺文』十―補遺続七一頁）。

(64) 大江　前掲註(50)、小林　前掲註(51)。

(65) 『日本三代実録』貞観五年五月二十日壬午条（前掲書一一二・一一三頁）。

(66) 『類聚三代格』承和九年二月二十五日太政官符（『新訂増補国史大系』三八九頁）。

(67) 『権記』長保三年三月十八日条（『増補史料大成』一―二〇四頁）。

(68) 「仁治二年六月一日筑後国交替実録帳」（『鎌倉遺文』八、二七四～二七九頁）。

(69) 牛山佳幸「早良親王御霊その後」（同『【小さき社】の列島史』、平凡社、二〇〇〇年。初出一九八四年）。

(70) 大津透「クラの思想」（同『古代の天皇制』、岩波書店、一九九九年。初出一九九九年）。

(71) 拙稿「神託事件「物語」の構築過程」（同『日本古代の地方出身氏族』、岩田書院、二〇〇四年。初出二〇〇二年）。

(72) 早川庄八「律令国家・王朝国家における天皇」（同『天皇と古代国家』、講談社、二〇〇〇年。初出一九八七年）。

(73) 拙稿　前掲註(54)。

宇多法皇考

駒井　匠

はじめに

宇多法皇は、太上天皇制研究では国政関与のあり方からその権力と天皇や太政官機構との関係が明らかにされ[1]、文化史上では『古今和歌集』との関係等が注目されてきた[2]。仏教史研究からは、真言・天台宗との密接な関係が夙に指摘されている[3]。

しかしながら、太上天皇制研究や文化史研究では仏教との関わりについては取り上げられず、宇多の出家や彼の行った仏事等についても信仰心によるものと説明され、宇多の権威・権力との関わりは考察されてこなかった[4]。ただ、その中でも目崎徳衛氏は、藤原氏の権勢に押しやられ出家した上皇の一例として宇多を取り上げながらも、宇多は「教界の帝王」となることで在位時以上の権威を身に付けた、と簡潔ながら指摘している[5]。出家の理由を目崎氏の述べるようには理解できないが[6]、権威に関する指摘はより深める必要があると考える。近年の古代中世仏教史研究は王権と仏教の関係について、その政治的意義を解明してきたのであり、かかる研究動向を踏まえ、宇多の出家と仏事についても検討されるべきと考えるからである。平安前期の王権と仏教の関係についての研究が手薄な現状に鑑みれば、宇多法皇は、当該期における両者の関係の一端を明らかにする恰好の素材となり得るのではないだろうか。本稿では宇多の出家と仏事の政治的意義を解明することとしたい。

宇多は様々な仏事を行い、また参加していたが、本稿では特に灌頂を取り上げる。後述するように、宇多は出家した太上天皇として初めて伝法灌頂を受け、また自らも僧侶に灌頂を授けていた。このことの政治的意義は何かを考察したい。また灌頂は、宇多と真言宗の関係を考察する上でも重要な検討素材となると考えるが、そもそも何故宇多と真言宗が結び付くのかは問題とされていないように見受けられる。

宇多と真言宗が結び付いた時代は、真言宗にとっても一つの画期と考えられている。しかし宇多の灌頂やその他の活動が、真言宗の展開にとって如何なる意義を有するものであったのかについても、検討の余地が残されている。このことを考察する上で、当該期において真言宗が如何なる状況に置かれていたのかは、明らかにされなければならない問題である。本稿では国家・天皇との関係を基軸に真言宗の動向を検討し、その中において宇多の活動が如何なる意義を有したのかを解明する。

本稿では宇多と真言宗の関係を考察し、それを踏まえて、灌頂の政治的意義、そして当該期における王権と仏教の関係を明らかにすることを目的とする。

一　宇多法皇と真言宗の再編

空海以降の真言宗は、年分度者課試や空海が入唐時に記した経典儀軌のメモである三十帖策子の所在をめぐる東寺と金剛峯寺の対立、宗叡と真然の不仲等を原因として分裂状態にあったが、その状態は十世紀初頭頃における宇多や醍醐天皇への接近によって解決され、再編が果たされるという。[7] しかし分裂状態が如何なる問題を惹起したのか、僧侶が再編を求めたその背景は何か等、未解明な点も多い。真言宗の分裂状態の解決には、宇多も関与していた。[8] 本節では宇多の真言宗再編への関与が、真言宗の展開の中で如何なる意義を持つものであったのかを考察する。

1　年分度者問題の解決

延喜七年(九〇七)七月四日太政官符によると、[9] 年分度者課試の場をめぐって東寺、神護寺、そして金剛峯寺が相論を起こしていたことがわかるが、その解決に宇多の関与が見られる。ここでは年分度者問題解決の目的を明らかにしたい。

太政官符
　応レ加二置真言宗年分度者四人一事
右　太上法皇勅命曰、伏検二案内一、真言宗年分惣六人。其三人者依二大僧都空海上表一、去承和二年正月廿三日置レ之。同年八月廿日更亦上表於二金剛峯寺一試レ之。所謂高野年分是也。其三人者依二少僧都真済上表一、去仁寿三年四月十七日置レ之。即於二神護寺宝塔所一試レ之。所謂高雄年分是也。受戒之後各栖二一寺一、出山之期令レ終二六年一。時爰二師没後、衆論逓起、或謂下初称二宗分一須中於二東寺一試上之、或執下既有二本願一何於二他処一行上之。各有二所由一、議難レ定。数遷且改彼争此愁。遂依二権大僧都益信申請一、可下於二東寺一試度上之状、去寛平九年六月廿六日下レ符畢。厥後至レ今十有余年、雖レ云三公議一定更無二一論一、然而不平之声新聴聞閙、難抑之訟故山猶満。伏以相二尋宗分一永付二一寺一、則二師遺跡応レ含二埋没之悲一。更随二本願一欲レ返二両山一、則三密根源恐失二興隆之望一。徒顧二岐路一、漸思二失遺一、非レ申二公家一何得二全済一。伏望、恩議依レ件処分。旧来六人各返二本山之分一、更於二彼山一試レ之、新加二四口一将レ為二東寺之料一、即於二其寺一試レ之。（中略）其試度之法准レ例不レ改。実得二其人一、然後則授戒。授戒之後殊亦加レ試、不レ闕二三時作法之勤一。奉二為一人一令レ祈二其福一、増二功徳於功徳一、金輪之化弥長、加二善根於善根一、宝暦之運無レ極者。左大臣宣、奉　レ勅、依二御願一特置レ之。

延喜七年七月四日

官符によると年分度者の課試をめぐる相論の原因は、東寺と金剛峯寺・神護寺における年分度者の捉え方の相違だった。東寺は、金剛峯寺と神護寺で試度されてきた年分度者を「宗分」、即ち真言宗に与えられたものと捉え、東寺で課試すべきと主張している。当該期においては、後掲寛平九年（八九七）六月二十六日太政官符に見えるように、東寺を「根本」として真言宗の中心寺院と位置付けようとする動向があり、それと関わる見解と考えられる。一方の金剛峯寺・神護寺は「二師」、即ち空海と真済の「本願」を重視する立場にあった。金剛峯寺・神護寺それぞれで課試を行うことが二師の本来の考えであり、他処、即ち東寺で行うことはそれに背くという意見である。

延喜七年官符以前にも年分度者課試の場を変更する政策が行われていたが、その中でも「本願」は問題となっていた。『類聚国史』元慶六年（八八二）五月十四日乙卯条に見られる真然等の申牒によると、仁寿三年（八五三）に、金剛峯寺・神護寺で行われてきた試度を東寺で行うようになったことによって、「金剛道場闃而稀レ人」になり、「今当年学徒絶而不レ度」という状況となったという。そして真然はこの状況を「違二先皇（仁明天皇―筆者註）勅命一、亦乖二本師宿願一」といい、海印寺・貞観寺・安祥寺・元慶寺が各寺で試度を行っている例を引き合いに、金剛峯寺での課試に復すことを申請している。東寺で課試することは金剛峯寺の衰退を招くのみならず、本師＝空海の宿願に乖くものと考えられていた。延喜七年官符と同様の見解と解されるが、真然等の申牒では、「本願」からの乖離が寺院の興隆に直結する問題であったことが明確に読み取れる。毎年得度される真言僧の数自体は減っていないのであり、真然の主張は、宗派全体というよりも、寺院の興隆を重視したものといえる。ここから、延喜七年官符に現れる二師の本願を重視する立場とは、年分度者を寺院に与えられたものと捉え、寺院という枠組みを重視する見解と考えられる。

年分度者をめぐる対立は、年分度者を、宗という枠組みに属するものと捉えるのか、寺院への所属を重視するのか、という二つの見解の対立であり、このことは真言宗内に宗派か寺院かという二つの帰属意識が存在していたことを示していると考えられる。

では、この帰属意識を背景とした課試の場をめぐる対立の解決は、如何なる意味を持つものと考えられるだろうか。延喜七年官符に見える益信の申請は、『東宝記』巻八所収の寛平九年六月二十六日太政官符からその内容を知ることができる。また同官符から、延喜七年以前の課試方法が知られる。そして、そこからは相論の引き起こす問題が何であったのかを窺うことができる。

太政官符治部省

応下復レ旧於二東寺一課中試真言宗年分学生六人上事

右検二案内一、去承和二年、依二大僧都空海表一、准二三密法門一、初置二真言年分三人一。爾後毎年九月廿四日、天皇降誕之晨、於二金剛峯寺一試レ之度レ之。（中略）然則承和官符之後、金剛峯寺試度共行レ之、仁寿勅旨以降、在二東寺一試レ之、帰二両山一度レ之。元慶八年之格雖レ復二試度於高野一、遍求二学生於本宗一。仁和五年之制、於二金剛峯寺一独試二度一門一之後、其仁寿所課之三人、則寛平遂任二神護一寺一。而今権大僧都益信奏状偁、六人年分、惣於二東寺一可レ試之状、官符明白。自レ此之後、於二東寺一課試已経二年代一。而皆去二根本之東寺一、更移二枝葉之山寺一。伏望殊沐二天恩一、如レ旧復試二東寺一者。従三位守権大納言兼右近衛大将行民部卿春宮権大夫侍従菅原朝臣、、宣、奉レ勅、高野神護年分試度、於二一山一惣レ之、或両処分レ之。彼此申請、意渉二愛憎一、再三変復。理似二軽忽一、揆二之仏教一、論二之政途一、処置不レ定、誠可二慚愧一。仍須下選二挙学生一之務遍委中東寺両山上。若有二三処之外一欲レ預二此挙一之輩、仮令自レ先常二住他寺一、随レ師学二習宗業一、復須下任二願分一到二三処一弥益練中熟修行上。為二傍人一所二推譲一、然後任レ理、挙二進試場一。三処所司、依レ実選定、不レ得二阿容而失一レ人矣。唯課試之日、勅使及宗僧綱為二東寺別当一者多少率下彼両寺座主別当及東寺定額僧等之中堪レ為二証師一者一人上、依レ旧毎年二月以前、於二東寺一試レ之。不レ得下偏称二異党一妨レ容二同宗一、遞引二末生一損中傷本業上。試訖、即半分金剛峯、三月廿一日出家、半分帰二神護寺一、四月三日入道之後、住山之限、既如二仁寿格一。当年落第、後年補レ闕、並同二元慶符一。夫昇二両山一、以求二学生一者、尋二先師之旧迹一也。会二一寺一以行二課試一者、遂二宗業之深淵一也。山有レ感、於レ寺無レ愁。窮二未来際一欲レ断二其訟一。又頃年如レ聞、他宗竟入二真言宗一者、或遜二逐名号一、忽改二師資一、或避二規階業一、纔視二秘密一。雖下済々門徒頗如レ樹レ党上、而悠々教理殆是虚伝。自今以後、忌レ之慎レ之、不レ可レ令三先師本願軽墜二于地一焉。彼一尊法、忽濫二転授一。況三密門能惜二開知一。至二于良器一不レ在二制限一。凡厥両山選挙、東寺試定、偶不レ失二其理一、将レ得レ遇二其人一者。省宜承知、依レ宣行レ之。符到奉行。

右中弁源朝臣　　　右少史大春日

寛平九年六月廿六日[10]

（傍線筆者）

この官符では益信の申請を認め、金剛峯寺・神護寺に与えられた年分度者六人を東寺において課試することを定めている。延喜七年官符に即せば、金剛峯寺・神護寺の年分度者六人を「宗分」として課試することを認めたものと換言できる。

官符で示された課試方法は、まず年分度者候補者である学生を、金剛峯寺・神護寺・東寺の三処から推挙し、僧綱に列している東寺別当・金剛峯寺座主・神護寺別当・東寺定額僧中の証師為るに堪える者一人に、東寺で課試を行わせるというものである。東寺を課試の場とし、金剛峯寺や神護寺に属する学生の課試に東寺僧も関与させるということは、「宗分」を扱う寺院としての位置付けを求める益信の意見を斟酌したものと考えられる。一方で金剛峯寺・神護寺にも学生推挙権と課試への関与を認めることで、両山の不満を解消させようとしていると考えられる。

この課試方法に関わり注目したいのは、傍線部である。ここから試度の場所をめぐる各寺院間の相論が、如何なる問題を引き起こすと国家が想定していたのかを、明らかにすることができると考える。

傍線部は、「偏りて異党と称して同宗を容るを妨げ、遞に末生を引き、本業を損傷することを得ざれ」と読み下すことができる。当該箇所は、東寺での課試において引き起こされる問題について述べていると考えられるが、具体的にはどのようなことを言っているのであろうか。

まず前半部分「偏称二異党一妨レ容二同宗一」については、特に「同宗」と「異党」の指す内容が判然とせず、意味が理解し難い。まずはこの点を明らかにしておきたい。当該箇所で命令対象とされているのは、学生の課試に関わる僧侶たちである。この僧侶たちに、課試を受ける学生を「異党」であると言い、「同宗」に入るのを妨げることのないように命じている。「異党」も「同宗」も、課試に関わる僧侶たちから見てのそれであると考えられる。「同宗」は真言宗のことを指すと考えて間違いなかろう。そうであるとすると、同じ真言宗でありながら「異党」であると主張しているということになる。「党」とあるからには、何某かの集団を指すと見てよい。課試に関わる僧侶と学生の間で集団を異にする点としては、宗派でないとすれば、寺院以外には考え難い。「称二異党一妨レ容二同宗一」とは、課試に関わる僧侶たちが、課試を受ける学生を自身とは異なる寺院に所属する学生であるということを理由に、同じ真言宗に属する学生であるにも拘わらず、課試通過を妨げようとするということを述べていると考えられる。

続く「遞引二末生一損二傷本業一」は、学業の優れない人物を選び、本業即ち真言業を退廃させないようにということを述べていると考えられる。課試の方法は、三処から推挙された学生を東寺に集め課試し、僧侶として相応しい上位六人の学生を選んでいく方法であったと推測される。この方法で課試を行った場合、元は東寺に所属していた学生が、金剛峯寺や神護寺で得度する可能性もあったと考えられるが、その場合、例えば東寺推挙の僧侶が籠山の後東寺に帰ってしまうことも想定できよう。推挙される人数は不明であるが、極端な例を想定すれば、金剛峯寺から推挙した学生が一人も通過できない可能性が生じるのである。

このような事態が起きた場合、金剛峯寺に所属し続ける僧侶を得ることは困難となろう。そのため、金剛峯寺から推挙した学生を通過させ、金剛峯寺に所属する僧侶を確保する必要が生じよう。このような事態は三処全てが蒙る可能性があり、三処が妥協して、得度させる学生の所属寺院のバランスを取ろうとする結果、所属を異にする学生の通過を妨げ、能力が不足していようとも自身と所属を同じくする学生を通過させようとする、不正行為が発生し得るのではないかと推測される。このような問題が発生するのは、先に見たような寺院の興隆を重視する立場が存在するからこそと考えられる。

傍線部分の検討から、寺院間の相論が引き起こす問題として国家が想定していたのは、端的にいえば、年分度者枠の奪い合いにより起こる課試における不正であり、その結果優秀な学生が喪失され、真言宗が衰退するという事態であったと考えられる。この問題は二つの帰属意識が課試の場に持ち込まれることにより発生し得るものと考えられる。年分度者を宗派に与えられたものと見る東寺の立場を重視しながら、金剛峯寺・神護寺にも配慮することにより、この問題が引き起こされる可能性が生じるのである。国家はこのような事態を想定しながらも、益信の申請を受け入れ、東寺での課試を許可したのである。

再び延喜七年官符に戻ろう。これにより年分度者は両山に帰され、新たに東寺にも年分度者が置かれ、課試の場に対立が持ち込まれることはなくなった。二つの帰属意識の対立が相論の原因であったが、延喜七年官符は、帰属意識を取り除くのではなく、そのまま保ち、その対立の場を解消するものであった。その解消により、課試における不正が生じる可能性も解消される。そして各寺院は、所属する僧侶を確実に再生産できるようになる。また優れた能力を持つと判定されながらも、従来の課試方法では通過を妨害され落第させられてしまう可能があった学生を、確実に得度させることができるようになるのである。延喜七年官符は、以上のような目的を持つ政策と評価できよう。

年分度者問題解決は、国家にとってのみ重要だったのではないだろう。各寺院、延いては真言宗にとっても重要な政策であったと考えられる。金剛峯寺・神護寺にとって試度を各々で執り行うことは、二師の本願の成就と寺院の興隆のためにも達成すべきことであった。東寺は僧侶を再生産できる権利を新たに得ることができ、真言僧の増産が望める体制が整備されたのである。僧侶の資質の問題は後述したい。

寛平九年官符は東寺による課試の一元化を図るものであったが、延喜七年官符ではその方向性は後退している。年分度者課試については、東寺を中心とする方針は採られなかったのである。延喜七年に置かれた四人の年分度者も飽くまで「東寺之料」であり、「宗分」の年分度者は実現できなかったと考えられる。では真言宗への帰属意識と東寺の関係は以後、如何なる展開を遂げたのであろうか。次項では、この問題に関わると考えられる、空海への弘法大師号諡号を取り上げる。再編策全体を見通しておくことは、宇多の関与をその中に位置付ける上で必要不可欠の作業となろう。

2　弘法大師号諡号

三十帖策子の保管場所をめぐる東寺と金剛峯寺の相論は、藤原忠平が醍醐に持ち込み、観賢が宇多・醍醐の協力を得て、最終的には策子を高野山に持ち込んだ無空の弟子に宇多が「加二勘責一」えることで解決を見、延喜十九年に策子の東寺経蔵への保管が決定された(11)。

それとほぼ同時期に、空海への諡号が図られている。延喜十八年十月十六日に観賢が諡号の追贈を上表したが(12)、延喜二十一年に至り弘法大師号が贈られた。

十月廿七日依二観賢上表一賜二祖師之諡号一。御入定以後八十六年也。観賢者大師五代之資也。醍醐帝勅、琴絃已絶、遺音更清。蘭蘗雖レ凋、余香猶播。故賜大僧正法印大和尚位空海、消二疲煩悩一抛二却驕貪一、全二三十七品之修行一、断二九十六種之邪見一。既而仏日西没、渡二溟海一而仰二余輝一、法水東流、通二陵谷一而導二清浪一。受二密語一者多満二山林一、習二真趣一者自成二淵藪一。況太上法皇既味二其道一、追二憶其人一。誠雖二浮天之波濤一、何忌二積石之源本一。宜下加二崇餝之典一、諡中号弘法大師上。(13)

延喜廿一年十月廿七日

醍醐の勅では、空海以後、密教を学ぶものが多く、また宇多法皇も密教を修め、空海を追憶しているということから、「何忌二積石之源本一」として、空海は諡号され顕彰されている。空海の顕彰が真言宗の統合に関わることは、既に指摘されている(14)。ここでは空海顕彰の意義を、年分度者政策についての考察を踏まえて以下のように考えたい。

勅により空海は、密教興隆の根源として位置付けられた。この空海像は密教を修める者に共有され得るものであり、空海は宗派や寺院という枠組みを超越した存在とされたと考えられる。真言宗は、その空海の法脈に連なる僧侶の集団である。弘法大師空海像の強調には、空海の法脈に連なる真言僧に対して、自らが空海を起点とした法脈に連なるという意識を想起させる効果があったのではないかと考える。密教の根源という弘法大師空海像が、寺院への帰属意識をそのまま包摂しながらも、宗派への帰属意識を高揚させ、そのもとに真言僧を統合する。ここに新たな真言宗の編成原理が、創出されたと考えられる。

　この空海像の創出は、真言宗の外部に対して真言宗の位置付けを示す意味もあったのではないだろうか。密教の根源としての空海の位置が国家により承認されることで、空海を頂く真言宗の権威も上昇すると考えられる。空海と真言宗の権威の上昇が、同時に果たされるのである。

　真木隆行氏は、十世紀の真言宗僧団の全体構造について、東寺を主軸として、東寺長者に就任する高僧たちの活動拠点たる平安京周辺の「主要寺院群によるゆるやかな寺院連合体が僧団の上層を構成し、その外側に長者が管轄する金剛峯寺や地方の真言宗別院を展開させた」「同心円的な階層構造」であったことを明らかにしたが(15)、寺院群、また僧侶たちを、意識の面で、ゆるやかに統合していたのが、新たに創出された弘法大師空海像であったと考える。

　延喜十年に創始された空海御影供や三十帖策子は、それぞれ空海を想起させる儀礼・モノと考えることができ、これらが東寺において始行・安置されることで、真言宗をゆるやかに統合する空海を想起させる場として、東寺は中心的な位置付けを得ることができたのである。東寺を中心とした再編を、このように理解したい。

　ところで、年分度者問題には宇多の関与が明らかであったが、諡号に関しては、宇多の修行と空海の追憶が諡号の理由の一つとして挙げられてはいるが、宇多が直接関与した形跡は認められない。諡号は飽くまでも、観賢の要請によるものである。宇多の主導のみで真言宗が再編されたわけではなく、宇多を含めた真言僧からの働きかけによって達成されたものである点に注意しておきたい。

3　真言宗再編の意義——密教修法からみた真言宗と天台宗の動向——

　真言宗の再編が勢力を伸展させる天台宗への対抗であることは既に指摘があるが(16)、本項では真言・天台両宗が天皇や国家をめぐって如何なる活動を行っていたのか、特に密教修法に着目してその実態を捉え、その中で真言宗再編が如何なる意義を有したのかを明らかにしたい。

修法には天皇の護持を目的としたものと、災異や天候不順に対して行われるものとがある。それぞれについて、天台・真言両宗の動向を把握しておきたい。

まず天皇の護持についてだが、醍醐朝においては、主に天台僧が活躍していることが確認される。臨時に行われる修法では、特に増命や尊意が醍醐からの信頼を得ていたことが窺われる。

妖恠見二宮闈一、訛言満二閭巷一。主上恐懼、臣下驚動。勅請二大僧都増命一、参レ内奉レ護二一人一。有二御修善一。侍臣夢見下法軍四面繞二守王城一、天兵数重警中固禁闈上。霊験著顕、天下無事。[17]

この修法が行われた延喜二十三年は、次第に菅原道真の怨霊が意識され始める時期にあたる。[18] 増命はこの時、内供奉十禅師であった可能性が高く、[19] それ故に修法を行っていたと考えられる。その後、五月三十日の結願日には即日僧正に補任されている。[20] 同日には増命は修法を終えて本山、即ち比叡山に帰っており、彼は普段比叡山に止住していたが、醍醐の病等にあたっては比叡山から召し出され修法を行っていたことがわかる。これ以前の延喜十五年にも醍醐不予にあたり増命を請い祈禱を行わせ、これによって増命は律師を経ずに少僧都に直任されている。[21] これら以外にも、僧綱補任とは関わらないが、醍醐が瘧病を発症した際には臨時に内裏に召され修法を行い、この時は御衣を賜っている。[22]

増命入滅後は、[23] 尊意を重用していたようである。延長八年（九三〇）の清涼殿落雷事件後に不予となった醍醐は、尊意を禁中に候わしめ毎夜加持に献じさせたという。[24] そして彼は、醍醐の臨終出家にあたり戒師となっている。[25]

天皇と真言宗との関係はどうであろうか。内供奉十禅師には、神日や宇多の付法弟子の仁元がいたことが確認される。特に神日は「内供労」で僧綱に任じられており、天皇の護持が僧綱補任に繋がっている。(26)また会理は醍醐御悩のため広隆寺で修法を行っており、(27)真言僧が天皇の護持に全く関わっていなかったわけではなかった。しかし増命のように、天皇の意向により臨時に護持を行い、その功で僧綱へと抜擢される等の褒賞を受けた例は管見の限り見当たらない。

当該期においては、天台僧が天皇に近侍し、修法により褒賞を受ける事例が確認される一方、真言宗は、天台宗に比して、天皇の護持で験力を発揮する機会を十分に得ることができていなかったと言えるのではないだろうか。仁寿殿観音供が延喜十六年に開始され、観賢がそれに勤仕しているから、真言宗が天皇との関係を全く構築できていなかったわけではない。(28)また内供奉や常時天皇に侍り行われる護持は、史料上に現れにくい性格のものであるし、史料の残存状況により把握される傾向に過ぎない可能性もある。しかし天皇の不予という不測の事態にあたって行われる修法において、天皇の意向を受けた天台僧の活動が見られることは重要である。天皇と天台僧が、密接な関係を構築していたことを示していると考えてよかろう。

此の如き状況を反映してか、当該期の真言宗は、神泉苑における祈雨に活路を見出そうとしていたようである。(29)

延長五年七月五日、律師観宿が神泉苑において請雨経法を行っている。(30)その間、十分な雨は降らなかったようで、修法を二日間延長した上、七大寺僧に東大寺で、また延暦寺や有供の諸寺においても祈雨を行わせ、七日に雨が降った。(31)その後同月二十五日に、観宿は少僧都に任じられている。(32)『東寺長者補任』は「是勧賞歟」としているが、(33)修法が行われた日付と補任日が近いことから、恐らく妥当な見解と思われる。神泉苑における請雨経法は、真言僧が僧綱に昇る上で重要な修法であったと言えよう。

既に明らかにされている通り、貞観年間（八五九〜七七）までは天台僧も神泉苑で請雨経法を行う等、神泉苑は真言僧が請雨経法を独占的に行う場ではなかったが[34]、延喜八年に聖宝が神泉苑における請雨経法を行ったことが、その定着する契機となったとされる[35]。また寛平七年成立の『贈大僧正空海和上伝記』に初めて見られる、天長年間（八二四〜三四）に空海が神泉苑において祈雨を行い、それにより空海が少僧都に任じられたとする言説[36]が寛平から延喜年間に喧伝され始め、『御遺告』には神泉苑で祈雨を行う理由が述べられ、真言宗と神泉苑の強い結び付きが記されるようになるという[37]。

しかし以下の史料から、天台宗が請雨経法による祈雨を行っていることがわかる。

> （延長三年七月）廿一日壬子。去今両月旱魃。仍於二神泉苑幷十五大寺有供諸寺一祈レ雨、曾不レ降。而去十六日、於二比叡山一被レ修二請雨経法一。然間、自二今夜子時一雨快降。是感応也。（後略）[38]

これに先立つ七月十六日には神泉苑で修法が行われたが雨が降らず、二日間延長の上、比叡山でも祈雨を行わせることとなった[39]。十六日に神泉苑で如何なる修法が行われたのか、具体的には判然としないが、神泉苑であること、また後日比叡山が祈雨を行っていることからすると、真言僧による請雨経法実修と推測される。藪元晶氏によると、東寺長者による神泉苑での請雨経法は寛平三年の益信による実修以降、延長五年までは確認できるが、延長七年から天慶六年（九四三）までの十四年間は真言僧による祈雨が見られず、その間天台僧による祈雨が台頭してくるという[40]。請雨経法による祈雨は、真言・天台両宗が行っている。真言宗は神泉苑における祈雨は独占できたものの、観宿の例からもわかるように、祈雨修法自体を独占できていたわけではなかった[41]。

臨時修法は天台・真言僧を僧綱に補任させ、その地位を上昇させる契機となっていた。彼らにとって臨時修法による験力の発揮は、天皇からの信任や僧綱補任という点で重要な意味を持っており、如何にして験力を発揮する場を得るかは両宗にとって重要な課題であったと考えられるが、天台・真言両宗とも修法をめぐっては独占的地位を獲得できてはいなかった。

このような状況においてこそ、空海の顕彰や祈雨に関する言説の喧伝が意味を持ったと考えられる。国家や天皇との関係において他宗よりも優位に立たんがために、諡号による空海への密教の根源たる地位の付与とそれによる真言宗の地位の向上や、空海の神泉苑における祈雨についての言説の喧伝による、祈雨修法で独占的に活躍できる場の確保が目指されたのではないだろうか。(42)

当然、空海の顕彰や言説の喧伝のみでは、天皇や国家に対して験力を発揮する集団としての地位を確固たるものとするに十分ではなかったであろう。空海の事績に加えて、僧侶により現に効験が発揮されなければ、その地位は獲得できないだろう。ここに年分度者の加増と、育成の意味があったと考えられる。優秀な僧侶の確保は、天皇・国家との関係を構築するために必要不可欠の前提となろう。

このような活動は、宗派としてのまとまりを同時に形成しながら進められていった。年分度者問題解決と弘法大師空海像による真言宗の再編は、寺院間の対立を解消し、宗派として国家・天皇との関係を強化していこうとする意識を示していると考えられる。年分度者政策、祈雨修法にかかる言説の喧伝、空海への諡号による真言宗の再編と地位の上昇は、有機的に連関した一体の真言宗興隆策として捉えることができ、これらを同時に推進することで、天皇・国家に利益をもたらす宗派としての地位の確立が目指されたと考えられる。

そしてこれは、宗派の新たな動向として捉えることができよう。つまり宗派の自己主張による、天皇・国家との結び付きの獲得という活動である。それぞれの宗派が、それぞれの発揮し得る効験やこれまでの事績を主張し、より強固な結び付きを求める構造を見て取れるのである。

平安前期仏教史については、近年の研究により、諸宗教学は固定化し、天台宗も南都と同質化することや、(43)諸宗が共通基盤を有し共存する体制が形成されていたことが明らかにされているが[44]、一方で諸宗が、自宗の事績を主張して、独自性を顕示する動きを活発化させていることも注目される[45]。この自己主張が、教学に関してのみならず、国家や天皇に対する効験を主張したものである点は重要である。平安前期には寺院・僧侶が世俗に対して「鎮護国家」の利益を主張するようになるが[46]、それを発揮する方法やそのことを担ってきた由緒を示すことにより、他宗に対してのみならず、世俗に対しても宗派の独自性と発揮し得る効験を顕示し、世俗との結び付きを強めようとするのである。

宇多の主導した年分度者政策も、この構造において真言宗の興隆を推進するものと位置付けられる。では何故、宇多は真言宗の再編に関与していたのであろうか。節を改め、この問題と宇多の灌頂の政治的意義を考察したい。

二　宇多法皇の灌頂

灌頂を受けた天皇や太上天皇は宇多以前にも存在したが、伝法灌頂を受けて密教の正統な継承者である阿闍梨となり、自ら灌頂を授けて法脈を形成した太上天皇は宇多以前には存在しない。本節では、前節の考察を踏まえ、宇多が授けた灌頂の政治的意義を明らかにする。

1　宇多法皇の法脈形成

宇多は、延喜元年（九〇一）十二月十三日に東寺で伝法灌頂を受け、阿闍梨となった[47]。法皇の伝法灌頂自体が、前例の無い事態であった。更に、宇多が僧侶に灌頂を授け、付法弟子を抱えていたこと、即ち法脈を形成していたことは注目される。宇多は三度にわたって東寺や大覚寺で、灌頂を授けていたことが確認される（表参照）。宇多の灌頂の特徴としては、以下の三点を指摘できる。

①宇多の付法弟子は、宇多よりも年臈が高い僧侶が殆どである。具足戒を受けてからの年数を示す年臈は、僧侶を秩序付ける基準である。(48) 下臈から上臈への付法は、例えば空海から最澄への付法がある。(49) 弘仁三年（八一二）の高雄山寺における灌頂の後の両者の関係は、密教の受法に関わるものではあるが、最澄は空海宛の書状で「付法弟子」と自称しており、(50) 師―空海と弟子―最澄という関係になっている。付法することで、年臈による序列を超えて師弟関係が構築されることになる。

②例えば延僘や貞従等、宇多から灌頂を受ける以前に既に益信や聖宝から灌頂を受けていた僧侶がいる。これは①とも関わる。益信は宇多に伝法灌頂を授けた僧侶であるから、宇多も益信から灌頂を受けた他の僧侶と同じ法脈に連なっているのであるが、このような僧侶に付法することで、宇多の法脈の中にも位置付けられることとなり、法脈上の位置が逆転するのである。

③国家・天皇の護持にあたることのできる密教僧がいる。会理は先に見たように、天皇の身体護持の修法を行っていた。仁元は内供奉十禅師であり、天皇の護持を行える僧侶がいた。貞寿は延喜十六年に阿闍梨となっている。(51) 阿闍梨位は真言僧の中でも「稟二学両部大法及宗義幷五種護摩法等一、修練加行堪レ為二師範一者」にのみ授与が許可されており、また「受二阿闍梨位一及学二一尊契一之法師」以外は「一切不レ聴二私輙作一レ法」とされており、阿闍梨位は修法を行うことのできる地位であった。(52) 更には密教のみならず顕教法会を担う僧侶もいた。宇多からの付法により阿闍梨となった延僘は、「已講労」、即ち御斎会・維摩会・最勝会講師に勤仕したことにより、権律師に任じられた。(53)

宇多の法脈形成には、以上のような特徴があると考える。弟子を持つことは灌頂でなくとも、自らが師主僧となり、僧侶候補者を得度させることでも可能であるが、年臈が上の僧侶までも弟子とすることは不可能である。また年分度者数は限られており、その枠も各宗派・各寺院に与えられたものであった。その多くを宇多の弟子で占めることは、憚られたであろう。制度的制約によらず、多くの弟子を獲得することは灌頂により可能となるのである。

2　灌頂の政治的意義

ここまでの考察を踏まえ、宇多の灌頂の政治的意義を考えたいが、まず宇多の抱えていた政治的課題について確認しておきたい(54)。

宇多が即位したのは仁和四年(八八八)であったが、宇多は皇位に即く可能性が殆どない親王の一人に過ぎなかった。宇多の父である光孝天皇は、陽成天皇の突然の退位により中継ぎ的に即位した天皇であり、次期天皇に自らの子を候補としないことを表明するため、その子等を臣籍降下させた。宇多も源氏姓を与えられ、源定省と名乗ることとなったのである。そして光孝が死去し、宇多が即位することとなった。賜姓源氏から親王に復しての即位は前例がなく、この即位に対して陽成太上天皇は「当代は家人にはあらずや」と嘆じたという(55)。このように本来皇位に即くべき存在ではなかった宇多であったため、即位以前からの近臣も少なかった。このことが天皇の側近たる蔵人や殿上人、それと関わる昇殿制の充実が図られる背景となったとされる(56)。また文徳―清和―陽成皇統からの転換による新たな皇統の安定化も、大きな課題であった。光孝―宇多皇統は新たな皇統として、その安定化を進めていく必要に迫られていた。そのため宇多は、政治を推進していったのである。

出家は政治の一線から退く行為という一面も持つのだが、宇多の出家・灌頂もこのような政治的課題と全く無関係のものと理解してよいだろうか。

宇多は伝法灌頂を受けることで真言僧となり、且つ法脈を形成することで自らの法脈の下に多くの僧を抱えていた。宇多の付法弟子には、修法を行い効験を示し、また顕教法会に参加し、国家・天皇にとり重要な役割を果たし得る僧侶がいた。宇多はそのような真言僧たちの付法の師であった。師資関係により真言僧は、宇多の下に取り込まれるのである。

ところで、平安前期に至ると、僧侶や寺院が様々に自らの利益になるような政策、例えば寺院への年分度者設置や国家的法会への参加権、寺内法会の財源確保等を引きだそうと、世俗権力に働きかける動向が多く見られるようになるなど、国家と寺院・僧侶の関係が変化していたことは注意される。

奈良時代の僧侶と世俗権力の関係については、僧侶が自らの活動に有利となるように働きかけるといった動きは見られず、一方向的な関係であったと考える。時に僧侶から意見が出されることもあったが、自己主張により、自らに利する権限を獲得しようとすることは少なかったのではなかろうか(57)。僧侶や寺院が利益を主張し世俗に要求を認めさせるということは、僧侶や寺院が国家から相対的に自立し、奈良時代とは異なる集団として現れてきたことを示していると見てよいだろう(58)。真言宗も、国家・天皇に対して利益をもたらすと主張し地位の向上や要求の実現を図っており、国家から相対的に自立した、天皇・国家の護持を標榜する集団として活動していると考えられる。

真言宗の中で、天皇・国家の護持の役割を中心的に担っていたのは、修法を執行する阿闍梨や天皇の護持にあたる内供奉であった。宇多は、そのような地位にある真言僧を、灌頂によって取り込んだのである。そして宇多の付法弟子たちが修法を担い、天皇・国家の護持における真言宗の重要性を向上させることにより、師としての宇多の地位、また法脈の権威も確立していくと考えられる。年臈が上であり、既に修法・法会で活躍できる位置にある僧侶を取り込む意味は、このように考えることができよう。

また宇多は、真言宗内部の対立の解決に関与していた。宗派内部の対立は、宇多天皇在位時以前から問題となっていたし、また三十帖策子問題は藤原忠平が醍醐に持ち込んだことも合わせて考えれば、貴族社会に広く知られている問題であったと考えられる。付法弟子の活躍に加え、これらの問題の解決は、宇多が真言宗を領導する存在であることを、貴族等に強く印象付けたであろう。

以上を要するに、宇多は灌頂を行うことで真言宗を統率する存在となり、真言宗を興隆することで、その国家的地位の向上を図り、自身の権威の上昇を目指したと考えられる。宇多は真言宗の国家的位置付けの上に立脚した、宗教的権威へと転成したと言えよう。宇多の灌頂と真言宗興隆は、先に見た宇多の抱えた政治的課題の克服を、仏教界においても実現していく活動であったと考えられる。このように考えるならば、伝法灌頂と法脈形成、そして真言宗の興隆は一体のものとして捉えることができる。

ところで、宇多の真言宗興隆は修法を通じて構築される天皇・国家と真言宗の関係を、より強固にしていくことを目指したものであった。このことからすれば、ことは宇多の権威の問題のみに留まらないのではないかと考える。

宇多は、天皇護持・鎮護国家に重要な役割を果たし得る集団として、王権に接近しようとする真言宗の活動の一端を担い、それを推進していた。先に見たように、天台宗と醍醐は緊密な関係を構築していたと考えられるが、真言宗は後れをとっていた点があった。宇多は真言僧を自らの法脈の下に置き、宗の活動基盤を整備することで、真言宗を王権に密着した宗派としようとしていたと考えられる。このことは天皇と密接な関係を取り結び、天皇・国家の護持にあたる集団形成の促進と考えることも可能であろう。修法により関係を構築するということは、全ての僧侶が可能だったわけではなく限定性を持つが、このことは仏教界における王権の基盤の強化という意味を持つと考える。

宇多から皇位を継承した醍醐も、源姓から親王復位、即位という経緯を経ており、また血統にも問題があったという。(59)王権の安定化は大きな課題であったろう。宇多は真言宗の統率と興隆を図ったが、それは王権を継承してきた現皇統が、仏教界においてもその主導権を発揮しているということをも示すだろう。天皇と真言宗の関係強化も含めて、宇多の灌頂と真言宗興隆は、総体として、王権を強化していくことに繋がると考えられる。宇多は王権を仏教の側面から補完しようとした、と考えることができるのではないだろうか。

宇多は何故、天台宗ではなく真言宗を選択したのであろうか。注目したいのは、真言宗の存在形態である。先述の通り、真言宗寺院は平安京周辺に点在していた。それのみならず真言僧には南都諸宗を兼学し、南都寺院も活動拠点とする者もいた。延僘は三論宗との兼学であり、後に東大寺別当に補任されている[60]。また三会にも勤仕していた。真言僧は兼学することで、南都の顕教法会にも参加可能であった。平安京周辺の寺院にも、真言宗を修めながらも顕教法会を階業とする年分度者が置かれている[61]。真言宗は兼学というかたちで、南都にも広がりを見せていた。このような真言宗の存在形態は、天台宗が延暦寺を中心としていたことと対照的である。真言宗は修法のみならず顕教法会を担う僧侶も所属する宗派として、仏教政策上にその地位を確保していたと考えられる。付法による師弟関係の構築は、真言宗のみならず、南都をもその影響下に置くことを可能とするのである。宇多に真言宗を選択させた積極的な理由として、以上のような宗のあり方をあげることができよう。

宇多の灌頂の政治的意義を以上のように考えるならば、昌泰の変後の宇多ついては、以下の如く再評価できよう。

目崎氏は、昌泰四年（九〇一）の昌泰の変後の延喜九年、即ち時平死去頃までの宇多は、政治への関与が断たれて、仏道修行に専念していたとする[62]。変後の宇多は逼塞しており、延喜五年頃に復権するというのが通説的理解である[63]。確かに変後から延喜五年頃までの宇多の活動を具体的に追うことのできる史料は存在せず、宇多は政争に敗れて仏道修行に専念したと見ることもできる。国政関与のあり方を追究する立場からすれば、以上のような評価は妥当ということができるが、ここまでの考察によるならば、この期間とは法脈形成の前提となる伝法灌頂を受ける等、新たな王権構想の実現のための準備期間であったと積極的に意義付けることができると考えられる。

おわりに――仏教史上の宇多法皇――

本稿では宇多法皇を素材に、平安前期の王権と仏教の関係の一端について考察してきた。最後に、不十分ではあるが、それを仏教史上如何なる段階として位置付けることができるか、特に王権と仏教の関係史上における宇多法皇の位置付けについて述べ、展望と課題を示しておく。

宇多が関与した真言宗の再編は、天皇や国家との関係を強固にしようとする動向から生み出されたものでもあった。かかる動向の中における真言宗の地位確立は新たな宗教的権威の創出、そして王権の基盤の強化に関わると考えることができる。一方で、真言宗も宇多との関係を強化することで、天皇との結び付きを強める活動を推進する基盤を整備することができた。また宇多の存在が梃子となり、真言宗の地位が向上した側面もあり、真言宗の興隆にとっても宇多は不可欠な存在であった。このように王権と真言宗の間には、相互に依存した密接不可分な関係が見られるのである。

中世に至ると、真言密教が王権に接近し、院権力を支える宗教的基盤となる等の独自の役割を果たすようになるとされる(64)。そこに至る過程の中に、真言宗を仏教界における王権の基盤とせんとした宇多の構想を位置付けられる可能性があると考える。

もっとも、この可能性を検証するには、宇多の検討から見られた王権と仏教の連関構造がどのように変化していくのかを明らかにすることが不可欠となろう(65)。また仁和寺の位置付けや宇多の法脈に連なる、中世に現れる新たな宗教権門たる仁和寺御室との接続も問題となる。[67]これらの問題点も踏まえながら、宇多を仏教史上により的確に位置付けていかなければならない。更なる検討が必要であるが、宇多法皇の分析から、寺院の権門化や院権力の強大化が未成熟な段階における王権と仏教の関係を見出すことができるのであり、宇多法皇が古代中世における王権と仏教の関係の変遷を明らかにする上で、検討不可避な存在であることだけは間違いないのではないだろうか。

註

（1）目崎徳衛「宇多上皇の院と国政」（同『貴族社会と古典文化』、吉川弘文館、一九九五年。初出一九六九年）、春名宏昭「平安期太上天皇の公と私」（『史学雑誌』一〇〇―三、一九九一年）、山本崇「宇多院宣旨の歴史的前提」（『古文書研究』四八、一九九八年）。

（2）目崎徳衛「古今和歌集勅撰の歴史的背景」（同『平安文化史論』、桜楓社、一九六八年。初出一九六六年）、同「宇多天皇とみやび」（同『鄙とみやび』、小沢書店、一九九二年。初出一九八七年）。

（3）辻善之助「寛平延喜以後に於ける真言宗」（同『日本仏教史』第一巻上世篇、岩波書店、一九四四年）。

（4）所功「〝寛平の治〟の再検討」（同『菅原道真の実像』、臨川書店、二〇〇二年、初出一九六七年）は、宇多の譲位を出家という宿願を遂げるためとしている。目崎 前掲註（1）も所説を承けて、宇多の出家は信仰心によるとする。

（5）目崎徳衛『出家遁世　超俗と俗の相剋』（中央公論社、一九七六年）三一頁。

（6）拙稿「宇多上皇の出家に関する政治史的考察」（『佛教史学研究』五五―二、二〇一二年）。

（7）真木隆行「中世東寺長者の成立―真言宗僧団の構造転換―」（『ヒストリア』一七四、二〇〇一年）。

（8）宇多は、幼少の頃から延暦寺を訪れる等、天台宗との関係も深かったと考えられる（『扶桑略記』所引『宇多天皇御記』仁和五年〈八八九〉己酉正月条)。延喜五年(九〇五)には増命から菩薩戒を受け、延喜十年には三部大法(天台宗の伝法灌頂)を受けている。しかし、宇多から受法した天台僧には玄照がいるが、例えば、東寺長者に宇多の法脈に連なる僧侶が補任されていった真言宗に比して(真木 前掲註(7))、天台宗では宇多の法脈が重要視された形跡は見当たらない。『叡岳要記』下、西塔造立事(『群書類従』第二十四輯)には、延暦寺西塔宝幢院建立と仏像造立に宇多が砂金等を提供したことが記され、西塔の整備は増命と宇多の事績とされているが、西塔、延いては天台宗に如何程の影響力を有していたのか俄には判断し難い。真言宗で伝法灌頂を受け弟子を抱えていても、天台宗との関係を維持していたと考えられるが、後世への影響も含めて考えれば、真言宗に比してその影響力は限定的であったと捉えるべきではないだろうか。

(9)『類聚三代格』巻二、年分度者事。

(10)『東宝記』巻八、僧宝下、真言宗年分度者。

(11)『東宝記』巻六、法宝下、安置聖教。

(12)『高野大師御広伝』下(『弘法大師全集』首巻、密教文化研究所、一九七八年)。南北朝期の東寺僧・杲宝『諡号雑記』(『続群書類従』第二十八輯下)には、延喜十八年八月十一日付と十月十六日付の二つの上表が載せられている。龍肅氏は前者を宇多によるものと見ているが(『平安時代』、春秋社、一九六二年)、目崎氏は、もし宇多の上表が事実であれば、後者の方を宇多の上表と見なすのが妥当であろうとするが、『諡号雑記』は、諡号宣下の遅れやその経緯から、空海が最澄・円仁・円珍より劣るとする比叡山の主張に対する反駁を目的とした著作と考え、宇多による上表が事実であったか疑問を呈している(前掲註(1))。妥当な見解であると考える。宇多が諡号に全く関与していなかったとも断言はできないが、もし関与していたとしても間接的・限定的であったと見るべきだろう。

(13)『東寺長者補任』延喜二十一年条(『続々群書類従』第二)。

(14) 薗田香融・田村圓澄「平安仏教」うち薗田氏執筆分「三　貴族仏教の成立」（『岩波講座 日本歴史』古代4、岩波書店、一九六二年）。薗田氏は、延喜十年（九一〇）に始められた、空海の忌日に行われる東寺灌頂院御影供も（『東要記』下〔『続群書類従』第二十六輯下〕）、観賢による弘法大師信仰の鼓吹の一環であるとする。なお、本稿での空海顕彰に関する内容は、記憶の研究と通じる点が多い。さしあたり、アライダ・アスマン『想起の空間―文化的記憶の形態と変遷』（安川晴基訳、水声社、二〇〇七年、原著二〇〇六年）参照。

(15) 真木　前掲註(7)、八一頁。

(16) 真木　前掲註(7)。

(17) 『扶桑略記』延喜二十三年（九二三）三月二十一日条。

(18) 同日には皇太子保明親王（醍醐と藤原時平女穏子の子）が没している。保明の死去は「挙レ世云、菅帥霊魂宿忿所レ為也」といわれた（『日本紀略』延長元年〈九二三〉三月二十一日条）。

(19) 増命は、光孝により内供奉十禅師として抜擢された（『日本高僧伝要文抄』第一所収『静観僧正伝』）。延喜十年（九一〇）の時点でもその職に就いていたことが確認される（『扶桑略記』延喜十年八月同月条）。天台僧は僧綱にあっても内供奉十禅師を離れることはなかったから（『新儀式』第五、任僧綱事〔『群書類従』第六輯〕）、延喜二十三年時点でも内供奉十禅師であった可能性は高いと考えられる。

(20) 『扶桑略記』延長元年（九二三）五月三十日条。

(21) 『扶桑略記』延喜十五年秋月条。この年に新たに僧綱に任じられたのは増命のみであり、昇任した僧侶も見られない（『僧綱補任』延喜十五年条〔『大日本仏教全書』一二三〕）。延喜十六年四月五日には大僧都に任じられている（『扶桑略記』延喜十六年条、『僧綱補任』延喜十六年条）。

(22) 『扶桑略記』延長三年（九二五）乙酉六月七日条。

(23)『扶桑略記』延長五年(九二七)十一月十一日条。

(24) 請雨の事について諸卿が殿上に侍り議していた延長八年六月二十六日、午三刻に愛宕山上から黒雲が起き、俄に雷声が鳴り、清涼殿の坤第一柱に落雷し、殿上の諸卿が死傷した(『日本紀略』)。この事件により醍醐は不予となり、七月二日に清涼殿から常寧殿に移った(『同前』)。その後十五日に醍醐が咳病発症、二十一日には天台阿闍梨五人による五壇修法が行われている(『日本紀略』同年七月十五日条・二十一日条)。尊意の加持については『扶桑略記』同年六月二十六日条。

(25)『日本紀略』延長八年九月二十九日条。

(26) 神日の権律師補任は『僧綱補任』延喜十年条に見える。「内供労」による補任の初例である(垣内和孝「内供奉十禅師の再検討」『古代文化』四五—五、一九九三年)。無空も同じ理由で延喜十六年に権律師に任じられている(『僧綱補任』延喜十六年条)。

朱雀天皇の護持僧としての活動が確認される真言僧の貞崇は、延長五年に「頻蒙㆓恩詔㆒、俄候㆓禁闈㆒」という(『扶桑略記』天慶六年〈九四三〉条)。延長六年には内供奉十禅師に補任されているが(『醍醐寺雑事記』〈『群書類従』第二十五輯〉所引『醍醐天皇御記』同年正月六日条)、延長五年には増命が死去しており(前掲註(23))、彼が恩詔を蒙ったのは内供奉十禅師欠員補充のための可能性が高く、これも臨時の修法に召し出されたものではなかったと考えられる。彼の僧綱補任は承平三年(九三三)であり(『僧綱補任』同年条)、醍醐の護持では僧綱に任じられなかった。

(27)『東寺長者補任』所引『吏部王記』延長八年七月十五日条。この修法は伊勢例幣使発遣が近いため、禁中ではなく広隆寺で行われた。

(28) 仁寿殿観音供の初見史料は『東要記』(『続群書類従』第二十六輯下)である。斎木涼子氏によると、当初の仁寿殿観音供には、玉体安穏を祈る機能はなく、天皇の私的仏事であったという(「仁寿殿観音供と二間御本尊—天皇の私的仏事の

変貌―」『史林』九一―二、二〇〇八年）。

(29) 佐々木令信「空海神泉苑請雨祈禱説について―東密復興の一視点―」（『佛教史学研究』一七―二、一九七五年）は、聖宝・観賢とその周辺が空海以降振るわなかった東密の復興のために、空海が神泉苑で請雨経法を行ったという言説を鼓吹し、延長年間に「神泉苑は東密専用の祈雨霊場とな」るとする（四〇頁）。

(30) 『貞信公記抄』延長五年七月五日条には誰が修法を行ったか記されていないが、『東寺長者補任』延長五年条により観宿と判明する。『東寺長者補任』では神泉苑で孔雀経法を修したとされているが、トレンソン・スティーヴン氏は、『李部王記』延長五年七月八日条（『史料纂集』、続群書類従完成会、一九七四年）により、観宿が修したのは請雨経法であったとする（「請雨経法と孔雀経法の研究―神泉苑における孔雀経法実修説への疑問―」『佛教史学研究』四六―二、二〇〇三年）。

(31) 『貞信公記抄』延長五年七月六日条。

(32) 『東寺長者補任』延長五年条、『貞信公記抄』延長五年七月二十五日条、『僧綱補任』延長五年条。

(33) 『東寺長者補任』延長五年条。

(34) 佐々木　前掲註(29)。

(35) 籔元晶「空海請雨伝承の成立と展開」（同『雨乞儀礼の成立と展開』、岩田書院、二〇〇二年、初出一九九三年）。

(36) 『贈大僧正空海和上伝記』（『弘法大師全集』首巻）。

(37) 籔　前掲註(35)。

(38) 『扶桑略記』裡書延長三年七月二十一日壬子条。

(39) 『扶桑略記』裡書延長三年七月十六日丁未条。

(40) 籔元晶「請雨経法と醍醐寺」（前掲『雨乞儀礼の成立と展開』、初出一九九九年）。

(41)　速水侑氏は、『阿娑婆抄』所収『諸法要略抄』に、延長三年に天台宗でも請雨経法が行われた例が記されていること(『大正新脩大蔵経』図像第九巻、八三四頁c～八三五頁a)等から、真言宗が請雨経法や孔雀経法を独占してはいなかったとする(「摂関体制形成期の秘密修法」『平安貴族社会と仏教』、吉川弘文館、一九七五年、四九～五〇頁)。

(42)　佐々木 前掲註(29)。

(43)　曾根正人「九世紀における天台宗の八宗体制への同化」(同『古代仏教界と王朝社会』、吉川弘文館、二〇〇〇年、初出一九八六年)。また宗義が定型化することで、それにより主張される諸宗の優位性も定式化していき、教義に関わる周辺事項、例えば相承関係等が強調されるようになるという。

(44)　上島享「平安仏教　空海・最澄の時代」(吉川真司編『日本の時代史五　平安京』、吉川弘文館、二〇〇二年)。

(45)　本稿で扱った時期よりも早くに、例えば、円仁は新たに請来した熾盛光法を「除ㇾ災致ㇾ福、熾盛光華仏頂、是為ㇾ最勝、是故唐朝内道場中、恒修ㇾ此法ㇾ」(『日本三代実録』貞観六年〈八六四〉正月十四日辛丑条)と称しているが、これは「円仁が意識的に東密未修の修法を請来し、台密修法の独自性を発揮し、律令国家の尊崇を得ようと努めた」ためとされている(速水侑「秘密修法の成立」前掲『平安貴族社会と仏教』二四頁)。更に遡れば、最澄も大乗戒壇設立問題時に天台宗独自の僧侶再生産方式がもたらす「特別な護国の験まで標榜し」また「教理次元の優位性」を国家からの待遇に結び付ける論法をとっていたという(曾根正人「平安初期南都仏教と護国体制」前掲『古代仏教界と王朝社会』九三～九四頁。初出一九八四年)。また時代は降るが、応和三年(九六三)の応和の宗論と空也が開催した鴨河原大般若経供養が、天台宗の一乗思想の有為性を天皇・貴族・民衆にアピールするための法会であったとの見解が出されている(東舘紹見「平安中期平安京における講会開催とその意義―応和三年の二つの経供養会を中心に―」『佛教史学研究』四三―二、二〇〇一年)。諸宗による自宗の独自性のアピールが、以後も僧侶間の教学論争においてのみならず、世俗に対してなされていることがわかる。

(46) 吉田一彦「国分寺国分尼寺の思想」（須田勉・佐藤信編『国分寺の創建　思想・制度編』、吉川弘文館、二〇一一年）一五頁。

(47)『東宝記』巻四、法宝上、灌頂。

(48) 松尾剛次「官僧僧団の授戒」（同『新版鎌倉新仏教の成立—入門儀礼と祖師神話—』、吉川弘文館、一九九八年）。同論文にも取り上げられている史料で、時代は降るが、『小右記』寛仁二年（一〇一八）五月七日条は、年臈が僧侶の序列を決定づける重要な要素であることを示している。

　律師明尊・実誓任二僧綱一後有二席次論一。凡僧時明尊著レ上。被レ問二遣延暦寺一、寺家勘申云、同日受戒。実誓朝座受戒、明尊夕座者。今日着座了後延暦寺勘文出来。仍実誓起レ座著二明尊上一。

　明尊と実誓は同日の受戒であったが、朝座に受戒した実誓が年臈は上となっている。朝か夕かまでもが、席次を決定する要因であった。

(49) 最澄は戒牒により、延暦四年（七八五）に受戒していることがわかる（竹内理三編『平安遺文』八巻四二八七号）。空海の受戒については延暦十四年とする史料（康保五年〈九六八〉成立『金剛峯寺建立修行縁起』〔『続群書類従』第二十八輯上〕等）と延暦二十三年とするもの（寛平七年〈八九五〉成立『贈大僧正空海和上伝記』等）があるが、いずれにせよ空海は最澄より下臈である。

(50)『伝教大師御消息』（『伝教大師全集』巻五、世界聖典刊行協会、一九七五年）所収弘仁四年（八一三）正月十八日付書状。この書状は、最澄の弟子である円澄を高雄山の空海のもとに派遣して受法させるにあたっての、推挙状である（高木訷元『弘法大師の書簡』、法藏館、一九八一年）。

(51) 延喜十六年十二月九日太政官牒（『東寺要集』〔『続群書類従』第二十六輯下〕）。

(52) 承和十年十一月十六日太政官符（『類聚三代格』巻二、修法灌頂事）。

(53)『僧綱補任』延喜十八年条。

(54)当該期の政治史については、河内祥輔『古代政治史における天皇制の論理』(吉川弘文館、一九八六年)、保立道久『平安王朝』(岩波書店、一九九六年)、今正秀『摂関政治と菅原道真』(吉川弘文館、二〇一三年)等参照。

(55)『大鏡』第一巻宇多天皇。

(56)今 前掲註(54)。

(57)天平九年(七三七)四月壬子に、道慈は大安寺が創建以来災事を被っていないのは大般若経転読を行ってきたからだとし、これに調庸を宛て転読させ「護寺鎮国平二安聖朝一、以二此功徳一、永為二恒例一。」と要求している(『続日本紀』)。また道慈はその卒伝に『愚志』一巻を著し、日本の護国のあり方に意見を述べているが(『続日本紀』天平十六年十月辛卯条)、これは曾根氏が述べるように、「珍しく国家仏教体制に言及した発言であるからこそ」記載されたものと考えられる(曾根 前掲註(45)、七八頁)。また天平宝字三年(七五九)六月丙辰には、文室真人智努と慈訓から意見封事が提出されているが、これは同年五月庚戌の勅をうけてのものであった(『続日本紀』)。

(58)本郷真紹氏は、最澄による大乗戒壇設立とそれにより天台宗が独自の方法で僧侶を再生産する権利を得たことを重視し、「僧尼が総体として国家の意向に沿った活動を展開することを望んだ段階から、それぞれが集団を形成し、かつ競合してまでも、多大の実践的効果をもたらすことを国家が望む段階に移行した」とする(「律令国家と僧尼集団―国家仏教から教団仏教へ―」『律令国家仏教の研究』四五頁、法藏館、二〇〇五年、初出一九九九年)。また吉田一彦氏は寺院・僧侶側は要求を認めさせるために「鎮護国家」という利益が世俗にあると主張していることから、このような主張が成立し得るには「国家から相対的に独立した仏教団体が成立していなければならない」とする(前掲註(46)、一五～一六頁)。

(59)前掲註(54)の諸著書参照。

(60)　延長二年(九二四)二月三十日に補任されている。また延長六年六月十七日に補任された寛救も「寛平法皇資」であった(『東大寺別当次第』角田文衛編『新修国分寺の研究』第一巻、吉川弘文館、一九八六年)。

(61)　安祥寺や円成寺も、南都の階業に参加している(『類聚三代格』巻二、年分度者事、貞観元年四月十八日太政官符、寛平二年十一月二十三日太政官符)。

(62)　目崎　前掲註(1)。

(63)　目崎　前掲註(1)、保立　前掲註(54)。

(64)　中世において真言密教が院権力の宗教的基盤となっていたこと、また天台とは異なる役割を期待されていたことについては、横内裕人a「仁和寺御室考―中世前期における院権力と真言密教―」(同『日本中世の仏教と東アジア』、塙書房、二〇〇八年。初出一九九六年)、同b「密教修法からみた治承・寿永内乱と後白河院の王権―寿永二年法住寺殿転法輪法と蓮華王院百壇大威徳供をめぐって―」(同前。初出一九九七年)参照。

(65)　宇多の次に法皇としての活動が注目されるのは円融太上法皇で、円融寺建立や宇多の孫である寛朝から灌頂を授かったことなどが注目されるが(目崎徳衛「円融上皇と宇多源氏」前掲『貴族社会と古典文化』。初出一九七二年)、円融の出家は自身の病によるものであり(『小右記』寛和元年〈九八五〉八月二十七日条・二十九日条)、出家により権威を構築しようとしていたとは考えがたい点がある。真言宗に目を移せば、村上朝には宇多の付法弟子の寛空が活躍しており、その活動の検討が必要となろう。

(66)　宇多は仁和寺円堂院や御室を活動拠点としていた。円堂院供養は『扶桑略記』延喜四年(九〇四)三月二十六日条。御室造営については、顕証書写本『仁和寺御伝』(奈良国立文化財研究所編刊『仁和寺史料』寺誌編二、一九六七年)に延喜四年とある。

(67)　仁和寺御室については、横内　前掲註(64)a。

表　宇多法皇の付法弟子

年月日・場所	法名	年齢	年臈	所属寺院	受法	備考	出典
延喜八年五月五日 於東寺	真寂	23		円城(成)寺		法皇第三御子	『血脈類集記』
	寛蓮	35	9	東寺			『血脈類集記』
	会理	54	35	広隆寺(別当)	宗叡(金剛界) 禅念(胎蔵界)		『血脈類集記』
	延敞	53	34	東寺	聖宝(両部大法)		『血脈類集記』
	貞慶	43	32		聖宝(両部大法)		『血脈類集記』
	玄照	44	22	延暦寺		慈覚大師入室	『血脈類集記』
延喜十八年八月十七日 於大覚寺	貞寿	56	41		聖宝		『血脈類集記』
	貞運	60	41				『血脈類集記』
	貞従	62	41		益信		『血脈類集記』
	仁元	53	29			内供奉	『血脈類集記』
	仁選	44	25				『血脈類集記』
	寛空	39	21	香隆寺			『血脈類集記』
	神昇	43	25				『血脈類集記』
延喜十八年十一月八日	寛照						『三宝院伝法灌頂私記』

本表は『血脈類集記』の記載内容に準拠して各項目を立て作成した。
「受法」は宇多以外の僧侶からの付法を示す。備考欄は出典史料に記載された内容に基づき記した。
出典『血脈類集記』…『真言宗全書』三十九、真言宗全刊行会、一九三四年
『三宝院伝法灌頂私記』…『続群書類従』第二十六輯下

掃部司・内掃部司と掃部寮
――延喜掃部式の古層――

黒須利夫

はじめに

掃部寮とは、宮中・中央諸官司、および中央の諸行事に用いる座具・敷物類（ここでは「鋪設具」と総称する）の製造・管理・設営を担当した官司である。この掃部寮は、大蔵省被管の掃部司と宮内省被管の内掃部司とが統合されて成立した官司であった。

大蔵省被管である掃部司は、職員令35掃部司条によると、正一人（正六位下相当）・佑一人・令史一人・掃部一〇人・使部六人・直丁一人・駈使丁二〇人からなる。掃部正の職掌として、

掌、薦・席・牀・簀・苫、及鋪設、洒掃、蒲・藺・葦簾等事、

と規定されている。これは、①薦以下の鋪設具、②鋪設具の設営、③清掃、④蒲以下の鋪設具の原材料、と分類できる。

一方、宮内省被管である内掃部司は、職員令55内掃部司条によると、正一人（従六位下相当）・佑一人・令史一人・掃部三〇人・使部一〇人・直丁一人・駈使丁四〇人からなる。内掃部正の職掌は、

掌、供御牀・狭畳・席・薦・簀・簾・苫、鋪設、及蒲・藺・葦等事、

と規定されている。同様に、①供御のための鋪設具、②鋪設具の設営、③鋪設具の原材料、と分類できる。二つの官司の職掌はほぼ対応しているが、掃部司に清掃の職掌があること、および内掃部司が担当する鋪設具は供御のものに限定されていること、などが相違点としてあげられる。

両司は、弘仁十一年(八二〇)に統合され、宮内省被管の掃部寮となった。[1] 掃部寮の成立については、橋本義則氏の専論がある。[2] 橋本氏は、司の併合により寮に昇格したこと、掃部寮の長官が従五位官となり相当位階が上昇していることなどをあげて、通常の官司の統廃合とは異なる意義を有するものであると指摘している。また、掃部司・内掃部司の職務についても、①内掃部司は内裏を中心とした内廷で奉仕し、掃部司はそれ以外の外廷を担当したこと、ただし、②掃部司の中心的な活動の場は、朝堂院・豊楽院・武徳殿などに限られたことなどを推定している。

『本朝法家文書目録』所載の『弘仁式』の目録には、掃部式と内掃部式が存在している。掃部司・内掃部司が統合された弘仁十一年閏正月というのは、まさしく『弘仁式』の編纂が進行していた時期であった。「弘仁格式序」(『類聚三代格』巻一)によれば、『弘仁格式』が対象とするのは大宝元年(七〇一)から弘仁十年までであり、両司の統合は『弘仁格式』には反映されなかったと考えられる。両司の式は『貞観式』編纂の段階で合綴され、『延喜式』へと受け継がれたのであった。

本稿は、橋本氏の研究を踏まえ、儀式書・式逸文等の諸史料から掃部司・内掃部司の職務分掌の実態を明らかにすることを第一の課題とする。その上で、両司の統合がどのように『延喜式』に反映されているのか、即ち『延喜式』編纂の具体相について考える。

一　掃部司の職務

まず、大蔵省被管である掃部司の職掌について考察する。九条家本『延喜式』紙背の弘仁式部式下断簡には、掃部司の供奉が数多く記されている。ここでは、弘仁式部式下断簡と関連する『儀式』等の史料を並記する（傍線は筆者。以下、同じ）。

①正月二日皇后受賀

当日早旦、掃部司敷二座於便処一、輔以下就レ座、五位以上就レ版受レ点、省掌召二計六位以下一、（略）

・『儀式』（巻六、正月二日朝拝皇后儀）

当日早朝、掃部寮設二式部省輔已下座於縫殿寮東道一（略）設二弾正弼已下座於同寮側近便処一、式部輔以下進就レ座、五位以上就レ版受レ点、（略）

②正月二日皇太子受賀

当日掃部司設二座於便処一、輔已下就レ座、五位以上就レ版受レ点、（略）

・『儀式』（巻六、正月二日拝賀皇太子儀）

当日后宮礼畢、掃部寮設二式部省輔已下座於監物曹司東道一、設二弾正弼已下座於大膳職便処一、（略）

③正月七日叙位賜宴

当日質明、掃部司設二輔以下座於便処一、輔以下就レ座、点二検五位以上一、（略）

・『儀式』（巻七、正月七日儀）

当日寅刻、掃部寮設二式部座於興礼門以西壇上一、(南面西上)、輔以下就レ座、点二検五位以上一、(略)

④七月七日相撲

其日質明、掃部司設二輔以下座於便処一、五位以上就レ版受レ点、並如二常儀一、(略)

・『儀式』(巻八、相撲節儀)

当日寅一刻、掃部寮設二兵部輔以下・省掌以上座於便処一、訖史生已上就レ座、五位已上就レ版受レ点、(略)

⑤九月九日菊花宴

当日質明、掃部司設レ座如レ常、輔以下就レ座計二列文人一、(略)

・『儀式』(巻八、九月九日菊花宴儀)

其日早旦、(略)掃部寮設二中務輔以下・省掌以上座於便処一、史生已上就レ座、次侍従以上就レ版受レ点、(略)設二式部省輔以下・省掌以上及文人座於八省院昭訓門外以北壇上一、(略)

⑥践祚大嘗会

卯日質明、掃部司設二輔以下座於便処一、点二検五位以上一、如二賀正儀一、(略)

・(参考)式部式下3大嘗会条

卯日質明、掃部寮設二輔以下座於便処一、点二検五位以上一、如二賀正儀一、(略)

⑦毎年大嘗会

辰日質明、掃部司設二座於便処一、輔已下就レ座、五位已上就レ版受レ点、(事見二儀式一)

・『儀式』(巻五、新嘗会儀)

当日寅刻、掃部寮設二式部輔以下・省掌以上座於興礼門以西壇上一、(南面西上)、輔以下就レ座、点二検五位以上一、

⑧諸司進禄文幷給

廿二日平旦、分二史生一為二六番一、預遣二省掌於大蔵省一、召二計諸司一、令下進二直丁一運中積禄物上、掃部司設二省掌以上座於蔵下一、輔以下引就レ座、省掌置二版位一、六番史生分二当諸司一、計二会録文一、（略）初掃部司設二諸司座於禄物下一、各有二常儀一、（略）

・『儀式』（巻九、二月廿二日賜春夏季禄儀）

廿二日、式部省分二史生一為二四番一、兵部三番、預遣二省掌於大蔵省一、召二計諸司一、令下進二直丁一運中積禄物上、（略）掃部寮設二諸司座於禄物以北一、弁大夫南面、省輔・丞・録西面北上、史生北面東上、省掌東面南上、（略）

⑨給位禄

廿二日省輔已下向二大蔵一就レ座、大蔵積二禄物於庭中一、掃部司敷二座於禄下一、（略）

・『儀式』（巻十、賜位禄儀）

廿日太政官下二符大蔵省正倉院一、三省輔已下進就レ座、于レ時大蔵省積二禄於庭中一、掃部寮設二賜レ禄座於禄以北一、（略）

⑩諸司進馬料文幷給

廿二日質明、省掌向二大蔵省一、召二計諸司一、掃部司設二丞・録以下座於蔵下一、丞・録・史生就レ座、大蔵積二料銭一、掃部司又設二二省幷大蔵座於其物下一、（略）

・『儀式』（巻九、正月廿二日賜馬料儀）

廿二日質明、式・兵二省掌向二大蔵省一、唱二計諸司一、掃部寮設二丞・録已下座於蔵下一、丞・録・史生各就レ座、大蔵省積二料銭一、掃部寮亦設二二省幷大蔵座於料物下一、（略）

史料⑧から⑩までは、禄の支給に関わる儀礼である。季禄・位禄・馬料の支給は大蔵省において行われ、掃部司は支給に関与する大蔵省・式部省・兵部省などの官人の座を省内に設置したのであった[3]。

史料①から⑦までは、皇后・皇太子への朝賀と様々な宴会である。座を設置した場所については、弘仁式部式では「便処」として明示していないが、『儀式』によれば「縫殿寮東道」「監物曹司東道」などのような路上であったり、興礼門（朝堂院会昌門の西の掖門）・昭訓門（朝堂院大極殿東南の掖門）の壇上などである。掃部司は、式部省・兵部省・中務省・大蔵省などの諸司官人の座を設置し、三省の官人は儀式の場に参入する五位以上・次侍従以上などの点検を行ったのであった。

以上の掃部司が供奉する場は、いずれも内裏や大極殿などの天皇の空間の「外」部であった。したがって、弘仁式部式下断簡から、掃部司は外廷において諸司官人の座を担当していることが確認できる。

次に、掃部司の活動がうかがえる史料として、『法曹類林』（巻二〇〇、弘仁五年〈八一四〉六月三日明法勘文所引）の式部記文を取り上げる。関係する部分のみを引用する。

一、式部文云、六月十二月二晦、百官会集、大祓儀、其日平旦、大蔵・木工・掃部、帳幄鋪二設於大伴・壬生二門間大路一、各有二常儀一、（略）未四尅、大臣已下、五位已上就レ坐、内命婦已下亦就レ坐訖、（略）弁官引二三省輔・丞・録一、進就二大臣幄前坐一、弁大夫申レ司、々進二刀禰数状一、先式部、次兵部、次中務、録読申已訖、大臣命依レ常令レ祓、大夫称唯、次六位以下共称唯、（略）

右の史料は弘仁五年明法勘文に引用された式部記文であるから、この中の「掃部」とは掃部司に他ならない。大祓儀に際して、掃部司は大蔵省・木工寮とともに、帳幄（軽幄のような平張の幄舎）を建て、大臣以下五位以上、および内命婦以下の座を鋪設したのであった。

六月十二月晦日大祓儀では、周知の通り、朱雀門前に百官男女が集められた。養老神祇令18大祓条には、

凡六月十二月晦日大祓者、中臣上二御祓麻一、東西文部上二祓刀一、読二祓詞一、訖百官男女、聚二集祓所一、中臣宣二祓詞一、卜部為二解除一、

とあり、百官男女が「祓所」に参集することが求められていた。この百官の座については、『延喜式』に至るまでに制度的な変遷がある。太政官式75大祓条と、その『弘仁式』『貞観式』逸文を『本朝月令』（六月晦日大祓事）から引用する。

・弘仁官式云、凡六月十二月晦、於二宮城南路一大祓、大臣以下五位以上就二幄下座一、弁・史各一人率二中務・式部・兵部等省一、申二見参人数一、（略）百官男女悉会祓之、臨時大祓亦同、事見二儀式一、

・貞観官式云、（略）前式、凡六月十二月晦日、宮城南路大祓、大臣已下五位已上就二幄下座一云々、今案、立レ幄停止、見二式部式一、

・凡六月十二月晦日、於二宮城南路一大祓、大臣以下五位以上就二朱雀門一、（略）弁・史各一人率二中務・式部・兵部等省一、申二見参人数一、（略）百官男女悉会祓之、臨時大祓亦同、事見二儀式一、

また、関連する貞観式部式逸文も、『小野宮年中行事』（六月晦日大祓事）から引用する。

貞観式部式云、大臣以下五位以上、就二朱雀門壇上東方一、西面北上、十二月又同、

これらの式逸文から、大祓における官人の座について、次のような変遷が確認できる。『弘仁式』の段階までは朱雀門前の大路に幄が設けられ、そこに大臣以下の百官男女の座が設けられていた。しかし、『貞観式』の段階から朱雀門壇上に座が設けられるようになり、大蔵省・木工寮による幄の設置は停止されたのであった。[4] 掃部式5晦日大祓条にも、朱雀門壇上における座の設置が規定されている。

『延喜式』において、大蔵式には儀式ごとに軽幄や幔幕の設置に関する規定が収載されており、[5] 木工式34節会等幄幔条には、

凡節会及公会処応レ設二幄・幔一者、寮依レ例預樹二柱桁一、

とある。木工寮があらかじめ柱桁を立て、そこに大蔵省が軽幄や幔幕を設置したのであった。その上で、掃部式64立幄条には、

凡諸処立レ幄、随レ事設レ座、其臨時所レ須、依二官処分一、

とあるように、軽幄等の中に掃部寮が座を設置した。大蔵省・木工寮と掃部司との間の職務分担は、『延喜式』の段階にまで続くものであった。

以上の史料において、掃部司の職掌に天皇や皇后・皇太子の御座は含まれておらず、内裏の中における座の設置も確認できない。わずかな事例ではあるが、掃部司の職務の一つは外廷における諸司官人の座を設置することであったと確認できるであろう。

二　内掃部司の職務

1　簀・席の設置

儀式書の中では、『内裏儀式』においてのみ、内掃部司の活動が確認できる。[6] まず一例として、『内裏儀式』の関連する部分を掲げる。

①『内裏儀式』（正月七日宴会式）

・内掃部司入布二簀於殿庭東西一、若有二三位已上応レ叙者一、設レ席、式部・兵部丞各擎二位記筥一入安二簀上一退出、式部輔前叙、兵部如レ之、訖両省丞更入擎レ筥出、内掃部司撤レ簀、式部・兵部倶退出、（略）

・奏云、御弓進牟止、兵部省官姓名等、謂二輔已上一、候レ門止申、勅曰、喚之、内舎人称唯出喚、卿称唯、于レ時内掃部司入レ閤敷二簀二枚於殿庭一、兵部録已上及造兵司等安二弓矢櫃於高机上一共挙、入安二簀上一退出、（略）

『内裏儀式』における正月七日節会は、内裏を儀式の場とし、叙位と御弓奏があった。叙位においては、内掃部司が庭の東西に簀（竹・葦などを並べて糸で結び、粗く編んだ敷物）を敷き、その上に式部・兵部丞が位記筥を置いたのであった。叙位される者が三位以上の場合は、簀の上に席（薦・藺などを編んで作った敷物の総称）が設置された。御弓奏においても、内裏に内掃部司が入って簀を二枚、庭に敷いた。兵部省・造兵司の官人は弓・矢を入れた櫃を高机の上に載せ、庭の簀の上に置いて献上したのであった。献上される弓・矢については兵庫式20御弓条に規定があり、櫃と机についても「塗二金漆一櫃二合、納二弓箭一料、漆塗案二脚、安二弓箭櫃一料、」としていて、櫃・机と簀の数が合うことが確認できる。

正月七日節会について、対応する『内裏式』（上、正月七日会式）の規定は次のようになっている。

・掃部寮立二位記案於版位東西一、自二尋常位一南去四尺、東折一丈、安二親王位記案一、又南去七許尺、安二三位已上案一、又南去七許尺、安二四位已下案一、兵部亦同、（略）

・奏云、御弓進牟止、兵部省官姓名等、謂二大輔已上一、候レ門止申、勅曰、喚之、内舎人称唯出喚、卿称唯、録以上及造兵司等安二弓矢櫃於高机上一共挙、入レ自二逢春門一、尋常版北一許丈、東去五許尺立置退出、両机之間一許丈、（略）

・大臣宣、喚二式部一、稱唯、升殿賜二位記筥一復二本所一、兵部亦同、訖各捧二位記筥一、趨置二案上一、兵部度二馳道一置之、相引退出、（略）

『内裏儀式』と大きく異なるのは、簀や席を敷くことが見えないことである。叙位においては、尋常版位の東西に位記案が立てられる。御弓奏においても、弓矢の櫃を載せた二つの机は尋常版位の北に立てられるのみであった。掃部式30七日設座条においても、位記案の設置が規定されている。

七日、設レ座与二元日一同、但設二六位已下座於観徳・明義両堂一、又版位以南左右相分立二置位記筥案一、叙位訖撤レ案、女楽拝舞之後、立二積レ禄床一、

このように、『内裏式』の改訂に則り、掃部寮は位記案の設置と撤収を行っていたことが分かる。

『内裏儀式』では、他に元日節会と卯杖儀においても内掃部司による供奉の記述が見られる。まず、元日節会について、『内裏儀式』と『内裏式』の間で関連する部分を比較する（意により改行）。

②『内裏儀式』（元日受群臣朝賀式幷会）

開二南閤一、掃部入鋪二闈司座於戸内左右一、闈司二人分居、（略）

闈司就レ位奏云、御暦進牟止、中務省官姓名等（謂二輔已上一）叩門故爾申、勅曰、令レ申、闈司伝宣云、姓名等乎令レ申、内掃部司入レ閤敷レ簀、即中務率二陰陽寮一挙二置レ暦机一令レ立二簀上一退出、中務省奏進、其詞云、中務省奏久、陰陽寮乃供奉礼留七曜御暦進楽久乎申賜止奏、（無二勅答一）奏事者出、闈司遥挙レ机、升殿安二簀子敷上一、内侍開レ函奏覧、訖闈司退机安二簀上一、還二居戸内位一、内豎持レ机、出授二陰陽寮一、掃部寮（ママ）退レ簀、（略）

・『内裏式』（上、元正受群臣朝賀式会）

未レ開先掃部鋪二闈司座於逢春門左右一、（略）

闈司就レ位奏、（他皆放レ此）、勅曰、令レ申、闈司復レ座、伝宣云、姓名等乎令レ申、大舎人称唯、（他皆放レ此）、中務率二陰陽寮一、挙二置レ暦之机一、自レ入二逢春門一、（他皆放レ此）、立二庭中一退出、輔已上一人留奏進、其詞云、中務省奏久、陰陽寮乃供奉礼留其年七曜御暦進楽久乎申賜止奏、（無二勅答一）（略）奏事者出、闈司共進挙レ机、升二殿東階一安二南栄一、即降立二階下西一、内侍開レ函

奏覧、訖返二置机上一、暦留二御所一、闈司升却レ机安二本所一、還就二戸内位一、内豎入レ自二逢春門一、持レ机出、授二陰陽寮一、（略）

元日節会に際して御暦奏がなされるが、『内裏儀式』では内掃部司が内裏に入って庭に簀を敷き、その後で中務省・陰陽寮が暦を載せた机を簀の上に置いたのであった。しかし、『内裏式』の御暦奏においては中務省・陰陽寮が暦の机を庭に立てるのみで、掃部寮の関与や簀の記載は無くなっている。掃部式28朝賀条においても、元日節会の座の規定はあるが、御暦奏のための鋪設は見当たらない。

次に、卯杖儀に関しても、『内裏儀式』と『内裏式』の規定を比較する。

③『内裏儀式』（上卯日献御杖式）

闈司就レ版奏云、御杖進牟止、大舎人寮頭闕者権任、官姓名等叩門故爾申、勅曰、令レ奏、闈司伝宣云、姓名等乎令レ申、内掃部司入敷二簀於殿庭一、大舎人寮先入奏進、其詞云、大舎人寮奏久、正月乃上卯日乃御杖奉氐進楽乎申給久止奏、勅曰、置之、主典已上倶称唯、畢安二簀上一退出、（略）

・『内裏式』（上、上卯日献御杖式）

闈司就レ版奏云、御杖進牟止、大舎人寮官姓名等謂二五位助以上一、若無二五位一権任、叩門故爾申、勅曰、令レ奏、闈司伝宣云、姓名等乎令レ申、掃部寮入、立二案於殿庭版位東西一、相去各一丈許、大舎人寮先入、諸衛興、奏進、其詞云、大舎人寮奏久、正月乃上卯日乃御杖奉氐進楽久乎申給波久止奏、（略）勅曰、置之、属已上倶称唯、相転安二案上一退出、（略）

卯杖とは、正月上卯の日に邪気を払うための杖を皇太子・大舎人寮・衛府から天皇・皇后に献上した儀礼である。『内裏儀式』では、内掃部司が内裏に入り、庭に簀を敷いている。その後、大舎人寮が参入して卯杖を簀の上に置いて献上するのであった。これが、『内裏式』では、内裏の庭に案を設置し、その上に大舎人寮が卯杖を置いた。掃部寮による案の設置は、掃部式29卯杖条でも確認できる（大舎人式5卯杖条も同様）。

上卯日献卯杖、大舎人叫門後、立案二脚於殿庭版位東西、相去一丈、

掃部式においても、簀を敷くことから案の設置に変化していることが確認できるのである。

以上は、いずれも『内裏儀式』の記述から検討したわけであるが、『弘仁式』逸文にも内掃部司の活動をうかがわせるものが存在する。『本朝月令』（六月晦日神祇官奉荒世和世御贖物事）から、弘仁神祇式逸文の一部を引用する。

弘仁神式云、御贖云々、（略）次中臣率卜部執荒世者、就階下置於席上、内掃部預敷簀・席於階下、縫殿置荒世和世御服於席上也、卜部披荒世、授中臣女、即執置量御躰、惣五度、（略）

六月・十二月晦日大祓に先立って行われる御贖の儀では、内掃部司が参内し、紫宸殿の階下に簀・席を敷き、縫殿寮が席の上に荒世・和世の御服を置いたのであった。簀と席を置くというのは、『内裏儀式』における正月七日節会の叙位儀と同様である。

対応する四時祭式上31中宮御贖条は、次のようになっている。式条の一部を引用する。

次中臣率卜部執荒世者、就階下置於席上、掃部寮預敷簀・席於階下、縫殿寮置荒世和世御服於席上、宮主披荒世授中臣、中臣取授中臣女、即執量御躰、惣五度、（略）

『延喜式』の段階においては、担当する官司は掃部寮に変更されているが、簀と席を設置することは『内裏儀式』から変わっていない。[7] この『弘仁式』逸文については、後にもまた触れてみたい。

以上、『内裏儀式』・『弘仁式』逸文において内掃部司の記述があり、いずれも簀や席を庭中に敷いている。これらの職務は、どのような意味があるのであろうか。

西本昌弘氏は、正月七日の叙位儀礼を分析する中で、殿庭に簀を敷き、簀の上に位記筥を置くという奏上の作法は、出雲国造の任命儀礼と共通するもので、叙位儀礼の古儀を示すものと指摘している。[8]『儀式』（巻一〇、太政官曹

司庁任出雲国造儀）から、関連する部分を引用する。

　掃部寮進敷二簀中庭一、式部史生置二位記筥一、録一人進就レ簀賜二位記一、録一人留（唱）二位記一、史生進撤二位記筥一、次掃部寮
　撤レ簀、

貞観年間（八五九～七七）成立の『儀式』においては、掃部寮の供奉となっているが、簀を庭中に敷き、その上に筥を置くという作法は、『内裏儀式』のものと共通していることは確認できる。

西本氏が指摘するように、出雲国造の任命儀礼においては国司・国造は弁大夫の宣制に対して「再拝両段・拍手四段」を行う。この拝礼は、『内裏儀式』七日宴会式における「両段再拝・拍手両段」と共通し、いずれも日本古来の所作であると言える。したがって、簀・席を用いた奏上の儀礼も、伝統的な作法であったと推定できよう。

さらに、御体御卜儀においても、庭中に簀を置いて奏上がなされている。『本朝月令』（六月十日奏御卜事）から、弘仁神祇式逸文の一部を引用する。

　弘仁神式云、卜二御躰一、辞曰、於保美麻、（略）其日平旦、預執二奏文一、納二漆案一、置二案上一、候二於延政門外一、即副已上執二奏案一進二大臣一、大臣昇二殿上一、宮内省入奏、訖出召二神祇官一、称唯、伯与二副若祐一、昇レ案入置二庭中簀上一、（略）闈司昇レ殿、撤レ案置二簀上一、神祇官昇出、

弘仁神祇式逸文では、どの官司が庭中の簀を設置するのか明確でない。しかし、対応する延喜四時祭式上22卜御体条では、右の傍線部が「昇レ案入置二庭中一」「撤レ案置二庭中一」と改訂されている。やはり、庭中に簀を置くことが、古い形式であったと推定することが可能なのではないだろうか。

本節において取り上げたのは、正月七日節会の叙位と御弓奏、元日節会の御暦奏、正月上卯日の卯杖、二季晦日の御贖儀という儀礼であった。ここで、これらの儀礼の場に注目したい。

御贖儀については、『内裏儀式』の規定は残っていないが、『儀式』以降の諸史料においても内裏を場とすることは共通する。天皇の身を祓い浄めるという儀礼の目的からすれば、天皇の居所である内裏以外の場で行われたとは考えがたい。卯杖の儀も、内裏紫宸殿に出御した天皇に献上するという点は、諸書で共通する。七日節会については、『内裏儀式』が平時は内裏、蕃客入朝時は豊楽院とするのに対し、『内裏式』『儀式』では平時・蕃客入朝時とも豊楽院とする。また、元日節会についても、『内裏儀式』が内裏においての宴を規定しているのに対し、『内裏式』以降は豊楽院での実施を規定している[9]。

このように、『内裏儀式』の奏上儀礼は、いずれも内裏において行われるものであったことが確認できた。内掃部司の分担する儀礼の場は、内裏の中であることが確認できるであろう。

以上から、内裏において諸司官人から物品の奏上がなされる時は、内掃部司が庭に簀・席を敷き、その上に物品を置いたことが分かる。内掃部司は、天皇の空間である内裏の中、内廷における鋪設を担当していたと指摘できるのである。

2　狭帖の製作

先に記したように、職員令の規定では内掃部司の鋪設具に、掃部司にはない「狭畳」が記されている。帖(畳)とは席・薦などを幾重にも折り畳んだ敷物の総称であり、このうち長方形のものが狭帖(または単に「帖」)、正方形か正方形に近いものが短帖と呼ばれている[10]。

『続日本紀』宝亀元年(七七〇)三月壬午条には、

内掃部司員外令史正六位上秦刀良、本是備前国仕丁、巧造二狭畳一、直レ司卅余年、以レ労授二外従五位下一、

とあり、内掃部司の員外令史秦刀良が四十年以上も司に直して狭帖を製造していたこと分かる。この記事より、内掃部司において実際に狭帖を製造していたことが確認できる。さらに、元は備前国の仕丁であった者が外従五位下の地位を得られるのであるから、製造していた狭帖は供御のための特別なものであったと推定できるであろう。

「東大寺献物帳」には、聖武天皇の遺品として寝台である「御床二張」と、付随する「緋(黒)地錦端畳」が記載されており、これらは正倉院に現存している。木村法光氏によると、御床は長さ二三七cm(七尺九寸)、幅一一九cm(四尺)、高さ三八・五cm(一尺三寸)で、二台を並べて使用したと考えられる(11)。帖の方も、残欠ではあるが二床分残っており、幅が約一二〇cmと御床と同じサイズであった。すると、掃部式79供御料功程条に規定されている「狭帖一枚長八尺、広四尺」という規格は、聖武天皇が用いた御床の帖とほぼ同じものであり、少なくとも『延喜式』の規格の一部は八世紀にまで遡ることが確認できるのである。

正倉院の帖は、マコモの席三枚を二つに折って六重にして一旦綴じ、この表側から藺席で包み、裏面を白麻布で覆っていた。両長側の縁と小口は、白絁の裏打ちのある錦で包まれていた(12)。この帖の構造は、掃部式79条に記載された供御用の帖の功程規定と基本的に矛盾しない。『延喜式』の帖は正倉院伝存のものと同じ構造であり、『続紀』に記された内掃部司員外令史秦刀良がまさにこのような帖を製造していたのであろう。供御のための狭帖は、律令の規定通りに八世紀の段階においては内掃部司において製造されていたのである。

掃部寮は藺田・蒋沼などの土地を所有し(掃部式77藺田条)、そこからの藺草・マコモ・菅・蒲を用いて、寮内で鋪設具を製造していた(掃部式78神事料功程条~80雑給料功程条)。中でも席・薦類は、調・交易雑物などとして貢進されるもの(民部式下63交易雑物条、主計式上1畿内調条、同2諸国調条、同4中男作物条)と、掃部寮において製造されるもの(掃部式80雑給料条)とでは規格が異なる(表1参照)。

表1　席・薦類の規格

物品	長さ	幅
主計式上1畿内調条		
狭席	長1丈	広3尺6寸
広席	長1丈	広4尺
黒山席	長1丈2尺	広4尺
葉薦	長2丈	広4尺
折薦	長2丈	広3尺6寸
主計式上2諸国調条		
長席	長2丈	広3尺6寸
短席（諸国）	長1丈	広3尺6寸
短席（西海道）	長1丈	広4尺
主計式上4中男作物条		
席	長1丈	広3尺6寸
葉薦	長2丈	広4尺
掃部式上80雑給料条		
①織席	長　9尺	広5尺
②織席	長　9尺	広4尺
③織席	長　9尺	広3尺6寸
④織席	長　9尺	広3尺2寸
薦	長2丈4尺	広4尺
薦	長　3尺	広3尺

賦役令1調絹絁条に、調副物として正丁七人が席一張を輸すことが定められている。同条集解の古記には「問、席以下、无二長広之法一如何、答、依二別式一耳、此条依二時々格一、改張頻繁、但放二当時行用一耳」とあり、八世紀前半の段階では席や苫・簀・薦などの規格が一定していなかったことがうかがえる。しかし、『延喜式』の段階では主計式上1条・2条・4条などにより、席は長さ一丈、幅三尺六寸が標準となっていた。標準規格よりも長いものが長席、広いものが広席と呼ばれた。なお、西海道の調席のみ、幅四尺となる。

一方、掃部寮で製作する織席には、四種の規格があった。これらは帖などの鋪設具の規格と関係している。表1によると寮造の席は、長さ九尺はすべて共通で、幅のみが異なっていたが、いずれも調・中男作物などの標準的な規格とは異なっていた。

これらのうち、①幅五尺の席が使用されたのは、供御用の狭帖(長さ八尺、幅五尺のもの)のみと考えられる(掃部式79条)。②幅四尺の席が使用されたのは、神事用の狭帖(長さ八尺、幅四尺など)・御坂枕(長さ三尺、幅四尺)(以上、同式78条)、および供御用の狭帖(長さ八尺、幅四尺など)・短帖(長さ四尺五寸、幅四尺)(以上、同式79条)など、多種にわたる。④幅三尺二寸の席が使用されたのは、雑給用の短帖(長さ三尺五寸、幅三尺二寸)である(同式80条)。③幅三尺六寸の席のみ、用途が明確ではない。幅三尺六寸は調の席と同じであるが、雑給の狭帖など幅三尺六寸の狭帖はいずれも材料を「調席」と明記しているので、寮造の③は使用されていないと思われる。

以上からすると、寮で製造された席は主に神事や供御用に用いられたのであり、通常の調席とは大きさのみならず、品質も異なっていたと想定される。

掃部寮の人員からすると、律令国家に必要な帖・茵などをすべて寮が製造するというような、大規模な体制が構築されていたとは考えられない。例えば、民部式下40新任国司条によれば、新任国司が着任した際には国司の鋪設具はその地の雑徭によって準備されていた。この慣行は、天平十五年(七四三)以前に成立していたことは確実である(13)。また、掃部式14大嘗会条によれば、大嘗祭の辰日豊楽院における殿上御座は悠紀国・主基国がそれぞれ用意していた。帖・茵などの鋪設具を製造する技術は一般的なものであり、掃部寮が製造するのは神事・供御用などの特殊なもの、精巧華美なものが中心であったと考えられる。

職員令の規定では、内掃部司と掃部司との間では、伴部である掃部以下の職員の数が異なっていた。内掃部司は供御のための鋪設具を製造するという職務があったからこそ、掃部司よりも多くの人員が確保されていたのである。

以上のことから、内掃部司は内裏内部の鋪設に関わるとともに、供御・神事用の特別な鋪設具の製造にも従事していたことが分かる。

三　延喜掃部式の古層

これまでの分析により、掃部司と内掃部司との間には職員令の規定のみならず、実態においても明確な職務の分掌が存在したと想定できる。しかしながら、延喜掃部式には天皇・中宮と諸司官人に関する規定が混在している。このような延喜掃部式が成立した背景について、ここで考察する。

橋本義則氏が指摘するように、『貞観式』編纂の段階になると、弘仁掃部式・内掃部式を一つの式に統合しなければならず、これは他式と比較して大がかりな編纂であったと推定される[14]。しかし、掃部式は逸文が少なく、具体的に個別の式条からその編纂過程を知ることは難しい。わずかに掃部式4進御贖物条の逸文から、その一部がうかがえる程度である。

本式4進御贖物条については、『本朝月令』（六月朔日神祇官始奉御贖物事）に『貞観式』逸文が引用されている。

貞観掃部式云、六月、進二御贖物一設レ簀云云、今案加二設席一枚一、

『貞観式』逸文により、本条の『弘仁式』式条では簀の設置のみが記されたが、『貞観式』の段階で席一枚の設置も加えられたことが分かる。本条の成立過程はこれで明瞭であると思われるが、他の式逸文と比較すると興味深い点が存する。

二季晦日御贖儀については、四時祭式上31中宮御贖条に規定され、『本朝月令』（六月晦日神祇官奉荒世和世御贖物事）に弘仁神祇式逸文も残されている。先に掲げた史料であるが、あらためて関連する部分のみ引用する。

・弘仁神祇式逸文

次中臣率下卜部執二荒世一者上、就二階下一置二於席上一、内掃部預敷二簀・席於階下一、縫殿置二荒世和世御服於席上一也、

・四時祭式上31中宮御贖条

次中臣率下卜部執二荒世一者上、就二階下一置二於席上一、掃部寮預敷二簀・席於階下一、縫殿寮置二荒世和世御服於席上一、

右の逸文から、晦日御贖儀において紫宸殿南階の下には、『弘仁式』段階では内掃部司が簀・席を敷いていた。対応する『延喜式』式条は、内掃部司の部分をそのまま掃部寮に替えただけである。担当官司の相違はあるが、既に弘仁式段階から簀・席が設置されていたのである。すると、先の貞観掃部式がなぜ存在するのか不審である。いくつかの可能性が考えられるが、本条については次のような成立過程を想定するのが妥当ではないだろうか。本条は内裏の中での鋪設に関する規定であり、内掃部司が担当するに相応しい。したがって、本条は『弘仁式』では内掃部式に載せられていたと考えられる。ただし、弘仁神祇式と比較すると、内掃部式には席設置の記載がないという不備があった。そのため、『貞観式』段階で掃部式に統合された際、「今案」として席設置のことが追加されたのではないだろうか。

掃部式と内掃部式との合綴に際しては、このような他の諸司式との整合性も図られているのであり、細やかな配慮がなされたと評価することができるであろう。

式逸文は存在しないが、式条の検討により『弘仁式』に遡れる式条も存在する。掃部式75供奉仕丁条には、

諸節幷行幸供奉仕丁卌一人装束、各給二紺布衫一領、一丈八尺、袴一腰、白布七尺、布帯一条、五尺、随レ損請替、

とある。本条に規定されている、節会・行幸に供奉する仕丁四一人とは、職員令55内掃司条の直丁一人、駆使丁四〇人という数と合致する。[15] したがって、本条は内掃部司に関する式条であり、『弘仁式』にまで遡れる可能性が高い。

また、『延喜式』式条の成立過程を、関連史料から明らかにできるものもある。律令の規定では、諸司官人が用いる朝堂・曹司の座は国家が用意すべきものであった。養老雑令14庁上及曹司座者条・15在京諸司条には、

凡庁上及曹司座者、五位以上、並給二牀席一、其制従二別式一、

凡在京諸司主典以上、毎レ年正月、並給二座席一、以下随レ壊則給、

とある。

これらの規定については、三上喜孝・大隅清陽両氏の専論がある。(16) 両氏の研究に依拠して、掃部式式条の成立に至る背景をまとめてみる。

三上氏によれば、養老雑令14・15条は互いに補う関係にあり、前者は五位以上の官人に対して「牀」(=床子)と「席」、即ち座具と敷物を支給することを定め、後者は六位以下の職事官に「座の席」(敷物)のみを支給することを定めている。これらの条文は大宝令に既に収められていたと考えられるが、大隅氏によれば『続紀』慶雲元年(七〇四)正月丁亥朔条に、

天皇御二大極殿一受レ朝、五位已上坐始設レ榻焉、

とあることにより、五位以上官人への「榻」(=床子)支給は実際には慶雲元年から開始されたと考えられる。

そして、養老雑令二条と関連する『延喜式』規定として、掃部式56庁座条があげられる。

凡庁座者、親王及中納言已上倚子、五位已上漆床子、自余白木床子、

掃部式では、雑令の規定とは異なり、六位以下に対しても白木床子を支給するとしている。大隅氏は、六位以下への床子の支給は弘仁年間(八一〇～二四)に開始されたと指摘されている。『政事要略』(巻六九、致敬拝礼下馬事)所収延喜二年惟宗直本勘文には、

今案二弘式格一、庁座者、親王及中納言已上倚子、五位已上漆床子、自余白木床子、

というように、弘仁式部格として本条と同一の規定が引用されている。この式部格は、『弘仁格抄』（上、式部上）に、「庁座事取詮　弘仁九年三月廿五日」として掲出されているものである。そして、この六位以下への床子支給は、跪礼から立礼への転換に伴う措置であった。『日本紀略』弘仁九年（八一八）三月戊申条には、

制、朝堂公朝、見二親王及太政大臣一者、左大臣動座、自余共立二床子前一、但六位以下、磬折而立、

とあり、六位以下の官人も立礼へと変更されていることが分かる。

このように、立礼への転換に伴い、床子支給が拡大されたことにより、床子の上に敷く茵も六位以下官人へと支給が拡大されたと考えられる。掃部式63諸司座茵条には、

凡諸司座者、随二官人員一三年一充、五位以上黄帛端茵、六位以下主典以上紺布端茵、史生不レ裹レ端茵、其朝堂有レ座者、朝堂幷曹司座並充、無二朝座一者、唯充二曹司一、

とあって、諸司の座として『延喜式』の段階では三年に一度、床子とともに茵が支給されていたことが分かる。関連する式条として、太政官式122充座条を引用する。

凡大臣以下及番上座等、三年一度支レ料充用、事見二掃部式一、

ここから、大臣以下番上に至るまで、朝堂・曹司で用いる茵は三年に一度、支給されていたことが確認できる。先の掃部司の職務からすると、これらの諸司の座は、本来、掃部司の職務であったと推定することは可能であろう。

さて、そうすると次の掃部式65年料鋪設条の「雑給」の鋪設具は、どのように解釈できるであろうか。

雑給、両面端帖十六枚、厚薄各八枚、女御已上料、緑端帖七十枚、厚薄各卅五枚、黄端帖三百十三枚、厚一百五十八枚、薄一百五十五枚、紺布端帖一百枚、厚薄各五十枚、折薦帖九十二枚、並長八尺、張席五具、簀十五枚、中宮雑給、黄端帖廿枚、夏冬各十枚、同端茵四枚、夏冬各二枚、紺布端帖卅六枚、

夏冬各十八枚、

掃部式65条には、右の引用部分より前には神事用と供御用の鋪設具が列記されている。すると、引用部分の「雑給」とは諸司官人への支給と想定できるかもしれない。しかし、この想定は妥当ではない。引用した史料の中に「厚薄」「夏冬」とあるように、この「雑給」の鋪設具は夏冬の座に関わる規定である。掃部式40撤座供座条には、

凡四月一日撤二冬座一、供二夏御座一、十月一日撤二夏座一、供二冬御座一、

とあって、四月・十月の一日に鋪設具の衣替えが行われた。この衣替えが行われる範囲は、天皇・中宮とそれに供奉する人々に限られていた[17]。なぜならば、朝堂・曹司などの諸司官人の空間は先の掃部式63条・太政官式122条で見たように、三年に一度の支給が基本であり、夏冬の衣替えとは無関係であったからである。

以上からすると、延喜掃部式における様々な鋪設具の製造・供給に関する規定（65年料鋪設条、78神事料功程条〜80雑給料功程条）は、その多くが内裏や天皇への供御に関わる規定であったと言えるであろう。供御・神事に関わる鋪設具と諸司官人のための鋪設具は、本来は全く別の製造・供給ルートがあったのであり、それは内掃部司と掃部司の職務分掌と対応していたと考えられるのである。

それでは、供御・神事の鋪設と朝堂・曹司の鋪設が混在するような、延喜掃部式の規定が編纂された背景は、どのように捉えるべきであろうか。橋本義則氏は弘仁十一年に掃部司と内掃部司が統合された理由として、嵯峨朝に行われた儀式整備により儀式の場が変化し、それぞれの分掌が問題となったと推定している。先に触れたように、弘仁年間における立礼への転換に伴い、六位以下にも床子・茵が支給されるようになった。これは、掃部司の職務の拡大と言える。

一方、平安初期から天皇が内裏にて日常政務を執るようになったため、公卿の内裏伺候が日常化していった[18]。ま

た、昇殿制の成立により、天皇と同じ殿舎に公卿らも座を設置することができるようになった。[19] 公卿や次侍従などの五位以上官人の座が、朝堂・曹司とともに、内裏の殿上に設置されるようになると、掃部司・内掃部司の職務分掌が曖昧になったのであり、両司を統合する必要が生まれたのであろう。[20] 内裏空間や儀式の場の変化に伴い、鋪設を担当する官司の一元化がなされ、新たな儀式政策に対応することとなったのである。

むすび

最後に、後宮十二司の一つである掃司についても、触れておきたい。後宮職員令11掃司条によれば、尚掃の職掌は「掌、供二奉牀席、灑掃、鋪設一之事」と規定されている。この掃司の活動も、『内裏儀式』（正朔拝天地四方属星及二陵式）に記載されている。

鶏鳴、掃司設二御座三所一、一所此拝二属星一之座、座前焼香置二華燃灯一、一所此拝二天地一之座、座前置二華燃灯一、以上二座、鋪二短畳一、拝二天地一座、別鋪レ褥、一所此拝レ陵之座鋪レ畳、（略）訖掃司撤二御座一、書司却二香華一、

対応する掃部式25元日平旦条には、

元日平旦、設下奉レ拝二天地四方一御座上、前庭鋪二長莚一、立二御屏風一、三所敷二半帖一、

とあり、掃司の行っていた元日四方拝における天皇の御座の設置が、掃部寮の担当となっていることが確認できる。平安初期における内裏空間の変化は、後宮十二司にも及び、掃司と掃部寮との間の職務分担にも影響を与えているのである。[21]

本稿は、主に掃部司・内掃部司の職務について検討してきた。平安初期における政務・儀礼の変化が令制官司の統

合に及んでいること、そして三代の諸司式の内部にその過程が明確に刻まれていることを確認してきた。今後の課題としては、このような令制官司の統廃合と格式の編纂事業がどのように関わるのかを、他の事例とともに比較検討することであろう[22]。

註

(1) 狩野文庫本『類聚三代格』(巻四、廃置諸司事)弘仁十一年閏正月五日太政官奏。

(2) 橋本義則「掃部寮の成立」(奈良国立文化財研究所創立四〇周年記念『文化財論叢』Ⅱ、同朋舎出版、一九九五年)。以下、特に断らない限り、橋本氏の所説は本論文による。

(3) 延喜掃部式には、節会などにおいて禄を支給する際に、掃部寮が禄を積む床子を設置する規定が存在する。条文名を列記すると、30七日設座条、32女王禄条、35踏歌条、36観射条などがあげられる。これらは、あるいは大蔵省被管であった掃部司の職掌を掃部寮が受け継いだものであろうか。

(4) ただし、臨時大祓の場合には、幄が設置されることもあった。大蔵式26臨時大祓所条参照。

(5) 大蔵式1元正条から29在省幔幄条まで参照。

(6) 橋本氏は、『内裏儀式』の古い要素を否定的に捉えている(前掲註(2)論文註20)。しかし、いくつかの混乱は見られるが、基本的に信用できると考えられる。例えば、『内裏儀式』の元日受群臣朝賀式幷会・少納言尋常奏式には「掃部寮」という新しい名も見えるが、これらは「掃部」に後から「寮」が書き加えられたものであると考えられる。西本昌弘「古礼からみた『内裏儀式』の成立」(同『日本古代儀礼成立史の研究』、塙書房、一九九七年、初出一九八七年)参照。

（7）なお、『儀式』巻五、二季晦日御贖儀では、掃部寮が設置するのは席のみとなっているが、これは簀が抜け落ちたと考えられる。

（8）西本昌弘「「孝謙天皇詔勅草」と八世紀の叙位儀礼」（前掲『日本古代儀礼成立史の研究』）。

（9）節会の儀礼の場については、橋本義則「平安宮草創期の豊楽院」（同『平安宮成立史の研究』、塙書房、一九九五年、初出一九八四年）、西本昌弘「奈良時代の正月節会について」（前掲『日本古代儀礼成立史の研究』、初出一九九四年）を参照。

（10）掃部式の諸条を見ると、特に断らずに「帖」と記されているものは、長方形の狭帖であった。例えば、掃部式65年料鋪設条において、「白布端帖」は「長一丈二尺五寸、広四尺」の長方形であり、これは同式78神事料功程条の「狭帖一枚、長一丈二尺五寸、広四尺」に対応する。これに対し、同式65条では「黄帛端短帖一枚、方四尺」「同端短帖六枚（略）長四尺五寸、広四尺」というように、短帖である場合は必ず明記されている。

なお、本稿では鋪設具について、木村法光「正倉院の調度」（『日本の美術』二九四、一九九〇年）、小泉和子『家具』（東京堂出版、一九八〇年）、同『室内と家具の歴史』（中公文庫、二〇〇五年）、米田雄介『正倉院宝物と平安時代』（淡交社、二〇〇〇年）等を参照した。

（11）正倉院の御床・帖については、木村法光 前掲註（10）論文参照。

（12）木村 前掲註（10）。

（13）民部式下40条は、鋪設具の支給は着任時のみに限るということに重点があり、この制は天平十五年の格に法源がある。『続紀』天平十五年五月丙寅条、『三代格』巻七、弘仁五年六月二三官符所引天平十年（十五か）五月二十八格参照。

（14）掃部式4進御贖物条・同式58暉章堂条の『貞観式』逸文のみ。58条の『貞観式』逸文は、『本朝月令』（四月朔日視告朔事)に引用されている。

(15) 本条については、富井修氏のご教示を受けた。

(16) 三上喜孝「雑令の継受にみる律令官人制の特質」(『延喜式研究』一三、一九九七年)、大隅清陽「座具から見た朝礼の変遷」(同『律令官制と礼秩序の研究』、吉川弘文館、二〇一一年、初出二〇〇二年)。

(17) 東宮の衣替えについては、春宮式38条に規定されている。鋪設具の衣替えについては、『小野宮年中行事』『年中行事秘抄』『西宮記』のそれぞれ四月・十月一日に記載が見られる。また、『新撰年中行事』(三月)には、関連する蔵人式が引用されている。

　　晦日、所司進二夏御座等一事、

　蔵人式云、掃部寮進二夏御座幷所畳一、内蔵寮進二殿上男女房畳一、色目見二所例一

(18) 橋本義則「『外記政』の成立」(前掲『平安宮成立史の研究』、初出一九八一年)、古瀬奈津子「宮の構造と政務運営法」(同『日本古代王権と儀式』、吉川弘文館、一九九八年、初出一九八四年)参照。

(19) 古瀬奈津子「昇殿制の成立」(前掲『日本古代王権と儀式』、初出一九八七年)参照。

(20) 『三代格』(巻四、廃置諸司事)所収の弘仁十一年閏正月五日太政官奏には、「二司之職、内外雖レ異、論二其所レ掌、倶是鋪設、而至レ設二公会幷臨時之座一、彼此相譲、動致二闕怠一」と統合の理由が記されている。掃部司・内掃部司が供奉すべきところは「内外」で異なっているが、職務の内容はともに「鋪設」であった。しかし、公会や臨時の座を設置する際に両司が譲り合い、どうかすると闕怠することになってしまった、というのである。このことは、ある程度、当時の実態を反映した記述であろう。

(21) 後宮十二司の変容については、吉川真司「律令国家の女官」(同『律令官僚制の研究』、塙書房、一九九八年、初出一

九九〇年）参照。

（22）このような問題関心からの先行研究として、早川万年「延喜兵庫式の成立」（『延喜式研究』二三号、二〇〇七年）があげられる。

三条天皇大嘗会と『北山抄』
――公卿の情報網からのアプローチ――

重田香澄

はじめに

摂関期の公卿藤原公任の撰述になる『北山抄』については、和田英松氏や所功氏により概要が整理され、桃裕行氏によって日記（この場合『清慎公記』）との関わりも解明されている。(1)

この巻五践祚抄は、公任が作成した後一条天皇の即位式や三条天皇大嘗会の「抄出」をもとにして、譲位・即位・叙位・山陵奉幣・大嘗会・諸社奉幣・神宝使・一代一度仁王会等、十四条で構成されている。そして、式文作成の際に、公任が従兄弟の藤原実資に意見を求めていることが実資の日記『小右記』から窺え、しかもそれが本文に反映されていることが即位式の検討から明らかになっている。(2) ただ、その後、これ以上踏み込んだ検討は行われていない。『権記』や『小右記』の中で公任が式文作成・抄出を行っていることに直接言及した記事や、そのための材料集めのために情報交換をしている記事をもとに、行われた事実の確認と、概要の把握をするに留まっているのが現状である。

本稿で取り上げる同書巻五践祚抄大嘗会御禊事と大嘗会事（以下便宜上まとめて「大嘗会事」とする）は、基となった三条天皇大嘗会について、同時代の日記類からかなり詳細なことが窺える点、実資が検校上卿を勤めている点が他の項目と比べて興味深いところである。

「大嘗会事」の成立に関しては、清水潔氏の詳細な論考がある。[3] 氏はそこで、「大嘗会事」は『儀式』等先行儀式書を参照することを前提に編まれたものだったために記述が簡略で、寛弘八年（一〇一一）十一月に道長に提出された時には不充分として三条天皇大嘗会の「証拠」とはされず、三条天皇大嘗会をもとに以後補筆を重ねたもので、三条天皇大嘗会そのものは『儀式』を「証拠」として進められた、としている。

『江家次第』との比較対象も含めた精緻な論考で、重要な論点はほぼ論じ尽くされた感があるが、冷泉上皇死去による延引があまり考慮されておらず、そこを含めた検討の必要があるのではないかと考えた。

また、前述のように、公任が実資に対してしばしば問い合わせ、それを『北山抄』本文に反映していることも、既に先学の指摘している通りである。しかし、それは実資と公任に限ったことではなく、人間関係に即して情報交換の網が広がっていたことは、最早殊更に論ずるまでもないだろう。『北山抄』本文の成立を考える時、このような背景を視野に入れることができれば、一歩踏み込んだ考察が可能となるのではなかろうか。

以上の観点から、本稿では公任が式文作成のために問い合わせた、と直接は書かれていないところで、「大嘗会事」の記述に影響していると考えられるところを辿って、「大嘗会事」部分の成立について考えていく。

一　『小右記』等に見られる知見の反映

まず、公任との情報交換・公任への情報提供という形をとっていなくとも、実資の知見が「大嘗会事」へ反映されていることを確認しておく。『小右記』寛弘八年（一〇一一）九月一日条である。

大嘗会年不レ奉二御灯一事、諸人不レ知、余又不レ知、只臨二河頭一行二例祓一、而隔年記見二故殿安和元年御記一、已有二不レ可レ奉之由一、是三代実録文也、為二後々一所二注付一、或文只有下斎王向二伊勢一年事上、仍諸人不レ知也、安和元年九月二日、九月御灯止事、連量勘申云々、仍奉二勘文案一、

勘申、有二大嘗会一之年、停二九月三日御灯一之例事、三代実録三、云、貞観元年九月三日、乙卯、停二御灯潔斎一、以レ有二大嘗会事一也、同実録卅六、元慶八年九月三日、庚申、停二御斎焼灯一、仁和四年日記云、九月三日、丁酉、無二内裏御灯事一、承平二年日記云、九月三日、壬午、依レ穢雖レ無二御灯一依レ例廃務、

『清慎公記』に載せられた鴨連量勘文所引『日本三代実録』から、大嘗会が行われる年には御灯がないことを知った記事である。これに関する記述は『西宮記』恒例第二御灯事の見出し割書に「大嘗会年、無二御禊一、無二御灯一」とあるのだが、寛弘八年九月段階で、実資の周りにこのことを知る者はいなかったらしい。[4]傍線部からは実資の力の入りようが窺えるが、実際、この御灯停止に関することは翌年にも振り返って言及され、[5]『小野宮年中行事』九月三日御灯事にも引用されている。

この「諸人不レ知」ことが、「大嘗会事」にも「九月上旬、…此月、停二御灯一、潔斎、見二三代実録一」として載っている。典拠は『小右記』所引『清慎公記』と同じく、『三代実録』である。『北山抄』巻二　九月御灯事には詳しく載っているので、[6]それも確認しておく。

大嘗会年、又無二此事一、貞観元年・元慶八年・仁和四年等例如レ之、見二三代実録一、而承平二年・天慶十年外記日記云、依レ穢雖レ無二御灯一、依レ例廃務云々、安和元年、依二三代実録文一、停二潔斎一、

『小右記』の記述から考えるに、「仁和四年例」は『三代実録』ではなく外記日記であろう。言及される例の類似性

や、「大嘗会事」と「御灯事」のどちらも典拠として『三代実録』を挙げていることから、実資と公任の情報源は同じであったと考えられる。

先に紹介した通り、御灯の条にではあるが、『西宮記』にもこのことに関する記述はある。そして、公任が『西宮記』を持っていたこと、『北山抄』に『西宮記』を引用していることは既に紹介されている通りである(7)。しかし「大嘗会事」において、というか巻五を通して、『西宮記』の引用は見られない。大嘗会に関しては『西宮記』該当部分の記述が比較的大まかなものであるということもあってか、直接引用することはなかったようである。また、『西宮記』の恒例第二に関連する記述があるにも拘わらず、それについても言及がない(8)。

以上のことや『小右記』の一連の記述、『北山抄』の成立時期を勘案すると、この件については『清慎公記』鴨連量勘文所引の『三代実録』が参照され、情報は実資から公任へと流れたものであったと考えられるのである。

同様のことが窺える事例として、「大嘗会事」の見出しに付された割書「承平元年、依㆓法皇御心喪中㆒延引、」がある。これは承平元年(九三一)に行われる予定だった朱雀天皇大嘗会が、宇多法皇死去により翌年に延引されたことを指している。三条天皇大嘗会も冷泉上皇死去により延引されており(9)、先行する例は承平二年に挙行された朱雀天皇大嘗会だけであることを実資は認識していたが、他の公卿は曖昧にしか認識していなかったようである。次の史料は『小右記』寛弘九年六月二十七日条である。

頭弁云、一日左相府云、始㆓行大嘗会㆒之官符未㆑成云々、如何、源中納言云、有㆑給㆓宣旨之例㆒者、相府云、随㆑宜可㆑行者、此事最可㆑為㆑奇、大嘗会中絶、又更始行之例、只在㆓承平㆒、彼時給㆓官符㆒、以㆓何例㆒所㆑陳乎、

頭弁藤原朝経が実資に伝えた内容が「一日…可㆑行」だが、ここでは、大嘗会行事所を再開するにあたって下す官符がまだできていないことを問題視する左府藤原道長に対し、源中納言俊賢が宣旨を下した例があると述べたことを

伝えている。これを聞いた実資は「最可ㇾ為ㇾ奇」と批判、大嘗会行事所が中断し再開した例は承平度大嘗会しかないが、その時には官符を下している、俊賢は一体何の例に拠って宣旨を下すなどと言っているのか、と言っている。実資からすると、俊賢は色々と手続きの認識が雑なところがあるようで(10)、度々批判の対象となっているが、それを差し引いても、上皇死去による中断を挟んだ例として承平度大嘗会が、俊賢に認識されていないことは確かだろう。

承平以降、寛弘以前の村上朝後半に原撰本の大部分が成立していると考えられる(11)『西宮記』大嘗会事に、この件に関する記述はない。著者である源高明が朱雀天皇大嘗会について知り得ない立場にあったとは考えにくいので、これは単に記載する必要を認めなかったことによるものと考えられる。それが『北山抄』になると記載されるということは、この時期にこの情報の需要があったということを指すのではあるまいか。

上記二つの事例は、寛弘度大嘗会で実資が検校を勤仕したからこそ注目された例であり、成立した記述であるといえよう。このように、実資の知見、特に三条天皇大嘗会検校を務める中で得た知見は、「大嘗会事」においても反映されているのである。そしてそれは『小右記』等に実資から公任への情報提供記事としてわかりやすく記録に残っているところだけでなく、「大嘗会事」本文及び割書と『小右記』の記述の重なり等からも窺うことができる。

二　作成開始時期をめぐって

前節にて、『小右記』に見られる実資の判断・知見が、「大嘗会事」に反映されていることが確認できたわけだが、それだけでなく、公任自身が直面した議論が反映されていることもある。次の記事は『権記』寛弘八年（一〇一一）九月十五日条、大嘗会御禊の装束司定の時のものである。

先レ是左大臣被二参居一、春宮大夫、皇太后宮大夫、源中納言同在二仗座一、被レ定二御禊雑事一、（中略）春宮大夫曰、此交名等、上卿奏聞於二御所一、又被レ書加人々有レ之、又自二御所一下給装束司一云々、余曰、正文已在二外記一、是奏聞之後下二装束司一、々々々写取可レ返上外記一也、〔　　〕歟、大夫曰、自レ内被二相加一之者之御薬〔　　〕云々、代々記文幷図有二蔵人々々代等一、又村上御□被レ撰五巻之中載二御禊事一云、先十余日、大臣奏聞陪（侍）従親王已下、五位已上八十二人、御前五位以上卅六人歴名一、下給装束司一、々々々即書二三通一、一通下二式部一、一通下二［次第］司一、一通下二内蔵寮一、又留守差文上卿奏聞下レ之、□六七日可レ供奉行幸女官蔵人等交名一下二装束司一、又蔵人所以可二供奉一蔵人〔　　〕交名下二次第司一、又以二一通一下二大蔵省一、為〔　　〕上卿奏聞、下二装束司一云々、以レ之以レ知、大臣奏聞〔　　〕非下自二御所一召給上歟、亦西宮文之中云、件定文（奏聞）之後、自二蔵人所一召二装束司主典一下給之一、相加蔵人女官等〔　　〕云々、源中納言同被レ案二此旨一、

装束司等の交名について、一旦御所へ奏聞し、加筆の後、御所から装束司に下すべきとする春宮大夫藤原斉信と、既に外記の許に正文があるのだから、外記から奏聞して装束司に下し、装束司でこれを写してまた外記に返すべきだ、とする記主藤原行成から始まった議論である。欠けているところもあるが、斉信は『清涼記』の記述や『西宮記』の記述[12]に依拠しており、源中納言俊賢も同様の考えであったことがわかる。

公任はこのとき皇太后宮大夫で、この定の場にいた。翌朝、実資のもとにこの件について問い合わせていることが、『小右記』九月十六日条からわかる。

今朝四条大納言問下送大嘗会御禊装束・次第司等幷供奉人定文、下給案内一幷補二代官一事上、詳見二故殿天慶九年御記一、注レ之奉レ遣了、

このとき実資は公任に、実頼が大嘗会検校に勤仕した天慶九年（九四六）の『清慎公記』を書き出して送っている。公任はそれを元にして、『権記』同十六日条にある行成の問い合わせに答えるのである。

十六日丙戌　歴名下給之事、注二出愚案之旨一、申二達四条納言一、其報旨如レ案云、天慶私記云、承平二年外記下二装束司一、々申云、度々記文自二内裏一下給者、而外記下之違例云々、仍令レ勘二旧例外記日記一、外記召二装束司主典一下之云々、□　□下給外記可レ宜者、令レ奏二案内一、下二給外記一□
□命云、自二内裏一下給例□
□禰云々、清涼抄因レ之被レ注歟、夜前被レ問二衛府督代官事一、下二給外記一可レ宜之由申侍、然而猶従二御所一可レ給二装束東司一者、交名下二給装束司一者、是又可レ然歟、仍不レ申二子細一云々、

公任は、「天慶私記」つまり前日に実資から送られた天慶九年『清慎公記』(13)に、「承平二年（九三二）に交名を外記が装束司に下しているが、これまでの記文には内裏から下すとあるので外記が下すのは違例だ、というので外記日記を調べさせたところ、外記が下した例もあった」という記述があることを示した上で、『権記』本文の欠脱により詳しくはわからないが、『清涼記』の記述はこれによるのではないか、としている。

これも「大嘗会事」に反映されており、

九月中旬、大臣定二装束司一、長官一人、中納言、次官一人、中弁、判官二人、史一人、内記一人、主典二人、内蔵属・勘解由主典各一人、次第司、御前、長官一人、納言、若参議、次官一人、式部少輔、判官二人、式部・中務丞、主典二人、式部・中務録、御後、長官一人、参議、次官一人、兵部少輔、判官二人、兵部・民部丞、主典二人、兵部・民部録、　奏聞下二二省一、除目也、元慶八年・天慶九年、於二外記庁一任レ之、仍先給二下名一、　先レ是召二陰陽寮一令レ勘二申日時一、註装束鼓打時、進鼓打時、行鼓打時、出二御門一吉方、御禊吉方、還御時、太政官式云、預令二勘申一者、天慶例如レ之、清涼抄、装束司令二勘申一云々、依二儀式一歟、近例、任二装束司等一日、便令二勘申一、

（中略）

十月上旬、定二奏陪従五位以上八十二人、御前卅六人歴名、除二装束司・次第司・諸衛府佐等一、留守、参議一人、弁官一人、諸衛代官、留守代官等或後日定下、下給装束司、旧例、蔵人所召二主典一下給、事了上二外記一云々、承平二年、上卿給二外記一、外記下二主典一、装束司申云、度々記文、自二内裏一下給者、而外記下レ之、違例云々、天慶九年私記云、仰二外記一令レ勘二旧例一、外記召二主典一下給者、仍申二殿下一、自二内裏一下給、誰人可二下給一

哉、猶給二外記一可レ宣者、令レ奏二事由一、下二給外記一云々、事見二太政官式幷清涼抄一、若有二申レ障之者一、上卿奏聞改替、旧例、又自二蔵人所一仰下、承平・天慶、外記仰レ之云々、

とあるように、「装束司」の後に続く割書の記述がほぼ『権記』の内容と重なるのである。このように、公任が直面した問題についても「大嘗会事」に反映されているわけだが、ここで注意したいのがこの時、寛弘八年九月十五日の段階での、この議論に対する公任の立ち位置である。

この時、公任はあくまで定に参会した公卿の一人という位置づけである。『権記』を見る限り、この件に関する議論は行成と斉信を中心に進んだとみられる。公任が実資に問い合わせるのは翌朝で、それを以て行成に答えているのである。前々から準備していたというよりは、その時生じた問題に対応したと考える方が自然ではなかろうか。

たしかに、ここで行成がわざわざ公任に自分の意見を書き送って、返報をみて「其報旨如レ案」としているということは、公任に自分の見解の是非を問うているということで、公任がこの件に関してある程度の知識を持っていて、彼の見解が一つの基準となっていた可能性もないとは言えない。しかし、公任は、長和四年（一〇一五）九月八日、伊勢公卿勅使について、「天慶賊乱之時、参議保平為レ使、彼時例見二故殿御記一歟」と実資に言い送っているように[14]、典拠に心当たりがある場合はそれに言及していることが多い[15]。以上のことから、この時点で公任はどこに該当する情報があるかを把握していなかった可能性が高いと言えよう。

そうすると、「大嘗会事」抄出開始時期について少し踏み込んで考えていくことができる。大嘗会式文作成に関しては、『西宮記』臨時七大嘗会事の見出しに付された割書にて言及されている。

延喜式、儀式、代々記文共不レ同、難レ守二一隅一、就二当時一上卿案一、立二別式一可二一定一、

「当時一上卿」については、「当時」と修飾語が付いていることに加え[16]、『西宮記』では「上卿」と「大臣」が同じ意味で使われる例もよく見られること[17]、「大臣」と「一大臣」が区別して使われる例があること等から、素直にその

時の筆頭大臣を表していると考えてよかろう。[18] 大嘗会に際しては、『延喜式』や『儀式』、各代の大嘗会記文の記述は同じではなく、どれか一つに則ってその通りにやっていくことが難しい。その時の一の大臣の考えに従って、別に式文を立ててそれに基づいて行え、ということである。ここから、大嘗会に関わる各書物・記録間に齟齬があることは既に認識されていたことや、式文が時の筆頭大臣の下で作成されたものであったことがわかる。

実際、『北山抄』「大嘗会事」に引用されているものの中には、『儀式』や『延喜式』、過去の大嘗会記文だけでなく、「寛平式」や「天長式」もあり、実際に式文が作成されていたこと、それがある程度保管されていたらしいことがわかるのである。

三条天皇大嘗会の時、実際に公任によって抄出が作られたことは既に指摘されている通りである。『権記』寛弘八年十一月九日条に、

参東宮之間左府被レ参、於二殿上一命云、大嘗会間事、四条大納言注出持来、只注二次第一不レ見二子細一、仍示二此書無益之由一返了、其故、只為レ見二次第一欲レ注二目録一、相〔非カ〕省略本意可二多書一之、故以レ是欲レ為二証拠一、事甚彷彿無レ見二子細一云々、

とあり、[19] 検校・行事が決められた三ヶ月後に、公任の手による大嘗会儀の抄出が「左府」つまり道長の許にもたらされていたことがわかる。但し、この時は式次第を記したのみで、細かいことにまで記述が及んでいなかったらしく、これでは役に立たないとして道長は返している。「無益」の理由について道長は、ただ式次第を見るために目録を作りたいならば、省略せず多く書くべきである。なので、これを判断の拠り所にしようとすると、記述がとても曖昧で詳しいことを知ることができないから、としている。

ここで注意したいことは、この記事が、十月二十四日の冷泉上皇死去による大嘗会延引の判断が下された後のもの

であるということである。[20] 延引が決まった後、大嘗会に向けて再び動き出すのは大祓が絡む翌年六月、実質的には諸国大祓使が発遣される八月以降である。

そもそも、大嘗会は、「七月以前即位当年行事、八月以後明年行事」と規定されている。[21] 三条天皇の受禅は六月だが、[22] 即位儀が行われたのは十月である。[23] 過去に七月までに践祚した天皇でも、即位儀が八月以降であれば大嘗会は翌年行っている。[24] 十月に即位儀を行う三条天皇の場合、翌年に大嘗会を行うのが適切な流れであったはずである。『御堂関白記』や『権記』を見る限り、寛弘八年六月二十日に即位等について定を行おうとしていたようなのだが、[25] 一条上皇不予と二日後の死去により流れたようで、[26] 即位日時定が行われたのは一条上皇の七七日法要も済んだ同年八月十五日である。[27] この期間の『小右記』が失われていることもあり、詳しい経緯を知ることはできないが、大嘗会検校以下が決められたのもこの日で、これでは前節でみた諸国大祓使発遣（八月上旬）に間に合っていない。このようなことから、三条天皇大嘗会は当初、当時の認識はどうあれ、日程的にあまり余裕のない状態で行われようとしていたといえよう。[28]

尚、この『権記』寛弘八年十一月九日条の続きには、

又云、大嘗会事其子細作レ式、自二仁和寺一伝取、四条納言見レ之云、寛平所作歟、仍彼納言号二之寛平式一、其故云元慶仁和例在二注文一、其中有二可レ取之事一、（中略）又他事等甚有レ興之事両三存レ之云々、（後略）

とある。道長は仁和寺から入手した大嘗会の式文を公任に見せ、公任はこれを「寛平式」であろうとした上、参考になるところが多くあると言っている。清水氏により「大嘗会事」の註にみられる「式」はこの「寛平式」であることが明らかになっており、「寛平式」と気付いた後に書き込まれた註には「寛平式」と明記したが、それ以前に書き込まれた註は「式」のままにしておかれた可能性が指摘されている。この見解に従うならば、「大嘗会事」に「寛平

式」と註記した引用も多くみられるということは、公任がこの寛弘八年十一月九日以降の編集作業において大いに参考にしたことがわかる。このような編纂の主材料となるものが作業の最終段階で提示されるとは考えにくく、この段階での「抄出」は叩き台のようなものであったのではなかろうか。

以上、大嘗会御禊装束司定での公任の立ち位置や一条天皇譲位以降の各儀式の日程等を考え合わせるに、三条天皇大嘗会は当初、かなり窮屈な日程で執行されようとしていたが、冷泉上皇の死去をきっかけに規定通りの準備が行われることとなり、「大嘗会事」もその一環として作成されたとみた方が整合性は高いのではないかと考えられる。

三　追記の手掛かりと実用性の問題

冒頭で確認した通り、清水氏はまた、「大嘗会事」が三条天皇大嘗会においては使われなかった可能性を指摘している。しかし、「大嘗会事」が一応の完成をみたとされる『小右記』寛弘九年（一〇一二）九月二十九日条には、

大皇太后宮大夫公任大嘗会事抄出、左相府命云々、今日被二見送一也、

とあり、この作業が道長の命で行われたことが明言されている。そうであるならば、この「抄出」は三条天皇大嘗会に使われた可能性が残る。「抄出」提出以降に残された大嘗会関連の儀式・手続きは、御禊と節会だけである。以下、寛弘九年九月二十九日前後の『小右記』及び逸文に見られる実資の見解と「大嘗会事」の見解に齟齬が見られるところから、追記のあり方を絡めて考察していく。

まずは九月二十九日以前に行われたことに関する齟齬について、大嘗会に先立ち、八月下旬に諸国に大祓使を遣わす儀について考える。この時に諸国に下す官符について疑義が発生したことが、『小右記』寛弘九年八月七日条に見

える。

七日、壬寅、左中弁来云、尋二出当月下旬大祓之符案一、即持二来符案一、其文云、太政官符近江・伊賀・伊勢等国司、右得二神祇官解一、依レ供二奉大嘗会一、更為レ令レ祓二備後国幷大神宮等一、定二件人一、依レ例申送如レ件者、国宜承知、依レ件行レ之、符到奉行、年月日、駅鈴一口、三刻、今如二件符案一者、依二大嘗会事一、似レ祓二清国一也、大神宮等猶可レ被二下旬大祓一歟者、予答云、如二符案一、尤可レ被二祓清一、又弁云、神祇式載二近江・伊勢二箇国一、儀式載二三箇国一、符案同載二三箇国一、未レ得二其意一、予答云、路次伊賀・伊勢也、但尋常往還路用二近江一、仍祓二清三箇国一歟、就レ中符案載二三箇国一、然可レ依二三国例一、又往二還伊勢一之路、用二伊賀・近江等一之故歟、事未レ申二左府一、今日申二事由一、可レ伝二彼報一者、亦々含二子細一了、（後略）

悠紀弁藤原朝経が、八月下旬に下す大祓の官符の「符案」、つまり官庫に保管されていた留底符案を捜しだし、実資の許へ持ってきた記事である。符案では、官符の下し先が「近江・伊賀・伊勢等国司」となっているが、『延喜式』は「近江・伊勢」の二ヶ国であり、『儀式』は符案と同じ「近江・伊賀・伊勢」の三ヶ国である。どうしたものか、と尋ねる朝経に対して、実資の考えは、伊勢神宮への道筋の関係で三ヶ国なのだろう、とりわけ、「符案」に載っているのだから三ヶ国の規定に従うのがいいのではないか、と答えている。

ここで問題になっている条文を挙げる。

『儀式』巻二　践祚大嘗祭儀

八月上旬、卜二定大祓使一、発遣、（左右京一人、五畿内一人、七道各一人、）下旬、別卜、更復発遣、（左右京一人、五畿内一人、近江・伊賀・伊勢一人、）訖、発二遣奉一幣天神地祇一使上、

『延喜式』神祇七　大祓使条

凡大祓使者、八月上旬卜定差遣、左右京一人、五畿内一人、七道各一人、下旬更卜二定祓使一差遣、左右京一人、五畿内一人、近江、伊勢二箇国一人、在京諸司晦日集祓如二二季儀一、

八月上旬に大祓使を卜定して左右京・五畿内・諸国に遣わし、更に同月下旬に別に卜定して改めて発遣するのだが、下旬の方の発遣先が傍線部の通り異なる。これは、『三代実録』仁和二年（八八六）五月十五日条「勅遣下左衛門権佐従五位上源朝臣昇、六位一人、検中近江国新通二阿須波道一之利害上」と同年六月二十一日条「伊勢斎内親王応下取二近江国新道一入中於大神宮上、仍下二伊勢国一知、又停二伊賀国旧路頓宮一、下二伊賀国一知」の阿須波道の開通とそれに伴う伊勢参宮道の変更により、伊賀国を通らなくなったため、『延喜式』編纂段階において修正したものとみられる(29)。

そのため、三条天皇大嘗会の行われる寛弘・長和段階では、当然『延喜式』に拠るべきなのだが、『小右記』を見る限り、実資も含めて、この時の当事者たちに上記の知識はなかったらしい(30)。また、三条天皇大嘗会に関しては、実資が検校に決まった二日後の寛弘八年八月十八日の『小右記』において、

十八日、己未、左中弁来云、大嘗会事官底無二前例文一者、件事見二儀式二三四巻一、取二出件巻々一令レ見畢、写取引二合他書等一、若無二相違一、就二式文一可レ行之由相示了、

とあるように、大嘗会に関して、官底には前例に関する文がないと言ってきた行事弁の藤原朝経に対し(31)、『儀式』の巻二～四を写させ、他の書物等と対照し、『儀式』に基づいて行うよう指示していることもあってか、『儀式』の方の記述に従っている。

しかし一方で「引二合他書等一、若無二相違一」と言っていることに注目したい。『儀式』と他の書物との間で記述内容に違いがあったら、その時は何らかの調整が必要になるということであろう。『儀式』が絶対ではないのである。ただ、「就レ中」と強調されているように、留底符案に近江・伊賀・伊勢の三国が記載されていることは軽視できなかっ

たらしい[32]。だからこそ、今回のように迷っているのであろう。

結局、実資は『儀式』の記述を採るわけだが、同日条を読み進めると、このことについてはまだ道長に確認しておらず、道長の判断を仰いで最終的にどうするかを決めることにしている。その後を窺える記述は『小右記』にはないが、「大嘗会事」で以下のように言及されている。

八月上旬、遣大祓使、左右京一人、五畿内一人、七道各一人、（中略）下旬、別卜、更又遣大祓使、左右京一人、五畿内一人、近江・伊勢一人、神祇官式如レ之、而儀式、伊賀加レ之、可レ依二彼式一歟、符案如二儀式一、訖、発下遣奉二幣天神地祇一使上（後略）

傍線部が八月七日条の内容とほぼ重なる。『小右記』と異なるのは、『延喜式』の方を採っているところである。公任が阿須波道のことを知っていたか否かを知る材料を、筆者は今持ち合わせていないが、上述のように、『延喜式』の規定の根拠は『三代実録』なので、全く知り得ない状況ではなかったことは確かである[33]。また、三条天皇大嘗会においては、道長が「近代例」を優先するところも見られ[34]、道長の方針として、経緯はともかくとして、より新しい例（規定）を採るようにしていた可能性も考えられる。伊勢参宮道の変更を根拠に、『延喜式』を採った可能性も充分考えられよう。

ただ、「可レ依二彼式一歟、符案如二儀式一」（傍点筆者）という表現からは、留底符案が『儀式』に則っているために、『延喜式』に拠るべきであると言い切れない様子や、実際行われたこととは異なる考えを公任が持っていた様子が窺える。行事弁と上卿の質疑に終始する『小右記』の記述から考えるに、まず行事所内でのやりとりがあって、その後道長の判断を仰ぎ、実際の発遣手続きなどをしている中で、実資から公任へ流れたものとみて差し支えなかろう[35]。「抄出」完成記事以前に行われたことで、『小右記』（実資）と「大嘗会事」（公任）の見解が明らかに食い違っているところは、管見の限りこの一件のみである。そして、「大嘗会事」の御禊・節会当日以前の本文及び割註で「…歟」

と断言を避けているところも、気付いた限りこの一ヶ所である。このことは、九月二十九日以前の記述に関しては、一節・二節でも見てきたように、実資の行事運営の様子や公任の見聞を反映させながら、手を入れ続けてきたということを示しているのではなかろうか。

そして、この日より後に発生した疑問点等については、『小右記』と「大嘗会事」で記述が逆転するようである。例えば、大嘗会御禊、行幸時の警蹕等について、「大嘗会事」では「行幸儀式如レ常、無二警蹕鈴奏等一」とするだけだが、実資は「清涼記無二警蹕一、但案儀式文有二警蹕一、故殿承平二年御記鈴奏無、（中略）儀式有二警蹕一、然者可レ仰歟」と記しており、異なる説があったことがわかる。(36) しかも「可レ仰歟」としているのは、実際には行われなかったからであろう。つまり、ここは「大嘗会事」の記述に沿って儀式が進められたということである。また、節下大臣の手振の装束についても、「手振不レ着二半臂一、依二左府命一令レ着、近代例也、不レ聞事也／天慶、故殿節下大臣、手振不レ著二半臂一、見二御日記一」とあり、『清慎公記』に従おうとしたところを道長の命で改めている。(37)「大嘗会事」本文にはこの件について言及はなく、特に『清慎公記』に関するくだりは裏書きで註記されているのみである。(38)

このようなことから、九月二十九日以降は、基本的には「大嘗会事」本文・割註に即して儀式が行われ、検校の実資と見解が異なった点について、必要に応じて追記されていったのではないかと考えられよう。勿論、実資以外の者からの指摘や、公任が後日気付いたことなどもあろうが、現段階で筆者が確認できた、実資との見解の相違に関わる事例から、少なくともこの「大嘗会事」が三条天皇大嘗会において「証拠」とされたことは確認できるだろう。

おわりに

以上の検討から、『北山抄』巻五「大嘗会御禊事」及び「大嘗会事」には、実資の知見や公任の見聞が大いに反映されていること、直接本文及びその割註の中に反映できたのは寛弘九年（一〇一二）九月二十九日までで、以後は追記の形を取ったのではないかと考えられることが確認できた。「大嘗会事」の「抄出」は寛弘八年八月からこのかたの諸々の知見を盛り込みつつ、大嘗会の準備と歩調を合わせるようにして行われていったと考えられよう。

追記・補筆に関しては、『北山抄』巻十の自筆稿本に見られるように、公任が何度かに亘って本文にも手を入れている可能性は勿論否定できない(39)。日記も含め、追記の問題に関しては大いに課題を残している。ただ、細かい字句の出入りはともかくとして、大筋としてこのような過程を想定できるのではないかと考えている。

また、今回検討しきれなかったのが、清水氏も指摘している実資が寛弘八年八月十八日条で基本的に依拠すべきものとして挙げた『儀式』との関係である。これについては、『権記』『御堂関白記』等の記述も合わせて、より詳細な検討が必要となろう。後日の課題としたい。

公卿の情報交換のネットワークと、そこでの成果の反映のあり方から『北山抄』巻五の「大嘗会御禊事」及び「大嘗会事」の成立を考えてみたが、前記の他にも不備は多いかと思う。一つの試みとして、また今後の議論の足掛かりとして受け止められれば幸いである。

註

（1）和田英松『本朝書籍目録考証』（明治書院、一九三六年）、所功「神道大系『北山抄』の解題」（同『宮廷儀式書成立史の再検討』、国書刊行会、二〇〇一年）、桃裕行「『北山抄』と『清慎公記』」（『桃裕行著作集』四、思文閣出版、一九八八年、初出一九七四年）。

（2）所　前掲註（1）。

（3）清水潔「摂関院政期の大嘗祭について」（皇學館大学神道研究所編『大嘗祭の研究』、皇學館大学出版部、一九七八年）。

（4）以下、『西宮記』『北山抄』『儀式』は『神道大系』を主に、『改訂増補故実叢書』も参照。

（5）『小右記』寛弘九年九月一日条。以下、『小右記』は逸文も含め『大日本古記録』による。

（6）このことから、公任が全体の整合性をとりつつ撰述したことが窺える。所氏が「解題」で紹介している各巻の関連項目を示す註記に加え、『北山抄』が公任一人によってまとめられたことの傍証にもなろう。

（7）所功「『北山抄』と『西宮記』」（前掲『宮廷儀式書成立史の再検討』、初出一九九五年）。

（8）このことから、「大嘗会事」を抄出する際、少なくとも『西宮記』に関しては臨時七「大嘗会事」以外は見ていない可能性も考えられるが、これについては公任の引用の姿勢、典拠の表示の姿勢の問題や、両者の間に共通する記述の有無なども考慮にいれるべきであろう。これらについては、また別の機会に考えたい。

（9）『日本紀略』寛弘八年十月二十四日・二十八日条、『権記』同年十月二十四日・二十五日条。以下、『日本紀略』は新訂増補国史大系、『権記』は『史料大成』による。

（10）例えば、『小右記』長和五年四月二十八日条では、石清水八幡宮への幣に道長家の絹を使ったり、内記が遅参しているからと外記に宣命を作らせようとして、宣命草の旧例がなく、あわてていたりする。

(11) 所功「神道大系『西宮記』の解題」（前掲『宮廷儀式書成立史の再検討』）。

(12) 臨時七御禊事、装束司定に関するくだりで、「留二御所一、後日召二主典蔵人所一下給、事了、件等文上二外記一」とある。

(13) 桃　前掲註（1）。公任のいう「私記」については、『北山抄』の中での検討ではあるが、『清慎公記』であることは氏が夙に指摘しているところである。

(14) 『小右記』同日条。

(15) 長和二年七月三日条（『西宮記』以外のものの記述の有無）、寛仁三年五月八日条（『小右記』の記述の有無）、十二月二十二日条（『清慎公記』の記述の有無）等。

(16) 『西宮記』恒例第一叙位儀の「入眼」割書「（前略）上卿前〔北〕地面、大臣召内記、内記参入、仰云、位記、（後略）」等。

(17) 『西宮記』恒例第一除目の「大臣奉レ勅、仰二外記及弁一」割書「一大臣於二里亭一仰」。

(18) 土田直鎮「上卿について」（同『奈良平安時代史の研究』、吉川弘文館、一九九二年）、山本信吉「一上考」（同『摂関政治史論考』、吉川弘文館、二〇〇三年、初出一九七五年）。

(19) 校訂は清水　前掲註（3）による。

(20) 所　前掲註（7）参照。尚、『日本紀略』寛弘八年十月二十四日・二十八日条、『権記』同年十月二十四日・二十五日条。会期までに上皇が没すると大嘗祭が翌年に延期されることになるが、その場合の上皇とは、直前に天皇だった上皇ではなく、二代以上前の上皇である。朱雀天皇大嘗会を見てみると、延長八年（九三〇）九月二十二日醍醐天皇譲位・寛明親王受禅の後、九月二十九日に醍醐上皇が死去し、朱雀天皇の即位儀は十一月二十二日で、大嘗会は翌年に行われる予定だった（つまり醍醐上皇の死去による延引はない）が、承平元年（九三一）七月十九日の宇多上皇死去により延引され、翌承平二年に行われている。今回も一条天皇の死去は対象にならない。つまり、冷泉上皇の死去がなければ寛弘八年十一月に大嘗会を行うつもりであったということである。現に『小右記』寛弘八年九月十一日条に「御即位・大嘗会来月事也、」とある。

(21)『儀式』巻二践祚大嘗祭冒頭、「天皇即位」割書。『延喜式』神祇七定月事等にも類する記述がある。以下、皇學館大学神道研究所編 前掲『大嘗祭の研究』正参照。尚、『延喜式』は以下、主に新訂増補国史大系による。

(22)『日本紀略』寛弘八年六月十三日条他。

(23)『日本紀略』寛弘八年十月十六日条他。

(24) 摂関期によく参照される醍醐天皇以降の例に絞ると、冷泉天皇の例が該当。康保四年（九六七）五月二十五日践祚、十月十一日即位で、大嘗会は翌安和元年に行っている（『日本紀略』）。

(25)『権記』寛弘八年六月二十日条に「今日依㆓宜日㆒、左大臣以下申㆒㆑行御即位事等㆓」とある。

(26)『御堂関白記』同日条。以下『御堂』と略す。『大日本古記録』による。

(27)『御堂』寛弘八年八月十五日条。

(28) これについて実資が何も言っている様子がないようなので、この時の大方の公卿の認識として、特に問題とされていなかった可能性もある。『小右記』寛弘八年夏は記事を欠き、八月十五日の定も実資は物忌で欠席した上それを道長に不快と思われているので、その辺りの議論が載らなかった可能性も高い。現時点で確言するだけの材料を筆者は持ち合わせていないので、あくまで『儀式』『西宮記』に規定された進行計画と照らし合わせた結果として言及しておく。

(29) 虎尾俊哉編『延喜式』上（集英社、二〇〇〇）神祇式補註による。

(30) 他の大嘗会の時の詳細な記録は残っていないので史料的な限界はあるが、まず、実資自身、伊勢参宮の道は近江・伊賀・伊勢と認識していたことが『小右記』寛弘九年八月七日条からわかる。また、康保四年の『延喜式』施行以後に成立したと考えられる『西宮記』大嘗会事の該当箇所も(虎尾俊哉『延喜式』、吉川弘文館、一九六四年、所 前掲註(11)等参照)、「遣二諸道大祓使一、後遣二京内・近江・伊勢・伊賀一」と三ヶ国になっている。このことから、実資周辺のみならず、公卿等の多くが伊勢参宮の道が近江・伊勢になったこと、もしくはそれが大嘗会大祓使にも適用されることを認識していなかった可能性が高い。

(31) とはいえ、これ以後、「天禄記文」や「承平記文」の情報が行事弁から実資の許にもたらされている(『小右記』寛弘九年六月二十八日条・九月二日条等)。「前例文」が儀式の概要がわかるようなまとまったものを指し、それが官底になかったのか、それとも行事弁任命から二日足らずであったために官底にあるものを把握しきれていなかったのかは確言できない。ただ、前述のように、寛弘八年段階で、三条天皇大嘗会はかなり性急に進められたと考えられるので、全体的に準備不足であった可能性は否めないのではないかと考えている。

(32) 「大嘗会事」の記述も併せて、この事例からは典拠としての留底符案の地位は比較的高かったことが窺えるが、この件についてはまた別に検討したい。

(33) この時期の記録類を見る限り、六国史に記載されている情報に関しては、外記の勘申対象なこともあり、どの公卿もアクセス可能であったものと思われる。正暦二年九月十六日の藤原詮子院号定では、「国史」に例がなかったことが「公卿詮議」の中で言及されている。

(34) 『長和度大嘗会記』所引『小右記』寛弘九年閏十月二十七日条逸文、手振の装束について。

(35) これについては同時に、道長から公任への流れの存在も考えられるかもしれないが、それを指摘するだけの材料がまだ筆者の手許にないので、ここでは立ち入らないでおく。

（36）『長和度大嘗会記』所引『小右記』寛弘九年閏十月二十七日条。

（37）同前。

（38）『北山抄』巻五「大嘗会御禊祭事」（『神道大系』）の※6「底本等裏書」。

（39）阿部猛『北山抄注解』巻十（東京堂出版、一九九六年）。

Ⅲ　在地社会における「知」の相関

古代における在地布教と「護法善神」

鈴木　実

はじめに

奈良末から平安初期にかけての神仏習合思想には、二つの習合の論理があることが知られている。ひとつは、在来の神々を、仏法を悦びこれを擁護する善神として捉える論理（以下、「護法善神型」と呼ぶ）であり、もう一方は神の身に生まれたことに苦悩し、仏法に救済を求める弱い存在として捉える論理（以下、「神身離脱型」と呼ぶ）である。この二つの習合論理は、戦前においては、仏法を悦び擁護する護法善神型から、仏法によって業苦煩悩を脱する神身離脱型へという発展段階として捉えられていたが、(1) 一九五〇年代に田村圓澄氏により、中央（＝護法善神型）と地方（＝神身離脱型）によって性格が異なるという複線的関係であることが論じられ、(2) 以来、社会史・民衆史研究が盛んに行われる中で継承されてきた。

しかし、一九九〇年代以降、それまで、日本国内で独自に成立したと考えられてきた神身離脱型の言説が、すでに梁の『高僧伝』等に見出せることが指摘され、(3) また、僧侶の都鄙間交通の実態も明らかにされる中で、(4)「中央」と「地方」の隔絶・対立を前提として国内的要因のみを考察の対象とする神仏習合現象の解明の方向性は、現在修正を迫られている。

奈良から平安初期にかけての中央と地方を行き来する僧侶の広範な布教活動を見るとき、在地独自の内的展開として神仏習合を捉えることは困難ではあるが、かといって、僧侶が在地において独善的に高僧伝の内容そのままを主張したとしても、それが受容されるとも思われない。その一端は、すでに指摘されるように、神身離脱型の言説であっても、中国の説話に見える救済後の神（神祠）の無力化と解体が、日本においては見出せないというところにも表れている。(5) 日中の相違は、僧侶が布教のために在地に訪れた際、在地の信仰を否定することなく、いかに在地民衆に仏教を伝え広めるかといった現実に直面したことと関連するように思われる。したがって、在地布教の場において形成された史料は、たとえ文章を作成したのが仏教者側であったとしても、在地側の希求を前提としながら在地側からの検閲や承認を経ているものとして良く、仏教者側と在地側が対話し、双方が納得する形での神仏習合の論理が構築され成立したことと思われる。そのように考えるとき、神を仏法により救済されるべき比較的弱い存在として描くことは、在地においてどのような言説の展開の前提の上に承認されることとなったのであろうか。

本稿では、護法善神型と神身離脱型それぞれの言説がどのような文脈で語られたのかを改めて検討し、僧侶による在地布教の過程で作成された資財帳や写経の奥跋、あるいは布教の際の草稿等の文書を再検討することで、僧侶が日本の在来の神々をどのように仏教的に位置づけていったのかを明らかにする。(6)

一　護法善神観と護国思想

護法善神とは、仏法を守護する善神の意で、また護法神、護法天ともいう。これは、梵天・四天王・二十八部衆・

龍神・鬼神・金剛力士（執金剛神）・十二神将など、諸経典に登場する天部の諸尊をさすが、奈良時代の後半において、日本の在来の神々もまた護法善神として位置づける見方が生み出されていった。その顕著な例として、『続日本紀』天平神護元年（七六五）十一月庚辰条には、(7)

（前略）又詔曰、今勅久、今日方大新嘗乃猶良比乃豊明聞行日仁在。然此遍能常余利別仁在故方朕方仏能御弟子等之天菩薩乃戒乎受賜天在。此仁依天上都方波三宝仁供奉、次仁方天社国社乃神等乎毛為夜備末都利次仁方供奉留親王多知臣多知百官能人等天下能人民諸乎愍賜慈賜牟等念天奈毛還天復天下乎治賜。故汝等毛安久於多比仁侍天由紀須伎二国乃献礼留黒紀白紀乃御酒乎赤丹乃保仁多末倍恵良伎常毛賜酒幣乃物乎賜方利以天退止為天奈毛御物賜方久止宣。復勅久神等乎方三宝余利離天不レ触物曽止奈毛人能念天在。然経乎見末都礼方仏能御法乎護末都利尊末都流方諸乃神多知仁伊末志家利。故是以出家人毛白衣毛相雑天供奉仁豈障事波不レ在止念天奈毛本忌之可如久方不レ忌之天此乃大嘗方聞行止宣御命乎諸聞食止宣。

（傍線は引用者。以下同じ。）

と、称徳天皇重祚の大嘗祭を終えての宣命において、諸神祇は仏教を忌避するという一部の考え方があることを指摘してこれを否定し、在来の神祇は経典にみえる護法善神と同一であることを主張している。この宣命の背景には、天皇による仏教信仰の傾倒に対する反動、あるいは「本忌しがごとくは忌まずして」とあることからすれば先例、暗黙の了解としての、神と仏とを分ける神仏隔離の思想があったものと思われるが、(8)護法善神という論理を用いて、神仏隔離の思想を排除し、仏教と在来の神祇を結び付けようとする意志が見て取れる。

ただ、天神地祇が仏法を擁護するという意味で両者を結びつけたものとしては、すでに、『続日本紀』天平二十一年（七四九）夏四月甲午朔条に、(9)

従三位中務卿石上朝臣乙麻呂宣、現神御宇倭根子天皇詔旨宣大命親王・諸王・諸臣・百官人等天下公民衆聞食宣。高天原爾天降坐之天皇御世乎始天中今爾至麻弖爾天皇御世御世天日嗣高御座爾坐弖治賜比恵賜来流食国天下乃業止奈母神奈我良母所レ念行久止宣大命衆聞食宣。加久治賜比恵賜来流天日嗣乃業止今皇朕御世爾当弖坐者天地乃心遠労弥重弥辱美恐美坐爾、聞食々国乃東方陸奥国乃小田郡爾金出在止奏弖進礼利。此遠所レ念波種種法中爾波仏大御言之国家護我多仁波勝在止聞召、食国天下乃諸国爾最勝王経乎坐、盧舎那仏化奉止為弖天坐神・地坐神乎祈禱奉、挂畏遠我皇天皇御世治弖拝仕奉利衆人乎伊謝奈比率弖仕奉心波禍息弖善成危変弖全平牟等念弖仕奉間爾、衆人波不成賀登疑朕波金少牟止念憂ツ々在爾三宝乃勝神枳大御言験乎蒙利、天坐神・地坐神乃相宇豆奈比奉佐枳波倍奉利、又天皇御霊多知乃恵賜比撫賜夫事依弖顕自示給夫物在自等念召波、受賜利歓受賜利貴進母不知退母不知夜日畏恐麻利所念波天下乎撫恵備賜事理爾坐君乃御代爾当弖可在物乎拙久多豆何奈伎朕時爾顕自示賜礼波辱美愧美奈母念須。是以朕一人夜波貴大瑞乎受賜牟。天下共頂受賜利歓流自理可在等神奈我良母念坐弖奈母衆乎恵賜比治賜比御代年号爾字加賜久止宣天皇大命衆聞食宣。（後略）

と、聖武天皇の宣命において、大仏造営に必要な金が陸奥国から産出されたのは、「三宝」の霊験と共に、「天坐神」「地坐神」などの協力があったからであるという認識が示されている。[10] これに関しては、宇佐の八幡神が大仏造立への協力を託宣して上京するなど、国家の願望に沿った神祇側のアプローチも存在した。国家事業である大仏造立の成功を祈念して、天下諸国に護国経典である「金光明最勝王経」を用いて神々への祈願を行なっていたことからすれば、これは天地の神々と仏法の隆盛とを結びつけたものであると同時に、護法善神観が護国思想とも結びついて受容されていたことをも示している。

このような、護国思想として護法善神観が用いられるのは、大仏造立事業の進展という福徳の獲得といった側面だけでなく、厄災の防止・除去といった側面においても同様であった。たとえば、『続日本紀』神護景雲三年（七六九）五月丙申条では、[11]

県犬養姉女等、坐二巫蠱一配流。詔曰、現神止大八洲国所知倭根子挂畏天皇大命乎親王・王臣・百官人等天下公民衆聞食止宣久、犬部姉女乎波内都奴止為弖冠位挙給比根可婆爾改給比治給伎。然流物乎反天逆心乎抱蔵弖己為首弖忍坂女王・石田女王等乎率弖挂畏先朝乃依過弖棄給弖之厨真人厨女許爾竊往乍岐多奈久悪奴止母相結弖謀家良久。傾㆓奉朝庭㆒乱㆓国家㆒弖岐良比給弖之氷上塩焼我児志計志麻呂乎天日嗣止為牟止謀弖挂畏天皇大御髪乎盗給波利弖岐多奈伎佐保川乃髑髏爾入弖大宮内爾持参入来弖厭魅為流己止三度世利。然母盧舎那如来・最勝王経・観世音菩薩・護法善神・梵王・帝釈・四大天王乃不可思議威神力、挂畏開闢已来御宇天皇御霊、天地乃神多知乃護助奉都流力爾依弖其等我穢久謀弖為留厭魅事皆悉発覚奴。是以検㆑法爾皆当㆓死刑罪㆒。由㆑此弖理波法末爾末爾岐良比給倍久在利。然止毛慈賜止為弖一等降弖其等我根可婆爾替弖遠流罪爾治賜布止宣布天皇大命乎衆聞食止宣。

と、氷上内親王と塩焼王の子志計志麻呂を天皇にすべく、称徳天皇の髪を盗み出し、それを佐保川の髑髏に入れて厭魅を行なったことに連座して、県犬養姉女らが配流になった事件について、天皇を呪詛して「傾㆓奉朝庭㆒乱㆓国家㆒」という、国家転覆を図る謀略があったのを察知し未然に防いだことが、盧舎那如来（＝大仏）や『金光明最勝王経』、「護法善神」や諸天、また天地の神々の力によるものとする認識を見てとることができる。このように、護法善神観は、仏法を保護する国家、これを擁護する思想として、『金光明最勝王経』などとセットで護国思想の一翼を担っていたと考えられる。

このように、国家レベルでの護国思想の一環として、天神地祇が、護法善神として仏教的に位置づけられるようになったのは、聖武朝から称徳朝のいわゆる天平期においてであり、この時期に現人神たる天皇が仏教に帰依し、衆生の一つとして位置づけられるという事態が生じたことで、そのような状況下において、これを説明づけ、正当化する論理が必要とされたことと関係している。(12)

二　多度神宮寺と護国思想

地方における天神地祇の護法善神化について、延暦七年（七八八）成立の「多度神宮寺伽藍縁起幷資財帳」（以下、「神宮寺縁起資財帳」と略）を検討していく。「神宮寺縁起資財帳」によると[13]（行頭の算用数字は行数を示す。「　」は異筆かそれと疑われるものを示し、傍註は先行研究の成果を参照した[14]。囲み線は引用者。以下同じ）、

　桑名郡多度寺鎮三綱謹牒上
神宮寺伽藍縁起幷資財帳
以二去天平宝字七年歳次癸卯十二月庚戌
朔廿日丙辰一、神社以東有二井於道場一満願禅
5 師居住、敬二造阿弥陀丈六一。于時在レ人、託神云、我
多度神也。吾経二久劫一作二重罪業一、受二神道報一。今
冀永為レ離二神身一、欲レ帰二依三宝一。如レ是託訖。雖レ忍
数遍、猶弥託云々。於レ茲満願禅師神坐山南辺伐掃、
造二立小堂及神御像一、号称二多度大菩薩一。次当郡
10 主帳外従七位下水取月足銅鐘鋳造、幷鐘台儲
奉レ施、次美濃国近士県主新麿三重塔奉レ起、次宝
亀十一年十一月（年擦消ノ上追筆ス）（十）三日、朝庭使令二四人得度一。次大僧

都賢璟大徳三重塔起造既畢。次天応元年十
二月始私度沙弥法教、引⊐導伊勢・美濃・尾張・志
15 摩幷四国道俗知識等⊢、造⊐立法堂幷僧房・太衆
湯屋⊢、迄⊐于今日⊢遠近修行者等、作レ備。供養行
事並寺内資財、顕注如レ件、

仏物

板障子釈迦浄土　　金泥弥勒菩薩像壱軀
20 薬師仏木像壱軀　　金泥観世（音脱）菩薩像壱軀
　　　　　　　　　金泥得大勢菩薩像壱軀
金泥弥勒像壱軀　　脇侍菩薩弐軀並漆塗、未押金、
画像阿弥陀浄土三副　画像観世（音脱）菩薩参軀三副
画像薬師浄土三副
25 太子像壱軀

大般若経壱部六百巻　法華経拾部八十巻
大宝積経壱部百廿巻　最勝王経参部卅巻
華厳経弐部百六十巻　金剛三昧経壱巻
灌頂経拾弐巻　　　　金剛般若経伯巻
30 瑜伽論壱部百巻　　智度論弐部二百巻

金剛三昧論壱部三巻　金剛三昧頌壱巻

（中略）

伏願、私度沙弥法教幷道俗知識等、項（ママ）年
之間、構‐造法堂・僧房・太衆湯屋一、種々所レ修
145 功徳、先用廻‐施於多度大神一、一切神等、増‐益威
光一、永隆二仏教一、風雨順序、五穀豊稔、速截二業網一、
同致二菩提一。次願、聖朝文武、擎二水渧善一、動二乾坤誓一、
千代平朝、万葉常君。次願、遠近有縁知
識・四恩、済抜二塵籠一、共弘二覚者一、現在法侶等、
150 同蒙二利益一、遂会二界外輪際有頂一、早離二閻
浮一、倶奉二極楽一。

延暦「廿」（「七」ニ補筆ス）年十一月三日願主沙弥「法教」
鎮修行住位僧「賢中」
知事修行入位僧病

とある。多度神宮寺は天平宝字七年（七六三）に、僧満願によって伊勢国桑名郡の多度山（現、三重県桑名市多度）に建立された寺院である。草創の経緯は、冒頭の縁起部分にある通り、「吾、久劫を経て重き罪業を作し、神道の報を受く。今冀ば永く神身を離れむがため、三宝に帰依せむと欲す」と、仏教による救済を願った多度神の要求に応える形で行なわれたものであることが縁起として語られている（3～9行目）。このように、神が自らの罪業による苦悩を吐

露し、仏教帰依により救済されるとするのは、神身離脱型の典型であり、この他には、『類聚国史』仏道七、諸寺、天長六年（八二九）三月乙未条のように、[15]

若狭国比古神、以二私朝臣宅継一為二神主一。宅継辞云、拠レ検二古記一、養老年中、疫癘屢発、病死者衆。水旱失レ時、年穀不レ稔。宅継曾祖赤麿、帰二心仏道一、練二身深山一。大神感レ之、化レ人語宣、此地是吾住処。我稟二神身一、苦悩甚深。思下帰二依仏法一、以免中神道上。無レ果二斯願一致二災害一耳。汝能為レ吾修行者。赤麿即建二道場一造二仏像一。号曰二神願寺一、為二大神一修行。厥後、年穀豊登、人无二夭死一云々。

と、若狭国の若狭比古神願寺（現、若狭神宮寺：福井県小浜市神宮寺）の創建を伝える伝承として、神身離脱型の神の要求が語られた後、神の苦悩が疫病や水旱不順などの災害として現れることが言われており、神のための寺が建てられたことで、災害がなくなり、そればかりか豊作となったことを伝えている。この若狭神宮寺の創建の伝承は、現在その大部分が散逸してしまっている『日本後紀』（承和七年〈八四〇〉成立）の逸文として、『類聚国史』（寛平四年〈八九二〉成立）に収められたものであるが、天長六年に私朝臣宅継が若狭比古神社の神主に任じられた際に、上申して言ったこととして、若狭比古神の神身離脱の要求があったことを伝えているので、言説自体が養老年間（七一七〜七二四）まで遡ることができるかについては、即断を許さないものの、少なくとも九世紀前半には語られていたものと言える。このように、神の苦悩が祟り（暴風雨や疫病などの災害）としても認識され、その苦悩を取り除くことで「年穀豊登」や「風雨順序、五穀豊稔」が祈願されていた。[16]

このような神身離脱型の言説を伝える史料の中で、「神宮寺縁起資財帳」末尾「伏願」以下の願文は、国分寺建立・大仏造立の両詔勅の文言を引用して文飾しているのであるが、[17]それ以外にも、経典中から引用されたと思われるものも見出せる。本稿では特に、願文中の「増益威光」という表現に注目したい。

この四文字は、『金光明最勝王経疏』や『金光明最勝王経疏』、また『仏説如来不思議秘密大乗経』に所出例のある用語である。ただ、『仏説如来不思議秘密大乗経』は奈良時代を通じて書写された形跡がなく、(18)『金光明最勝王経疏』は『金光明最勝王経』の注釈書であることからすると、この四文字の典拠としては、「神宮寺縁起資財帳」にも多度神宮寺の什物として「最勝王経参部」(27行目)とある『金光明最勝王経』が最も適していると思われる。『金光明最勝王経』の中でも「増益威光」の四文字が認められるのは、巻第五「四天王観察人天品　第十一」、巻第六「四天王護国品　第十二」、巻第八「堅牢地神品　第十八」であるが、この三カ所の中でも特に、願文中に登場する「輪際」(金輪際、金剛輪際の略)が、「増益威光」のすぐそばに共通してみられ、また、大地の神としての性格も多度神のそれと類似していることから、堅牢地神品を参照としたものと考えられる。今その『金光明最勝王経』巻第八「堅牢地神品　第十八」(19)を掲げると、

爾時堅牢地神、即於二衆中一従レ座而起。合掌恭敬、而白レ仏言、世尊。是金光明最勝王経。若現在世、若未来世、若在二城邑聚落王宮楼観、及阿蘭若山沢空林一、有二此経王流布之処一。世尊。我当下往二詣其所一、供養恭敬擁護流通上。若有二方処一、為二説法師一敷二置高座一、演二説経一者、我以二神力一、不レ現二本身一、在二於座所一、頂二戴其足一。我得レ聞レ法、深心歓喜。得二飡餐法味一、増二益威光一、慶悦無量、自身既得二如レ是利益一。亦令二大地深十六万八千踰繕那一、至二金剛輪際一。令二其地味悉皆増益一。乃至四海所有土地、亦使三肥濃田疇沃壌倍二勝常日一。亦復令下此贍部洲中江河池沼、所有諸樹薬草叢林、種種花果根茎枝葉、及諸苗稼、形相可レ愛、衆所二楽観一、色香具足、皆堪中受用上。若諸有情、受二用如レ是勝飲食一已。長命色力諸根安穏、増二益光輝一、無二諸痛悩一、心慧勇健、無レ不二堪能一。又此大地凡有レ所レ須、百千事業、悉皆周備。世尊。以二是因縁一、諸贍部洲、安穏豊楽、人民熾盛、無二諸衰悩一。所有衆生、皆受二安楽一。既受二如レ是身心快楽一。於二此経王一、深加二愛敬一、所在之処、皆願受持供養恭敬尊重讃歎。又復

於二彼説法大師法座之処一。悉皆往レ彼、為二諸衆生一。勧三請説二是最勝経王一。何以故。世尊。由レ説二此経一我之自身、幷諸眷属咸蒙二利益一、光輝気力、勇猛威勢、顔容端正、倍勝二於常一。世尊。我堅牢地神、蒙二法味一已令三贍部洲縦広七千踰繕那地、皆悉沃壌、乃至如レ前、所有衆生皆受二安楽一。（後略）

とある。金剛輪際とは、大地の下百六十万ヨージャナ（由旬）のところにある金輪の底の意で最果ての意であり、大地の果てまでという意味を持つ。『金光明最勝王経』を聞いた堅牢地神が、大地の果てまでその威光を増し、そして豊かな稔りをもたらしていることが描かれている。このように、護国経典である『金光明最勝王経』を典拠としながら、救済後の神を、稔りをもたらす護法善神として位置づけていることからすれば、神身離脱型の史料においても、その受容の前提として、在来の神をも経典が説くところの護法善神の範疇に含めようとする、護法善神観が基底となっていたといえるであろう。

三　「神宮寺縁起資財帳」と「道行知識経」

在地における護法善神観の受容を考える上で、「神宮寺縁起資財帳」は、周知のごとく中央へ提出することを前提として作成されたものであるので、ある程度の国家への偏向が認められるのは当然のことのようにも思われる。ただ、国家への提出を前提としないにもかかわらず、「神宮寺縁起資財帳」願文との類似性が認められる願文が存在する。それは、いわゆる「道行知識経」と呼ばれる古写経の奥跋願文である。

現在、三重県伊賀市種生地区常楽寺で所蔵されている『大般若経』のうち、巻五〇・九一・一八七は、沙弥道行の引導する在地豪族層の知識結によって書写したものであることがその奥跋に記されることから、「道行知識経」と呼ばれる。そして、巻九一には願文もみえる。書誌学的調査・研究によれば、道行経三巻の内、巻九一・一八七は、後世別の一具経から補填され、道行に仮託された知識経であったとされる。[20]しかし、巻九一の願文の内容について、『文選』所収の張衡「思玄賦」を典拠にしていることが指摘されており、[21]奈良時代のものとしてよいと考えられる。

「道行知識経」巻九一の奥跋[22]は、左のとおりである。

天平勝宝九年六月卅日、沙弥道行、慕二先哲之貞節一、遵二大聖之遺風一。捨二忘俗塵一、賤二於蟬蛻一、不レ愛二身命一、軽二於鴻毛一。独出二里隣一、遠入二山岳一、収二穢累之逸予一、巻二淫放之散心一。儼然閑居、帰二依三宝一。是時也、山頭雲起、谷中雷鳴。四方相驚、激撃硠磕。手足無レ知レ所レ措、生命亦難レ可レ存。余念、何過当レ遭二天罰一。則願曰、区々下愚、失レ魂畏レ死、況乎国家之愛生乎。仰願為二神社安穏、電雷無レ駭、朝庭無レ事、人民寧レ之一、敬欲レ奉レ写二大般若経六百巻一。如レ此誓畢、雷電輟レ響。道行忽蒙二威力一、纔得二本心一、以為、連河能仁、設二波若之宝筏一、双樹正覚、開二菩提之禅林一、誰不レ渡二愛河一者、乗二彼宝船一。出二迷路一者、休二此芳林一者也。道行無レ智有レ欲、無レ徳有レ貪、非レ頼二善友之勢一、何成二広大之功一、是以普誘二知々識々人等一、共和二善哉。敬奉レ写也。注二其名字一著二後題外一、不朽之因、長伝二将来一。伏願、諸大神社、被二波若之威光一、早登二大聖之品一。次願、天朝聖主、比二寿南山一、天長地久。次願、二親眷属、万福日新、千慶月来、百年之後、辞世之夕、遊二神率天一、昇二弥勒之香台一、棲二想極楽一、践二観音之花座一。一切含霊、亦猶如レ是、傍及二千界一、共登二波若一。

天平宝字二年歳次戊戌十一月

奉二為伊勢大神一

願主沙弥道行

書写優婆塞円智

これによると、前半部分に沙弥道行が知識を募って写経事業を為すまでの経緯が述べられている。すなわち、天平勝宝九年（七五七）、沙門道行が修行をしていると、暴風雨が起こる。これに対し、道行が神社・朝廷・人民の安寧を祈り、『大般若経』の書写を誓ったことで暴風雨が止んだため、伊勢大神のために誓願のとおりに知識結を組織して、写経事業を行ない、天平宝字二年（七五八）に完成させたというものである。また、同じく「道行知識経」の巻五〇の奥跋には、(23)

奉㆓為神風仙大神㆒

願主沙弥道行

書写山君薩比等

とあり、その性格としては、「奉㆓為伊勢大神㆒」とありながら、伊勢大神を皇祖神としてでなく、「神風仙大神」という風雨を司る原始的な霊威神としてみていること、また、写経に参加した者の中に「山君」という、姓を有する人物が見えることから、在地豪族層を中心として結成された知識であることが指摘されている。(24)なお、前述の書誌学的研究において、巻一八七に列挙されている人々が道行と同時代の者ではない可能性が指摘されたが、(25)巻五〇からすれば、それでも道行知識経が在地豪族層の協力によって成立したという基本的な性格については、変更する必要はないであろう。願文といえるのは、「伏願」以下の部分である。その文構成について、「道行知識経」の願文と「神宮寺縁起資財帳」のそれとは、「伏願」―「次願」―「次願」という三段の文構成が同一であり、それぞれの祈願内容も酷似している。いま「道行知識経」願文と「神宮寺縁起資財帳」願文を比較すると、表一のようになる。

表一　「道行知識経」願文と「神宮寺縁起資財帳」願文の比較

番号	「道行知識経」（『大般若経』巻第九一）天平宝字二年	「神宮寺縁起資財帳」延暦七年
①	伏願、諸大神社、被波若之威光、早登大聖之品	伏願、私度沙弥法教幷道俗知識等、頃年之間、構造法堂・僧房・太衆湯屋、種々所修功徳、先用廻施於多度大神、一切神等、増益威光、永隆仏教、風雨順序、五穀豊稔、速截業網、同致菩提。
②	次願、天朝聖主、比寿南山、天長地久。	次願、聖朝文武、擎水渧善、動乾坤誓、千代平朝、万葉常君。
③	次願、二親眷属、万福日新、千慶月来、百年之後、辞世之夕、遊神率天、昇弥勒之香台、棲想極楽、践観音之花座、一切含霊、亦猶如是、傍及千界、共登波若。	次願、遠近有縁知識・四恩、済挺塵籠、共弭覚者、現在法侶等、同蒙利益、遂会界外輪際有頂、速離閻浮、倶奉極楽。

まず、第一の祈願は、諸神祇の解脱と力の増大である。「道行知識経」では、諸々の大神社が『大般若経』の「威光」によって「大聖之品」、すなわち仏菩薩の位にまでのぼることを祈念し、一方「神宮寺縁起資財帳」では、私度沙弥法教らの知識が成し遂げた堂宇建立の功徳によって、多度神をはじめとしたすべての神々の「威光」が増し加わって、天候の安定や豊作が祈念されている。「威光」という言葉も共通していることは、興味深い。ただし、前者は『大般若経』の「威光」であり、後者は神の「威光」であるから、まったく同一の意味合いであるとはいえず、また、「神宮寺縁起資財帳」願文にみえる「増益威光」は、前節で明らかにしたように、直接的には『金光明最勝王経』を典拠としていると考えられることから、これをもって「道行知識経」の奥跋願文を直接参照したとはいえない。しかし、神祇が仏法の力によって救済され、またそれによって神の威力が増し加えられると考えている点は、両者の共通点として見ることが出来よう。

第二の祈願は、天皇・朝廷の安泰と長久である。「道行知識経」では、「南山」（中国陝西省長安県の西にある終南山のこと）が崩れないのと同様に、その齢の長久・堅固たることを言祝ぎ、「神宮寺縁起資財帳」では、朝廷の「文武」の秩序が限りなく安定することを祈願している。天皇個人の長寿を願う「道行知識経」に対して、一方、「神宮寺縁起資財帳」は天皇の統治する世界の君臣秩序の安定を願っていることから、[26] 両者は若干そのニュアンスを異にしている。けれども、天皇およびその統治に対し、その正当性を承認して崇敬の念を表している点では、両者共通している。

第三の祈願は、両親をはじめとした親類縁者の極楽往生である。前者は「二親眷属」が弥勒浄土や観音浄土に到ることを願い、後者は、「遠近有縁知識」といった、知識の協力者や広い範囲の親類縁者、とりわけ「四恩」といった両親をはじめとする各位の者（説によって、法師・如来や国王、衆生などその構成要素に異同があり、また父母をそれぞれ一つの恩とするか、まとめて一つの恩とするかでも違ってくるが、いずれにせよ両親は必ず含まれる）、あるいは僧侶らが、煩悩にまみれたこの世を抜け出して、仏陀のいる極楽へ行き、仏弟子として仏陀を助け強めようとすることを願っている。

以上、「神宮寺縁起資財帳」と「道行知識経」の奥跋願文を比較検討したが、このような構成・内容の酷似は全くの偶然とは見なしがたく、「神宮寺縁起資財帳」とこれほど構成の似通った願文は他に見出すことができない。「神宮寺縁起資財帳」が作成された際、「道行知識経」そのものを典拠にしたとは考えにくいが、多度神宮寺の所在地であると同時に、道行の修行地、あるいは思想形成の地であると考えられる伊勢地域に、願文作成のための共通の雛型が存在した可能性はある。

また、文構成の類似性だけでなく、両者はその存立基盤において共通する側面を見出せることも注目に値する。その共通する側面とは、「道行知識経」も「神宮寺縁起資財帳」も、在地豪族層との密接な関わりの上に成立している点である。[27]「道行知識経」が在地豪族層の協力のもとに成立したことはすでに述べたが、「神宮寺縁起資財帳」についても、たとえば、冒頭の縁起部分においてすでに指摘されてきたように、多度神宮寺はその創建当初から、桑名郡の郡司層や隣国美濃国の在地豪族層の参加によって、伽藍が整備されていったことが挙げられる。また、縁起部分だけでなく、資財帳中盤の資財部分においても同様のことがうかがえる。資財部には「同法阿弥陀悔過料」（135行目）とあるが、「同法」とは、修行を同じくともにしている者を意味し、「知識」と同様な宗教的連帯をうかがわせるものとして注目できる。

また、資財部には「布薩調度」の項目（64～68行目）が立てられているが、「布薩」とは仏教教団の定期集会を指し、出家の僧は一堂に会して戒律の箇条を読みあげて罪を懺悔し、一方で在家の信者は八戒を守り、説法を聞き、僧尼に飲食の供養をするという法会である。こうした法会を行なう堂宇を「法堂」と呼ぶが「神宮寺縁起資財帳」の縁起部分によれば、多度神宮寺には、私度沙弥法教に引導された四カ国の道俗知識によって、天応元年（七八一）に法堂が造立されている。このような四カ国にまたがっての知識勧進が成功したことは、在地豪族層とその眷属・従属民をはじめとした民衆の布薩法会への参加の希求を、法教がうまく掬い上げたものと考えられる。

このように、在地的な状況を基盤として作成された、「神宮寺縁起資財帳」と「道行知識経」が、現世利益や先祖祭祀に関わる祈願と共に、天皇・朝廷の安寧を祈っている点が共通するのは注目に値する。すなわち、仏堂の建立や写経事業の功徳による護国を希求する考え方が、両者をそれぞれ構成する一要素となっているのである。「道行知識経」には、典型的な形での神身離脱型の言説を見出すことはできないが、前半部分の縁起の語りの中に見出せる、神の仕業としての暴風雨と、仏教作善を契機とする天候の安定とは、神身離脱型と類似の内容を示しており、また、後半部分の願文中の「登二大聖之品一」は、仏教帰依による仏菩薩への昇華を意味することから、「神宮寺縁起資財帳」の縁起部分において、多度神が「多度大菩薩」として祀られていたこととも一致対応するであろう。これらのことから、「道行知識経」には、神身離脱型と護国思想が取り入れられていることがわかる。

つまり、「神宮寺縁起資財帳」について前節で明らかにしたこととあわせて考えると、神身離脱型の史料には、仏法を悦び、仏法及びこれを保護する国家を擁護する神として、在来の神を位置づける護法善神観も、また受容されていたのである。もっとも、「道行知識経」についても、「伊勢大神」の国家性は考慮する必要はあるものの、それが一方で「神風仙大神」という風雨を司る神として認識されていること、また、護法善神としての神観念が、中央への提出を前提としない「道行知識経」においても見出せることは、在地社会においてこの思想が承認されていたことの証となろう。従来見過ごされてきたが、「地方」の神仏習合においても、護国思想を介して、護法善神観の受容の痕跡を認めることができるのである。

むすびにかえて――僧侶の布教と在地の神々――

平安初期の成立とされる『東大寺諷誦文稿』（272～273行目）には、[28]

仏、延レ臂摩レ頭。然トモ人不レ知。神、蔭レ形加護。然トモ人不レ見。為二遠人一如二天ヨリ降リマセルカ一、為レ近如二披レ雲而白日現一。

とあり、仏が手を差し伸べて人間の頭を摩って人間を慈しむのと同様に、神もまた人間を加護する存在であることが語られている。『東大寺諷誦文稿』は、残念ながら戦火により原本は焼失し、現在複製を残すのみであるが、その内容は父母に対する孝養追善に関する教説を基調とし、[29] 在地の法会における説法・唱導の方法や、作成者である南都の僧侶の広範な布教活動の実態を伝えている。[30] この、説法・唱導の草稿からは、作成者である僧侶が、在来の神の力を否定することなく、仏と同等かそれに次ぐ存在として神を位置づけながら地方において布教活動を行なっていたことがわかるのである。

在地社会において神は、天候や水旱を司ることから、一方では災害や疫病をもたらす畏怖すべき存在であるが、それと同時に、「風雨順序、五穀豊稔」という恵みをもたらす存在でもあった。『東大寺諷誦文稿』において、仏と同様に、神も人間を加護する存在であるとする論理も、また、神の加護として、雲をひらいて太陽を現すという喩えを用いていることからも、神は天候を司り恵みをもたらす存在であるという、在地社会における神観念を反映したものと言えよう。すなわち、奈良末から平安初期の時代、在地布教を行なう仏教者にとっては、在地の信仰に対する承認・順応と、それらを前提とした上で仏教的言説として転化していく必要性に迫られたことと考えられる。

本稿において検討した、聖武朝から称徳朝における護法善神観の受容と、在地における護国思想を媒介とした護法善神観の受容とは、中央と地方という階層の違いはあっても、神祇信仰を仏教的文脈で再解釈する必要に迫られたという、理論化の契機・動機づけの点においては、両者とも共通している。さらに、「神宮寺縁起資財帳」や「道行知識経」の縁起が、「天平宝字」あるいは「天平勝宝」年間を起点としていることは、時代的にも、神仏の習合化が中央と地方とで軌を一にしているといえるのである。このことは、中央・地方を問わず、天平期における仏教の浸透に伴って、在地の神々を仏と同列・同等の存在として扱うことが仏教側に求められた、ということを物語っていよう。そのような前提の上で、神身離脱型の言説は、護法善神型の言説と合わせて語られることで、在地社会において承認されていったものと考えられる。

従来指摘されてきたように、古代の仏教の展開を考える際には、確かに東アジア文化圏というマクロな視点が必要不可欠である。神仏習合の問題についても、護法善神型だけでなく、神身離脱型もまた中国に前例があることは指摘されてきたが、本稿において明らかにした、「地方」における護法善神観の受容という面からも更に、田村圓澄氏が主張した中央と地方との明確な差は自明なものとは言えなくなった。

しかし、ひるがえって考えてみれば、「地方」（在地民衆）に受容された神身離脱型の言説が、「中央」では見られないということもまた事実であり、また、これまで看過されるほど「地方」においては護法善神型よりも神身離脱型の言説の方が強調されていたのである。そこには、受容者に合わせた取捨選択の傾向を見て取ることができる。このことはすなわち、東アジアの先進文化を体現する僧侶は、その布教活動（＝在来の社会との交渉）の中で、現実的な問題に対処するために、選択的に神身離脱や護法善神というソフトウェアを使いこなして（あるいは使いこなそうとして）、教説を展開してきたといえるのである。そうであるとすれば、思想自体は外来のものであっても、それを取捨選択する際には、内在的な要因もまたあったはずであり、マクロな視点とともに、布教活動、あるいは受容過程の具体相といったミクロな視点もまた必要であろう。この点については、今後の課題としたい。

註

（1）辻善之助「本地垂迹説の起源について」（『史学雑誌』一八―一・四・五・八・九・一二、一九〇七年一・四・五・八・九・十二月）。

（2）田村圓澄「神仏関係の一考察」（『史林』三七―二、一九五四年四月）、同「神宮寺の創建」（『史淵』八七、一九六二年三月）。のち、二論文を合わせて、「神宮寺と神前読経と物の怪」と改題の上、同『飛鳥仏教史研究』（塙書房、一九六九年）に収録。

（3）寺川真知夫「神身離脱を願う神の伝承―外来伝承を視野に入れて―」（『仏教文学』一八、一九九四年三月）。吉田一彦「多度神宮寺と神仏習合―中国の神仏習合思想の受容をめぐって―」（梅村喬編『伊勢湾と古代の東海』古代王権と交流4、名著出版、一九九六年）。北條勝貴「〈神身離脱〉の内的世界―救済論としての神仏習合―」（『上代文学』一〇四、二〇一〇年四月）。

（4）鈴木景二「都鄙間交通と在地秩序―奈良・平安初期の仏教を素材として―」（『日本史研究』三七九、一九九四年三月）。

（5）寺川　前掲註（3）。

（6）なお、検討する史料について、在地仏教の実態解明のために頻繁に使用される『日本霊異記』は、説話集として薬師寺僧景戒がその立場や意図に沿って編集・編纂したものであり、成立過程において在地民衆との対話の中で作り上げられたものではないため、あえて検討の対象からは外した。

（7）『続日本紀』天平神護元年十一月庚辰条（新訂増補国史大系三二六頁）。

（8）高取正男「神仏隔離の論拠」（『月刊百科』一七六・一七七・一七九、一九七六年）。

（9）『続日本紀』天平勝宝元年夏四月甲午朔条（前掲書一九八頁）。

（10）『続日本紀』天平勝宝元年十二月戊寅条（前掲書二〇六頁）・天平勝宝元年十二月丁亥条（前掲書二〇六頁）。

（11）『続日本紀』神護景雲三年五月丙申条（前掲書三六四～三六五頁）。

（12）本郷真紹「天平期の神仏関係と王権」（門脇禎二編『日本古代国家の展開』下巻、思文閣、一九九五年）。

（13）「多度神宮寺伽藍縁起幷資財帳」のテキストについては、『三重県史』資料編・古代（上）・付録（三重県、二〇〇二年）

所収の影印を翻刻したものを使用する。
(14) 水谷悌二郎「多度神宮寺伽藍縁起幷資材帳考」（『画説』三、一九三七年）。磯田信義「『多度神宮寺伽藍縁起幷資財帳』の史料的価値をめぐって」（『文化史学』三二、一九七六年）、『三重県史』資料編・古代（上）。
(15) 『類聚国史』巻百八十、仏道七、諸寺、天長六年三月乙未条（『新訂増補国史大系』後篇二六〇頁）。なお、「私朝臣」については、『新訂増補国史大系』には「和朝臣」とあるが、黒板伸夫・森田悌編『訳注日本史料　日本後紀』（集英社、二〇〇三年）一三一三頁、及び、中林隆之『日本古代国家の仏教編成』（塙書房、二〇〇七年）二一〇～二一三頁の指摘によって改めた。
(16) 田村　前掲註(2)、北條勝貴「〈神身離脱〉の内的世界—救済論としての神仏習合—」（『上代文学』一〇四、二〇一〇年四月）。
(17) 拙稿「奈良末・平安初期における多度神宮寺の位相—「多度神宮寺伽藍縁起幷資財帳」願文にみる水の祭祀と王権—」（『続日本紀研究』四〇七、掲載予定）。
(18) 石田茂作『写経より見たる奈良朝仏教の研究』（新装版、原書房、一九八二年）。
(19) 『金光明最勝王経』巻第八、堅牢地神品　第十八（大正新脩大蔵経第一六巻、四四〇頁上段～中段）。
(20) 竹内晃「古写経研究の可能性—道行知識経について—」（『九州史学』一五一、二〇〇八年十月）。
(21) 遠藤慶太「古写経識語の神仏—天平宝字二年道行知識経の識語をめぐって—」（『九州史学』一五一、二〇〇八年十月）。
(22) 三重県常楽寺蔵「大般若経」（巻九一奥跋）（竹内理三編『寧楽遺文』下巻（補遺一）九八四～九八五頁）。ただし、翻刻にあたっては、奈良国立博物館編『奈良朝写経』（東京美術、一九八三年）所収の影印図版と遠藤慶太氏の翻刻（前掲註

（21））を参照して、『寧楽遺文』翻刻の一部字句を改めた。

（23）三重県常楽寺蔵『大般若経』（巻五〇奥跋）（『寧楽遺文』下巻（補遺一）九八四頁）。翻刻は前掲註（22）と同様。

（24）高取正男「神仏習合の起点―道行知識経について―」（藤島達朗・宮崎圓遵編『藤島博士還暦記念日本浄土教史の研究』、平楽寺書店、一九六九年）。

（25）竹内　前掲註（20）。

（26）拙稿　前掲註（17）。

（27）「道行知識経」と「神宮寺縁起資財帳」の基盤の類似性については、すでに高取正男氏の指摘（前掲註（24））があるが、それは製作された状況・環境における類似性の指摘に止まっており、願文の文構成の類似性にまでは至っていない。本論で指摘した願文の構成上の類似は、両者の関連性と、願文作成時の在地豪族層の意識を、実証面でより明らかにしうるものといえる。

（28）『東大寺諷誦文稿』のテキストの翻刻・引用にあたっては、築島裕編『東大寺諷誦文稿総索引』（古典籍索引叢書8、汲古書院、二〇〇一年）所収の影印及び本文翻刻を参考にした。引用箇所は本文の行数で示す。原則として漢文体のまま引用して返り点を付した。訓は省略したが、仮名が漢字の訓以外に使用されている場合（たとえば、送り仮名や読み下しなどを含む場合）においては、これを補って引用した。

（29）小峯和明「東大寺諷誦文稿の言説―唱導の表現―」（『国語と国文学』六八―一一、一九九一年十一月）。

（30）鈴木　前掲註（4）。

古代東北史の再構築

佐藤　英雄

はじめに

日本列島における古代国家の形成論とその概念論は、大きく重要な論点である。そして、国家の形成を論じることは、政治的中心に対する論究にとどまることはない。現在の古代史研究の水準ないし研究動向を念頭に置くと、政治的中心が「中心」たりえる要因を多角的に考究することが求められている。そのうちのひとつとして、「国家」すなわち「中央」に対する「周辺」がもつ歴史的特性を明らかにすることが、国家の形成過程を考究する際に重要な研究視角となっている。なぜならば、「中央」は単体として「中央」たりえず、「周辺」が存在すること(「周辺」を創り出すこと)により「中央」たりえるからである。[1] 換言すると、「中央」と「周辺」とは、一方が定まることによる相対的な関係として成り立つのである。「中央」が「中央」たりえることは、そのこと自体が歴史的過程を経た結果であり、そのため国家の形成に際して初めから「中央」の絶対性を認めることはできない。

「国家」の規定は、依拠する歴史観により多様である。例えば、歴史上の普遍的法則に依拠し国家の成立を規定する場合も、「日本」を一国史的な事例として規定する場合も、いずれにしても規定するための判断基準を必要とする。しかし、小稿では「周辺」に主眼を置き、国家形成そのことについて論及することを目的とはしない。そこで、国家形成の過程をおおよそ次のように考えることにより、「周辺」を論じる前提とする。

日本列島における国家の勃興は、列島各地の有力者層が政治的に結集する形で「古代日本国家」が形成されたと考え、具体的な形成過程、形成過程の時期は問わないこととする。結果的に「古代日本国家」は、ヤマトを結集核として国家形成が進むことになる。そして、ヤマトを結集核とする求心力が及ばない地域は、ヤマトを「中心」とするのに対して、相対的に「周辺」として位置づけられることになる。すなわち、ヤマトが結集核となり成長する過程で、同時に日本列島各地で台頭してきた有力者層が、次第にヤマトを中心とした求心力に取り込まれていく。その求心力の外側に後々まで位置した地域が、本州では現在の東北地方北半部である。

結果的に、現在の東北地方北半部は十二世紀末まで、日本列島における「中央政権」の領域外に置かれる。また、東北地方の居住者の中でも「古代国家」の支配が及ばない居住者はエミシと呼ばれ[2]、「古代国家」に従わざる者たちであり同時に従わせるべき者たちであると、「古代国家」によって位置づけられた。このことによって、古代東北を考察対象とすることは、エミシと「古代国家」との相関関係及びエミシの主体的動向を論じることと不可分となる。それゆえに、「周辺」から「国家」に迫るうえで、空間としての東北地方だけでなく、エミシに論及することは必要不可欠な研究視角である。

また、「古代国家」を対象とするうえでは、「古代」という時代区分の定義も必要である。しかし、小稿では具体的定義を保留し、「国家」と古代東北との相関関係が最も明確にあらわれ、且つ動的な時期として六世紀から九世紀を主対象とするが、必ずしも時系列的な叙述ではない。

以上のように、「国家」と「周辺」を相対的にとらえる視点は、相対的であるがゆえに主客逆転させることが可能である。ところが典拠となる文献史料は、「国家」の側で作成された編纂史料である。そのため、史料が内包する意識は、「国家」が中心として示そうとした意識である。それゆえに、その記述内容は「中心」から外部への一方向的な意識の表現である。そこで、「中心」と「周辺」とを相対的に位置づける場合、当然のことであるが編纂史料をいかに読むか、恣意性を排除していかに客観的に史料批判を行うかが、最も重要であり必然である。

そのため、精緻な史料批判に基づき実証的に論じることが常道である。しかし、小稿ではその前段階として、古代東北史の学史的現状から、東北地方がいかに「周辺」として叙述されてきたかを整理し、古代東北の「周辺」としての問題点に迫りたい。また、外部存在としてのエミシと「国家」との関係、国家内に置かれた「外部存在」としてのエミシの動向に焦点を当て、史料上のエミシ関係記述の特性から、「周辺」から「国家」への視点を提示する。

一　日本史における地域

明治以降の古代史研究において東北地方は、天皇を中心とした「日本」の中央史観に基づいて記述された。[3] その結果、主として六国史等の文献史料に記載された通りの地域像が形作られた。また、そうした地域像のなかでも、エミシについての論究が中心であった。エミシについては、この時期に研究がすすめられた社会的背景としての、先住民やアイヌとの関係等が主となり、古代における歴史的存在としての視角はまだ登場しなかった。また、二十世紀に入っても東北地方への地域観は、国内における後進的イメージがつきまとう。この点について、近年の研究成果により、東北地方の後進的な地域観は歴史の必然として醸成されたものではなく、人為的・政治的結果としてつくられた地域観であることが明らかにされた。[4] しかしながら、この研究成果は現在において認識されたものであり、明治以降の古代東北史は「負のイメージ」を出発点として進められた。

太平洋戦争後、歴史研究は新たな展開をむかえるが、古代東北史における侵略認識はすぐには変わらなかった。この時期の日本各地それぞれを主体とした歴史叙述は、多くが戦前より続く「郷土史」といわれるような郷土顕彰の色合いが濃い歴史記述が少なくはない。郷土史と位置づけられた叙述は、対象となる土地の伝承、寺社の由緒等が中心となり、江戸時代の地誌とのつながりも強い。さらに郷土顕彰という性格上、他地域との関係については十分に配慮されてはいない。郷土史の特徴とその位置づけについて、水野祐氏は、国家中心に叙述する歴史家に対して、郷土史を叙述するのは郷土史家として区別され、歴史家より低くランク付けされ、こうした偏見は地方蔑視に発していると指摘する。(5)

ところが戦後、戦前・戦中の研究環境の反動として、新しく「地方史」という研究視角が全国的に勢力を持ち始めた。その特徴を永原慶二氏は、次のように指摘している。すなわち、地方史とは中央史に対置する意味での「地方」・民衆的・生活的世界の歴史であり、地方史の対象となるそれらは、戦前においては郷土史家以外目を向けるところではなかった。また、「中央史」とは全国支配の中枢としての国家・支配層の政治史的世界と定義して、中央史・地方史・郷土史を位置づけた。(6)古代東北史もこの潮流に乗り、ようやく「負のイメージ」の払拭へと向かった。

実際には、一九六〇年代～七〇年代にかけて、「中央史観」に対してより客観性をもった地方史が提唱され、個別地域に主体性を置いた研究が進められた。例えば、一九七七年から七九年に朝倉書店より刊行された『古代の地方史』に、その研究動向が顕著である。同シリーズの「刊行のことば」によると、古代史研究の現状は総説的・概説的な構成においては中央史的で、地方史の存在と問題とは必要によって取り上げられるものである。そして、地方の動向と役割は中央に従属するもので、地域の主体性、地方史の歴史性は軽視されていると指摘している。(7)

同シリーズの第七巻総論には、遠藤元男氏の「総説―古代地方史の構図―」が収められている。遠藤氏は、地方史という視角はいわゆる中央史に対してのものである。そして、中央史は先進地域についての歴史であり、その周辺地域や後進地域についてのものは、地方史になる、と規定している(8)。しかし、遠藤氏の論述全体では「中央史」の用法は多様であり、必ずしも「先進地域」のような空間が付随している用法とだけ解することができない。それゆえ、地方史が内包する固有地域の歴史との対峙が適切とは言えない。むしろこの時期の「中央史」の位置づけは、先に触れた永原氏による、全国支配の中枢としての国家・支配層の政治史的世界という定義が妥当である。

永原氏の定義によれば、「中央史」は具体的な「地域」の歴史叙述とは異なっており、個別具体的地域を主体とする「地方史」とは対置される対象とは言えない。この点が、『古代の地方史』がまとめられた段階の「地方史」という研究視角の示す欠点であり、研究水準の限界であった。しかし、研究の主体を日本各地の歴史に据え、さらには中央政治史ではほとんど顧みられなかった各地の固有の社会特性や文化等を研究対象としたことは、それまでの中核的な歴史研究と比較し、大きな特徴であると指摘することができる(9)。

以上のような地方史が開拓した視角と欠点の克服のため、新たに提唱され用いられるようになった研究概念が「地域史」である。塚本学氏は「地域史」について、郷土史や地方史と比較し、次の点を指摘している。郷土史と地方史には、共通点として郷土概念の曖昧さがあること、また、郷土史家には農山村蔑視に抗する情熱が、地方史研究者には西欧社会基準での後進性の強調が、それぞれのモチベーションとして存在していたことである(10)。同じく「地域史」について水野祐氏は、日本列島を各地域に分け、それぞれの地域の個別的な特性を究明し、その後、近接した地域との交流関係を追究することで、その結果として綜合が完成された時、完璧な日本古代史が記述されると、地域史の可能性を展望している(11)。

古代東北史もこれらの潮流のなかで進展していくが、その動向に変化が現れたのが、七〇年代末から八〇年代初めである。しかしながら、これ以前に模索された客観的地域像を基盤とする研究視角は継受されている。そのうえに立ち、新たな研究視角が導入された。最も大きな特徴は、古代東北の位置づけが、律令制国家成立の前段階から律令制の施行という、古代日本一般と共通する一地域として行われたことである[12]。この時期以降、古代東北史は「東北」という現代的地域区分というよりも、陸奥国・出羽国という律令制に基づく地域観を基本とする。そして、主として陸奥国・出羽国内の制度史的研究が進展し、総合的な国家史を形成するための古代東北史へと姿を変えた。

その結果、古代東北への律令制の波及と、その前提となる七世紀以前の歴史像も明らかとなってきた。同時にエミシの位置づけも政治的、観念的、文化的等様々な視角から研究が進み、国家史の一側面として考究された。ここに至って、古代東北史は被征服地の歴史としてではなく、日本列島に興った古代国家の一部として叙述された。そして、全国を対象として比較検討を可能とする段階へと到達した。すなわち、「日本」の古代東北史として、通時的叙述を可能にする段階へと到達したのである。

当然ながら、数多くの研究者による多様な論点と成果が提示され、それらが全て同一の指向性と研究成果を導いたものではない。しかし、結果として最大公約数的な共通認識が形成された、という一面も存在する。細部においては異論もあろうが、入門書・概説書・自治体史等で、共有される歴史像が叙述されていることがひとつの証左となる。

二　古代史のなかの東北

地方史や地域史が提唱されるなかで、古代東北史の研究課題を示し、その後の研究動向に影響を与えた研究として、次の二者の指摘を取り上げたい。一人目は高橋崇氏である。高橋氏は次の四点を挙げている。①エミシとは何か、②侵略認識だけではなく、エミシ社会の政治的成長を国家側の国家的課題としての東北支配との関係において把握、③安倍氏・清原氏・藤原氏の時代への考究、④各時代における東北の文化水準、である。(13) 二人目は平川南氏である。高橋崇氏と同時期に直前の研究成果に対して疑問を投げかけ、次段階の研究課題を提示する。平川氏は、律令国家の政治支配のなかでエミシとの問題をどう位置づけるか、という視点を重視した。(14)

そのうえで、高橋崇氏は陸奥・出羽両国の政治史を中心に据え、平川氏は古代国家の身分制及び人身支配のなかにエミシを位置づけることや、(15) 古代国家の一部としての陸奥・出羽国内の地域区分の特性に注目した。

以上のように、郷土顕彰のための特定地域の強調でもなく、西欧社会基準の視角でもない、国家に対する共通する支配システムのなかに陸奥・出羽を位置づける試みが中心となる。七〇年代から注目された古代東北と国家による支配・律令体制との関係についての研究は、八〇年代に本格化していく。

例えば、今泉隆雄氏は陸奥・出羽両国の特性を国家の一部としての視点のもと、坂東と東北との比較をし、古代における東北の固有性を明らかにした。(16) 加えて、日本海側の政治的支配領域の拡大との比較から、陸奥国内における支配領域の拡大過程へ論及し、陸奥国の成立過程を地域区分として論じた。(17) さらに、陸奥国・出羽国両国の支配制度の特徴であり、両国の北方支配の中心である城柵支配について、国司との関係から、城柵への国司派遣・駐留を明らかにした。(18)

今泉氏により進められた古代東北における律令体制への論及は、後に鈴木拓也氏が税制・兵制の面において、律令的規制に対して陸奥国・出羽国では対エミシ政策を実施するための例外的な特殊性をもっていたことを論証し、古代東北の律令支配の実像はより具体的に明示された。(19)

ところで、地域史の研究視角とともに、現在の日本の領土という枠組みを離れ、より自由に研究対象とする地域設定が行われるようになった。そのなかでは律令制国家の支配領域にとらわれず、より北の世界との関係も研究対象として重要視されるようになった。このような北方支配との関係では、熊谷公男氏の一連の研究を取り上げたい。今泉氏や鈴木氏が主として陸奥国・出羽国の制度史的側面を実証していくのと並行して、熊谷氏は陸奥国北部の領域的支配体制を論証していく。陸奥国北部における各郡の成立過程の特殊性を明らかにし[20]、それら諸郡と同地域に置かれた城柵との関係から常にエミシとの軋轢を抱えていたことを論じ[21]、九世紀初期まで続いた征夷と終焉後の陸奥北部の状況変化へ論及した[22]。また、エミシの服属とその形態、そして、エミシとは何者なのかというエミシ論の研究史を整理し、今後の研究動向について示唆を与えている[23]。

勿論、ここで取り上げた先学だけが、古代東北史を築いたわけではない[24]。小稿では八〇年代以降の研究において、今後の古代東北史研究を進めるうえで批判的継承のため再検討の対象となる、と筆者が理解したものを掲出した。そのため、不可欠な先行研究を挙げていないという批判が出ることも当然であろう。また、上記の各研究にも、基盤になる先行研究が存在している。さらに、各研究者の研究においても、幅広く異なる視角からの異なる分野の研究成果があり、それらを総合したなかで上記成果を評価すべきであろう。そしてなにより、上記研究も現在進行形で進展していることを忘れてはならない。

三　国家史における周辺

古代東北において「周辺」は空間にとどまらない。同時に未服属のエミシをも内包している。律令制国家の認識で

は、『日本書紀』[25]景行天皇二十七年二月壬子条（以下、『書紀』と記す）に、

武内宿禰自二東国一還之奏言、東夷之中、有二日高見国一。其国人、男女並椎結文レ身、為人勇悍、是総曰二蝦夷一。亦土地沃壌而曠之。撃可レ取也。（傍線は筆者、以下同じ）

とあり、東夷のなかでも、特に勇悍な者たちを「蝦夷」と呼び、エミシの居住地域は土地柄がよく、討ってとるべきである、というものである。『書紀』の年次には信頼がおけないが、『書紀』がまとめられた七世紀後半から八世紀初頭において、上記の認識があったことは確かである。少なくとも律令制国家の成立段階で、既に未服属であり服属させるべき存在としてのエミシ観念が成立していた証左となろう。

エミシの実態については、社会面・文化面等それぞれに研究が積み重ねられている。典拠は国家側の編纂史料であるが、主体をエミシに置いても、国家に置いても、エミシの基本的属性が未服属という点は否定できない。また、「エミシ」という名称は国家側が名づけたものであり、古代東北北部の住民の自称は不詳である。それゆえ、国家側では「蝦夷」と総称するが、エミシの内実は一様ではない。

エミシ集団間の関係が常に友好的でないことは、『続日本紀』[26]霊亀元年（七一五）十月丁丑条（以下、『続紀』と記す）に、

陸奥蝦夷第三等邑良志別君宇蘇弥奈等言、親族死亡、子孫数人、常恐レ被二狄徒抄略一乎。請、於二香河村一、造二建郡家一、為二編戸民一、永保二安堵一。又蝦夷須賀君古麻比留等言、先祖以来、貢二献昆布一、常採二此地一、年時不レ闕。今国府郭下、相去道遠。往還累レ旬、甚多二辛苦一。請、於二閇村一、便建二郡家一、同二於百姓一、共率二親族一。永不レ闕レ貢。

とあり、邑良志別君宇蘇弥奈は「常恐レ被二狄徒抄略一乎」として他集団との敵対関係に怯えていた。また、須賀君古麻比留は具体的に他集団との関係を述べてはいないが、邑良志別君と同一条文に記載され、邑良志別君と同じく郡家

の建造等を望んでいることから、「往還累レ旬、甚多二辛苦一」の「辛苦」には単に距離だけではなく、運送途中の他集団との関係への心配も含まれているのではないだろうか。

また、『類聚国史』[27]延暦十一年（七九二）正月丙寅条（以下、『類史』と記す）に、

> 陸奥国言、斯波村夷胆沢公阿奴志己等、遣レ使請曰、己等思レ帰二王化一、何日忘之。而為二伊治村俘等所一レ遮、無レ由二自達一。（中略）夷狄之性、虚言不実、常称二帰服一、唯利是求。（後略）

とあり、斯波村の胆沢公が王化に帰服せんと欲していても、伊治村の俘により邪魔をされている様子が描かれている。これより以前に、斯波村は国家側と敵対し、出羽国の兵士と激しい戦闘を繰り返している。[28]反対に、伊治村は伊治城付近と考えられ、一時は上治郡（栗原郡）大領を出し、国家側に服属していた。[29]伊治公呰麻呂の乱において同地域は国家の支配領域から離脱していると考えられるが、[30]この時点では両者の立場が逆転している。この点からもエミシの多様性と変位性を窺うことができる。一方、国家側では「夷狄之性、虚言不実、常称二帰服一、唯利是求」として、斯波村のエミシの要求をそのまま飲み込むことはなく、エミシに対して不信感をあらわにしている。勿論、これら記述は国家側の編纂物であるため、国家による把握の度合い、関心の高さ、編纂方針により、実態が客観的且つ網羅的に残されているわけではない。したがって、邑良志別君等の請言は、エミシが主体として記述されているが、果たしてその通りの主客関係であるかは、実際には不可知である。このように、律令制国家とエミシとの関係は多様で、「夷狄之性、虚言不実」とは記述されるが、エミシ＝未服属＝没交渉というわけではない。

邑良志別君のように、エミシ集団間の軋轢を解消するため、一方のエミシが自他より強大な外部権威を利用し、相手より自らの集団の優位性を高めようとする様子が現れている。しかし、このような構図は、何もエミシに限ったことではない。例えば、武蔵国造をめぐる争いのなか、一方はヤマト王権に援助を求め、他方は上毛野君に助力を求め

ている。この場合、武蔵国造を争っている二人は同族であり、決着をつけられずにおり、どちらも外部権威・権力（武力）を頼みとし、決着をつけた。[31]

この構図は、エミシ同士の紛争解決の構図と共通する。武蔵国造は「国造」という国家支配の元に置かれる関係が前提として存在するが、国造の制定時期（六世紀）においては各地域の有力者の政治的自由度は、まだ完全にヤマトの勢力による制限下にはなかった。国造制がヤマトを中核する求心力が働いている証左としても、国家としての統一には時間と段階を必要としていたと考え得る。列島各地の有力者の政治的自由度とヤマトとの政治的関係は、磐井の乱の構図でも窺い知ることができる。

四　国家のなかのエミシ

服属したエミシを、国家による身分秩序のなかに位置づける必要性を指摘したのは、石母田正氏である。そして、石母田氏の指摘を受け、エミシの表記とエミシの実態の関係を考究したのが、平川南氏である。[32]「蝦夷」「俘囚」「夷俘」という区分を示し、名称によりエミシ記事を整理し、律令国家によるエミシ支配体制の解明を格段に進めた。平川氏のエミシ区分を受け、より精緻に区分を示したのが古垣玲氏である。[33]研究者により理解に多少の差異はあるものの、古垣氏の区分論且つ支配論は、ほぼ通説的位置を占めている。古垣氏の区分では、族長を中心に地縁性を保持したまま服属したのが「蝦夷」であり、族長を介した間接的支配の対象となり地縁性を失い服属し個別人身支配の対象となったのが「俘囚」である。[34]

このように表記を整理し支配方式の解明が進められたのであるが、元々は「史料」において、エミシの表記は多彩な様相を示しており、エミシの支配方式が複雑な様相を示していることが原因である。これは元来エミシが律令制外の存在であり、令文上、エミシの存在を前提とした条文もあるが、実際にはエミシ支配に対する律令制国家による楽観視と、それに反するエミシの動向に起因している。複雑な様相は、その関係から生じた対処療法的施策を示していよう。

一例を挙げると、服属したエミシの支配体制として郡領への登用がある。この登用は、族長を介した間接的集団支配の延長線上に想定できる。田夷村から発展したと考えられている遠田郡や[35]、伊治城が築かれた伊治地域に建てられた栗原郡を挙げることができる[36]。また俘囚は個別人身支配の対象となり、城柵の支配下に置かれた[37]。しかし、城柵の支配下といっても、城柵周辺に移住させられた者、移住してきた者、元来その地に居住していた者などが想定できる。古垣氏の研究成果を援用しても、エミシ支配の多様性は簡単に克服できる問題ではない。

さらに、俘囚は単に個別人身支配の対象というだけではなく、陸奥・出羽両国で支配される者と他国へ移配させる者とに分かれる（後には蝦夷も移配の対象となる）。両者には律令制国家によって、公民化を指向されたという共通点がある。公民化の方法としては「俘囚之名」を除き調庸民となる場合や[38]、改姓などの場合が記されており[39]、実際に公民化した例が記される[40]。なかには、国家側による過剰な演出を読み取れる例もある[41]。これらにより、公民化の促進を図ったと思われる。しかし、移配された各地で反乱や反発が続発し、公民化が進まず調庸の収取が行えない事態が続く[42]。この支配方法による公民化が順当に達成されたわけではなかったのである。

このような状況のなか、律令制国家はエミシの公民化を指向しながらも、同時にエミシの固定化への動きを示す。弘仁二年（八一一）には「俘囚計帳」が作成され[43]、一般百姓と俘囚とが峻別された。また、『延喜式』主税上には俘囚への饗給の財源として三五カ国で俘囚料が計上されている。これは俘囚が完全に公民化されず、俘囚のまま存在していたことを示している。九世紀初頭の時点で、エミシに対して公民化と固定化の相反する政策が、同時並行して実施されたのである。

陸奥では、承和年間（八三四〜四八）を中心に北辺が騒擾状態となり、それへの対処が陸奥国の課題となる。各地に移配されたエミシのなかにも、国家支配への反発を示す者も少なくなく、八世紀とは異なり、律令制国家内の「周辺」としてエミシの存在が課題となり、重要性を帯びてくる。

また、各地でのエミシの反発の結果、律令制国家が特に関心を寄せ注意を喚起したエミシの動向が、エミシによる入京越訴であった。律令において国司への上訴は認められているが、越訴は禁止されている。しかも、移配エミシの入京越訴の防止については、専当国司を定め、入京越訴が起きた場合の責任は専当国司に課せられた(44)。

移配エミシが暴力的反抗ではなく、越訴という比較的平和的な手段に訴えている状況は、国司への反発もあろうが、一面、律令体制的行動を示していると評価できよう。それゆえに、この点からそれまでの公民化・固定化とは異なる次元で、移配エミシが律令制への理解を高め、自らの行動を決定していた状況が読み取れよう。入京越訴を行ったエミシに対して、鈴木拓也氏は時代に生きる主体としてのエミシとして評価している(45)。

繰り返すことになるが、中心となる典拠が国家による編纂物のため、国家の関心の変化により、記載内容に大きな変化が起きる。九世紀以降では陸奥国・出羽国でのエミシに関する記載が減少する一方、上記のような移配エミシの記載が比較的多くなる。この記載状況と、先に指摘した公民化と固定化という相反する政策からは、律令制国家がそれまでの状況をそれ以上積極的に改変しようとはせず、それまでとは異なる「固定化」に向かったことを示していることを読み取れるのではないだろうか。その結果、「夷狄」としてのエミシは常に古代日本国内に存在し続け、観念的にも、儀礼的にも、国家内のエミシの存在により、古代国家の要求を充足させることとなったのではないか。

石母田正氏は律令制国家が「東夷の小帝国」を指向したと指摘したのに対し、九世紀以降の状況から、当該時期の国家を鈴木拓也氏は矮小化された「東夷の小帝国」と評した[46]。しかし、八世紀半ばから九世紀初頭までの大規模な戦乱状況は、胆沢城や志波城（後に徳丹城）へと支配領域を拡大したように見えるが、その時点で拡大は途絶え、むしろ後退の様相を窺わせる（十一世紀には奥六郡と安倍氏の関係で、再び東北北半部が注目を集める）。八世紀初めから九世紀初めまでの一〇〇年間の初めと終わりを見れば、結局のところ、律令制国家は版図拡大に成功したわけではない。むしろ、九世紀に古代日本国内にエミシを包摂することにより「中央」と「周辺」を形成することになり、漸く安定した「東夷の小帝国」を構築できたのではないだろうか。

おわりに

小稿においては、文献史学の近接諸学である考古学や民族学の諸成果には、あえて触れていない。古代東北史が典拠史料以上の濃い内容を以て叙述されることを可能にした最大の要因は、発掘調査の成果と考古学の進展である。戦前・戦中の古代東北史に対して、考古学の側から疑義が提示され、実際の調査と考古学の成果により、それまでの古代東北史が大きく書き換えられたことは疑いない事実である。

国家側の行政・軍事施設のみならず、当該地域の社会的・文化的特質は、考古学が得意とする分野である。東北北半部の文化的特徴から、エミシの実像について、律令制国家の観念的な規定のみならず、実際の文化的相違も影響していることも明らかにされてきた。「エミシ」の実像について、熊谷公男氏が研究史を整理し、民族学の理論を援用することで新たな研究指針を示している[47]。

現状において、九世紀頃までの古代東北史は最大公約数的な共通認識と、その認識に基づく通時的な記述においてある到達点を示していると指摘した。それは一方で、文献史学が拠って立つ根本史料が既に出尽くしている状況において（出土文字資料は文献史学・考古学、双方の史資料と言える）、新たな展開は考古学の成果にかかっているということでもある。

しかしながら、文献史学と考古学とは学問的背景、研究方法、研究対象、研究理論、学問的長所・短所が異なり、混同して研究を進めてよいものではない。

また、現在新たに研究の緒につく学生や若手研究者にとっては、最近三十年の研究成果が次段階の研究への基盤なっている。ところが、この成果に貢献した先学は、文献史学と近接諸学との学問的相違を十分に理解したうえで、これまで研究を進めてきた。いかに近接諸学の成果を援用していようとも、学問的相違に厳格な態度をもって援用してきたのである。筆者が取り上げた先学の研究は、根本的なところで文献史学としての厳密な方法論を持ち得ている。この点を無視しては、先に挙げた研究の到達点は正当に評価することはできない。

既に通時的な古代東北史は、ある到達点をむかえている。しかし、それは古代東北史という範疇においてであり、今後は同時代的・横断的な歴史的意義づけも必要であろう。また、先に関連史料は出尽くしたと述べたが、研究視角が尽きたわけではない。同じ六国史でも、これまで通史的に扱っていることがほとんどであろうが、六国史自体が本来通史ではない。それぞれの史料的特性に基づいた史料批判の余地は、まだ残されていよう(48)。勿論、文献上のエミシの記載も史書編纂との関係を念頭に置くならば、新たな視角を生み出す可能性は十分に考え得る。これまで、そのような研究がなかったわけではないが、今まで以上に「史料」に対する史料批判の意識を顕在化させていかなくてはならない。

註

（1）石母田正『日本の古代国家』（岩波書店、一九七一年）。

（2）六国史以下、「蝦夷」「俘囚」等、多様な表記が存在するが、表記自体の整理と意味の分析が、研究課題として大きな意義を有する。そのため、小稿では総称としてはエミシと記述する。

（3）明治期の論文集ではないが、例えば、『奥羽沿革史論』（仁友社、一九一六年）は、古代から江戸時代までの諸論文を収録している、平泉で行われた講演会をもとにした論集である。発刊の辞に「蓋し此地方に於て稀に見る所の清会なりしなり」と記されている。類推するに、言外に当該地域における歴史・文化への興味の低さを思い描いていたのではないか。

（4）河西英通『東北』（中央公論新社、二〇〇一年）、同『東北・続』（中央公論新社、二〇〇七年）。

（5）水野祐「刊行に際して」（『古代王権と交流一、古代蝦夷の世界と交流』、名著出版、一九九六年）。

（6）永原慶二『二〇世紀日本の歴史学』（吉川弘文館、二〇〇三年）。

（7）遠藤元男「刊行のことば」（『古代の地方史』、朝倉書店、一九七七年）。

（8）遠藤元男「総説―古代地方史の構図―」（『古代の地方史』第7巻総論、朝倉書店、一九七七年）。

（9）「地方史」研究が主である時期と、その後の研究動向との変化を示すものとして、『古代の日本』（角川書店、一九七〇～一九七一年）、『新版　古代の日本』（角川書店、一九九二～一九九三年）を挙げ、対比のために二書の編目を付す。

『古代の日本8　東北』（一九七〇年）

　東北文化のあけぼの　稲作の北進　古墳文化の伝播　五世紀の古墳　群集墳と横穴古墳　多賀城の起源とその性格

出羽柵と秋田城　律令制と古代東北　条里のあと　小田郡の産金　多賀城廃寺と陸奥国分寺―仏教の伝播　陸奥大国造　坂上田村麻呂と阿弖流為　式内の神々　エミシ・エゾ・アイヌ　東北の山岳信仰　辺境の仏像　みちのくの歌枕　奥六郡の司　平泉文化

『新版　古代の日本9　東北・北海道』（一九九二年）

〔東北編〕

古代東北の地域性　洪積世の狩人たち　貝塚と縄文人の生活　弥生社会の成立と展開　古墳の変遷を画期　古代の集落と生活　律令国家とエミシ　城柵を中心とする古代官衙　律令支配の諸相　古代東北の豪族　仏教の発展と寺院　奥羽の神々　安倍氏・清原氏・藤原氏

〔北海道編〕

北海道の「古代」　北海道をめぐる北方諸民族の交流　二つの文化系統　伝統文化と新来の文物　本州文化の受容と農耕文化の成立　オホーツクの狩猟民　周辺諸国と変容するアイヌ社会　チャシとアイヌ社会　アイヌ絵考

前者では考古学の成果を含みながらも、多くが文献史料に沿った通時的記載が主となっている。それに対して、後者では北海道編が独立してもうけられている点が最大の特徴である。内容も文献史料に規定されるということではなく、研究上のテーマを主として構成されている。

(10)　塚本学「地方史研究の課題」（『岩波講座　日本歴史』25別巻2、岩波書店、一九七六年）。塚本氏は地域史への流れについて、世界史の基本法則の機械的適用への反省があり、諸民族社会独自の発展のすがたを追究し、個別多様な社会の発展に対する関心の高まりがあったと指摘する。また、地方史と地域史について、明確な線引きは難しく、地域概念の濫用について警告を述べる。塚本氏が指摘しているように、「地域史」の概念自体は日本国内にとどまるものではない。「地域」の設定自体が研究目的に沿う形で柔軟であり、「地域史」は「一国史」に対置する研究概念として成立した。本稿では「地域」をおおむね現在の日本に沿う形で設定しているため、「地域史」に関する論述も「古代日本」に対して限定的にならざるをえない。

(11)　水野　前掲註(5)。
(12)　八〇年代までの研究成果の集成として高橋富雄編『東北古代史の研究』(吉川弘文館、一九八六年)が挙げられる。
(13)　高橋崇「総説」(『古代の地方史』第6巻奥羽編、朝倉書店、一九七八年)。
(14)　平川南「東北大戦争時代―東北の動乱―」(前掲『古代の地方史』第6巻)。
(15)　石母田　前掲註(1)。
(16)　今泉隆雄「八世紀前半以前の陸奥国と坂東」(『地方史研究』三九―五、一九八九年)。
(17)　今泉隆雄「律令国家とエミシ」(『新版　古代の日本』9、角川書店、一九九二年)。平川南氏も陸奥国内の地域区分について言及を続けているが、今泉氏は陸奥国自体の成立過程を支配領域の拡大という点から明らかにした。
(18)　今泉隆雄「古代東北城柵の城司制」(同『北日本中世史の研究』、吉川弘文館、一九九〇年)。
(19)　鈴木拓也『古代東北の支配構造』(吉川弘文館、一九九八年)。
(20)　熊谷公男「黒川以北十郡の成立」(『東北学院大学東北文化研究所紀要』二一、一九八九年)。
(21)　熊谷公男「近夷郡と城柵支配」(『東北学院大学論集　歴史学・地理学』二一、一九九〇年)。
(22)　熊谷公男「平安初期における征夷の終焉と蝦夷支配の変質」(『東北学院大学東北文化研究所紀要』二四、一九九二年)。
(23)　熊谷公男「古代蝦夷論の再構築に向けて」(新時代における日中韓周縁社会の宗教文化構造プロジェクト・シンポジウ

ム記録「日中韓周縁域史研究ことはじめ」『東北学院大学論集　歴史と文化』五〇、二〇一三年）。

(24) 戦後の日本史学界の中で、東北史について積極的に考究を続けた高橋富雄氏や新野直吉氏、陸奥国の政治体制とエミシ論を整理した工藤雅樹氏、古代国家とエミシとさらにより北の文化との関係を考究した関口明氏などの、多数の先学がいる。本論及び本註で挙げた先学は、学史上のごく一部である。

(25) 『日本書紀』は日本古典文学大系に拠る。

(26) 『続日本紀』は新日本古典文学大系に拠る。

(27) 『類聚国史』は新訂増補国史大系に拠る。

(28) 『続日本紀』宝亀七年五月戊子条。

(29) 『続紀』神護景雲元年十一月己巳条・宝亀十一年三月丁亥条。

(30) 『続紀』宝亀十一年三月丁亥条。

(31) 『書紀』安閑天皇元年閏十二月是月条。

(32) 平川南「俘囚と夷俘」（同『日本古代の政治と文化』、吉川弘文館、一九八七年）。

(33) 古垣玲「蝦夷・俘囚と夷俘」（『川内古代史論集』四、一九八八年）。

(34) 熊谷 前掲註(21)。古垣氏の地縁性の有無に対して、服属時の集団性の有無が基準となっていると指摘する。熊谷氏の指摘が妥当と考える。

(35) 『続紀』天平二年正月辛亥条・天平九年四月戊午条。

(36) 『続紀』神護景雲元年十一月己巳条。

(37) 熊谷 前掲註(21)。

(38)『続紀』神護景雲三年十一月己丑条・宝亀元年四月癸巳条。
(39)『類史』延暦二十二年四月乙巳条。
(40)『類史』天長五年七月丙申条。
(41)『続紀』神護景雲三年十一月己丑条において、陸奥国牡鹿郡の俘囚大伴部押人が自らの祖先は紀伊国名草郡の出身であることを理由とし、「除俘囚名」により調庸の民となることを求め、許されている。その後、『続紀』宝亀元年四月癸巳条では同様の理由により、三九二〇人の俘囚が調庸の民となっている。両条はその内容から無関係とは考えがたく、三九二〇人もの俘囚が公民化している結果と合わせ、大伴部押人の請言が律令制国家側による演出であった可能性が非常に高いと考える。
(42)『類聚三代格』延暦十七年四月十六日官符、応レ免二俘囚調庸一事。『類聚三代格』は新訂増補国史大系に拠る。
(43)『日本後紀』弘仁二年三月乙巳条。『日本後紀』は新訂増補国史大系に拠る。
(44)『類史』弘仁四年十一月庚午条。
(45)鈴木拓也「蝦夷の入京越訴―移配蝦夷と陸奥蝦夷にみる闘争の一形態―」(同『九世紀の蝦夷社会』、高志書院、二〇〇七年)。
(46)鈴木　前掲註(45)。
(47)熊谷　前掲註(23)。
(48)関口明「蝦夷の反乱とその歴史的意義」(『歴史学研究』三九〇、一九七二年十一月)。関口氏は、六国史が古代天皇制的イデオロギーに依拠して編纂された点を、改めて考慮すべきであると指摘している。

僦馬之党と強雇

伊藤一晴

はじめに

僦馬之党とは、『類聚三代格』昌泰二年(八九九)九月十九日太政官符の中に見える群党であり、今までも数多くの先行研究や関東地方の自治体史の中で触れられてきた。[1]しかし、それらの多くは、九世紀から十世紀初めにかけて頻発した群党や俘囚の蜂起を、律令国家が東国に課した過重な負担に対する抵抗・反乱と捉えた上で、僦馬之党の蜂起をその一つの頂点と位置づける見解が多かったように思う。[2]

一方で、戸田芳実氏は僦馬之党とは荷主に傭われ輸送に従事する運送業者集団であり、その不法行為は、九世紀を通して問題となっていた強雇―駄馬を強制的に徴発する不法行為―と同じく、荘園からの運上物を中央へ運ぶことを目的として行われており、両者は密接な関係があるとする見解を示した。[3]しかし、戸田芳実氏の論考は僦馬之党と強雇の類似性を指摘するに留まり、その後もこの問題が深く掘り下げられることはなかった。[4]

また、川尻秋生氏は、九世紀末~十世紀における東国の状況について院牧を中心に検討し、僦馬之党や強雇についても言及しつつ、東国と太上天皇の院との結びつきを重視する見解を示している。[5]

本稿は、これらの先行研究を踏まえつつ、改めて僦馬之党及び強雇に関する史料を検討し、それらの時代的変遷と関係を明らかにし、これらの不法行為を働く者たちの一部が太上天皇の院につながる可能性を指摘するものである。

一　僦馬之党に関する太政官符の再検討

僦馬之党は、次に示す昌泰二年(八九九)九月十九日太政官符(6)の中に引かれている、上野国解の中にみえる群党である。

太政官符
　応二相模国足柄坂・上野国碓氷坂置レ関勘過一事
右得二上野国解一偁、此国頃年強盗鋒起、侵害尤甚、静尋二由緒一、皆出二僦馬之党一也、何者、坂東諸国富豪之輩、啻以レ駄運レ物、其駄之所レ出、皆縁二掠奪一、盗二山道之駄一以就二海道一、掠二海道之馬一以赴二山道一、爰依二一疋之駑一害二百姓之命一、遂結二群党一、既成二凶賊一、因レ茲、当国隣国共以追討、解散之類赴二件等堺一、仍碓氷坂本権置二偵羅一、令レ加二勘過一、兼移二送相模国一既畢、然而非レ蒙二官符一、難二拠行一、望請、官裁、件両箇処特置二関門一、詳勘二公験一、慥加二勘過一者、左大臣宣、奉レ勅宜レ依レ件令レ置、唯詳拘二姦類一、勿レ妨二行旅一、
　　昌泰二年九月十九日

この太政官符から窺えることを逐一書き出せば、次のようになるだろう。
①上野国で近年、強盗が蜂起し、被害が甚しい(此国頃年強盗鋒起、侵害尤甚)。
②(それらの強盗の)由緒を調べると、全て僦馬之党から出ている(静尋由緒、皆出僦馬之党)。

③その理由は、「坂東諸国富豪之輩」は駄馬を使い物を運ぶが、それらの駄馬が掠奪によって調達されているからである（何者、坂東諸国富豪之輩、啻以駄運物、其駄之所出、皆縁掠奪）。

④（彼らは）東山道の駄馬を盗んで東海道へ、東海道の駄馬を掠奪して東山道へ赴く（盗山道之駄以就海道、掠海道之馬以赴山道）。

⑤このため一匹の駑馬（の掠奪行為）のために百姓の命が損なわれている（爰依一疋之駑害百姓之命）。

⑥（彼らは）群党を結成し、凶賊となっている（遂結群党、既成凶賊）。

⑦上野国（当国）と隣国が共に追討にあたったが（当国隣国共以追討）、これらの者たちは解散して国境へ赴く（解散之類赴件等堺）。

⑧よって上野国では碓氷坂本に仮に偵羅（見張り）を設け、勘過を行っている（仍碓氷坂本権置偵羅、令加勘過）。そして既に相模国へ（偵羅を置くべき旨の）移を送った（兼移送相模国既畢）。しかし、官符を受けずに実行することは難しい（然而非蒙官符、難拠行）。

⑨今後は官符を受けた上で、両箇所（碓氷・足柄）に関を置き、詳細に公験を勘べ、勘過を行うことで対応したい（望請官裁、件両箇処特置関門、詳勘公験、慥加勘過）。

この太政官符は、現在の「関東」という言葉を生むこととなった碓氷関・足柄関の設置を示しており、関東地方の自治体史をはじめ、多くの概説書においても取り上げられている。そして両関設置のきっかけをつくった僦馬之党に対しては、既に述べた通り、八世紀から九世紀にかけて頻発する群党や俘囚の蜂起を律令国家に対する抵抗・反乱と捉えた上で、それらが九世紀末から十世紀初めに一つの高まりを迎えたとし、その頂点を、「僦馬之党」の「鋒起」と捉えるような見解が多い(7)。実際に史料上「鋒起」と記され、また他の史料では継続して群党が蜂起しているので(8)、このような見解になるのであるが、結論をいえば、このように考えるのは問題があるように思われる。なぜならば次の昌泰三年八月五日太政官符(9)に明らかなとおり、僦馬之党は碓氷・足柄両関の設置によって鎮静化してしまうためである。

太政官符

応下以二過所一度中足柄・碓氷等関上事

右得二相模国解一偁、依二太政官去年九月十九日符旨一、始置二件関一、爾来部内清静、姦濫稍絶、而勘二過往還之人物一、已無二本司之過所一、因レ斯無レ文二勘拠一、更致二稽擁一、望請、下二知諸司諸国一令レ請二過所一、将二以勘過一、其当国以東諸国過所、先令レ進レ国、国司判署、下レ関令レ勘、然則姦濫永遏、人心自粛、謹請二官裁一者、左大臣宣、奉レ勅、依レ請、宜下仰二諸司幷東海東山道等諸国一、依レ件令上レ行、

昌泰三年八月五日

この太政官符は昌泰二年九月十九日太政官符と一連のものであることが明らかでありながら、翌昌泰三年に起こっている群党蜂起の史料(10)により混乱は継続していると結論づけられるためか、充分に検討されていない感がある。そこで昌泰二年九月十九日太政官符と同様に、逐一検討する。

①昌泰二年九月十九日太政官符によって初めて足柄・碓氷の両関を置いた（依太政官去年九月十九日符旨、始置件関）。

②以来、部内は静かになり、姦濫はやや絶えた状況である（爾来部内清静、姦濫稍絶）。

③しかし往還の人物を勘過するのに、本司の過所がない。このため勘べ拠る文書がなく、時間がかかり事務が滞っている（而勘過往還之人物、已無本司之過所、因斯無文勘拠更致稽擁）。

④よって諸司諸国に下知し過所の発行を要請し、その過所をもって勘過を行いたい（望請、下知諸司諸国令請過所、将

以勘過）。

⑤相模国より東の諸国の過所については、まず国衙に提出し、国司が署判し関に下し調べさせる（其当国以東諸国過所、先令進国、国司判署、下関令勘）。

⑥そのようにすれば姦濫は永く絶え、人心は自然と静まるであろう（然則姦濫永遏、人心自粛）。

相模国解は、昌泰二年九月十九日太政官符により足柄・碓氷両関が設けられた後、「爾来部内清静、姦濫稍絶」という状態であることをまず述べている。つまり「侵害尤甚」とされた僦馬之党の蜂起は、直接的な軍事行動ではなく、足柄・碓氷両関の設置及びそこでの勘過の実施によって、一年後には沈静化しているのである。

このような成果に加えて、さらに注目したいのが、相模国が太政官に対して要求している内容である。相模国は、事態は沈静化したものの、両関では通過の根拠となる過所（書）が発行されていないため勘過事務が滞っていると述べ、太政官に対し、勘過事務を速やかに行うため諸司・諸国に下知して過所を発行させることを要請しているのである。つまり、昌泰三年八月五日太政官符の主旨は、前年に設置した足柄・碓氷両関における勘過事務の円滑化にあったといえよう。

このような理解のもと、再び昌泰二年九月十九日太政官符を含めて状況を整理すると、事態は①僦馬之党の蜂起→②両関の設置と勘過実施→③勘過事務の停滞→④過所発行による勘過事務の円滑化、というように、一貫して両関における通行者の確認強化を志向していることがわかる。このように、史料中に「鋒起」「当国隣国共以追討」と記されながらも、実際には群党の鎮圧ではなく、両関における通行者の確認強化という対応策が採られていることを踏まえれば、その不法行為とは、蜂起という側面よりも、物資輸送手段である駄馬の強奪という側面が強いことが改めて確認できよう。つまり僦馬之党とは、戸田芳実氏が述べたとおり、駄馬を強奪し、それらを使い中央に向けて運送を行う、強雇と同様の不法行為を行っている集団であると考えられるのである。

このように理解することで、昌泰二年九月十九日太政官符に記される「盗山道之駄以就海道、掠海道之馬以赴山道」という記述の解釈も再検討が必要になる。従来、この記述の解釈は、東山道沿いにおいて強奪した駄馬を東海道へ、東山道沿いで強奪した馬を東海道で使う・持ち込むという意味で理解されてきた(11)。しかし前述のように両関における通行者の確認強化という結果から史料を読み返せば、実際に上野国が問題視しているのは、強奪した馬をその管轄区域外に移動させ、馬の出所を分かりにくくした上で、足柄坂・碓氷坂を通過し、西上していく行為であると考えられるのである。

さらに補足すれば、関の重要な機能の一つに、馬牛の確認があり、過所を申請した人が従えている馬牛が、関を度ゆべからざるものである場合は、過所は発行してはならないと規定されており、また、人は合法であっても馬が違法であった場合には、私度・越度・冒度の罪に問われるのである(12)。

以上のように両官符の検討から、僦馬之党とは、駄馬の強奪及びそれらの駄馬を使った運上物(もしくは馬そのもの)の輸送を行う集団、つまり強雇もしくはより凶悪化した強雇行為を働く集団であったことがわかる。そして政府は、両関において公験(後に過所)を勘拠し、その輸送者の身元及び馬を調べることによって、馬を強奪して輸送に使用していた「坂東諸国富豪之輩」に規制をかけ、東国と畿内を結ぶ交通路上で起こっていた駄馬強奪行為の鎮静化に、一定程度ではあろうが、成功したのである。これは、中央の院宮王臣家と富豪層(この場合は「坂東諸国富豪之輩」)との私的結合に掣肘を加えるという、延喜の国制改革の主眼でもあったといえよう。昌泰二年九月十九日・昌泰三年八月五日の両太政官符は、つまるところ、このような中央の院宮王臣家と東国の富豪層との私的結合問題に関する政府の対応と成果を述べていると考えられるのである(13)。

このようにみてくると、僦馬之党は、これ以前に起こっている様々な蜂起事件とは明らかに異なることが分かる。なぜならば、承和十五年(八四八)に起こった俘囚丸子廻毛の叛逆や[14]、元慶七年(八八三)に起こった上総国における俘囚の反乱など[15]、その他の殆どの蜂起事件は、僦馬之党への対応とは異なり、各国の直接的な軍事力の行使によって鎮圧されているからである。無論、仁和五年(八八九)には「東国賊首物部氏永等」が発起し[16]、昌泰三年には武蔵国において強盗が蜂起し[17]、寛平七年(八九五)頃から延喜元年(九〇一)にかけて、相模・武蔵・上野を中心として群盗が相次いで蜂起するなど[18]、東国内は混乱状態に陥っている。また将門の乱時、「延喜元年二月例」に依り大祓が行われていることからも[19]、この状況を政府が深刻に受け止めたことは明らかである。そしてこれらの群党の構成員と僦馬之党の構成員が、重複している可能性も否定出来ない[20]。しかし、僦馬之党が他の群党蜂起と有機的に結合し、東国における抵抗・反乱の頂点であるように捉えることは、やはり難しいといえよう。

二　強雇関係史料の検討

次に、僦馬之党と強雇の関係を、強雇について記された史料から再度検討してみたい。僦馬之党の実態が、強雇もしくは強雇の凶悪化したものであるならば、その変遷過程がみてとれるはずである。

強雇の初出は、次に示す貞観九年(八六七)十二月二十日太政官符[21]に引用されている、承和二年(八三五)十月十八日符(傍線1部分)である。

　太政官符

応ㇾ禁㆔止強㆓雇往還人幷車馬㆒事

右検二案内一、太政官去嘉祥二年九月廿五日下二左右京職・五畿内・近江等国一符偁、検二案内一、去承和二年十月十八日符偁、威勢之輩強二雇往還人馬一、令二民愁苦一、宜下厳加二禁制一不上レ得二更然一、若有二強雇一者、嵯峨淳和両院人取レ名申二送其政所一、諸司諸家人於二当処一決笞之者、右大臣宣、如聞、諸衛府諸家人等、或追二下騎人一、或切二落負荷一、臨レ事強雇、毎致二民患一、稽二之政途一、深乖二物情一、此則有司不レ加二検察一之所レ致也、宜下厳加二禁制一不上レ得レ令レ然者、而近者山崎大津両津頭辺、諸司諸家人妄仮二威勢一強二雇車馬一、因レ茲行旅之人多煩二往還一、傭賃之輩已失二活計一、人民之間愁苦不レ少、此而不レ糺、何謂二　皇憲一、中納言従三位兼行左近衛中将藤原朝臣基経宣、自レ今而後一切禁断、若有二強雇一者重禁二其身一具レ状言上、

貞観九年十二月廿日

承和二年十月十八日符（傍線1）では、「威勢之輩」が往還の人馬を強雇し、民が愁い苦しんでいると指摘し、強雇があった場合は、「嵯峨淳和両院人」の場合は名を記録してその政所へ申し送り、「諸司諸家人」の場合はその場所において笞罪とされている。一見すると「嵯峨淳和両院人」が優遇されているように思われるが、これは「威勢之輩」が、「嵯峨淳和両院人」を騙る場合があるため、処分を科す前に、その名前を政所へ申し送り確認する必要があった可能性があろう。いずれにせよ「諸司諸家人」を自称する者たちよりも、「嵯峨淳和両院人」を自称する者たちの方がより慎重な取扱いが求められていることは明らかである。

その後、嘉祥二年九月二十五日に左右京職・五畿内・近江等の国に下した符（傍線2）には、「諸衛府諸家人等」が「追下騎人、或切落負荷」し強雇に及んでおり、このように強雇が頻発する理由として有司が検察を加えないことを挙げている。この対応として「厳加禁制」べきとするが、その具体的な内容は不明である。

そして貞観九年には、山崎・大津の両津頭辺で「諸司諸家人」が威勢を仮り車馬を強雇しており、このため「行旅

之人多煩往還、傭賃之輩已失活計、人民之間愁苦不少」という状況が報告されている。そして対応策として、強雇が発覚した場合は其の身柄を拘束し言上することとされたが、身柄拘束後の科罪内容はやはり不明である。

この後の元慶八年（八八四）十月三日には、「諸司諸家諸衛府」の使が往還の人馬を強雇することを禁じているが、(22)強雇の具体的な様相や禁制内容はやはり不明である。

そして、僦馬之党の蜂起が史料に見える五年前の寛平六年（八九四）七月十六日太政官符(23)には、次のように強雇の様子が記される。

太政官符

応レ禁三止諸院諸宮諸司諸家使等強二雇往還船車人馬一事

右得二上総越後等国解一偁、得二諸郡調綱郡司幷雑掌綱丁等解一偁、進二上調物一以レ駄為レ本、運二漕官米一以レ船為レ宗、而上道之日前件諸院等使、結二党路頭一追二妨駄馬一、率二類津辺一覆二奪運船一、於レ是有レ心逐レ馬、無レ顧レ収レ荷、官物致二欠失之煩一、綱領陥二逗留之責一、加之部内百姓差二預綱領一之日、若レ此濫悪逃二竄他境一、国之弊亡莫レ過レ斯焉、望請、下二知路次諸国一永休二民愁一、謹請二官裁一者、大納言正三位兼行左近衛大将皇太子傅陸奥出羽按察使源朝臣能有宣、如レ此之事格制先立、曾無二懲粛一責任二国宰一、宜下下二知尾張・参河・遠江・駿河・近江・美濃・越前・加賀・能登・越中等諸国一、特施二厳制一一切禁断上、若有二強雇一者准二之強盗一科二罪其身一者、諸国承知牓二示路頭津辺一莫レ令二重然一

寛平六年七月十六日

上総・越後等国解に引かれた諸郡調綱郡司等の解を中心とするこの太政官符の内容を整理すると、以下のようになろう。

①調物を進上するのに駄（馬）を中心とし、官米を運送するのは船を中心とする（進上調物以駄為本、運漕官米以船為宗）。
②しかし出発の日に「諸院等使」が路頭に党を為し駄馬を追い、類を津辺に率いて船を奪っている（而上道之日前件諸院等使、結党路頭追妨駄馬、率類津辺覆奪運船）。
③この者たちは馬を追いかけることに目的があり、その荷物には興味が無い（於是有心逐馬、無顧収荷）。
④このため官物は欠失し、綱領（郡司）は逗留之責に陥る（官物致欠失之煩、綱領陥逗留之責）。
⑤また部内の百姓は綱領となる日、このような濫悪を恐れて他境に逃げてしまう（加之部内百姓差預綱領之日、若此濫悪逃竄他境）。
⑥既に格による禁制があるが、かつては懲粛することなく、責を国司に任せていた（如此之事格制先立、曾無懲粛責任国宰）。
⑦尾張・三河・遠江・駿河・近江・美濃・越前・加賀・能登・越中等の諸国に下知し、厳制を施き一切禁断する（宜下知尾張・参河・遠江・駿河・近江・美濃・越前・加賀・能登・越中等諸国、特施厳制一切禁断）。
⑧若し強雇があった場合は、これを強盗に准じて科罪せよ（若有強雇者准之強盗科罪其身）。

これら強雇関係史料に、僦馬之党の登場する昌泰二年九月十九日太政官符を加えて検討する。表1は強雇及び僦馬之党に関する史料を時系列に並べ、禁制対象と対応を整理したものである。強雇に類する不法行為は、前述のとおり九世紀を通して五回確認できる（僦馬之党を強雇とみれば六回となる）。

まず強雇が発生している地域に着目すると、承和二年時は不明であるものの、それ以降は、嘉祥二年・貞観九年時に畿内とその近国を中心としていたものが、元慶八年時には越前国まで、さらに寛平六年時には、東海道は駿河国、東山道は美濃国、さらに北陸道は越中国まで含まれているように、東に向かって急速に拡大している。そして僦馬之党は上野国から報告され、「坂東諸国富豪之輩」の駄馬による物資輸送がそもそもの原因になっていることからも、東国が問題の中心にあることは間違いない。つまり強雇の問題は、九世紀を通して一貫して東へ拡大し、九世紀末の僦馬之党へと繋がると理解することができよう。

表1　強雇関係史料一覧

年代	禁制対象		対応	出典
	人	地域		
承和2（八三五）	嵯峨・淳和両院人、諸司諸家人	（不明）	嵯峨淳和両院人はその名を録して申し送る、諸司諸家人はその場で笞罪。	類聚三代格
嘉祥2（八四九）	諸衛府諸家人	左右京職・五畿内近江等国	「厳加禁制」と記されるが詳細不明。	類聚三代格
貞観9（八六七）	諸司諸家人	山崎・大津両津頭辺	身柄を拘束して言上。	類聚三代格
元慶8（八八四）	諸司諸家諸衛府使	近江・越前	「禁遏」と記されるが詳細不明。	日本三代実録
寛平6（八九四）	諸院諸宮諸司諸家使	尾張・三河・遠江・駿河・近江・美濃・越前・加賀・能登・越中等諸国	強盗に準じてその身に科罪。	類聚三代格
昌泰二（八九九）	坂東諸国富豪之輩	東海道・東山道（主に東国内）	足柄・碓氷両関を設置し、勘過を実施。	類聚三代格

次に政府の対応をみてみたい。承和二年時には先述したとおり「嵯峨淳和両院人」を除き、その場において笞罪であったものが、嘉祥二年時には厳しく禁制を加えるとされ（詳細は不明）、貞観九年時には「諸司諸家人」の身柄を拘束した上で言上させている。元慶八年時には「禁遏」と記されるが、具体的な科罪内容は不明であり、寛平六年時には「准強盗科罪其身」とされているとおり厳罰化されている。このように見ると、強雇は一貫して禁止されているも

のの、その科罪内容については、現場において厳罰を加える場合と、身柄を拘束した上で院や諸司・諸家に連絡するという慎重な対応とが入り交じっているといえよう。

　では僦馬之党への対応は、このような流れの中でどのように理解できるだろうか。前述したとおり、僦馬之党は「当国隣国共以追討」したものの捕らえることが困難となり、関を設置して人馬の勘過を強化するという取締方法へ転換している。これはつまり、馬の略奪という不法行為に対し、その現場において直接的に取締りを行うのではなく、関を通過する者の身元確認を行うことにより間接的に不法行為を取り締まろうとするものである。寛平六年七月十六日太政官符の結論といえる「若有強雇者准之強盗科罪其身」とは、直接的な取締り及び厳罰化しようとする意図が見て取れるが、群党蜂起が頻発するなど治安が悪化している東国内においては、「当国隣国共以追討」しても取り逃がす状況であり、直接的な取締りが覚束ないため、両関における勘過を強化することで、間接的に馬の強奪行為に歯止めをかけることを狙ったといえよう。

　そして両関における勘過強化を謳った昌泰三年八月五日太政官符では、人馬の勘過は国司が発行する過所をもとに行うことが定められている。これは関の通過に対し、東国の国司が重要な権限を持つことを意味する。つまり、たとえ不法行為によって得た駄馬であろうとも、国司が発行する過所により証明がなされれば、関を通過することができるのである。このことは、中央の院宮王臣家及び東国内の富豪層を、国司という官職の獲得へと向かわせることになった可能性があろう。(24) 既に川尻秋生氏によって指摘されているとおり、宇多院牧の秩父牧司であった高向利春は、延喜十年（九一〇）から延喜十八年の九年間で武蔵国司として急速な出世を遂げている。また同様に陽成院牧であった小野牧別当の小野諸興、秩父牧別当の藤原惟条も平将門の乱時に武蔵権介・上野権介としてそれぞれ名前が見える。(25)このように、十世紀初めから中頃にかけて院牧の関係者が国司としても現れる理由の一つは、過所発行など国司の権限掌握にあったのではなかろうか。

三　僦馬之党の構成員の検討

以上のように、僦馬之党は東国において強雇が凶悪化したものであると考えられるが、実際に強雇を行っていた者たち、つまり僦馬之党を構成する「坂東諸国富豪之輩」とは、どのような者たちであったのだろうか。ここでは先ほどの検討と同じく、強雇関係史料に見られる禁制対象（つまり強雇の実施主体）から遡って検討する。

既に表1に整理したとおり、強雇関係史料の示す禁制対象は「嵯峨淳和両院人」「諸司諸家人」「諸衛府諸家人」「諸院諸宮諸司諸家使」など、史料ごとに異なり一定しない。一方で寛平六年（八九四）時に禁制対象と把握されている「諸院諸宮諸司諸家使」は、九世紀末～十世紀初めにこの他の史料にも禁制対象としてみられる、院宮王臣家・諸司といえよう。院宮王臣家・諸司の活動は、畿内とその近国が中心とされるが[26]、強雇関係史料は九世紀初めから連続してみられ、特に時代が下るに従って問題の中心が東国へ移っていく。よって本稿ではこれら強雇関係史料に絞って検討を進めたい。

強雇関係史料において「諸家」はすべての史料に見られることから、一貫して主要な禁制対象と考えられるが、具体的な家名は挙げられていない。「諸衛府」「諸司」も同様である。このようななかで唯一の例外は、承和二年（八三五）時の「嵯峨淳和両院人」である。その名のとおり嵯峨院と淳和院の院人であり、先述したとおり、両院人は「諸司諸家人」と比べ慎重な取扱いが求められている。このことから、太上天皇への一定の配慮があったと認めてよいと思う。

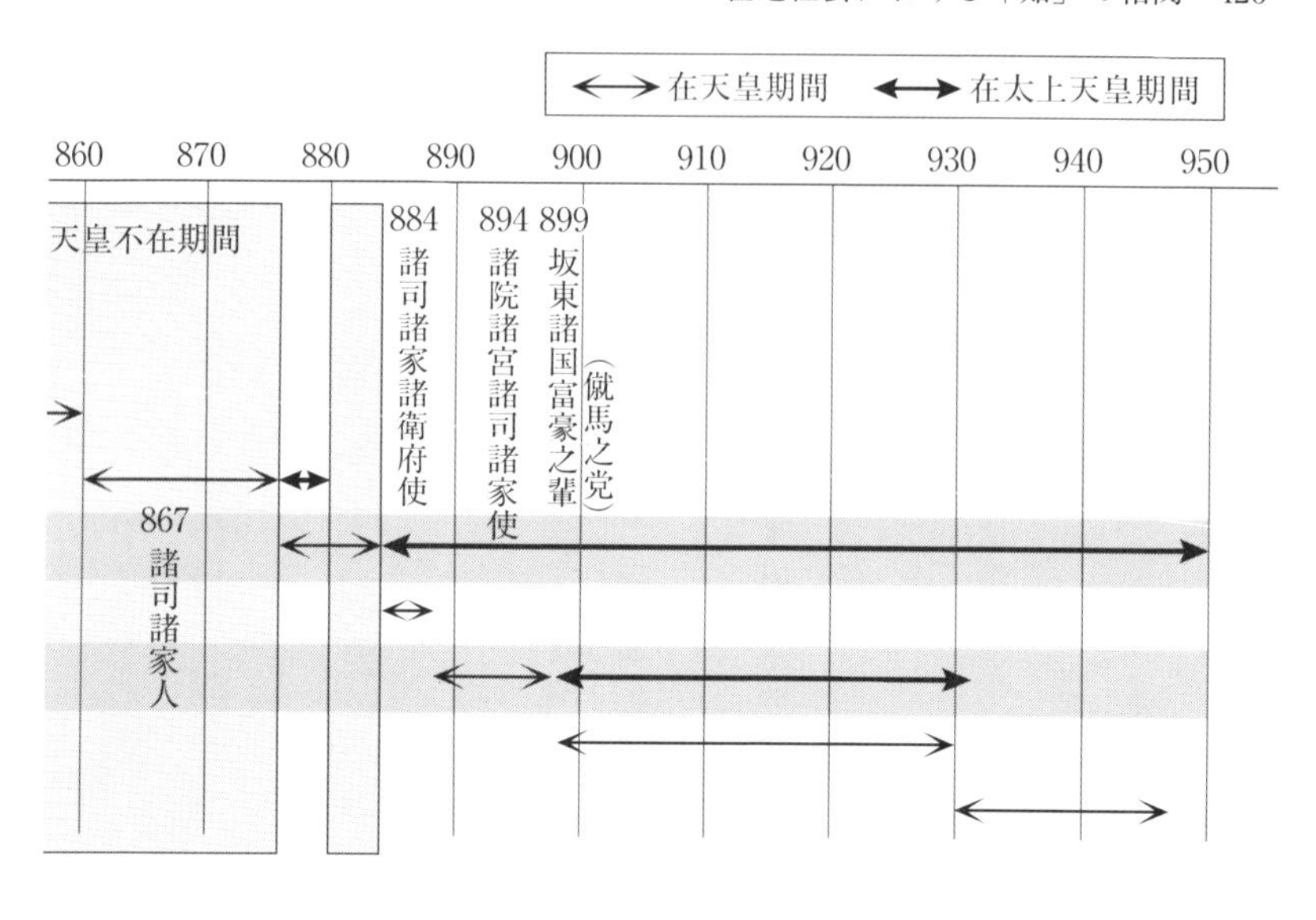

　このように承和二年時に禁制対象として名指しされている太上天皇の「院」であるが、その後、嘉祥二年（八四九）、貞観九年（八六七）、元慶八年（八八四）の各時点では対象から外れている。その後、「院」は、寛平六年の段階で禁制対象の筆頭に「諸院」として再び登場する。つまり「諸家」が一貫して禁制対象として現れる一方で、当初、具体的に名指しされていた「院」は、半世紀もの間、禁制対象から除外されているのである。このように「院」が禁制対象から除外され、再登場する理由として、各時点における太上天皇という存在そのものの有無を指摘することができよう。

　つまり、表2に整理したとおり、嵯峨太上天皇没後から清和天皇譲位まで約三十年間の太上天皇不在期間は、「院」が禁制対象から除外されているのである[27]。太上天皇の不在期間においても「諸院」の使用例があり[28]、また後院の在り方など検討する余地は勿論あるものの、承和二年段階で「嵯峨淳和両院人」という太上天皇の院人が禁制の対象として明示されていること、また太上天皇の存在期間と「院」が禁制対象として現れる時期が一致すること、さらに諸国の百姓が王臣家人を称して国郡に

表2　強雇関係史料に見られる禁制対象と太上天皇の在位期間

	在天皇	在太上天皇
嵯峨	809-823	823-842
淳和	823-833	833-840
仁明	833-850	
文徳	850-858	
清和	858-876	876-880
陽成	876-884	884-949
光孝	884-887	
宇多	887-897	897-931
醍醐	897-930	
朱雀	930-946	

800　810　820　830　840　850

太上

835 嵯峨淳和両院人・諸司諸家人

849 諸衛府諸家人

従わず不法行為を行っているという当時の状況[29]を踏まえれば、強雇という不法行為が、太上天皇という権威を利用しようとする者たちにより行われていたとしても、あながち的外れではなかろう。

以上のように強雇を行う集団の一つとして挙げられる「院」が、各時点における太上天皇の存在自体と関係しているとすれば、寛平六年(八九四)に強雇を行っている「諸院」とは、必然的に、この時期に存在している陽成太上天皇の院に絞られることになる(表2参照)。そして、昌泰二年(八九九)に問題となった儻馬之党が、強雇と同質のものと認められるならば、儻馬之党を構成する者たちの、少なくとも一部は、当時存在していた陽成院や宇多院と何らかの関係を有していたと見ることができよう。

儻馬之党や強雇の関係史料に、陽成院や宇多院の名は現れないため、このことを直接裏付けることはできないものの、既に川尻秋生氏によって、陽成院と宇多院は院牧を通じて東国と密接な関係をもっていたことが指摘されている[30]。川尻氏は武蔵国秩父牧・小野牧、信濃国望月牧、甲斐国穂坂牧について、これらの勅旨牧の前身が太上天皇の私牧（院牧）であったこと、また、秩父牧の経営に、宇多院の近臣であった高向利春が携わっていることを明らかにしている。しかし、これらの牧に関する史料は、延喜年間（九〇一～二三）以降のものがほとんどであり、昌泰年間（八九八～九〇一）を下限とする僦馬之党・強雇と関連づけるためには、やはり慎重な姿勢が必要であろう。

このようななかで、川尻氏は、『忠岑集』に載る歌の分析から、壬生忠岑が昌泰元年（八九八）に、陽成太上天皇の命を受け甲斐国に三年間にわたり在国したことを明らかにし、壬生忠岑を陽成院司であったと推定した(31)。さらに川尻氏は、甲斐国小笠原牧が陽成院牧であった時期が想定されるとし、忠岑が甲斐国に遣わされた理由を、陽成院領の牧馬が群盗に略奪されるのを防ぐため、あるいは牧の使用人が群盗に加わることを防ぐためだったと推測している。本稿の主題である僦馬之党と同時期における陽成院の動きが窺える点で重要な指摘であるが、僦馬之党を構成する者たちの少なくとも一部を、太上天皇の院に関わる者たちであったと推測する私見とは、微妙に異なるといえる。

そこで、既に牧や東国関係の論考で幾度も言及されているものの、武蔵国小野牧とその別当として知られる小野氏について、陽成院との関係を検討する。

武蔵国小野牧の初見は、次に示す『日本紀略』延喜十七年（九一七）九月七日条(32)である。

七日癸丑、陽成院以二武蔵国小野牧駒卅疋一引進給、天皇御二仁寿殿一御覧之後、十八疋返二奉彼院一(33)、

この史料から、武蔵国小野牧は延喜十七年時点で陽成院の私牧（院牧）であったことがわかる。そして、次の史料(34)に見られるとおり、小野牧は承平元年（九三一）に勅旨牧となっている。

太政官符武蔵国司

応下小野牧為二勅旨一并以二八月廿日一定中入京期上事

右大納言正三位兼行右近衛大将陸奥出羽按察使藤原朝臣仲平宣、奉レ勅、件牧宜下為二勅旨一、即散位小野諸興、宛二其別当一、毎年令中労二飼四十匹御馬一、合レ期牽貢上者、国宜二承知依レ宣行レ之、符到奉行

左小弁源朝臣　　左大史内蔵朝臣

承平元年十一月七日

この史料には、①武蔵国小野牧を勅旨牧とし毎年八月二十日に駒牽を行うこと、②その小野牧の別当に散位小野諸興をあてること、③毎年四〇疋の馬を牽貢すること、が定められている。延長五年(九二七)成立の『延喜式』の規定(35)によると、牧馬の貢上数は、判明するもので多くとも甲斐国穂坂牧の三〇疋である。武蔵国小野牧が、延喜十七年時点において三〇疋の貢上数を数え、また勅旨牧となった承平元年には、四〇疋もの貢上数を課せられていることからみても、小野牧は全国有数の規模を誇っていたことがうかがえよう。また、別当に宛てられた小野諸興は、承平元年時点に無官(散位)であるが、『貞信公記抄』天慶二年(九三九)六月九日条(36)には、

九日、大納言来、令レ見下可レ禁二告人一忠明勘文上、即示下可レ令レ禁二経基左衛門府一事上、諸興・最茂(是)等可レ為二押領使一、但以二五位一充レ例可レ勘、又推問使官符可レ令二早仰一事(傍点筆者、以下同じ)

とあって、八年後の将門の乱時、地方の反乱や蜂起を鎮圧する軍事指揮官である押領使に任じられ、さらに『本朝世紀』同年六月二十一日条(37)には、

廿一日辛卯、政、請印書中、相模権介橘是茂・武蔵権介小野諸興・上野権介藤條朝臣等可レ追二捕件国々群盗一官符、上野符捺漏也、外記申二此由於上卿一、請二結政印一(以下略)

とあるとおり武蔵権介としてその名が見える。これらの史料から小野諸興は、小野牧別当に任じられる承平元年以前は無官であったにもかかわらず、八年後の将門の乱時には、武蔵国内において軍事力を期待される、国衙ともつなが

りを持った有力者として登場する(38)。無官である全くの部外者が、東国有数の規模を誇る勅旨牧の別当として任じられるとは考えにくく、また、そのような人物が短期間のうちに私的な軍事力を蓄積できるとも考えにくいことから、小野諸興は勅旨牧となる以前から小野牧に関与していたと考えた方がよかろう。

また、天慶元年九月八日に行われた駒牽には、諸興の代理として弟である小野永興という人物が見られる(39)ことから、小野氏は一族として小野牧の経営に関わっていたことがわかる。そして、小野氏は将門の乱を経て、武蔵七党のうち横山党と呼ばれる武士団に成長すると考えられている(40)。

一方で、小野諸興・永興兄弟と同族と考えられる人物として、小野国興・小野景興の名も知られている(41)。国興は左馬少允を経て(42)、右衛門少尉であった時に獄を破った囚人を捕らえるという功績があり(43)、また、景興は延長四年に醍醐天皇の舎人として野行幸に従い武器の携行を許されており(44)、両人とも都において官人として活動している。

このように小野氏は、十世紀前半に小野牧という基盤をもち治安の悪化した東国において実践的武力を養いつつ、都においても近親者が官人として存在し、さらに駒牽行事に象徴されるように頻繁に都と東国を往返することで財力を蓄え勢力を伸ばしているのである(45)。

残念ながら、小野氏と小野牧の旧主陽成太上天皇との関係、さらにその先にある不法行為への関与を直接示す史料は無いが、ここで想起されるのが、次の『日本三代実録』元慶七年十一月十六日条(46)である。

十六日己卯、（中略）于時　天皇愛好在レ馬、於二禁中閑処一秘而令レ飼、以下右馬少允小野清如善二養御馬一、権少属紀正直好中馬術上、時々被レ喚侍二禁中一、蔭子藤原公門侍二奉階下一、常被二駈策一、清如等所レ行、甚多二不法一、太政大臣聞レ之、遽参二内裏一、駈二逐宮中庸猥群小一、清如等尤為二其先一焉

当時、まだ譲位前の陽成天皇は馬を禁中で秘かに飼わせており、その世話役として「善養御馬」小野清如と、「好

馬術」紀正直、さらに藤原公門を侍らせており、小野清如らの所行は「甚多不法」とされている。小野清如は右馬少允という官職にもかかわらず陽成天皇に近侍していることから、既に陽成天皇との私的なつながりがうかがえよう。小野清如の名がこの史料以外には見られず、小野諸興の名が見える承平元年と約半世紀の隔たりがあるため推測の域は出ないが、陽成天皇のもとに私的な繋がりがあると思われる小野清如について、「善養御馬」と記されている点は、牧との関係をうかがわせるようで興味深い。

おわりに

以上、僦馬之党と強雇に関する史料を検討し、主に政府のとった対応策から、僦馬之党の「蜂起」が、実際には強雇と同様に駄馬の強奪を目的とする不法行為であったこと、また、九世紀末から十世紀初めにかけて、これらの不法行為を働いていた集団の一つとして、太上天皇の院に関係する者たちが考えられること、さらに、それらの者たちの具体例である可能性を有する集団の一つとして、武蔵国小野牧を基盤に勢力を伸張していた小野氏を挙げた。しかし、武蔵国小野牧とその別当であった小野氏に関する史料は十世紀以降に限られており、九世紀末の動きを確認することは叶わず、このため、小野牧の旧主陽成太上天皇との繋がり、またその先にある僦馬之党との関係は、残念ながら推測の域を出ない。

一方で、陽成太上天皇については、院牧以外にも、清和源氏が実は陽成源氏であるとする説(47)など、東国との関係を示唆する要素は他にもみられる。また、本稿では詳細に検討することができなかったが、譲位直後における陽成太上天皇と馬に関する不法行為を記した『扶桑略記』の記述(48)や、陽成院が周囲から畏怖される対象であったことを示す

『今昔物語集』の逸話(49)、さらに譲位後のありようなど、依然として検討の余地が残されているように思う(50)。

註

（1）本稿では「東国」を坂東八国と同義として用いる。
（2）三宅長兵衛「将門の乱の史的前提―特に『僦馬の党』を中心として―」(『立命館文学』一一二、一九五四年。後に林陸朗編『論集　平将門研究』、現代思潮社、一九七五年、に所収)、遠藤元男「昌泰・延喜年間を契機とする関東地方における政治情勢」(『史元』創刊号、一九六五年)他。
（3）戸田芳実「九世紀東国荘園とその交通形態―上総国藻原荘をめぐって―」(『政治経済史学』一一〇、一九七五年)、同「中世成立期の国家と農民」(『日本史研究』九七、一九六八年四月)、共に同『初期中世社会史の研究』(東京大学出版会、一九九一年)に所収。
（4）森田悌氏は戸田芳実氏と同様に僦馬之党と強雇の類似性を指摘し、「強雇の拡大したものとして僦馬の党の蜂起を理解できる」とした上で、「僦馬の党は武蔵国西部山麓地帯に居を構えていた京下の前司子弟や王臣子孫・富豪浪人などを称される人たちが中心となり、武蔵国内に多数いた盗賊の類を組織し、東海・東山両道に出没し、駄馬を略取し、強盗行為に出ていた」(同『古代の武蔵』、吉川弘文館、一九八八年、二〇六～二一一頁)と推測している。
（5）川尻秋生「院と東国」(千葉歴史学会編『古代国家と東国社会』、高科書店、一九九四年。後に川尻秋生『古代東国史の基礎的研究』、塙書房、二〇〇三年、に所収)。但し、川尻氏は同書の中で強雇と僦馬之党を直結させるには、さらに説明が必要としている。
（6）『類聚三代格』昌泰二年九月十九日太政官符(新訂増補国史大系五六五頁)。

（7）前掲註（2）参照。

（8）『扶桑略記』昌泰二年是歳条（新訂増補国史大系一七一頁）に「是歳、（中略）武蔵国強盗蜂起」と記され、さらに同書裡書昌泰四年二月十五日条（前掲書一八四頁）に「十五日戊辰、奉幣諸社、自去寛平七年坂東群盗発向、其内信乃・上野・甲斐・武蔵尤有其害、御祈也」と記される。

（9）『類聚三代格』昌泰二年八月五日太政官符（前掲書五六五〜五六六頁）。

（10）前掲註（8）参照。

（11）遠藤元男氏は、この箇所について「東山道で盗んだ馬は東海道で使い東海道で掠めた馬は東山道で使うというように行政的管轄外に持出して使うというもの」と解釈している（前掲註（2））。

（12）養老衛禁律（『律令』日本思想大系五七頁）、滝川政次郎「過所考（下）」（『日本歴史』一二〇、一九五八年六月）。

（13）なお、吉川真司氏は院宮王臣家と富豪層の切断という文脈で語られてきた延喜二年新制について検討し、院宮王臣家は富豪層と結託するだけでなく国司とも結託していたことを指摘し、それら「二本の足」をもち、延喜二年新制後も順調に成長したとする（同「院宮王臣家」『日本の時代史5　平安京』、吉川弘文館、二〇〇二年）。第二節において述べるとおり、僦馬之党・強雇に関しても、過所の発行権限が国司に認められている点において、院宮王臣家と国司との結びつきを想定することが可能であると思う。

（14）『続日本後紀』承和十五年二月庚子条（新訂増補国史大系二〇八頁）。

（15）『日本三代実録』元慶七年二月九日条（新訂増補国史大系五三三頁）。

（16）『扶桑略記』仁和五年四月二十七日戊子条（前掲書一五七頁）。

（17）前掲註（8）参照。

(18) 同前。

(19) 『本朝世紀』天慶二年五月十五日丙辰条（新訂増補国史大系三四頁）。

(20) 三宅長兵衛氏は僦馬之党の蜂起について「この大蜂起は極めて長い年月にわたり且つ関東西部の数ヶ国にまたがる頗る広い行動範囲とをもって、強力に展開されていたと考えられる」（前掲註（2））とされ、また遠藤元男氏は九世紀末の東国における群党蜂起について「この長い間の強盗の横行は、反律令体制的な行動の集約にほかならないし、昌泰二年九月の太政官符がひく上野国の解にいう坂東諸国の富豪の輩を主体とする僦馬の党に結びつく、関東地域の少なくとも西半部を含む反律令体制的抗争とみることもできる」（前註（2））と評価する。

(21) 『類聚三代格』貞観九年十二月二十日太政官符（前掲書六二三～六二四頁）。

(22) 『日本三代実録』元慶八年十月三日条（前掲書五七三頁）。

(23) 『類聚三代格』寛平六年七月十六日太政官符（前掲書六二四頁）。

(24) 岩田慎平氏は、僦馬之党の不法行為が翌年に沈静化した理由について、院宮王臣家と「坂東諸国富豪之輩」が通じていたため、いちはやく関設置の情報を察知したとする（同「武士発生史上の院宮王臣家・諸司―富豪層との関連について―」『古代文化』五九―一、二〇〇七年）。ここで述べたとおり、院宮王臣家は情報を察知した上で、国司と連携するなどし、より都合良く輸送手段としての駄馬を確保する方策を採ったと考える。

(25) 川尻　前掲註（5）参照。

(26) 市大樹「九世紀畿内地域の富豪層と院宮王臣家・諸司」（『ヒストリア』一六三、一九九九年一月）。

(27) なお、陽成天皇は元慶八年（八八四）三月四日に太上天皇となるが、約半年後の元慶八年十月三日に「三日庚寅、令近江・越前両国、禁遏諸司諸家諸衛府使強雇往還人馬」（『日本三代実録』同日条、新訂増補国史大系五七三頁）とあるように、依然として「院」は強雇の実施主体として挙がっておらず、太上天皇の「院」が強雇を行っているとする私見と一見矛盾するように思われる。しかし譲位から約半年しか経過しておらず、また『日本三代実録』元慶八年十二月二十九日条（前掲書六〇二頁）に「陽成院舎人廿人、工部十人、准清和院例、預于勘籍」とあるように、陽成院の組織が整備されてくるのは元慶八年末であることから、元慶八年十月時点で禁制対象に挙がっていなくとも、特に矛盾しないと考える。

(28)『類聚三代格』元慶七年十月二十六日太政官符（前掲書六一五～六一六頁）では、太上天皇が不在であるにもかかわらず「諸院」が禁制の対象となっている。

(29)『類聚三代格』寛平六年十一月三十日太政官符（前掲書六一七頁）では、「無頼奸猾之類」が王臣家人と称して国郡に従わない状況を記している。

(30)川尻　前掲註(5)参照。

(31)同前。

(32)『日本紀略』後篇一、延喜十七年九月七日条（新訂増補国史大系二一頁）。

(33)なお、『貞信公記抄』延長二年十月二十一日条（『大日本古記録』）も左大臣藤原忠平が陽成院から「小野・金吾御馬各一疋」を賜っていることから、延長二年（九二四）時点においても、依然として陽成院牧であったと考えられる。

(34)『政事要略』巻二十三、年中行事八月下、牽小野御馬条（新訂増補国史大系四九頁）。

(35)『延喜式』四十八、左右馬寮（新訂増補国史大系九七三頁）。

(36)『平将門資料集』（新人物往来社、一九九六年）一一七頁。

(37)『本朝世紀』天慶二年六月二十一日条（前掲書三六頁）。

(38) 土田直鎮『古代の武蔵を読む』(吉川弘文館、一九九四年)一五八～一六五頁、日野市史編さん委員会『日野市史』通史編一(一九八八年)他。
(39) 『本朝世紀』天慶元年九月八日条(前掲書一五頁)。
(40) 前掲註(38)参照。
(41) 川尻 前掲註(5)参照。
(42) 『本朝世紀』天慶四年十一月二日条(前掲書六九頁)。
(43) 『日本紀略』後篇四、天徳二年四月二十六日条(前掲書七三頁)
(44) 『西宮記』巻十七、臨時四、人々装束、延長四年十一月五日条(神道大系　朝儀祭祀編二五七四頁)。
(45) 近年、十～十二世紀における武士の在り方について、都で活動する一方で地方にも所領を持ち、その所領と都の間を行き来しつつ勢力を築く姿が明らかにされている(川尻秋生「武門の形成」『日本の時代史6　摂関政治と王朝文化』、吉川弘文館、二〇〇二年)、伊藤瑠美「十一～十二世紀における武士の存在形態(上・下)」(『古代文化』五六―八・九、二〇〇四年)。小野氏の存在は、このような都鄙間交通をもとに勢力を拡大し、中世武士団へと成長していく一例にあたると考える。
(46) 『日本三代実録』元慶七年十一月十六日条(前掲書五四四頁)。
(47) 野口実『源氏と坂東武士』(吉川弘文館、二〇〇七年)他。
(48) 『扶桑略記』寛平元年八月十日条(前掲書一五八頁)には、早くも譲位の五年後に「陽成院之人充満世間、動致陵轢、天下愁苦、諸人嗷々、若有濫行之徒、只号彼院人、悪君之極、今而見之」と、陽成院及び院人の悪評が記される。また「若有濫行之徒、只号彼院人」という記述は、陽成院人の行為を揶揄する一方、陽成院の権威をかりて不法な行為を働く者たちが広範囲に存在したことをうかがわせる。この後も、同書寛平元年十月二十五日条、同二十九日条、十二月二日条、同二十四日条に陽成太上天皇及び院人の非道な行為が世間の批判を買っており、またそれらの行為全てに馬が関係している。

(49)『今昔物語集』には、陽成天皇・陽成院に関する説話が一つずつ収載されており、このうち、「賀茂祭日、一条大路立札見物翁語　第六」は以下のように要約できる。賀茂祭の日、一条大路に「此ハ翁ノ物見ムズル所也。人不可立ズ」という札が立てられる。諸人はこの立札を勝手に陽成院が立てたものだと勘違いし（「此レハ、陽成院ノ物御覧ゼムトテ被立タル札ナリ」）、札を避けて見物する（「歩ノ人更ニ不寄ケリ。何況ヤ、車ト云フ物ハ、其ノ札ノ当リニ不立ザリケル」）。しかし、実際には見知らぬ翁が何食わぬ顔で立札のそばに立ち、賀茂祭を見物する。後日、翁は陽成院に呼ばれて事情を聞かれ、札を立てたのは自分だが、院が立てた札とは書いてはおらず（「院ヨリ被立ル札トハ、更ニ不書候ズ」）、その目的は孫の晴れ姿を見物するためだったと話し、陽成院を感心させて家に帰ったという。説話の内容が史実であるかどうかは分からないが、ある時期、陽成院が諸人から畏怖される対象であったことをうかがわせる、興味深い説話である。

(50)山下道代氏は『陽成院─乱行の帝─』（新典社、二〇〇六年）の中で、陽成天皇について「退位の事情やその後の限られた一時期の特異な行状ばかりあげつらわれてきた」と指摘し、実際には「当人自身はさほど悲惨な状態に置かれることもなく、退位後の長い生を全うしているようである」と述べている。首肯できる見解であるとともに、東国との繋がりなどを含めた十世紀前半の陽成院の在り方について、さらに検討の余地が残されているように思う。

あとがき

本論文集は、「まえがき」にあるように、『奈良仏教の地方的展開』(岩田書院、二〇〇二年)、『奈良仏教と在地社会』(岩田書院、二〇〇四年)、『奈良・南都仏教の伝統と革新』(勉誠出版、二〇一〇年)に続く第四の論文集です。正直に言って、四匹目の〝ドゼウ〟は無いと思っていました。しかし、若い方々(この言い方が、最近なれてきました)の意見に押されて、昨年の夏頃から計画を開始しました。計画の方向性については、「まえがき」にあるとおりです。その方針に従い、ご執筆をお願いいたしましたところ、筑波大学の出身者を中心として、編者も含めて、国内外から一四編の論文を収録することができました。

ヴァンダービルト大学のブライアン・ロゥ氏のように英語で玉稿をお送り頂いた方もおりました。ロゥ氏とは、二〇〇九年六月八日に、ハーヴァード大学の阿部龍一氏が主催した同大学ライシャワー日本研究所での研究会でお会いしたのが最初であったように思います。奈良時代の写経史をご研究されているとのことでした。私にとって、今回のように英語論文に〝対峙〟し、これを日本語訳することは数少ない体験であり、もとより語学的な能力に欠けていることゆえ、すぐさま周囲の方々に協力を願いました。その結果、幸いにも長谷部美穂氏のご協力を得ることができました。適切な表現ではありませんが、〝ジゴクにホトケ〟でした。翻訳いただいたものを、ロゥ氏とのメールの往来で、日本語論文としての体裁に整えさせていただきました。昨今の学問のみならず多くの分野での、ともすると〝外圧視〟されているグロバリーゼーションという〝難題〟に取り組むことになりました。このような事情ですので、あえて翻訳者の名前をださず、ブライアン・ロゥ氏の日本語論文として掲載しました。

私は、外圧視せずに〝内なるもの〟をもって国内外にうって出るのが真のグロバリゼーションだと思い、語学能力なしで厚かもしくも何度となくボストンに繰り出しましたが、その成果が、ロゥ氏を初めとするアメリカ在住の日本古代仏教史を研究する若い方々との〝ふれあい〟だと自負しています。

さらには、大変お忙しい節にご無理を申し上げたにもかかわらず、原稿をお寄せいただきましたハーヴァード大学の阿部龍一氏にも、心から御礼を申し上げます。

加えて長年月に及んでご厚誼を頂いたアーモスト大学のサムエルC・モース氏にも御礼を申し上げます。これまでの論文集を共に編者として御参画いただいたことが、四匹目の〝ドゼウ〟の誕生になったと考えています。モース氏との関係は、組織的な関係ではなく個人的であり、私にとっては、研究力の持続のための〝恩人〟です。本論文集をいかに受け止めていただいたか、機会をえてご講評頂く予定です。そのおりには、本論文集が、学術的に真に意味のあるグロバリゼーションの〝環〟に与しえているかどうかをおたずねしたいと思います。

また、直林不退・本郷真紹・宮城洋一郎の三氏は、関西での仏教史学会などでの出会いを機として、研究のみならず公私に及ぶご厚誼を頂いてきた方々です。ことに宮城氏には、第一回の論文集の刊行の際には、編者として御参画いただいたき、論文集刊行のノウハウをお教えいただきました。それ以後、堺行基の会では吉田靖雄先生にご紹介くださる等、多々、ご高配を賜ってきました。本郷真紹氏には、仏教史学会や日本宗教史懇話会などでお目にかかり、主に業績を拝読させていただき、時折の私信の往来を長きにわたりさせていただきました。今回、ご多忙な節にもかかわらず、駒井　匠氏とともに師弟で原稿をお寄せいただきましたことに、御礼を申し上げます。

今回の論文集は、筑波大学の出身者である若い編者による明確な編集方針や中核的な組織によって、私の行方定まらぬ〝老化〟を大いに補助(介護)して頂きました。そして、お寄せいただいた原稿の掲載順などの編集作業については、編者のほか重田香澄氏を交えて協議し、さらに近藤美由紀・田中晶子・横塚亜里の三氏による実務的な協力を得ました。改めて、若い方々のご協力の賜と深く感謝申し上げます。しかし、本論文集をめぐる諸々の問題点については、最終的には私にすべての責任があることはいうまでもありません。多くの方々からのご示教を賜りたく存じます。

末尾ではありますが、これまで多くのご迷惑をおかけしながら、今回もご厚誼と刊行の機会を賜りました岩田書院の岩田　博氏に、深甚の謝意を表します。

二〇一四年八月六日

根本　誠二

執筆者一覧（掲載順）　＊は編者

宮城洋一郎（みやぎ・よういちろう）前 皇學館大学
本郷　真紹（ほんごう・まさつぐ）　立命館大学
＊根本　誠二（ねもと・せいじ）　筑波大学
ブライアン・ロゥ（Bryan D. Lowe）　ヴァンダービルト大学
Vanderbilt University USA
直林　不退（なおばやし・ふたい）　相愛大学
阿部　龍一（あべ・りゅういち）　ハーヴァード大学
Harvard University USA
＊秋吉　正博（あきよし・まさひろ）　八洲学園大学
＊長谷部将司（はせべ・まさし）　茨城高等学校・中学校
駒井　　匠（こまい・たくみ）　立命館大学
＊黒須　利夫（くろす・としお）　聖徳大学
重田　香澄（しげた・かすみ）　山口市歴史民俗資料館
鈴木　　実（すずき・みのる）　長野県立駒ヶ根高校
佐藤　英雄（さとう・ひでお）　東北歴史学会
伊藤　一晴（いとう・かずはる）　山口県文書館

奈良平安時代の〈知〉の相関

2015年（平成27年）1月　第1刷　300部発行　　**定価［本体11800円＋税］**

編　者　根本　誠二
秋吉　正博・長谷部　将司・黒須　利夫

発行所　有限会社岩田書院　代表：岩田　博　　http://www.iwata-shoin.co.jp

〒157-0062 東京都世田谷区南烏山4-25-6-103　電話 03-3326-3757　FAX 03-3326-6788

組版・印刷・製本：ぷりんてぃあ第二

ISBN978-4-87294-889-9　C3021　¥11800E

コピーOK

岩田書院 刊行案内 (21)

			本体価	刊行年月
817	神戸大地域連携	「地域歴史遺産」の可能性	4800	2013.07
818	岩田　博	ひとり出版社「岩田書院」の舞台裏３	1500	2013.08
819	伊原弘ほか	中国宋代の地域像	11800	2013.08
820	加増　啓二	戦国期東武蔵の戦乱と信仰＜戦国史10＞	8200	2013.09
821	栗原　亮	近世村落の成立と検地・入会地＜近世史35＞	11800	2013.09
822	宮家　準	修験道と児島五流	4700	2013.09
823	倉石　忠彦	身体伝承論	6900	2013.09
824	永井・片岡ほか	カミと王の呪縛＜中世日本のNATION3＞	2800	2013.09
825	上條・緒川	北信自由党史	14800	2013.09
826	空間史学研究会	痕跡と叙述＜空間史学叢書１＞	2800	2013.10
827	伊坂　道子	芝増上寺境内地の歴史的空間＜近世史36＞	8800	2013.10
828	神谷　大介	幕末期軍事技術の基盤形成	8800	2013.10
829	四国遍路研究会	巡礼の歴史と現在	7900	2013.10
830	飯澤　文夫	地方史文献年鑑2012	25800	2013.10
831	大石　学	近世首都論	15800	2013.11
832	全集刊行会	浅井了意全集：仮名草子編４	23800	2013.11
833	白川部達夫	旗本知行と石高制	3000	2013.11
834	秋山　敬	甲斐源氏の勃興と展開	7900	2013.11
835	菅谷　務	橘孝三郎の農本主義と超国家主義	3000	2013.11
836	飯田　文彌	近世甲斐の社会と暮らし	2500	2013.11
837	野本　寛一	「個人誌」と民俗学＜著作集３＞	18800	2013.12
838	別府　信吾	岡山藩の寺社と史料＜近世史37＞	6900	2013.12
839	酒向　伸行	憑霊信仰の歴史と民俗＜御影民俗21＞	9500	2013.12
840	倉石　忠彦	道祖神と性器形態神	7900	2013.12
841	大高　康正	富士山信仰と修験道	9500	2013.12
842	悪党研究会	中世荘園の基層	2800	2013.12
843	関口　功一	古代上毛野をめぐる人びと	2000	2013.12
844	四国地域史	四国遍路と山岳信仰＜ブックレットＨ16＞	1600	2014.01
845	佐々木寛司	近代日本の地域史的展開	7900	2014.02
846	中田　興吉	倭政権の構造 王権篇	2400	2014.02
847	江田　郁夫	戦国大名宇都宮氏と家中＜地域の中世14＞	2800	2014.02
848	中野　達哉	江戸の武家社会と百姓・町人＜近世史38＞	7900	2014.02
849	秋山　敬	甲斐武田氏と国人の中世	7900	2014.03
850	松崎　憲三	人神信仰の歴史民俗学的研究	6900	2014.03
851	常光　徹	河童とはなにか＜歴博フォーラム＞	2800	2014.03
852	西川甚次郎	日露の戦場と兵士＜史料選書２＞	2800	2014.03
853	品川歴史館	江戸湾防備と品川御台場＜ブックレットＨ17＞	1500	2014.03
854	丸島　和洋	論集 戦国大名と国衆13 信濃真田氏	4800	2014.03

岩田書院 刊行案内 (22)

No.	著者	書名	本体価	刊行年月
855	群馬歴史民俗	歴史･民俗からみた環境と暮らし＜ﾌﾞｯｸﾚｯﾄH18＞	1600	2014.03
856	岩淵 令治	「江戸」の発見と商品化＜歴博フォーラム＞	2400	2014.03
857	福澤・渡辺	藩地域の農政と学問・金融＜松代藩４＞	5400	2014.04
859	松尾 恒一	東アジアの宗教文化	4800	2014.04
860	瀧音 能之	出雲古代史論攷	20000	2014.04
861	長谷川成一	北奥地域史の新地平	7900	2014.04
862	清水紘一他	近世長崎法制史料集１＜史料叢刊８＞	21000	2014.04
863	丸島 和洋	論集 戦国大名と国衆14 真田氏一門と家臣	4800	2014.04
864	長谷部・佐藤	般若院英泉の思想と行動	14800	2014.05
865	西海 賢二	博物館展示と地域社会	1850	2014.05
866	川勝 守生	近世日本石灰史料研究Ⅶ	9900	2014.05
867	武田氏研究会	戦国大名武田氏と地域社会＜ブックレットH19＞	1500	2014.05
868	田村 貞雄	秋葉信仰の新研究	9900	2014.05
869	山下 孝司	戦国期の城と地域	8900	2014.06
870	田中 久夫	生死の民俗と怨霊＜田中論集４＞	11800	2014.06
871	高見 寛孝	巫女･シャーマンと神道文化	3000	2014.06
872	時代考証学会	大河ドラマと市民の歴史意識	3800	2014.06
873	時代考証学会	時代劇制作現場と時代考証	2400	2014.06
874	中田 興吉	倭政権の構造 支配構造篇 上	2400	2014.07
875	中田 興吉	倭政権の構造 支配構造篇 下	3000	2014.07
876	高達奈緒美	佛説大蔵正教血盆経和解＜影印叢刊11＞	8900	2014.07
877	河野昭昌他	南北朝期 法隆寺記録＜史料選書３＞	2800	2014.07
878	宗教史懇話会	日本宗教史研究の軌跡と展望	2400	2014.08
879	首藤 善樹	修験道聖護院史辞典	5900	2014.08
880	宮原 武夫	古代東国の調庸と農民＜古代史８＞	5900	2014.08
881	由谷・佐藤	サブカルチャー聖地巡礼	2800	2014.09
882	西海 賢二	城下町の民俗的世界	18000	2014.09
883	笹原亮二他	ハレのかたち＜ブックレットH20＞	1500	2014.09
884	井上 恵一	後北条氏の武蔵支配と地域領主＜戦国史11＞	9900	2014.09
885	田中 久夫	陰陽師と俗信＜田中論集５＞	13800	2014.09
886	飯澤 文夫	地方史文献年鑑2013	25800	2014.10
887	木下 昌規	戦国期足利将軍家の権力構造＜中世史27＞	8900	2014.10
888	渡邊 大門	戦国・織豊期赤松氏の権力構造＜地域の中世15＞	2900	2014.10
889	福田アジオ	民俗学のこれまでとこれから	1850	2014.10
890	黒田 基樹	武蔵上田氏＜国衆15＞	4600	2014.11
891	柴 裕之	戦国・織豊期大名徳川氏の領国支配＜戦後史12＞	9400	2014.11
892	保坂 達雄	神話の生成と折口学の射程	14800	2014.11
893	木下 聡	美濃斎藤氏＜国衆16＞	3000	2014.12

奈良仏教の地方的展開　根本誠二・宮城洋一郎編

2002年２月刊・Ａ5判・240頁・並製本・カバー装・２８００円（税別）

【主要目次】

奈良仏教と在地社会　根本誠二・サムエルC.モース編

2004年11月刊・Ａ５判・348頁・上製本・函入・８９００円（税別）

【主要目次】